AF545585

Annette von Droste-Hülshoff
Gesammelte Werke

Annette von Droste-Hülshoff

GESAMMELTE WERKE

Gedichte und Prosa

Anaconda

Die Texte dieses Bandes folgen der Ausgabe Annette von Droste-Hülshoff: *Sämtliche Werke in zwei Bänden.* München 1973.

Penguin Random House Verlagsgruppe FSC® N001967

Die Deutsche Nationalbibliothek verzeichnet diese Publikation in der Deutschen Nationalbibliografie; detaillierte bibliografische Daten sind im Internet unter http://dnb.d-nb.de abrufbar.

Umschlagmotiv: Johann Joseph Sprick (1808–1842),
Porträt Annette von Droste-Hülshoff (1838),
© NPL – DeA Picture Library/Bridgeman Images
Umschlaggestaltung: Druckfrei. Dagmar Herrmann, Bad Honnef
Satz und Layout: Uhl + Massopust, Aalen
Druck und Bindung: GGP Media GmbH, Pößneck
Printed in Germany
ISBN 978-3-7306-1266-8

www.anacondaverlag.de

INHALT

DIE GEDICHTE

(Ausgabe von 1844)

ZEITBILDER

Ungastlich oder nicht?

(In Westfalen)

Ungastlich hat man dich genannt,
Will deinen grünsten Kranz dir rauben,
Volk mit der immer offnen Hand,
Mit deinem argwohnlosen Glauben;
O rege dich, dass nicht die Schmach
Auf deinem frommen Haupte laste,
Und redlich, wie das Herz es sprach,
So sprich es nach zu deinem Gaste:

»Fremdling an meiner Marken Stein,
Mann mit der Stirne trüben Falten,
O, greif in deines Busens Schrein,
Und lass die eigne Stimme walten.
Nicht soll bestochner Zeugen Schar
Uns am bestochnen Worte rächen,
Nein, Zeug' und Richter sollst du klar
Dir selbst das freie Urteil sprechen.

Fühlst du das Herz in dir, nicht heiß
Doch ehrlich, uns entgegen schlagen,
Dein Wort kein falsch und trügend Gleis,
Befleckend was die Lippen tragen,

Fühlst du ein Gast dich wie er lieb
Dir an dem eignen Hausaltare,
Dann frisch heran – nicht wie ein Dieb,
Nein, frisch, mit fröhlicher Fanfare!

Wer unsres Landes Sitte ehrt,
Und auch dem seinen hält die Treue –
Hier ist der Sitz an unserm Herd!
Hier unsres Bruderkusses Weihe!
Wer fremden Volkes Herzen stellt
Gleich seinem in gerechter Waage –
Hier unsre Hand, dass er das Zelt
Sich auf bei unsern Zelten schlage!

Doch sagt ein glüh Erröten dir,
Du gönntest lieber einer andern
Als deiner Schwelle gleiche Zier –
Brich auf, und mögest eilends wandern!
Wir sind ein friedlich still Geschlecht
Mit lichtem Blick und blonden Haaren,
Doch unsres Herdes heilig Recht
Das wissen kräftig wir zu wahren.

Die Luft die unsern Odem regt,
Der Grund wo unsre Gräber blühen,
Die Scholle die uns Nahrung trägt,
Der Tempel wo wir gläubig knieen,
Die soll kein frevler Spott entweihn,
Dem Feigen Schmach und Schamerröten,
Der an des Heiligtumes Schrein
Lässt eine falsche Sohle treten!

Doch einem Gruß aus treuem Mut,
Dem nicken ehrlich wir entgegen,
Hat jeder doch sein eignes Blut,
Und seiner eignen Heimat Segen.
Wenn deine Ader kälter rinnt,
So müssen billig wir ermessen:
Wer könnte wohl das fremde Kind
Gleich eignem an den Busen pressen?

Drum, jede Treue sei geehrt,
Der Eichenkranz von jedem Stamme;
Heilig die Glut auf jedem Herd,
Ob hier sie oder drüben flamme;
Dreimal gesegnet jedes Band
Von der Natur zum Lehn getragen,
Und einzig nur verflucht die Hand,
Die nach der Mutter Haupt geschlagen!«

Die Stadt und der Dom

Eine Karikatur des Heiligsten

»Der Dom! der Dom! der deutsche Dom!
Wer hilft den Kölner Dom uns baun!«
So fern und nah der Zeitenstrom
Erdonnert durch die deutschen Gaun.
Es ist ein Zug, es ist ein Schall
Ein ungemessner Wogenschwall.
Wer zählt der Hände Legion
In denen Opferheller glänzt?
Die Liederklänge wer, die schon
Das Echo dieses Rufs ergänzt?

Und wieder schallt's vom Elbestrand:
»Die Stadt! die Stadt! der deutsche Port!«
Und wieder zieht von Land zu Land
Ein gabespendend Klingeln fort;
Die Schiffe ragen Mast an Mast,
Goldregen schüttet der Palast,
Wem nie ein eignes Dach beschert,
Der wölbt es über fremde Not,
Wem nie geraucht der eigne Herd,
Der teilt sein schweißbenetztes Brot.

Wenn eines ganzen Volkes Kraft
Für seines Gottes Heiligtum
Die Lanze hebt so Schaft an Schaft,
Wer glühte nicht dem schönsten Ruhm?
Und wem, wem rollte nicht wie Brand
Das Blut an seiner Adern Wand,
Wenn eines ganzen Volkes Schweiß
Gleich edlem Regen niederträuft,
Bis in der Aschensteppe heiß
Viel Tausenden die Garbe reift?

Man meint, ein Volk von Heil'gen sei
Herabgestiegen über Nacht,
In ihrem Eichensarg aufs Neu
Die alte deutsche Treu' erwacht.
O werte Einheit, bist du eins –
Wer stände dann des Heil'genscheins,
Des Kranzes würdiger als du,
Gesegnete, auf deutschem Grund!
Du trügst den goldnen Schlüssel zu
Des Himmels Hort in deinem Bund.

Wohlan ihr Kämpen denn, wohlan
Du werte Kreuzesmassonei,
So gebt mir eure Zeichen dann
Und euer edles Feldgeschrei!
Da, horch! da stieß vom nächsten Schiff
Die Bootmannspfeife grellen Pfiff,
Da stiegen Flaggen ungezählt,
Kantate summte und Gedicht,
Der Demut Braun nur hat gefehlt,
Jehovas Namen hört' ich nicht.

Wo deine Legion, o Herr,
Die kniend am Altare baut?
Wo, wo dein Samariter, der
In Wunden seine Träne taut?
Ach, was ich fragte und gelauscht,
Der deutsche Strom hat mir gerauscht,
Die deutsche Stadt, der deutsche Dom,
Ein Monument, ein Handelsstift,
Und drüber sah wie ein Phantom
Verlöschen ich Jehovas Schrift.

Und wer den Himmel angebellt,
Vor keiner Hölle je gebebt,
Der hat sich an den Kran gestellt
Der seines Babels Zinne hebt.
Wer nie ein menschlich Band geehrt,
Mit keinem Leid sich je beschwert,
Der flutet aus des Busens Schrein
Unsäglicher Gefühle Strom,
Am Elbestrand, am grünen Rhein,
Da holt sein Herz sich das Diplom.

Weh euch, die ihr den zorn'gen Gott
Gehöhnt an seiner Schwelle Rand,
Meineid'gen gleich in frevlem Spott
Hobt am Altare eure Hand!
Er ist der Herr, und was er will
Das schaffen Leu und Krokodill! –
So baut denn, baut den Tempel fort,
Mit ird'schem Sinn den heil'gen Hag,
Dass euer bessrer Enkel dort
Für eure Seele beten mag!

Kennt ihr den Dom der unsichtbar
Mit tausend Säulen aufwärts strebt?
Er steigt wo eine gläub'ge Schar
In Demut ihre Arme hebt.
Kennt ihr die unsichtbare Stadt
Die tausend offne Häfen hat
Wo euer wertes Silber klingt?
Es ist der Samariter Bund,
Wenn Rechte sich in Rechte schlingt,
Und nichts davon der Linken kund.

O, er der alles weiß, er kennt
Auch eurer Seele ödes Haus;
Baut Magazin und Monument,
Doch seinen Namen lasst daraus!
Er ist kein Sand der glitzernd stäubt,
Kein Dampfrad das die Schiffe treibt,
Ist keine falsche Flagge die
Sich stahl der See verlorner Sohn,
Parol' nicht die zur Felonie
Ins Lager schmuggelt den Spion!

Baut, baut, – um euer Denkmal ziehn
Doch Seufzer fromm und ungeschmückt,
Baut, – neben eurem Magazin
Wird doch der Darbende erquickt.
Ob eures Babels Zinnenhag
Zum Weltenvolk euch stempeln mag?
Schaut auf Palmyrens Steppenbrand,
Wo scheu die Antilope schwebt,
Die Stadt schaut an wo, ein Gigant,
Das Kolosseum sich erhebt.

Den Wurm der im Geheimen schafft,
Den kalten nackten Grabeswurm,
Ihn tötet nicht des Armes Kraft,
Noch euer toller Liedersturm.
Ein frommes, keusches Volk ist stark,
Doch Sünde zehrt des Landes Mark;
Sie hat in deiner Glorie Bahn,
O Roma, langsam dich entleibt,
Noch steht die Säule des Trajan,
Und seine Kronen sind zerstäubt!

Die Verbannten

Ich lag an Bergeshang,
Der Tag war schon gesunken,
In meine Wimper drang
Des Westen letzter Funken.
Ich schlief und träumte auch vielleicht,
Doch hört' ich noch der Amsel Pfeifen,

Wie Echos letzte Hauche, feucht
Und halb verlöscht, am Schilfe streifen.

Mein äußres Auge sank,
Mein innres ward erschlossen:
Wie wild die Klippenbank!
Wie grau die Moose sprossen!
Der Öde Odem zog so schwer
Als ob er siecher Brust entgleite,
Wohin ich blickte, Rohres Speer,
Und Dorngestrüpp und Waldesweite.

Im Grase knistert' es,
Als ob die Grille hüpfte,
Im Strauche flüstert' es,
Als ob das Mäuslein schlüpfte;
Ein morscher halbverdorrter Stamm
Senkte die bräunliche Gardine,
Zu Füßen mir der feuchte Schwamm,
Und überm Haupt die wilde Biene.

Da raschelt' es im Laub,
Und rieselte vom Hange,
Zertretnen Pilzes Staub
Flog über meine Wange.
Und neben mir ein Knabe stand,
Ein blondes Kind mit Taubenblicken,
Das eines blinden Greises Hand
Schien brünstig an den Mund zu drücken.

Von linder Tränen Lauf
Sein Auge glänzte trübe,
»Steh auf«, sprach es, »steh auf!

Ich bin die Kindesliebe,
Verbannt, zum wüsten Wald verbannt,
Ins öde Dickicht ausgesetzet,
Wo an des sumpf'gen Weihers Rand
Der Storch die kranken Eltern ätzet!«

Dann faltete es hoch
Die hagern Händchen beide,
Und sachte abwärts bog
Es des Geröhres Schneide.
Ich sah wie blut'ge Striemen leis
An seinen Ärmchen niederflossen,
Wie tappend ihm gefolgt der Greis,
Bis sich des Rohres Wand geschlossen.

Ich ballte meine Hand,
Versuchte mich zu schwingen,
Doch fester, fester wand
Der Taumel seine Schlingen.
Und wieder hörte ich den Schlag
Der Amsel und der Grille Hüpfen,
Und wieder durch den wilden Hag
Der Biene sterbend Sumsen schlüpfen.

Da schleift' es, schwer wie Blei,
Da flüstert' es aufs Neue:
»O wache! steh mir bei!
Ich bin die Gattentreue.«
Das Auge hob ich, und ein Weib
Sah ich wie halbgebrochen bücken,
Das eines Mannes wunden Leib
Mühselig trug auf seinem Rücken.

Ein feuchter Schleier hing
Ihr Haar am Antlitz nieder,
Des Schweißes Perle fing
Sich in der Wimper wieder.
»Verbannt! verbannt zum wilden Wald,
Wo Nacht und Öde mich umschauern!
Verbannt wo in der Felsen Spalt
Die Tauben um den Tauber trauern!«

Sie sah mich lange an,
Im Auge Sterbeklagen,
Und langsam hat sie dann
Den Wunden fortgetragen.
Sie klomm den Klippensteig entlang,
Ihr Ächzen scholl vom Steine nieder,
Wo grade unterm Schieferhang
Sich regte bläuliches Gefieder.

Ich dehnte mich mit Macht
Und langte nach dem Wunden,
Doch als ich halb erwacht,
Da war auch er verschwunden,
Zerronnen wie ein Wellenschaum, –
Ich hörte nur der Wipfel Stöhnen,
Und unter mir, an Weihers Saum,
Der Unken zart Geläute tönen.

Die Glöckchen schliefen ein,
Es schwoll der Kronen Rauschen,
Ein Licht wie Mondenschein
Begann am Ast zu lauschen,
Und lauter raschelte der Wald,
Die Zweige schienen sich zu breiten,

Und eine dämmernde Gestalt
Sah ich durch seine Hallen gleiten.

Das Kreuz in ihrer Hand,
Um ihre Stirn die Binde,
Ihr langer Schleier wand
Und rollte sich im Winde.
Sie trat so sacht behutsam vor,
Als ob sie jedes Kräutlein schone,
O Gott, da sah ich unterm Flor,
Sah eine blut'ge Dornenkrone!

Die Fraue weinte nicht
Und hat auch nicht gesprochen,
Allein ihr Angesicht
Hat mir das Herz gebrochen,
Es war wie einer Königin
Pilgernd für ihres Volkes Sünden,
Wo find' ich Worte, wo den Sinn,
Um diesen Dulderblick zu künden!

Als sie vorüber schwand
Mit ihren blut'gen Haaren,
Da riss des Schlummers Band,
Ich bin emporgefahren.
Der Amsel Stimme war verstummt,
Die Mondenscheibe stand am Hügel,
Und über mir im Aste summt'
Und raschelte des Windes Flügel.

Ob es ein Traumgesicht
Das meinen Geist umflossen?
Vielleicht ein Seherlicht

Das ihn geheim erschlossen?
O wer, dem eine Trän' im Aug',
Den fromme Liebe je getragen,
Wer wird nicht, mit dem letzten Hauch,
Die heiligen Verbannten klagen!

Der Prediger

Langsam und schwer vom Turme stieg die Klage,
Ein dumpf Gewimmer zwischen jedem Schlage,
Wie Memnons Säule weint im Morgenflor.
Am Glockenstuhle zitterte der Balke,
Die Dohlen flatterten vom Nest, ein Falke
Stieg pfeifend an der Fahne Schaft empor.

Wem dröhnt die Glocke? – Einem der entkettet,
Des müden Leib ein Fackelzug gebettet
In letzter Nacht bei seinem einz'gen Kind.
Wer war der Mann? – Ein Christ im echten Gleise,
Kein Wucherer, kein Ehrendieb, und weise
Wie reiche Leute selten weise sind.

Darum so mancher Greis mit Stock und Brille,
So manches Regentuch und Handpostille,
Sich mühsam schiebend durch der Menge Drang.
Er war ein heitrer Wirt in seinem Schlosse, –
Darum am Tor so manche Staatskarosse,
So mancher Flor das Kirchenschiff entlang.

Die Glocken schwiegen, alle Knie sanken,
Posaunenstoß! – Die Wölbung schien zu wanken.

O »Dies Irae, dies illa!« Glut
Auf Sünderschwielen, Tau in Büßermalen!
Mir war als säh ich des Gerichtes Schalen,
Als hört' ich tröpfeln meines Heilands Blut.

Das Amen war verhallt. Ein zitternd Schweigen
Lag auf der Menge, nur des Odems Steigen
Durchsäuselte den weiten Hallenbau.
Nur an der Tumba schwarzer Flämmchen Knistern
Schien leise mit dem Grabe noch zu flüstern,
Der Weihrauchwirbel streute Aschengrau.

»Geliebte!«, scholl es von der Wölbung nieder,
Die Wolke sank, und mählich stiegen Glieder,
Am Kanzelbord ein junger Priester stand.
Kein Schattenbild dem alle Lust verronnen,
Ein frischer saft'ger Stamm am Lebensbronnen,
Ein Adler ruhend auf Jehovas Hand!

»Geliebte«, sprach er, »selig sind die Toten
So in dem Herrn entschliefen, treue Boten,
Von ihrer Sendung rastend.« Dann entstieg
Das Wort, gewaltig wie des Jordans Wallen,
Mild wie die Luft in Horebs Zederhallen,
Als er bezeugte des Gerechten Sieg.

Die Stimme sank, des Stromes Wellen schwollen,
Mir war als hört' ich ferne Donner rollen:
»Weh über euch, die weder warm noch kalt!
O, wäret kalt ihr oder warm! die Werke
Von eurer Hand sind tot, und eure Stärke
Ist gleich dem Hornstoß der am Fels verhallt.«

Und tiefer griff er in der Zeiten Wunde,
Die Heller ließ er klingen, und vom Grunde
Hob er den seidnen Mottenfraß ans Licht.
Erröten ließ er die bescheidne Schande
In ihrem ehrbar schonenden Gewande,
Und zog der Lust den Schleier vom Gesicht.

Die Kerzen sind gelöscht, die Pforte dröhnte.
Ich hörte schluchzen, – am Gemäuer lehnte
Ein Weib im abgetragnen Regentuch.
Ich hörte säuseln – neben mir, im Chore,
Ein Fräulein gähnte leise hinterm Flore,
Ein Fahnenjunker blätterte im Buch.

Und alle die bescheidnen Menschenkinder,
Wie sich's geziemt für wohlerzogne Sünder,
Sie nahmen ruhig was der Text beschert.
Und abends im Theater sprach der Knabe,
Der achtzehnjähr'ge Fähndrich: »Heute habe
Ich einen guten Redner doch gehört!«

An die Schriftstellerinnen in Deutschland und Frankreich

Ihr steht so nüchtern da gleich Kräuterbeeten –
Und *ihr* gleich Fichten die zerspellt von Wettern –
Haucht wie des Hauches Hauch in Syrinxflöten –
Lasst wie Dragoner die Trompeten schmettern;
Der kann ein Schattenbild die Wange röten –
Die wirft den Handschuh Zeus und allen Göttern;
Ward denn der Führer euch nicht angeboren
In eigner Brust, dass ihr den Pfad verloren?

Schaut auf! zur Rechten nicht – durch Tränengründe,
Mondscheinalleen und blasse Nebeldecken,
Wo einsam die veraltete Selinde
Zur Luna mag die Lilienarme strecken;
Glaubt, zur Genüge hauchten Seufzerwinde,
Längst überfloss der Sehnsucht Tränenbecken;
An eurem Hügel mag die Hirtin klagen,
Und seufzend drauf ein Gänseblümchen tragen.

Doch auch zur Linken nicht – durch Winkelgassen,
Wo tückisch nur die Diebslaternen blinken,
Mit wildem Druck euch rohe Hände fassen,
Und Smollis Wüstling euch und Schwelger trinken,
Der Sinne Bachanale, wo die blassen
Betäubten Opfer in die Rosen sinken,
Und endlich, eures Sarges letzte Ehre,
Man drüber legt die Kränze der Hetäre.

O dunkles Los! o Preis mit Schmach gewonnen,
Wenn Ruhmes Staffel wird der Ehre Bahre!
Grad', grade geht der Pfad, wie Strahl der Sonnen!
Grad', wie die Flamme lodert vom Altare!
Grad', wie Natur das Berberross zum Bronnen
Treibt mitten durch die Wirbel der Sahare!
Ihr könnt nicht fehlen, er, so mild umlichtet,
Der Führer ward in euch nicht hingerichtet.

Treu schützte ihn der Länder fromme Sitte,
Die euch umgeben wie mit Heil'genscheine,
Sie hielt euch fern die freche Liebesbitte,
Und legte Anathem auf das Gemeine.
Euch nahte die Natur mit reinem Schritte,
Kein trunkner Schwelger über Stock und Steine,

Ihr mögt ihr willig jedes Opfer spenden,
Denn alles nimmt sie, doch aus reinen Händen.

Die Zeit hat jede Schranke aufgeschlossen,
An allen Wegen hauchen Naphthablüten,
Ein reizend scharfer Duft hat sich ergossen,
Und jeder mag die eignen Sinne hüten.
Das Leben stürmt auf abgehetzten Rossen,
Die noch zusammenbrechend haun und wüten.
Ich will den Griffel eurer Hand nicht rauben,
Singt, aber zitternd, wie vom Weih' die Tauben.

Ja, treibt der Geist euch, lasst Standarten ragen!
Ihr war't die Zeugen wild bewegter Zeiten,
Was ihr erlebt, das lässt sich nicht erschlagen,
Feldbind' und Helmzier mag ein Weib bereiten;
Doch seht euch vor wie hoch die Schwingen tragen,
Stellt nicht das Ziel in ungemessne Weiten,
Der kecke Falk ist überall zu finden,
Doch einsam steigt der Aar aus Alpengründen.

Vor allem aber pflegt das anvertraute,
Das heil'ge Gut, gelegt in eure Hände,
Weckt der Natur geheimnisreichste Laute,
Kniet vor des Blutes gnadenvoller Spende;
Des Tempels pflegt, den Menschenhand nicht baute,
Und schmückt mit Sprüchen die entweihten Wände,
Dass dort, aus dieser Wirren Staub und Mühen,
Die Gattin mag, das Kind, die Mutter knien.

Ihr hörtet sie die unterdrückten Klagen
Der heiligen Natur, geprägt zur Dirne.
Wer hat sie nicht gehört in diesen Tagen,

Wo nur ein Gott, der Gott im eignen Hirne?
Frischauf! – und will den Lorbeer man versagen,
O Glückliche mit unbekränzter Stirne!
O arm Gefühl, das sich nicht selbst kann lohnen!
Mehr ist ein Segen als zehntausend Kronen!

Die Gaben

Nie fand, sooft auch scherzend ward gefragt,
Ich einen Mann, vom Grafen bis zum Schneider,
Der so bescheiden oder so betagt,
So hülflos, keinen so Gescheiten leider,

Der nicht gemeint, des Herrschertumes Bürde
Sei seinen Schultern grad das rechte Maß.
War einer zweifelnd je an seiner Würde,
So schätzt' er seine Kräfte desto bass,

Der hoffte auf der Rede Zauberbann;
Schlau aus dem Winkel wollte jener zielen,
Kurz, dass er wisse *wie* und auch den Mann,
Ließ jeder deutlich durch die Blume spielen.

Ihr Toren! glaubt ihr denn dass Gott im Zorne
Die Großen schuf, ungleich der Menschenschar,
Pecus inane, das sein Haupt zum Borne
Hinstreckt wie weiland Nebukadnezar?

Dass, weil zuweilen unter Zotten schlägt
Ein Herz wo große Elemente schlafen,

Deshalb wer eine feine Wolle trägt
Unfehlbar zählt zu den Merinoschafen?

Dass langes Schauen zweifellos erblinde,
Und wer den Fäden rastlos nachgespürt,
Dass dieser, gleich dem überreizten Kinde,
So dümmer wird je länger er studiert?

Wer zweifelt, dass ein Herz wie's Throne schmückt
Gar oft am Acker frönt und Forstgehege,
Dass manche Scheitel sich zur Furche bückt,
Hochwert dass eine Krone drauf man lege?

Doch ihr des Lebens abgehetzte Alten,
Ihr innerliche Greise, seid es nicht.
Bewahr' der Himmel uns vor eurem Walten,
Vor dem im Sumpfe angebrannten Licht!

Ihr würdet mahnen an des Fröners Sohn,
Der, woll' ihm Gott ein Königreich verschreiben,
Fürs Leben wüsste keinen bessern Lohn,
Als seine Schweine dann zu Ross zu treiben. –

Vor vierzig Jahren

Da gab es doch ein Sehnen,
Ein Hoffen und ein Glühn,
Als noch der Mond »durch Tränen
In Fliederlauben« schien,
Als man dem »milden Sterne«
Gesellte was da lieb,

Und »Lieder in die Ferne«
Auf sieben Meilen schrieb!

Ob dürftig das Erkennen,
Der Dichtung Flamme schwach,
Nur tief und tiefer brennen
Verdeckte Gluten nach.
Da lachte nicht der leere,
Der übersatte Spott,
Man baute die Altäre
Dem unbekannten Gott.

Und drüber man den Brodem
Des liebsten Weihrauchs trug,
Lebend'gen Herzens Odem,
Das frisch und kräftig schlug,
Das schamhaft, wie im Tode,
In Traumes Wundersarg
Noch der Begeistrung Ode
Der Lieb' Ekloge barg.

Wir höhnen oft und lachen
Der kaum vergangnen Zeit,
Und in der Wüste machen
Wie Strauße wir uns breit.
Ist Wissen denn Besitzen?
Ist denn Genießen Glück?
Auch Eises Gletscher blitzen
Und Basiliskenblick.

Ihr Greise, die gesunken
Wie Kinder in die Gruft,
Im letzten Hauche trunken

Von Lieb' und Ätherduft,
Ihr habt am Lebensbaume
Die reinste Frucht gepflegt,
In karger Spannen Raume
Ein Eden euch gehegt.

Nun aber sind die Zeiten,
Die überwerten, da,
Wo offen alle Weiten,
Und jede Ferne nah.
Wir wühlen in den Schätzen,
Wir schmettern in den Kampf,
Windsbräuten gleich versetzen
Uns Geistesflug und Dampf.

Mit unsres Spottes Gerten
Zerhaun wir was nicht Stahl,
Und wie Morganas Gärten
Zerrinnt das Ideal;
Was wir daheim gelassen
Das wird uns arm und klein,
Was Fremdes wir erfassen
Wird in der Hand zu Stein.

Es wogt von End' zu Ende,
Es grüßt im Fluge her,
Wir reichen unsre Hände,
– Sie bleiben kalt und leer. –
Nichts liebend, achtend wen'ge
Wird Herz und Wange bleich,
Und bettelhafte Kön'ge
Stehn wir im Steppenreich.

An die Weltverbesserer

Pochest du an – poch nicht zu laut,
Eh du geprüft des Nachhalls Dauer.
Drückst du die Hand – drück nicht zu traut,
Eh du gefragt des Herzens Schauer.
Wirfst du den Stein – bedenke wohl,
Wie weit ihn deine Hand wird treiben.
Oft schreckt ein Echo, dumpf und hohl,
Reicht goldne Hand dir den Obol,
Oft trifft ein Wurf des Nachbars Scheiben.

Höhlen gibt es am Meeresstrand,
Gewalt'ge Stalaktitendome,
Wo bläulich zuckt der Fackeln Brand,
Und Kähne gleiten wie Phantome.
Das Ruder schläft, der Schiffer legt
Die Hand dir angstvoll auf die Lippe,
Ein Räuspern nur, ein Fuß geregt,
Und donnernd überm Haupte schlägt
Zusammen dir die Riesenklippe.

Und Hände gibts im Orient,
Wie Schwäne weiß, mit blauen Malen,
In denen zwiefach Feuer brennt,
Als gelt' es Liebesglut zu zahlen;
Ein leichter Tau hat sie genässt,
Ein leises Zittern sie umflogen,
Sie fassen krampfhaft, drücken fest –
Hinweg, hinweg! du hast die Pest
In deine Poren eingesogen!

Auch hat ein Dämon einst gesandt
Den gift'gen Pfeil zum Himmelsbogen;
Dort rührt' ihn eines Gottes Hand,
Nun starrt er in den Ätherwogen.
Und lässt der Zauber nach, dann wird
Er niederprallen mit Geschmetter,
Dass das Gebirg' in Scherben klirrt,
Und durch der Erde Adern irrt
Fortan das Gift der Höllengötter.

Drum poche sacht, du weißt es nicht
Was dir mag überm Haupte schwanken;
Drum drücke sacht, der Augen Licht
Wohl siehst du, doch nicht der Gedanken.
Wirf nicht den Stein zu jener Höh'
Wo dir gestaltlos Form und Wege,
Und schnelltest du ihn einmal je,
So fall auf deine Knie und fleh,
Dass ihn ein Gott berühren möge.

Alte und neue Kinderzucht

1.
In seiner Buchenhalle saß ein Greis auf grüner Bank,
Vor ihm, in grünlichem Pokal, der Rebe Feuertrank;
Zur Seite seiner Jugend Spross, sich lehnend an den Zweigen,
Ein ernster Vierziger, vernahm des Alten Wort in Schweigen.

»Sohn«, sprach der Patriarch, es klang die Stimme schier bewegt:
»Das Kissen für mein Sterbebett du hast es weich gelegt;

Ich weiß es, eine Träne wird das Leichentuch mir netzen,
In meinen Sessel wird dereinst ein Ehrenmann sich setzen.

Zu Gottes Ehr' und deiner Pflicht, und nach der Vordern Art,
Zog ich in aller Treue dich, als schon dein Kinn behaart.
Nicht will die neue Weise mir zum alten Haupte gehen,
Ein Sohn hat seinen Herrn, solang zwei Augen offen stehen.

Mein Vater, – tröst' ihn Gott, er fiel in einem guten Strauß! –
War Diener seinem Fürsten und ein König seinem Haus,
Sein treues Auge wusste wohl der Kinder Heil zu wahren,
Den letzten Schlag von seiner Hand fühlt' ich mit zwanzig Jahren.

So macht' er mich zum Mann, wie du, mein Sohn, zum frohen Greis,
Zum Mann der tragen kann und sich im Glück zu fassen weiß,
Wie mag, wer seiner Launen Knecht, ein Herrenamt bezwingen?
Wer seiner Knospe Kraft verprasst, wie möcht' er Früchte bringen?

Nur von der Pike dient sich's recht zum braven General.
Gesegnet sei die Hand die mir erspart der Torheit Wahl!
Mit tausend Tränen hab' ich sie in unsre Gruft getragen,
Denn eines Vaters heil'ge Hand hat nie zu hart geschlagen.

Mein Haar ist grau, mein blödes Aug' hat deinen Spross gesehn,
Bald füllst du meinen Sitz, und er wird horchend vor dir stehn.
Gedenk der Rechenschaft, mein Sohn, lehr deinen Blick ihn lesen,
Gehorsam sei er dir, wie du gehorsam mir gewesen!«

So sprach der Patriarch, und schritt entlang die Buchenhall',
Ehrfürchtig folgte ihm der Sohn, wie Fürsten der Vasall,
Und seinen Knaben winkt' er sacht herbei vom Blütenhagen,
Ließ küssen ihn des Alten Hand, und seinen Stab ihn tragen.

2.

An blühender Akazie lehnt ein blonder bleicher Mann,
Sehr mangelt ihm der Sitz, allein die Kinder spielen dran,
So schreibt er stehend, immer Ball und Peitschenhieb gewärt'gend,
Schnellfingrig für die Druckerei den Lückenbüßer fert'gend.

»In Osten steigt das junge Licht, es rauscht im Eichenhain,
Schon schlang der alte Erebus die alten Schatten ein,
Des Geistes Siegel sind gelöst, der Äther aufgeschlossen,
Und aus vermorschter Dogmen Staub lebend'ge Zedern sprossen.

O Geistesfessel, härter du als jemals ein Tyrann,
Geschlagen um des Sklaven Leib, du tausendjähr'ger Bann!
Geheim doch sicher hat der Rost genagt an deinem Ringe,
Nun wackelt er und fürchtet sich vor jedes Knaben Klinge!

Hin ist die Zeit wo ein Gespenst im Büßermantel schlich,
In seinen Bettelsack des Deutschen Gold und Ehre strich,
Wo Greise, Schulmonarchen gleich, die stumpfe Geißel schwenkten,
Des Sonnenrosses Zaum dem Grab verfallne Hände lenkten.

Nicht wird im zarten Kinde mehr des Mannes Keim erstickt,
Frei schießt die Eichenlode, unbeengt und ungeknickt;
Was mehr als Wissen, wirkender als Gaben, die zerstückelt –
Des kräft'gen Wollens Einheit wird im jungen Mark entwickelt.

Wir wuchsen unter Peitschenhieb an der Galeere auf,
Und dennoch riss das Dokument vom schnöden Seelenkauf
Durch deutsche Hand, durch unsre Hand, die, nach Ägyptens Plagen,
Noch immer stark genug den Brand ans Bagnotor zu tragen!

Doch ihr, die ihr den ganzen Saft der Muttererde trinkt,
An deren Zweig das erste Blatt schon wie Smaragde blinkt,

Ihr!« – unser Dichter stutzt – er hört an den Holundersträuchen
Sein Erstlingsreis, den Göttinger, wie eine Walze keuchen.

Und auf der Bank – sein Manuskript – o Pest! sein Dichterkranz –
Dort fliegt er, droben in der Luft, als langer Drachenschwanz!
Und – was? ein Guss? – bei Gott, da hängt der Bub, die wilde Katze,
Am Ast, und leert den Wasserkrug auf seines Vaters Glatze!

Die Schulen

Kennst du den Saal? ich schleiche sacht vorbei,
»Der alte Teufel tot, die Götter neu« –
Und was man Großes sonst darin mag hören.
Wie üppig wogend drängt der Jugend Schwarm!
Wie reich und glänzend! – aber ich bin arm,
Da will ich lieber eure Lust nicht stören.

Dann das Gewölb' – mir wird darin nicht wohl,
Wo man der Gruft den modernden Obol
Entschaufelt, und sich drüber legt zum Streite;
Ergraute Häupter nicken rings herum,
Wie weis' und gründlich! – aber ich bin dumm,
Da schleich' ich lieber ungesehn beiseite.

Doch die Katheder im Gebirge nah,
Der Meister unsichtbar, doch laut Hurra
Ihm Wälder, Strom und Sturmesflügel rauschen,
Matrikel ist des Herzens frischer Schlag,
Da will zeitlebens ich, bei Nacht und Tag,
Demüt'ger Schüler, seinen Worten lauschen.

HEIDEBILDER

Die Lerche

Hörst du der Nacht gespornten Wächter nicht?
Sein Schrei verzittert mit dem Dämmerlicht,
Und schlummertrunken hebt aus Purpurdecken
Ihr Haupt die Sonne; in das Ätherbecken
Taucht sie die Stirn, man sieht es nicht genau,
Ob Licht sie zünde, oder trink' im Blau.
Glühröte Pfeile zucken auf und nieder,
Und wecken Taues Blitze, wenn im Flug
Sie streifen durch der Heide braunen Zug.
Da schüttelt auch die Lerche ihr Gefieder,
Des Tages Herold seine Liverei;
Ihr Köpfchen streckt sie aus dem Ginster scheu,
Blinzt nun mit diesem, nun mit jenem Aug';
Dann leise schwankt, es spaltet sich der Strauch,
Und wirbelnd des Mandates erste Note
Schießt in das feuchte Blau des Tages Bote.

»Auf! auf! die junge Fürstin ist erwacht!
Schlaftrunkne Kämmrer, habt des Amtes acht;
Du mit dem Saphirbecken Genziane,
Zwergweide du mit deiner Seidenfahne,
Das Amt, das Amt, ihr Blumen allzumal,
Die Fürstin wacht, bald tritt sie in den Saal!«

Da regen tausend Wimpern sich zugleich,
Maßliebchen hält das klare Auge offen,
Die Wasserlilie sieht ein wenig bleich,
Erschrocken, dass im Bade sie betroffen;
Wie steht der Zitterhalm verschämt und zage!
Die kleine Weide pudert sich geschwind
Und reicht dem West ihr Seidentüchlein lind,
Dass zu der Hoheit Händen er es trage.
Ehrfürchtig beut den tauigen Pokal
Das Genzian, und nieder langt der Strahl;
Prinz von Geblüte hat die erste Stätte
Er immer dienend an der Fürstin Bette.

Der Purpur lischt gemach im Rosenlicht,
Am Horizont ein zuckend Leuchten bricht
Des Vorhangs Falten, und aufs Neue singt
Die Lerche, dass es durch den Äther klingt:

»Die Fürstin kömmt, die Fürstin steht am Tor!
Frischauf ihr Musikanten in den Hallen,
Lasst euer zartes Saitenspiel erschallen,
Und, florbeflügelt Volk, heb an den Chor,
Die Fürstin kömmt, die Fürstin steht am Tor!«

Da krimmelt, wimmelt es im Heidgezweige,
Die Grille dreht geschwind das Beinchen um,
Streicht an des Taues Kolophonium,
Und spielt so schäferlich die Liebesgeige.
Ein tüchtiger Hornist, der Käfer, schnurrt,
Die Mücke schleift behänd die Silberschwingen,
Dass heller der Triangel möge klingen;
Diskant und auch Tenor die Fliege surrt;
Und, immer mehrend ihren werten Gurt,

Die reiche Katze um des Leibes Mitten,
Ist als Bassist die Biene eingeschritten:
Schwerfällig hockend in der Blüte rummeln
Das Kontraviolon die trägen Hummeln.
So tausendarmig ward noch nie gebaut
Des Münsters Halle, wie im Heidekraut
Gewölbe an Gewölben sich erschließen,
Gleich Labyrinthen ineinander schießen;
So tausendstimmig stieg noch nie ein Chor,
Wie's musiziert aus grünem Heid hervor.
Jetzt sitzt die Königin auf ihrem Throne,
Die Silberwolke Teppich ihrem Fuß,
Am Haupte flammt und quillt die Strahlenkrone,
Und lauter, lauter schallt des Herolds Gruß:

»Bergleute auf, herauf aus eurem Schacht,
Bringt eure Schätze, und du Fabrikant,
Breit vor der Fürstin des Gewandes Pracht,
Kaufherrn, enthüllt den Saphir, den Demant.«

Schau, wie es wimmelt aus der Erde Schoß,
Wie sich die schwarzen Knappen drängen, streifen,
Und mühsam stemmend aus den Stollen schleifen
Gewalt'ge Stufen, wie der Träger groß;
Ameisenvolk, du machst es dir zu schwer!
Dein roh Gestein lockt keiner Fürstin Gnaden.
Doch sieh die Spinne rutschend hin und her,
Schon zieht sie des Gewebes letzten Faden,
Wie Perlen klar, ein duftig Elfenkleid;
Viel edle Funken sind darin entglommen;
Da kömmt der Wind und häkelt es vom Heid,
Es steigt, es flattert, und es ist verschwommen. –

Die Wolke dehnte sich, scharf strich der Hauch,
Die Lerche schwieg, und sank zum Ginsterstrauch.

Die Jagd

Die Luft hat schlafen sich gelegt,
Behaglich in das Moos gestreckt,
Kein Rispeln, das die Kräuter regt,
Kein Seufzer, der die Halme weckt.
Nur eine Wolke träumt mitunter
Am blassen Horizont hinunter,
Dort, wo das Tannicht überm Wall
Die dunkeln Kandelabern streckt.
Da horch, ein Ruf, ein ferner Schall:
»Hallo! hoho!«, so langgezogen,
Man meint, die Klänge schlagen Wogen
Im Ginsterfeld, und wieder dort:
»Hallo! hoho!« – am Dickicht fort
Ein zögernd Echo, – alles still!
Man hört der Fliege Angstgeschrill
Im Mettennetz, den Fall der Beere,
Man hört im Kraut des Käfers Gang,
Und dann wie ziehnder Kranichheere
Kling klang! von ihrer luft'gen Fähre,
Wie ferner Unkenruf: Kling! klang!
Ein Läuten das Gewäld entlang,
Hui schlüpft der Fuchs den Wall hinab –
Er gleitet durch die Binsenspeere,
Und zuckelt fürder seinen Trab:
Und aus dem Dickicht, weiß wie Flocken,
Nach stäuben die lebend'gen Glocken,

Radschlagend an des Dammes Hang;
Wie Aale schnellen sie vom Grund,
Und weiter, weiter, Fuchs und Hund.
Der schwankende Wacholder flüstert,
Die Binse rauscht, die Heide knistert,
Und stäubt Phalänen um die Meute.
Sie jappen, klaffen nach der Beute,
Schaumflocken sprühn aus Nas' und Mund;
Noch hat der Fuchs die rechte Weite,
Gelassen trabt er, schleppt den Schweif,
Zieht in dem Taue dunklen Streif,
Und zeigt verächtlich seine Socken.
Doch bald hebt er die Lunte frisch,
Und, wie im Weiher schnellt der Fisch,
Fort setzt er über Kraut und Schmelen,
Wirft mit den Läufen Kies und Staub;
Die Meute mit geschwollnen Kehlen
Ihm nach wie rasselnd Winterlaub.
Man höret ihre Kiefern knacken,
Wenn fletschend in die Luft sie hacken;
In weitem Kreise so zum Tann,
Und wieder aus dem Dickicht dann
Ertönt das Glockenspiel der Bracken.

Was bricht dort im Gestrippe am Revier?
Im holprichten Galopp stampft es den Grund;
Ha! brüllend Herdenvieh! voran der Stier,
Und ihnen nach klafft ein versprengter Hund.
Schwerfällig poltern sie das Feld entlang,
Das Horn gesenkt, waagrecht des Schweifes Strang,
Und taumeln noch ein paarmal in die Runde,
Eh Posto wird gefasst im Heidegrunde.
Nun endlich stehn sie, murren noch zurück,

Das Dickicht messend mit verglastem Blick,
Dann sinkt das Haupt und unter ihrem Zahne
Ein leises Rupfen knirrt im Thymiane;
Unwillig schnauben sie den gelben Rauch,
Das Euter streifend am Wacholderstrauch,
Und peitschen mit dem Schweife in die Wolke
Von summendem Gewürm und Fliegenvolke.
So langsam schüttelnd den gefüllten Bauch
Fort grasen sie bis zu dem Heidekolke.

Ein Schuss: »Hallo!«, ein zweiter Schuss: »Hoho!«
Die Herde stutzt, des Kolkes Spiegel kraust
Ihr Blasen, dann die Hälse streckend, so
Wie in des Dammes Mönch der Strudel saust,
Ziehn sie das Wasser in den Schlund, sie pusten,
Die kranke Sterke schaukelt träg herbei,
Sie schaudert, schüttelt sich in hohlem Husten,
Und dann – ein Schuss, und dann – ein Jubelschrei!

Das grüne Käppchen auf dem Ohr,
Den halben Mond am Lederband,
Trabt aus der Lichtung rasch hervor
Bis mitten in das Heideland
Ein Waidmann ohne Tasch' und Büchse;
Er schwenkt das Horn, er ballt die Hand,
Dann setzt er an, und tausend Füchse
Sind nicht so kräftig totgeblasen,
Als heut es schmettert übern Rasen.
»Der Schelm ist tot, der Schelm ist tot!
Lasst uns den Schelm begraben!
Kriegen ihn die Hunde nicht,
Dann fressen ihn die Raben,
Hoho hallo!«

Da stürmt von allen Seiten es heran,
Die Bracken brechen aus Genist und Tann;
Durch das Gelände sieht in wüsten Reifen
Man johlend sie um den Hornisten schweifen.
Sie ziehen ihr Geheul so hohl und lang,
Dass es verdunkelt der Fanfare Klang,
Doch lauter, lauter schallt die Gloria,
Braust durch den Ginster die Viktoria:

»Hängt den Schelm, hängt den Schelm!
Hängt ihn an die Weide,
Mir den Balg und dir den Talg,
Dann lachen wir alle beide;
Hängt ihn! Hängt ihn
Den Schelm, den Schelm! – –«

Die Vogelhütte

Regen, Regen, immer Regen! will nicht das Geplätscher enden,
Dass ich aus dem Sarge brechen kann, aus diesen Bretterwänden?

Sieben Schuhe ins Gevierte, das ist doch ein ärmlich Räumchen
Für ein Menschenkind, und wär' es schlank auch wie ein Rosenbäumchen!

O was ließ ich mich gelüsten, in den Vogelherd zu flüchten,
Als nur schwach die Wolke tropfte, als noch flüsterten die Fichten:

Und muss nun bestehn das Ganze, wie wenn zögernd man dem Schwätzer
Raum gegeben, dem langweilig Seile drehnden Phrasensetzer;

Und am Knopfe nun gehalten, oder schlimmer an den Händen,
Zappelnd wie der Halbgehängte langet nach des Strickes Enden!

Meine Unglücksstrick' sind dieser Wasserstriemen Läng' und Breite,
Die verkörperten Hyperbeln, denn Bindfäden regnet's heute.

Denk' ich an die heitre Stube, an das weiche Kanapee,
Und wie mein Gedicht, das meine, dort zerlesen wird beim Tee:

Denk' ich an die schwere Zunge, die statt meiner es zerdrischt,
Bohrend wie ein Schwertfisch möcht' ich schießen in den Wassergischt.

Pah! was kümmern mich die Tropfen, ob ich nass ob säuberlich!
Aber besser stramm und trocken, als durchnässt und lächerlich.

Da – ein Fleck, ein Loch am Himmel; bist du endlich doch gebrochen,
Alte Wassertonne, hab' ich endlich dich entzwei gesprochen?

Aber wehe! wie's vom Fasse brodelt, wenn gesprengt der Zapfen,
Hör' ich's auf dem Dache rasseln, förmlich wie mit Füßen stapfen.

Regen! unbarmherz'ger Regen! mögst du braten oder sieden!
Wehe, diese alte Kufe ist das Fass der Danaiden!

Ich habe mich gesetzt in Gottes Namen;
Es hilft doch alles nicht, und mein Gedicht
Ist längst gelesen und im Schloss die Damen,
Sie saßen lange zu Gericht.

Statt einen neuen Lorbeerkranz zu drücken
In meine Phöboslocken, hat man sacht
Den alten losgezupft und hinterm Rücken
Wohl Eselsohren mir gemacht.

Verkannte Seele, fasse dich im Leiden,
Sei stark, sei nobel, denk, der Ruhm ist leer,
Das Leben kurz, es wechseln Schmerz und Freuden,
Und was dergleichen Neugedachtes mehr!

Ich schau mich um in meiner kleinen Zelle:
Für einen Klausner wär's ein hübscher Ort;
Die Bank, der Tisch, das hölzerne Gestelle,
Und an der Wand die Tasche dort;

Ein Netz im Winkelchen, ein Rechen, Spaten –
Und Betten? nun, das macht sich einfach hier;
Der Thymian ist heuer gut geraten,
Und blüht mir grade vor der Tür.

Die Waldung drüben – und das Quellgewässer –
Hier möcht' ich Heidebilder schreiben, zum Exempel:
»Die Vogelhütte«, nein – »der Herd«, nein besser:
»Der Knieende in Gottes weitem Tempel.«

's ist doch romantisch, wenn ein zart Geriesel
Durch Immortellen und Wacholderstrauch
Umzieht und gleitet, wie ein schlüpfend Wiesel,
Und drüber flirrt der Stöberrauch;

Wenn Schimmer wechseln, weiß und seladonen;
Die weite Ebne schaukelt wie ein Schiff,
Hindurch der Kiebitz schrillt, wie Halkyonen
Wehklagend ziehen um das Riff.

Am Horizont die kolossalen Brücken –
Sind's Wolken oder ist's ein ferner Wald?

Ich will den Schemel an die Luke rücken,
Da liegt mein Hut, mein Hammer, – halt:

Ein Teller am Gestell! – was mag er bieten?
Fundus! bei Gott, ein Fund die Brezel drin!
Für einen armen Hund von Eremiten,
Wie ich es leider heute bin!

Ein seidner Beutel noch – am Bort zerrissen;
Ich greife, greife Rundes mit der Hand;
Weh! in die dürre Erbs' hab' ich gebissen –
Ich dacht', es seie Zuckerkand.

Und nun die Tasche! he, wir müssen klopfen –
Vielleicht liegt ein Gefangner hier in Haft;
Da – eine Flasche! schnell herab den Pfropfen –
Ist's Wasser? Wasser? – edler Rebensaft!

Und Edlerer, der ihn dem Sack vertraute,
Splendid barmherziger Wildhüter du,
Für einen armen Schelm, der Erbsen kaute,
Den frommen Bruder Tuck im Ivanhoe!

Mit dem Gekörn will ich den Kiebitz letzen,
Es aus der Lücke streun, wenn er im Flug
Herschwirrt, mir auf die Schulter sich zu setzen,
Wie man es liest in manchem Buch.

Mir ist ganz wohl in meiner armen Zelle;
Wie mir das Klausnerleben so gefällt!
Ich bleibe hier, ich geh nicht von der Stelle,
Bevor der letzte Tropfen fällt.

Es verrieselt, es verraucht,
Mählich aus der Wolke taucht
Neu hervor der Sonnenadel.
In den feinen Dunst die Fichte
Ihre grünen Dornen streckt,
Wie ein schönes Weib die Nadel
In den Spitzenschleier steckt;
Und die Heide steht im Lichte
Zahllos blanker Tropfen, die
Am Wacholder zittern, wie
Glasgehänge an dem Lüster.
Überm Grund geht ein Geflüster,
Jedes Kräutchen reckt sich auf,
Und in langgestrecktem Lauf,
Durch den Sand des Pfades eilend,
Blitzt das goldne Panzerhemd
Des Kuriers*; am Halme weilend
Streicht die Grille sich das Nass
Von der Flügel grünem Glas.
Grashalm glänzt wie eine Klinge,
Und die kleinen Schmetterlinge,
Blau, orange, gelb und weiß,
Jagen tummelnd sich im Kreis.
Alles Schimmer, alles Licht,
Bergwald mag und Welle nicht
Solche Farbentöne hegen,
Wie die Heide nach dem Regen.

– – – – –

* *Buprestis, ein Prachtkäfer, der sich im Heidekraut aufhält.*

Ein Schall – und wieder – wieder – was ist das? –
Bei Gott, das Schloss! Da schlägt es acht im Turme –
Weh mein Gedicht! o weh mir armem Wurme,
Nun fällt mir alles ein, was ich vergaß!
Mein Hut, mein Hammer, hurtig fortgetrabt –
Vielleicht, vielleicht ist man diskret gewesen,
Und harrte meiner, der sein Federlesen
Indes mit Kraut und Würmern hat gehabt. –
Nun kömmt der Steg und nun des Teiches Ried,
Nun steigen der Alleen schlanke Streifen;
Ich weiß es nicht, ich kann es nicht begreifen,
Wie ich so gänzlich mich vom Leben schied –
Doch freilich – damals war ich Eremit!

Der Weiher

Er liegt so still im Morgenlicht,
So friedlich, wie ein fromm Gewissen;
Wenn Weste seinen Spiegel küssen,
Des Ufers Blume fühlt es nicht;
Libellen zittern über ihn,
Blaugoldne Stäbchen und Karmin,
Und auf des Sonnenbildes Glanz
Die Wasserspinne führt den Tanz;
Schwertlilienkranz am Ufer steht
Und horcht des Schilfes Schlummerliede;
Ein lindes Säuseln kommt und geht,
Als flüstr' es: Friede! Friede! Friede! –

Das Schilf

Stille, er schläft, stille! stille!
Libelle, reg die Schwingen sacht,
Dass nicht das Goldgewebe schrille,
Und, Ufergrün, halt gute Wacht,
Kein Kieselchen lass niederfallen.
Er schläft auf seinem Wolkenflaum,
Und über ihn lässt säuselnd wallen
Das Laubgewölb' der alte Baum;
Hoch oben, wo die Sonne glüht,
Wieget der Vogel seine Flügel,
Und wie ein schlüpfend Fischlein zieht
Sein Schatten durch des Teiches Spiegel.
Stille, stille! er hat sich geregt,
Ein fallend Reis hat ihn bewegt,
Das grad zum Nest der Hänfling trug;
Su, Su! breit, Ast, dein grünes Tuch –
Su, Su! nun schläft er fest genug.

Die Linde

Ich breite über ihn mein Blätterdach
So weit ich es vom Ufer strecken mag.
Schau her, wie langaus meine Arme reichen,
Ihm mit den Fächern das Gewürm zu scheuchen,
Das hundertfarbig zittert in der Luft.
Ich hauch' ihm meines Odems besten Duft,
Und auf sein Lager lass ich niederfallen
Die lieblichste von meinen Blüten allen;
Und eine Bank lehnt sich an meinen Stamm,
Da schaut ein Dichter von dem Uferdamm,
Den hör' ich flüstern wunderliche Weise,

Von mir und dir und der Libell' so leise,
Dass er den frommen Schläfer nicht geweckt;
Sonst wahrlich hätt' die Raupe ihn erschreckt,
Die ich geschleudert aus dem Blätterhag.
Wie grell die Sonne blitzt; schwül wird der Tag.
O könnt' ich! könnt' ich meine Wurzeln strecken
Recht mitten in das tief kristallne Becken,
Den Fäden gleich, die, grünlicher Asbest,
Schaun so behaglich aus dem Wassernest,
Wie mir zum Hohne, der im Sonnenbrande
Hier einsam niederlechzt vom Uferrande.

Die Wasserfäden

Neid uns! neid uns! lass die Zweige hangen,
Nicht weil flüssigen Kristall wir trinken,
Neben uns des Himmels Sterne blinken,
Sonne sich in unserm Netz gefangen –
Nein, des Teiches Blutsverwandte, fest
Hält er all uns an die Brust gepresst,
Und wir bohren unsre feinen Ranken
In das Herz ihm, wie ein liebend Weib,
Dringen Adern gleich durch seinen Leib,
Dämmern auf wie seines Traums Gedanken;
Wer uns kennt, der nennt uns lieb und treu,
Und die Schmerle birgt in unsrer Hut
Und die Karpfenmutter ihre Brut;
Welle mag in unserm Schleier kosen;
Uns nur traut die holde Wasserfei,
Sie, die Schöne, lieblicher als Rosen.

Schleuß, Trifolium*, die Glocken auf,
Kurz dein Tag, doch königlich sein Lauf!

Kinder am Ufer

O sieh doch! siehst du nicht die Blumenwolke
Da drüben in dem tiefsten Weiherkolke?
O! das ist schön! hätt' ich nur einen Stecken,
Schmalzweiße Kelch' mit dunkelroten Flecken,
Und jede Glocke ist frisiert so fein
Wie unser wächsern Engelchen im Schrein.
Was meinst du, schneid' ich einen Haselstab,
Und wat' ein wenig in die Furt hinab?
Pah! Frösch' und Hechte können mich nicht schrecken –
Allein, ob nicht vielleicht der Wassermann
Dort in den langen Kräutern hocken kann?
Ich geh, ich gehe schon – ich gehe nicht –
Mich dünkt, ich sah am Grunde ein Gesicht –
Komm lass uns lieber heim, die Sonne sticht!

Der Hünenstein

Zur Zeit der Scheide zwischen Nacht und Tag,
Als wie ein siecher Greis die Heide lag
Und ihr Gestöhn des Mooses Teppich regte,
Krankhafte Funken im verwirrten Haar
Elektrisch blitzten, und, ein dunkler Mahr,
Sich über sie die Wolkenschichte legte;

---

* *Trifolium, Dreiblatt, Menianthes trifoliata. L. Biberklee. Eine Wasserpflanze, die nur in sehr tiefem Wasser wächst, mit schöner, aber sehr vergänglicher Blüte.*

Zu dieser Dämmerstunde war's, als ich
Einsam hinaus mit meinen Sorgen schlich,
Und wenig dachte, was es draußen treibe.
Nachdenklich schritt ich, und bemerkte nicht
Des Krautes Wallen und des Wurmes Licht,
Ich sah auch nicht, als stieg die Mondesscheibe.

Grad war der Weg, ganz sonder Steg und Bruch;
So träumt' ich fort und, wie ein schlechtes Buch,
Ein Pfennigsmagazin uns auf der Reise
Von Station zu Stationen plagt,
Hab' zehnmal Weggeworfnes ich benagt,
Und fortgeleiert überdrüss'ge Weise.

Entwürfe wurden aus Entwürfen reif,
Doch, wie die Schlange packt den eignen Schweif,
Fand ich mich immer auf derselben Stelle;
Da plötzlich fuhr ein plumper Schröter jach
Ans Auge mir, ich schreckte auf und lag
Am Grund, um mich des Heidekrautes Welle.

Seltsames Lager, das ich mir erkor!
Zur Rechten, Linken schwoll Gestein empor,
Gewalt'ge Blöcke, rohe Porphirbrode;
Mir überm Haupte reckte sich der Bau,
Langhaar'ge Flechten rührten meine Brau,
Und mir zu Füßen schwankt' die Ginsterlode.

Ich wusste gleich, es war ein Hünengrab,
Und fester drückt' ich meine Stirn hinab,
Wollüstig saugend an des Grauens Süße,
Bis es mit eis'gen Krallen mich gepackt,

Bis wie ein Gletscherbronn des Blutes Takt
Aufquoll und hämmert' unterm Mantelvließe.

Die Decke über mir, gesunken, schief,
An der so blass gehärmt das Mondlicht schlief,
Wie eine Witwe an des Gatten Grabe;
Vom Hirtenfeuer Kohlenscheite sahn
So leichenbrandig durch den Thymian,
Dass ich sie abwärts schnellte mit dem Stabe.

Husch fuhr ein Kiebitz schreiend aus dem Moos;
Ich lachte auf; doch trug wie bügellos
Mich Phantasie weit über Spalt und Barren.
Dem Wind hab' ich gelauscht so scharf gespannt,
Als bring' er Kunde aus dem Geisterland,
Und immer musst' ich an die Decke starren.

Ha! welche Sehnen wälzten diesen Stein?
Wer senkte diese wüsten Blöcke ein,
Als durch das Heid die Totenklage schallte?
Wer war die Drude, die im Abendstrahl
Mit Run' und Spruch umwandelte das Tal,
Indes ihr goldnes Haar im Winde wallte?

Dort ist der Osten, dort, drei Schuh im Grund,
Dort steht die Urne und in ihrem Rund
Ein wildes Herz zerstäubt zu Aschenflocken;
Hier lagert sich der Traum vom Opferhain,
Und finster schütteln über diesen Stein
Die grimmen Götter ihre Wolkenlocken.

Wie, sprach ich Zauberformel? Dort am Damm –
Es steigt, es breitet sich wie Wellenkamm,

Ein Riesenleib, gewalt'ger, höher immer;
Nun greift es aus mit langgedehntem Schritt –
Schau, wie es durch der Eiche Wipfel glitt,
Durch seine Glieder zittern Mondenschimmer.

Komm her, komm nieder – um ist deine Zeit!
Ich harre dein, im heil'gen Bad geweiht;
Noch ist der Kirchenduft in meinem Kleide! –
Da fährt es auf, da ballt es sich ergrimmt,
Und langsam, eine dunkle Wolke, schwimmt
Es über meinem Haupt entlang die Heide.

Ein Ruf, ein hüpfend Licht – es schwankt herbei –
Und – »Herr, es regnet« – sagte mein Lakai,
Der ruhig übers Haupt den Schirm mir streckte.
Noch einmal sah ich zum Gestein hinab:
Ach Gott, es war doch nur ein rohes Grab,
Das armen ausgedorrten Staub bedeckte! –

Die Steppe

Standest du je am Strande,
Wenn Tag und Nacht sich gleichen,
Und sahst aus Lehm und Sande
Die Regenrinnen schleichen –
Zahllose Schmugglerquellen,
Und dann, so weit das Auge
Nur reicht, des Meeres Wellen
Gefärbt mit gelber Lauge? –

Hier ist die Dün' und drunten
Das Meer; Kanonen gleichend
Stehn Schäferkarrn, die Lunten
Verlöscht am Boden streichend.
Gilt's etwa dem Korsaren
Im flatternden Kaftane,
Den dort ich kann gewahren
Im gelben Ozeane?

Er scheint das Tau zu schlagen,
Sein Schiff verdeckt die Düne,
Doch sieht den Mast man ragen, –
Ein dürrer Fichtenhüne;
Von seines Toppes Kunkel
Die Seile stramm wie Äste,
Der Mastkorb, rau und dunkel,
Gleicht einem Weihenneste! –

Die Mergelgrube

Stoß deinen Scheit drei Spannen in den Sand,
Gesteine siehst du aus dem Schnitte ragen,
Blau, gelb, zinnoberrot, als ob zur Gant
Natur die Trödelbude aufgeschlagen.
Kein Pardelfell war je so bunt gefleckt,
Kein Rebhuhn, keine Wachtel so gescheckt,
Als das Gerölle gleißend wie vom Schliff
Sich aus der Scholle bröckelt bei dem Griff
Der Hand, dem Scharren mit des Fußes Spitze.
Wie zürnend sturt dich an der schwarze Gneus,
Spatkugeln kollern nieder, milchig weiß,

Und um den Glimmer fahren Silberblitze;
Gesprenkelte Porphire, groß und klein,
Die Ockerdruse und der Feuerstein –
Nur wenige hat dieser Grund gezeugt,
Der sah den Strand, und *der* des Berges Kuppe;
Die zorn'ge Welle hat sie hergescheucht,
Leviathan mit seiner Riesenschuppe,
Als schäumend übern Sinai er fuhr,
Des Himmels Schleusen dreißig Tage offen,
Gebirge schmolzen ein wie Zuckerkand,
Als dann am Ararat die Arche stand,
Und, eine fremde, üppige Natur,
Ein neues Leben quoll aus neuen Stoffen. –
Findlinge nennt man sie, weil von der Brust,
Der mütterlichen sie gerissen sind,
In fremde Wiege schlummernd unbewusst,
Die fremde Hand sie legt' wie's Findelkind.
O welch ein Waisenhaus ist diese Heide,
Die Mohren, Blassgesicht, und rote Haut
Gleichförmig hüllet mit dem braunen Kleide!
Wie endlos ihre Zellenreihn gebaut!

Tief ins Gebröckel, in die Mergelgrube
War ich gestiegen, denn der Wind zog scharf;
Dort saß ich seitwärts in der Höhlenstube,
Und horchte träumend auf der Luft Geharf.
Es waren Klänge, wie wenn Geisterhall
Melodisch schwinde im zerstörten All;
Und dann ein Zischen, wie von Moores Klaffen,
Wenn brodelnd es in sich zusamm'gesunken;
Mir überm Haupt ein Rispeln und ein Schaffen,
Als scharre in der Asche man den Funken.

Findlinge zog ich Stück auf Stück hervor,
Und lauschte, lauschte mit berauschtem Ohr.

Vor mir, um mich der graue Mergel nur,
Was drüber sah ich nicht; doch die Natur
Schien mir verödet, und ein Bild erstand
Von einer Erde, mürbe, ausgebrannt;
Ich selber schien ein Funken mir, der doch
Erzittert in der toten Asche noch,
Ein Findling im zerfallnen Weltenbau.
Die Wolke teilte sich, der Wind ward lau;
Mein Haupt nicht wagt' ich aus dem Hohl zu strecken,
Um nicht zu schauen der Verödung Schrecken,
Wie Neues quoll und Altes sich zersetzte –
War ich der erste Mensch oder der letzte?

Ha, auf der Schieferplatte hier Medusen –
Noch schienen ihre Strahlen sie zu zücken,
Als sie geschleudert von des Meeres Busen,
Und das Gebirge sank, sie zu zerdrücken.
Es ist gewiss, die alte Welt ist hin,
Ich Petrefakt, ein Mammutsknochen drin!
Und müde, müde sank ich an den Rand
Der staub'gen Gruft; da rieselte der Grand
Auf Haar und Kleider mir, ich ward so grau
Wie eine Leich' im Katakombenbau,
Und mir zu Füßen hört' ich leises Knirren,
Ein Rütteln, ein Gebröckel und ein Schwirren.
Es war der Totenkäfer, der im Sarg
So eben eine frische Leiche barg;
Ihr Fuß, ihr Flügelchen empor gestellt
Zeigt eine Wespe mir von dieser Welt.
Und anders ward mein Träumen nun gewandet,

Zu einer Mumie ward ich versandet,
Mein Linnen Staub, fahlgrau mein Angesicht,
Und auch der Skarabäus fehlte nicht.

Wie, Leichen über mir? – so eben gar
Rollt mir ein Byssusknäuel in den Schoß;
Nein, das ist Wolle, ehrlich Lämmerhaar –
Und plötzlich ließen mich die Träume los.
Ich gähnte, dehnte mich, fuhr aus dem Hohl,
Am Himmel stand der rote Sonnenball
Getrübt von Dunst, ein glüher Karniol,
Und Schafe weideten am Heidewall.
Dicht über mir sah ich den Hirten sitzen,
Er schlingt den Faden und die Nadeln blitzen,
Wie er bedächtig seinen Socken strickt.
Zu mir hinunter hat er nicht geblickt.
»Ave Maria« hebt er an zu pfeifen,
So sacht und schläfrig, wie die Lüfte streifen,
Er schaut so seelengleich die Herde an,
Dass man nicht weiß, ob Schaf er oder Mann.
Ein Räuspern dann, und langsam aus der Kehle
Schiebt den Gesang er in das Garngestrehle:

Es stehet ein Fischlein in einem tiefen See,
Danach tu ich wohl schauen, ob es kommt in die Höh;
Wandl' ich über Grunheide bis an den kühlen Rhein,
Alle meine Gedanken bei meinem Feinsliebchen sein.

Gleich wie der Mond ins Wasser schaut hinein,
Und gleich wie die Sonne im Wald gibt güldenen Schein,
Also sich verborgen bei mir die Liebe findt,
Alle meine Gedanken, sie sind bei dir, mein Kind.

Wer da hat gesagt, ich wollte wandern fort,
Der hat sein Feinsliebchen an einem andern Ort;
Trau nicht den falschen Zungen, was sie dir blasen ein,
Alle meine Gedanken, sie sind bei dir allein.

Ich war hinaufgeklommen, stand am Bord,
Dicht vor dem Schäfer, reichte ihm den Knäuel;
Er steckt' ihn an den Hut, und strickte fort,
Sein weißer Kittel zuckte wie ein Weihel.
Im Moose lag ein Buch; ich hob es auf –
»›Bertuchs Naturgeschichte‹; lest ihr das?« –
Da zog ein Lächeln seine Lippen auf:
»Der lügt mal, Herr! doch das ist just der Spaß!
Von Schlangen, Bären, die in Stein verwandelt,
Als, wie Genesis sagt, die Schleusen offen;
Wär's nicht zur Kurzweil, wär' es schlecht gehandelt:
Man weiß ja doch, dass alles Vieh versoffen.«
Ich reichte ihm die Schieferplatte: »Schau,
Das war ein Tier.« Da zwinkert' er die Brau',
Und hat mir lange pfiffig nachgelacht –
Dass ich verrückt sei, hätt' er nicht gedacht! –

Die Krähen

Heiß, heiß der Sonnenbrand
Drückt vom Zenit herunter,
Weit, weit der gelbe Sand
Zieht sein Gestäube drunter;
Nur wie ein grüner Strich
Am Horizont die Föhren;

Mich dünkt, man müsst' es hören,
Wenn nur ein Kanker schlich.

Der blasse Äther siecht,
Ein Ruhen rings, ein Schweigen,
Dem matt das Ohr erliegt;
Nur an der Düne steigen
Zwei Fichten, dürr, ergraut –
Wie Trauernde am Grabe –
Wo einsam sich ein Rabe
Die rupp'gen Federn kraut.

Da zieht's in Westen schwer
Wie eine Wetterwolke,
Kreist um die Föhren her
Und fällt am Heidekolke;
Und wieder steigt es dann,
Es flattert und es ächzet,
Und immer näher krächzet
Das Galgenvolk heran.

Recht, wo der Sand sich dämmt,
Da lagert es am Hügel;
Es badet sich und schwemmt,
Stäubt Asche durch die Flügel
Bis jede Feder grau;
Dann rasten sie im Bade,
Und horchen der Suade
Der alten Krähenfrau,

Die sich im Sande reckt,
Das Bein lang ausgeschossen,
Ihr eines Aug' gefleckt,

Das andre ist geschlossen;
Zweihundert Jahr und mehr
Gehetzt mit allen Hunden,
Schnarrt sie nun ihre Kunden
Dem jungen Volke her:

»Ja, ritterlich und kühn all sein Gebar!
Wenn er so herstolzierte vor der Schar,
Und ließ sein bäumend Ross so drehn und schwenken,
Da musst' ich immer an Sankt Görgen denken,
Den Wettermann, der – als am Schlot ich saß,
Ließ mir die Sonne auf den Rücken brennen –
Vom Wind getrillt mich schlug so hart, dass bass
Ich es dem alten Raben möchte gönnen,
Der dort von seiner Hopfenstange schaut,
Als sei ein Baum er und wir andern Kraut! –

Kühn war der Halberstadt, das ist gewiss!
Wenn er die Braue zog, die Lippe biss,
Dann standen seine Landsknecht' auf den Füßen
Wie Speere, solche Blicke konnt' er schießen.
Einst brach sein Schwert; er riss die Kuppel los,
Stieß mit der Scheide einen Mann vom Pferde.
Ich war nur immer froh, dass flügellos,
Ganz sonder Witz der Mensch geboren werde:
Denn nie hab' ich gesehn, dass aus der Schlacht
Er eine Leber nur beiseit' gebracht.

An einem Sommertag, – heut sind es grad
Zweihundertfünfzehn Jahr, es lief die Schnat
Am Damme drüben damals bei den Föhren –
Da konnte man ein frisch Drommeten hören,
Ein Schwerterklirren und ein Feldgeschrei,

Radschlagen sah man Reuter von den Rossen,
Und die Kanone fuhr ihr Hirn zu Brei;
Entlang die Gleise ist das Blut geflossen,
Granat' und Wachtel liefen kunterbunt
Wie junge Kiebitze am sand'gen Grund.

Ich saß auf einem Galgen, wo das Bruch
Man überschauen konnte recht mit Fug;
Dort an der Schnat hat Halberstadt gestanden,
Mit seinem Sehrohr streifend durch die Banden,
Hat seinen Stab geschwungen so und so;
Und wie er schwenkte, zogen die Soldaten –
Da plötzlich aus den Mörsern fuhr die Loh',
Es knallte, dass ich bin zu Fall geraten,
Und als kopfüber ich vom Galgen schoss,
Da pfiff der Halberstadt davon zu Ross.

Mir stieg der Rauch in Ohr und Kehl', ich schwang
Mich auf, und nach der Qualm in Strömen drang;
Entlang die Heide fuhr ich mit Gekrächze.
Am Grunde, welch Geschrei, Geschnaub', Geächze!
Die Rosse wälzten sich und zappelten,
Todwunde zuckten auf, Landsknecht' und Reuter
Knirschten den Sand, da näher trappelten
Schwadronen, manche krochen winselnd weiter,
Und mancher hat noch einen Stich versucht,
Als über ihn der Bayer weggeflucht.

Noch lange haben sie getobt, geknallt,
Ich hatte mich geflüchtet in den Wald;
Doch als die Sonne färbt' der Föhren Spalten,
Ha welch ein köstlich Mahl ward da gehalten!
Kein Geier schmaust, kein Weihe je so reich!

In achtzehn Schwärmen fuhren wir herunter,
Das gab ein Hacken, Picken, Leich auf Leich –
Allein der Halberstadt war nicht darunter:
Nicht kam er heut, noch sonst mir zu Gesicht,
Wer ihn gefressen hat, ich weiß es nicht.«

Sie zuckt die Klaue, kraut den Schopf,
Und streckt behaglich sich im Bade;
Da streckt ein grauer Herr den Kopf,
Weit älter, als die Scheh'razade.
»Ha«, krächzt er, »das war wüste Zeit, –
Da gab's nicht Frauen, wie vor Jahren,
Als Ritter mit dem Kreuz gefahren,
Und man die Münster hat geweiht!«
Er hustet, speit ein wenig Sand und Ton,
Dann hebt er an, ein grauer Seladon:

»Und wenn er kühn, so war sie schön,
Die heil'ge Frau im Ordenskleide!
Ihr mocht' der Weihel süßer stehn,
Als andern Güldenstück und Seide.
Kaum war sie holder an dem Tag,
Da ihr jungfräulich Haar man fällte,
Als ich ans Kirchenfenster schnellte,
Und schier Tobias' Hündlein brach.

Da stand die alte Gräfin, stand
Der alte Graf, geduldig harrend;
Er aufs Barettlein in der Hand,
Sie fest aufs Paternoster starrend;
Ehrbar, wie bronzen sein Gesicht –
Und aus der Mutter Wimpern glitten

Zwei Tränen auf der Schaube Mitten,
Doch ihre Lippe zuckte nicht.

Und sie in ihrem Sammetkleid,
Von Perlen und Juwel umfunkelt,
Bleich war sie, aber nicht von Leid,
Ihr Blick doch nicht von Gram umdunkelt.
So mild hat sie das Haupt gebeugt,
Als woll' auf den Altar sie legen
Des Haares königlichen Segen,
Vom Antlitz ging ein süß Geleucht.

Doch als nun, wie am Blutgerüst,
Ein Mann die Seidenstränge packte,
Da fasste mich ein wild Gelüst,
Ich schlug die Scheiben, dass es knackte,
Und flattert' fort, als ob der Stahl
Nach meinem Nacken wolle zücken.
Ja wahrlich, über Kopf und Rücken
Fühlt' ich den ganzen Tag mich kahl!

Und später sah ich manche Stund
Sie betend durch den Kreuzgang schreiten,
Ihr süßes Auge übern Grund
Entlang die Totenlager gleiten;
Ins Quadrum flog ich dann herab,
Spazierte auf dem Leichensteine,
Sang, oder suchte auch zum Scheine
Nach einem Regenwurm am Grab.

Wie sie gestorben, weiß ich nicht;
Die Fenster hatte man verhangen,
Ich sah am Vorhang nur das Licht

Und hörte, wie die Schwestern sangen;
Auch hat man keinen Stein geschafft
Ins Quadrum, doch ich hörte sagen,
Dass manchem Kranken Heil getragen
Der sel'gen Frauen Wunderkraft.

Ein Loch gibt es am Kirchenend',
Da kann man ins Gewölbe schauen,
Wo matt die ew'ge Lampe brennt,
Steinsärge ragen, fein gehauen;
Da streck' ich oft im Dämmergrau
Den Kopf durchs Gitter, klage, klage
Die Schlafende im Sarkophage,
So hold, wie keine Krähenfrau!«

Er schließt die Augen, stößt ein lang »Krahah!«
Gestreckt die Zunge und den Schnabel offen;
Matt, flügelhängend, ein zertrümmert Hoffen,
Ein Bild gebrochnen Herzens sitzt er da. –
Da schnarrt es über ihm: »Ihr Narren all!«
Und nieder von der Fichte plumpt der Rabe:
»Ist einer hier, der hörte von Walhall,
Von Teut und Thor, und von dem Hünengrabe?
Saht ihr den Opferstein« – da mit Gekrächz
Hebt sich die Schar und klatscht entlang den Hügel.
Der Rabe blinzt, er stößt ein kurz Geächz,
Die Federn sträubend wie ein zorn'ger Igel;
Dann duckt er nieder, kraut das kahle Ohr,
Noch immer schnarrend fort von Teut und Thor. –

Das Hirtenfeuer

Dunkel, dunkel im Moor,
Über der Heide Nacht,
Nur das rieselnde Rohr
Neben der Mühle wacht,
Und an des Rades Speichen
Schwellende Tropfen schleichen.

Unke kauert im Sumpf,
Igel im Grase duckt,
In dem modernden Stumpf
Schlafend die Kröte zuckt,
Und am sandigen Hange
Rollt sich fester die Schlange.

Was glimmt dort hinterm Ginster,
Und bildet lichte Scheiben?
Nun wirft es Funkenflinster,
Die löschend niederstäuben;
Nun wieder alles dunkel –
Ich hör' des Stahles Picken,
Ein Knistern, ein Gefunkel –
Und auf die Flammen zücken.

Und Hirtenbuben hocken
Im Kreis' umher, sie strecken
Die Hände, Torfes Brocken
Seh ich die Lohe lecken;
Da bricht ein starker Knabe
Aus des Gestrippes Windel,
Und schleifet nach im Trabe
Ein wüst Wacholderbündel.

Er lässt's am Feuer kippen –
Hei, wie die Buben johlen,
Und mit den Fingern schnippen
Die Funken-Girandolen!
Wie ihre Zipfelmützen
Am Ohre lustig flattern,
Und wie die Nadeln spritzen,
Und wie die Äste knattern!

Die Flamme sinkt, sie hocken
Aufs Neu' umher im Kreise,
Und wieder fliegen Brocken,
Und wieder schwelt es leise;
Glührote Lichter streichen
An Haarbusch und Gesichte,
Und schier Dämonen gleichen
Die kleinen Heidewichte.

Der da, der Unbeschuhte,
Was streckt er in das Dunkel
Den Arm wie eine Rute,
Im Kreise welch Gemunkel?
Sie spähn wie junge Geier
Von ihrer Ginsterschütte:
Hah, noch ein Hirtenfeuer,
Recht an des Dammes Mitte!

Man sieht es eben steigen
Und seine Schimmer breiten,
Den wirren Funkenreigen
Übern Wacholder gleiten;
Die Buben flüstern leise,
Sie räuspern ihre Kehlen,

Und alte Heideweise
Verzittert durch die Schmelen.

»Helo, heloe!
Heloe, loe!
Komm du auf unsre Heide,
Wo ich meine Schäflein weide,
Komm, o komm in unser Bruch,
Da gibt's der Blümelein genug, –
Helo, heloe!«

Die Knaben schweigen, lauschen nach dem Tann,
Und leise durch den Ginster zieht's heran:

Gegenstrophe

»Helo, heloe!
Ich sitze auf dem Walle,
Meine Schäflein schlafen alle,
Komm, o komm in unsern Kamp,
Da wächst das Gras wie Brahm so lang! –
Helo, heloe!
Heloe, loe!«

*Der Heidemann**

»Geht, Kinder, nicht zu weit ins Bruch,
Die Sonne sinkt, schon surrt den Flug
Die Biene matter, schlafgehemmt,
Am Grunde schwimmt ein blasses Tuch,
Der Heidemann kömmt!« –

Die Knaben spielen fort am Raine,
Sie rupfen Gräser, schnellen Steine,
Sie plätschern in des Teiches Rinne,
Erhaschen die Phalän' am Ried,
Und freun sich, wenn die Wasserspinne
Langbeinig in die Binsen flieht.

»Ihr Kinder, legt euch nicht ins Gras, –
Seht, wo noch grad' die Biene saß,
Wie weißer Rauch die Glocken füllt.
Scheu aus dem Busche glotzt der Has,
Der Heidemann schwillt!« –

Kaum hebt ihr schweres Haupt die Schmele
Noch aus dem Dunst, in seine Höhle
Schiebt sich der Käfer und am Halme
Die träge Motte höher kreucht,
Sich flüchtend vor dem feuchten Qualme,
Der unter ihre Flügel steigt.

»Ihr Kinder, haltet euch bei Haus,
Lauft ja nicht in das Bruch hinaus;

---

* *Hier die Nebelschicht, die sich zur Herbst- und Frühlingszeit abends über den Heidegrund legt.*

Seht, wie bereits der Dorn ergraut,
Die Drossel ächzt zum Nest hinaus,
Der Heidemann braut!« –

Man sieht des Hirten Pfeife glimmen,
Und vor ihm her die Herde schwimmen,
Wie Proteus seine Robbenscharen
Heimschwemmt im grauen Ozean.
Am Dach die Schwalben zwitschernd fahren
Und melancholisch kräht der Hahn.

»Ihr Kinder, bleibt am Hofe dicht,
Seht, wie die feuchte Nebelschicht
Schon an des Pförtchens Klinke reicht;
Am Grunde schwimmt ein falsches Licht,
Der Heidemann steigt!« –

Nun strecken nur der Föhren Wipfel
Noch aus dem Dunste grüne Gipfel,
Wie übern Schnee Wacholderbüsche;
Ein leises Brodeln quillt im Moor,
Ein schwaches Schrillen, ein Gezische
Dringt aus der Niederung hervor.

»Ihr Kinder, kommt, kommt schnell herein,
Das Irrlicht zündet seinen Schein,
Die Kröte schwillt, die Schlang' im Ried;
Jetzt ist's unheimlich draußen sein,
Der Heidemann zieht!« –

Nun sinkt die letzte Nadel, rauchend
Zergeht die Fichte, langsam tauchend
Steigt Nebelschemen aus dem Moore,

Mit Hünenschritten gleitet's fort;
Ein irres Leuchten zuckt im Rohre,
Der Krötenchor beginnt am Bord.

Und plötzlich scheint ein schwaches Glühen
Des Hünen Glieder zu durchziehen;
Es siedet auf, es färbt die Wellen,
Der Nord, der Nord entzündet sich –
Glutpfeile, Feuerspeere schnellen,
Der Horizont ein Lavastrich!

»Gott gnad' uns! wie es zuckt und dräut,
Wie's schwelet an der Dünenscheid'! –
Ihr Kinder, faltet eure Händ',
Das bringt uns Pest und teure Zeit –
Der Heidemann brennt!« –

Das Haus in der Heide

Wie lauscht, vom Abendschein umzuckt,
Die strohgedeckte Hütte,
– Recht wie im Nest der Vogel duckt, –
Aus dunkler Föhren Mitte.

Am Fensterloche streckt das Haupt
Die weißgestirnte Sterke,
Bläst in den Abendduft und schnaubt
Und stößt ans Holzgewerke.

Seitab ein Gärtchen, dornumhegt,
Mit reinlichem Gelände,

Wo matt ihr Haupt die Glocke trägt,
Aufrecht die Sonnenwende.

Und drinnen kniet ein stilles Kind,
Das scheint den Grund zu jäten,
Nun pflückt sie eine Lilie lind
Und wandelt längs den Beeten.

Am Horizonte Hirten, die
Im Heidekraut sich strecken,
Und mit des Aves Melodie
Träumende Lüfte wecken.

Und von der Tenne ab und an
Schallt es wie Hammerschläge,
Der Hobel rauscht, es fällt der Span,
Und langsam knarrt die Säge.

Da hebt der Abendstern gemach
Sich aus den Föhrenzweigen,
Und grade ob der Hütte Dach
Scheint er sich mild zu neigen.

Es ist ein Bild, wie still und heiß
Es alte Meister hegten,
Kunstvolle Mönche, und mit Fleiß
Es auf den Goldgrund legten.

Der Zimmermann – die Hirten gleich
Mit ihrem frommen Liede –
Die Jungfrau mit dem Lilienzweig –
Und rings der Gottesfriede.

Des Sternes wunderlich Geleucht
Aus zarten Wolkenfloren –
Ist etwa hier im Stall vielleicht
Christkindlein heut geboren?

Der Knabe im Moor

O schaurig ist's übers Moor zu gehn,
Wenn es wimmelt vom Heiderauche,
Sich wie Phantome die Dünste drehn
Und die Ranke häkelt am Strauche,
Unter jedem Tritte ein Quellchen springt,
Wenn aus der Spalte es zischt und singt,
O schaurig ist's übers Moor zu gehn,
Wenn das Röhricht knistert im Hauche!

Fest hält die Fibel das zitternde Kind
Und rennt als ob man es jage;
Hohl über die Fläche sauset der Wind –
Was raschelt drüben am Hage?
Das ist der gespenstige Gräberknecht,
Der dem Meister die besten Torfe verzecht;
Hu, hu, es bricht wie ein irres Rind!
Hinducket das Knäblein zage.

Vom Ufer starret Gestumpf hervor,
Unheimlich nicket die Föhre,
Der Knabe rennt, gespannt das Ohr,
Durch Riesenhalme wie Speere;
Und wie es rieselt und knittert darin!
Das ist die unselige Spinnerin,

Das ist die gebannte Spinnlenor',
Die den Haspel dreht im Geröhre!

Voran, voran, nur immer im Lauf,
Voran als woll' es ihn holen;
Vor seinem Fuße brodelt es auf,
Es pfeift ihm unter den Sohlen
Wie eine gespenstige Melodei;
Das ist der Geigemann ungetreu
Das ist der diebische Fiedler Knauf,
Der den Hochzeitheller gestohlen!

Da birst das Moor, ein Seufzer geht
Hervor aus der klaffenden Höhle;
Weh, weh, da ruft die verdammte Margret:
»Ho, ho, meine arme Seele!«
Der Knabe springt wie ein wundes Reh,
Wär' nicht Schutzengel in seiner Näh',
Seine bleichenden Knöchelchen fände spät
Ein Gräber im Moorgeschwele.

Da mählich gründet der Boden sich,
Und drüben, neben der Weide,
Die Lampe flimmert so heimatlich,
Der Knabe steht an der Scheide.
Tief atmet er auf, zum Moor zurück
Noch immer wirft er den scheuen Blick:
Ja, im Geröhre war's fürchterlich,
O schaurig war's in der Heide!

FELS, WALD UND SEE

Die Elemente

Luft

Der Morgen, der Jäger

Wo die Felsenlager stehen,
Sich des Schnees Daunen blähen,
Auf des Chimborasso Höhen
Ist der junge Strahl erwacht;
Regt und dehnt die ros'gen Glieder,
Schüttelt dann sein Goldgefieder,
Mit dem Flimmerauge nieder
Blinzt er in des Tales Schacht.
Hörst du wie es fällt und steigt?
Fühlst du wie es um dich streicht?
Dringt zu dir im weichen Duft
Nicht der Himmelsodem – Luft?

Ins frische Land der Jäger tritt:
»Gegrüßt du fröhlicher Morgen!
Gegrüßt du Sonn', mit dem leichten Schritt
Wir beiden ziehn ohne Sorgen.
Und dreimal gegrüßt mein Geselle Wind,
Der stets mir wandelt zur Seite,
Im Walde flüstert durch Blätter lind,

Zur Höh' gibt springend Geleite.
Und hat die Gems, das listige Tier,
Mich verlockt in ihr zackiges Felsrevier,
Wie sind wir drei dann so ganz allein,
Du, Luft, und ich, und der uralte Stein!«

Wasser

Der Mittag, der Fischer

Alles still ringsum –
Die Zweige ruhen, die Vögel sind stumm.
Wie ein Schiff, das im vollen Gewässer brennt,
Und das die Windsbraut jagt,
So durch den Azur die Sonne rennt,
Und immer flammender tagt.
Natur schläft – ihr Odem steht,
Ihre grünen Locken hangen schwer,
Nur auf und nieder ihr Pulsschlag geht
Ungehemmt im heiligen Meer.
Jedes Räupchen sucht des Blattes Hülle,
Jeden Käfer nimmt sein Grübchen auf;
Nur das Meer liegt frei in seiner Fülle,
Und blickt zum Firmament hinauf.

In der Bucht wiegt ein Kahn,
Ausgestreckt der Fischer drin,
Und die lange Wasserbahn
Schaut er träumend überhin.
Neben ihm die Zweige hängen,
Unter ihm die Wellchen drängen,
Plätschernd in der blauen Flut
Schaukelt seine heiße Hand:

»Wasser«, spricht er, »Welle gut,
Hauchst so kühlig an den Strand.
Du, der Erde köstlich Blut,
Meinem Blute nah verwandt,
Sendest deine blanken Wellen,
Die jetzt kosend um mich schwellen,
Durch der Mutter weites Reich,
Börnlein, Strom und glatter Teich,
Und an meiner Hütte gleich
Schlürf' ich dein geläutert Gut,
Und du wirst mein eignes Blut,
Liebe Welle! heil'ge Flut!« –
Leiser plätschernd schläft er ein,
Und das Meer wirft seinen Schein
Um Gebirg und Feld und Hain;
Und das Meer zieht seine Bahn
Um die Welt und um den Kahn.

Erde

Der Abend, der Gärtner

Rötliche Flöckchen ziehen
Über die Berge fort,
Und wie Purpurgewänder,
Und wie farbige Bänder
Flattert es hier und dort
In der steigenden Dämmrung Hort.

Gleich einem Königsgarten,
Den verlassen die Fürstin hoch –
Nur in der Kühle ergehen

Und um die Beete sich drehen
Flüsternd ein paar Hoffräulein noch.

Da des Himmels Vorhang sinkt,
Öffnet sich der Erde Brust,
Leise, leise Kräutlein trinkt,
Und entschlummert unbewusst;
Und sein furchtsam Wächterlein,
Würmchen mit dem grünen Schein,
Zündet an dem Glühholz sein
Leuchtchen klein.

Der Gärtner, über die Blumen gebeugt,
Spürt an der Sohle den Tau,
Gleich vom nächsten Halme er streicht
Lächelnd die Tropfen lau;
Geht noch einmal entlang den Wall,
Prüft jede Knospe genau und gut:
»Schlaft denn«, spricht er, »ihr Kindlein all,
Schlafet! ich lass euch der Mutter Hut;
Liebe Erde! mir sind die Wimper schwer,
Hab' die letzte Nacht durchwacht,
Breit *wohl* deinen Taumantel um sie her,
Nimm *wohl* mir die Kleinen in acht.«

Feuer

Die Nacht, der Hammerschmied

Dunkel! All Dunkel schwer!
Wie Riesen schreiten Wolken her –
Über Gras und Laub,
Wirbelt's wie schwarzer Staub;

Hier und dort ein grauer Stamm;
Am Horizont des Berges Kamm
Hält die gespenstige Wacht,
Sonst alles Nacht – Nacht – nur Nacht.

Was blitzt dort auf? – ein roter Stern –
Nun scheint es nah, nun wieder fern;
Schau! wie es zuckt und zuckt und schweift,
Wie's ringelnd gleich der Schlange pfeift.
Nun am Gemäuer klimmt es auf,
Unwillig wirft's die Asch' hinauf,
Und wirbelnd überm Dach hervor
Die Funkensäule steigt empor.

Und dort der Mann im ruß'gen Kleid,
– Sein Angesicht ist bleich und kalt,
Ein Bild der listigen Gewalt –
Wie er die Flamme dämpft und facht,
Und hält den Eisenblock bereit!
Den soll ihm die gefangne Macht,
Die wilde hartbezähmte Glut
Zermalmen gleich in ihrer Wut.

Schau, wie das Feuer sich zersplittert!
Wie's tückisch an der Kohle knittert!
Lang aus die rote Kralle streckt
Und nach dem Kerkermeister reckt!
Wie's vor verhaltnem Grimme zittert:
»O, hätt' ich dich, o könnte ich
Mit meinen Klauen fassen dich!
Ich lehrte dich den Unterschied
Von dir zu Elementes Zier,

An deinem morschen, staub'gen Glied,
Du ruchlos Menschentier!«

Die Schenke am See

An Levin S.

Ist's nicht ein heitrer Ort, mein junger Freund,
Das kleine Haus, das schier vom Hange gleitet,
Wo so possierlich uns der Wirt erscheint,
So übermächtig sich die Landschaft breitet;
Wo uns ergötzt im neckischen Kontrast
Das Wurzelmännchen mit verschmitzter Miene,
Das wie ein Aal sich schlingt und kugelt fast,
Im Angesicht der stolzen Alpenbühne?

Sitz nieder. – Trauben! – und behänd erscheint
Zopfwedelnd der geschäftige Pygmäe;
O sieh, wie die verletzte Beere weint
Blutige Tränen um des Reifes Nähe;
Frisch greif in die kristallne Schale, frisch,
Die saftigen Rubine glühn und locken;
Schon fühl' ich an des Herbstes reichem Tisch
Den kargen Winter nahn auf leisen Socken.

Das sind dir Hieroglyphen, junges Blut,
Und ich, ich will an deiner lieben Seite
Froh schlürfen meiner Neige letztes Gut.
Schau her, schau drüben in die Näh' und Weite;
Wie uns zur Seite sich der Felsen bäumt,
Als könnten wir mit Händen ihn ergreifen,

Wie uns zu Füßen das Gewässer schäumt,
Als könnten wir im Schwunge drüber streifen!

Hörst du das Alphorn überm blauen See?
So klar die Luft, mich dünkt ich seh den Hirten
Heimzügeln von der duftbesäumten Höh' –
War's nicht als ob die Rinderglocken schwirrten?
Dort, wo die Schlucht in das Gestein sich drängt –
Mich dünkt ich seh den kecken Jäger schleichen;
Wenn eine Gämse an der Klippe hängt,
Gewiss, mein Auge müsste sie erreichen.

Trink aus! – die Alpen liegen stundenweit,
Nur nah die Burg, uns heimisches Gemäuer,
Wo Träume lagern langverschollner Zeit,
Seltsame Mär und zorn'ge Abenteuer.
Wohl ziemt es mir, in Räumen schwer und grau
Zu grübeln über dunkler Taten Reste;
Doch du, Levin, schaust aus dem grimmen Bau
Wie eine Schwalbe aus dem Mauerneste.

Sieh drunten auf dem See im Abendrot
Die Taucherente hin und wieder schlüpfend;
Nun sinkt sie nieder wie des Netzes Lot,
Nun wieder aufwärts mit den Wellen hüpfend;
Seltsames Spiel, recht wie ein Lebenslauf!
Wir beide schaun gespannten Blickes nieder;
Du flüsterst lächelnd: Immer kömmt sie auf –
Und ich, ich denke, immer sinkt sie wieder!

Noch einen Blick dem segensreichen Land,
Den Hügeln, Auen, üpp'gem Wellenrauschen,
Und heimwärts dann, wo von der Zinne Rand

Freundliche Augen unserm Pfade lauschen;
Brich auf! – da haspelt in behändem Lauf
Das Wirtlein Abschied wedelnd uns entgegen:
»– Geruh'ge Nacht – stehn's nit zu zeitig auf! –«
Das ist der lust'gen Schwaben Abendsegen.

Am Turme

Ich steh auf hohem Balkone am Turm,
Umstrichen vom schreienden Stare,
Und lass gleich einer Mänade den Sturm
Mir wühlen im flatternden Haare;
O wilder Geselle, o toller Fant,
Ich möchte dich kräftig umschlingen,
Und, Sehne an Sehne, zwei Schritte vom Rand
Auf Tod und Leben dann ringen!

Und drunten seh ich am Strand, so frisch
Wie spielende Doggen, die Wellen
Sich tummeln rings mit Geklaff und Gezisch,
Und glänzende Flocken schnellen.
O, springen möcht' ich hinein alsbald,
Recht in die tobende Meute,
Und jagen durch den korallenen Wald
Das Walross, die lustige Beute!

Und drüben seh ich ein Wimpel wehn
So keck wie eine Standarte,
Seh auf und nieder den Kiel sich drehn
Von meiner luftigen Warte;
O, sitzen möcht' ich im kämpfenden Schiff,

Das Steuerruder ergreifen,
Und zischend über das brandende Riff
Wie eine Seemöwe streifen.

Wär' ich ein Jäger auf freier Flur,
Ein Stück nur von einem Soldaten,
Wär' ich ein Mann doch mindestens nur,
So würde der Himmel mir raten;
Nun muss ich sitzen so fein und klar,
Gleich einem artigen Kinde,
Und darf nur heimlich lösen mein Haar,
Und lassen es flattern im Winde!

Das öde Haus

Tiefab im Tobel liegt ein Haus,
Zerfallen nach des Försters Tode,
Dort ruh ich manche Stunde aus,
Vergraben unter Rank' und Lode;
's ist eine Wildnis, wo der Tag
Nur halb die schweren Wimper lichtet;
Der Felsen tiefe Kluft verdichtet
Ergrauter Äste Schattenhag.

Ich horche träumend, wie im Spalt
Die schwarzen Fliegen taumelnd summen,
Wie Seufzer streifen durch den Wald,
Am Strauche irre Käfer brummen;
Wenn sich die Abendröte drängt
An sickernden Geschiefers Lauge,

Dann ist's als ob ein trübes Auge,
Ein rotgeweintes drüber hängt.

Wo an zerrissner Laube Joch
Die langen magern Schossen streichen,
An wildverwachsner Hecke noch
Im Moose Nelkensprossen schleichen,
Dort hat vom tröpfelnden Gestein
Das dunkle Nass sich durchgesogen,
Kreucht um den Buchs in trägen Bogen,
Und sinkt am Fenchelstrauche ein.

Das Dach, von Moose überschwellt,
Lässt einzle Schober niederragen,
Und eine Spinne hat ihr Zelt
Im Fensterloche aufgeschlagen;
Da hängt, ein Blatt von zartem Flor,
Der schillernden Libelle Flügel,
Und ihres Panzers goldner Spiegel
Ragt kopflos am Gesims hervor.

Zuweilen hat ein Schmetterling
Sich gaukelnd in der Schlucht gefangen,
Und bleibt sekundenlang am Ring
Der kränkelnden Narzisse hangen;
Streicht eine Taube durch den Hain,
So schweigt am Tobelrand ihr Girren,
Man höret nur die Flügel schwirren
Und sieht den Schatten am Gestein.

Und auf dem Herde, wo der Schnee
Seit Jahren durch den Schlot geflogen,
Liegt Aschenmoder feucht und zäh,

Von Pilzes Glocken überzogen;
Noch hängt am Mauerpflock ein Rest
Verwirrten Wergs, das Seil zu spinnen,
Wie halbvermorschtes Haar und drinnen
Der Schwalbe überjährig Nest.

Und von des Balkens Haken nickt
Ein Schellenband an Schnall' und Riemen,
Mit grober Wolle ist gestickt
»Diana« auf dem Lederstriemen;
Ein Pfeifchen auch vergaß man hier,
Als man den Tannensarg geschlossen;
Den Mann begrub man, totgeschossen
Hat man das alte treue Tier.

Sitz' ich so einsam am Gesträuch
Und hör' die Maus im Laube schrillen,
Das Eichhorn blafft von Zweig zu Zweig,
Am Sumpfe läuten Unk' und Grillen –
Wie Schauer überläuft's mich dann,
Als hör' ich klingeln noch die Schellen,
Im Walde die Diana bellen
Und pfeifen noch den toten Mann.

Im Moose

Als jüngst die Nacht dem sonnenmüden Land
Der Dämmrung leise Boten hat gesandt,
Da lag ich einsam noch in Waldes Moose.
Die dunklen Zweige nickten so vertraut,

An meiner Wange flüsterte das Kraut,
Unsichtbar duftete die Heiderose.

Und flimmern sah ich, durch der Linde Raum,
Ein mattes Licht, das im Gezweig der Baum
Gleich einem mächt'gen Glühwurm schien zu tragen.
Es sah so dämmernd wie ein Traumgesicht,
Doch wusste ich, es war der Heimat Licht,
In meiner eignen Kammer angeschlagen.

Ringsum so still, dass ich vernahm im Laub
Der Raupe Nagen, und wie grüner Staub
Mich leise wirbelnd Blätterflöckchen trafen.
Ich lag und dachte, ach so manchem nach,
Ich hörte meines eignen Herzens Schlag,
Fast war es mir als sei ich schon entschlafen.

Gedanken tauchten aus Gedanken auf,
Das Kinderspiel, der frischen Jahre Lauf,
Gesichter, die mir lange fremd geworden;
Vergessne Töne summten um mein Ohr,
Und endlich trat die Gegenwart hervor,
Da stand die Welle, wie an Ufers Borden.

Dann, gleich dem Bronnen, der verrinnt im Schlund,
Und drüben wieder sprudelt aus dem Grund,
So stand ich plötzlich in der Zukunft Lande;
Ich sah mich selber, gar gebückt und klein,
Geschwächten Auges, am ererbten Schrein
Sorgfältig ordnen staub'ge Liebespfande.

Die Bilder meiner Lieben sah ich klar,
In einer Tracht, die jetzt veraltet war,

Mich sorgsam lösen aus verblichnen Hüllen,
Löckchen, vermorscht, zu Staub zerfallen schier,
Sah über die gefurchte Wange mir
Langsam herab die karge Träne quillen.

Und wieder an des Friedhofs Monument,
Dran Namen standen die mein Lieben kennt,
Da lag ich betend, mit gebrochnen Knien,
Und – horch, die Wachtel schlug! Kühl strich der Hauch –
Und noch zuletzt sah ich, gleich einem Rauch,
Mich leise in der Erde Poren ziehen.

Ich fuhr empor, und schüttelte mich dann,
Wie einer, der dem Scheintod erst entrann,
Und taumelte entlang die dunklen Hage,
Noch immer zweifelnd, ob der Stern am Rain
Sei wirklich meiner Schlummerlampe Schein,
Oder das ew'ge Licht am Sarkophage.

Am Bodensee

Über Gelände, matt gedehnt,
Hat Nebelhauch sich wimmelnd gelegt,
Müde, müde die Luft am Strande stöhnt,
Wie ein Ross, das den schlafenden Reiter trägt;
Im Fischerhause kein Lämpchen brennt,
Im öden Turme kein Heimchen schrillt,
Nur langsam rollend der Pulsschlag schwillt
In dem zitternden Element.

Ich hör' es wühlen am feuchten Strand,
Mir unterm Fuße es wühlen fort,
Die Kiesel knistern, es rauscht der Sand,
Und Stein an Stein entbröckelt dem Bord.
An meiner Sohle zerfährt der Schaum,
Eine Stimme klaget im hohlen Grund,
Gedämpft, mit halbgeschlossenem Mund,
Wie des grollenden Wetters Traum.

Ich beuge lauschend am Turme her,
Sprühregenflitter fährt in die Höh',
Ha, meine Locke ist feucht und schwer!
Was treibst du denn, unruhiger See?
Kann dir der heilige Schlaf nicht nahn?
Doch nein, du schläfst, ich seh es genau,
Dein Auge decket die Wimper grau,
Am Ufer schlummert der Kahn.

Hast du so vieles, so vieles erlebt,
Dass dir im Traume es kehren muss,
Dass deine gleißende Nerv' erbebt,
Naht ihr am Strand eines Menschen Fuß?
Dahin, dahin! die einst so gesund,
So reich und mächtig, so arm und klein,
Und nur ihr flüchtiger Spiegelschein
Liegt zerflossen auf deinem Grund.

Der Ritter, so aus der Burg hervor
Vom Hange trabte in aller Früh;
– Jetzt nickt die Esche vom grauen Tor,
Am Zwinger zeichnet die Mylady. –
Das arme Mütterlein, das gebleicht
Sein Leichenhemde den Strand entlang,

Der Kranke, der seinen letzten Gang
An deinem Borde gekeucht;

Das spielende Kind, das neckend hier
Sein Schneckenhäuschen geschleudert hat,
Die glühende Braut, die lächelnd dir
Von der Ringelblume gab Blatt um Blatt;
Der Sänger, der mit trunkenem Aug'
Das Metrum geplätschert in deiner Flut,
Der Pilger, so am Gesteine geruht,
Sie alle dahin wie Rauch!

Bist du so fromm, alte Wasserfei,
Hältst nur umschlungen, lässt nimmer los?
Hat sich aus dem Gebirge die Treu'
Geflüchtet in deinen heiligen Schoß?
O, schau mich an! ich zergeh wie Schaum,
Wenn aus dem Grabe die Distel quillt,
Dann zuckt mein längst zerfallenes Bild
Wohl einmal durch deinen Traum!

Das alte Schloss

Auf der Burg haus' ich am Berge,
Unter mir der blaue See,
Höre nächtlich Koboldzwerge,
Täglich Adler aus der Höh',
Und die grauen Ahnenbilder
Sind mir Stubenkameraden,
Wappentruh' und Eisenschilder
Sofa mir und Kleiderladen.

Schreit' ich über die Terrasse
Wie ein Geist am Runenstein,
Sehe unter mir die blasse
Alte Stadt im Mondenschein,
Und am Walle pfeift es weidlich,
– Sind es Käuze oder Knaben? –
Ist mir selber oft nicht deutlich,
Ob ich lebend, ob begraben!

Mir genüber gähnt die Halle,
Grauen Tores, hohl und lang,
Drin mit wunderlichem Schalle
O Langsam dröhnt ein schwerer Gang;
Mir zur Seite Riegelzüge,
Ha, ich öffne, lass die Lampe
Scheinen auf der Wendelstiege
Lose modergrüne Rampe,

Die mich lockt wie ein Verhängnis,
Zu dem unbekannten Grund;
Ob ein Brunnen? ob Gefängnis?
Keinem Lebenden ist's kund;
Denn zerfallen sind die Stufen,
Und der Steinwurf hat nicht Bahn,
Doch als ich hinab gerufen,
Donnert's fort wie ein Orkan.

Ja, wird mir nicht baldigst fade
Dieses Schlosses Romantik,
In den Trümmern, ohne Gnade,
Brech' ich Glieder und Genick;
Denn, wie trotzig sich die Düne
Mag am flachen Strande heben,

Fühl' ich stark mich wie ein Hüne,
Von Zerfallendem umgeben.

*Der Säntis**

Frühling

Die Rebe blüht, ihr linder Hauch
Durchzieht das tauige Revier,
Und nah' und ferne wiegt die Luft
Vielfarb'ger Blumen bunte Zier.

Wie's um mich gaukelt, wie es summt
Von Vogel, Bien' und Schmetterling,
Wie seine seidnen Wimpel regt
Der Zweig, so jüngst voll Reifen hing.

Noch sucht man gern den Sonnenschein
Und nimmt die trocknen Plätzchen ein;
Denn nachts schleicht an die Grenze doch
Der landesflücht'ge Winter noch.

O du mein ernst gewalt'ger Greis,
Mein Säntis mit der Locke weiß!
In Felsenblöcke eingemauert,
Von Schneegestöber überschauert,
In Eisespanzer eingeschnürt:
Hu! wie dich schaudert, wie dich friert!

---

* *Die höchste Kuppe des Alpsteins, der sich durch die Kantone St. Gallen und Appenzell streckt.*

Sommer

Du gute Linde, schüttle dich!
Ein wenig Luft, ein schwacher West!
Wo nicht, dann schließe dein Gezweig
So recht, dass Blatt an Blatt sich presst.

Kein Vogel zirpt, es bellt kein Hund;
Allein die bunte Fliegenbrut
Summt auf und nieder übern Rain
Und lässt sich rösten in der Glut.

Sogar der Bäume dunkles Laub
Erscheint verdickt und atmet Staub.
Ich liege hier wie ausgedorrt
Und scheuche kaum die Mücken fort.

O Säntis, Säntis! läg' ich doch
Dort, – grad' an deinem Felsenjoch,
Wo sich die kalten, weißen Decken
So frisch und saftig drüben strecken,
Viel tausend blanker Tropfen Spiel;
Glücksel'ger Säntis, dir ist kühl!

Herbst

Wenn ich an einem schönen Tag
Der Mittagsstunde habe acht,
Und lehne unter meinem Baum
So mitten in der Trauben Pracht:

Wenn die Zeitlose übers Tal
Den amethistnen Teppich webt,
Auf dem der letzte Schmetterling
So schillernd wie der frühste bebt:

Dann denk' ich wenig drüber nach,
Wie's nun verkümmert Tag für Tag,
Und kann mit halbverschlossnem Blick
Vom Lenze träumen und von Glück.

Du mit dem frischgefallnen Schnee,
Du tust mir in den Augen weh!
Willst uns den Winter schon bereiten:
Von Schlucht zu Schlucht sieht man ihn gleiten,
Und bald, bald wälzt er sich herab
Von dir, o Säntis! ödes Grab!

Winter

Aus Schneegestäub' und Nebelqualm
Bricht endlich doch ein klarer Tag;
Da fliegen alle Fenster auf,
Ein jeder späht, was er vermag.

Ob jene Blöcke Häuser sind?
Ein Weiher jener ebne Raum?
Fürwahr, in dieser Uniform
Den Glockenturm erkennt man kaum;

Und alles Leben liegt zerdrückt,
Wie unterm Leichentuch erstickt.

Doch schau! an Horizontes Rand
Begegnet mir lebend'ges Land.

Du starrer Wächter, lass ihn los
Den Föhn aus deiner Kerker Schoß!
Wo schwärzlich jene Riffe spalten,
Da muss er Quarantäne halten,
Der Fremdling aus der Lombardei;
O Säntis, gib den Tauwind frei!

Am Weiher

Ein milder Wintertag

An jenes Waldes Enden,
Wo still der Weiher liegt
Und längs den Fichtenwänden
Sich lind Gemurmel wiegt:

Wo in der Sonnenhelle,
So matt und kalt sie ist,
Doch immerfort die Welle
Das Ufer flimmernd küsst:

Da weiß ich, schön zum Malen,
Noch eine schmale Schlucht,
Wo all' die kleinen Strahlen
Sich fangen in der Bucht;

Ein trocken, windstill Eckchen,
Und so an Grüne reich,

Dass auf dem ganzen Fleckchen
Mich kränkt kein dürrer Zweig.

Will ich den Mantel dichte
Nun legen übers Moos,
Mich lehnen an die Fichte,
Und dann auf meinen Schoß

Gezweig' und Kräuter breiten,
So gut ich's finden mag:
Wer will mir's übel deuten,
Spiel' ich den Sommertag?

Will nicht die Grille hallen,
So säuselt doch das Ried;
Sind stumm die Nachtigallen,
So sing' ich selbst ein Lied.

Und hat Natur zum Feste
Nur wenig dargebracht:
Die Lust ist stets die beste,
Die man sich selber macht.

Ein harter Wintertag

Dass ich dich so verkümmert seh,
Mein lieb lebend'ges Wasserreich,
Dass ganz versteckt in Eis und Schnee
Du siehst der plumpen Erde gleich;

Auch dass voll Reif und Schollen hängt
Dein überglaster Fichtengang:

Das ist es nicht, was mich beengt,
Geh ich an deinem Bord entlang.

Zwar in der immer grünen Zier
Erschienst, o freundlich Element,
Du ähnlich den Oasen mir,
Die des Arabers Sehnsucht kennt;

Wenn neben der verdorrten Flur
Erblühten deine Moose noch,
Wenn durch die schweigende Natur
Erklangen deine Wellen doch.

Allein auch heute wollt' ich gern
Mich des kristallnen Flimmers freun,
Belauschen jeden Farbenstern
Und keinen Sommertag bereun:

Wär' nicht dem Ufer längs, so breit,
Die glatte Schlittenbahn gefegt,
Worauf sich wohl zur Mittagszeit
Gar manche rüst'ge Ferse regt.

Bedenk' ich nun, wie manches Jahr
Ich nimmer eine Eisbahn sah:
Wohl wird mir's trüb und wunderbar,
Und tausend Bilder treten nah.

Was blieb an Wünschen unerfüllt,
Das nähm' ich noch gelassen mit:
Doch ach, der Frost so manchen hüllt,
Der einst so fröhlich drüber glitt!

Fragment

Savoyen, Land beschneiter Höhn,
Wer hat dein kräftig Bild gesehn,
Wer trat in deiner Wälder Nacht,
Sah auf zu deiner Wipfel Pracht,
Wer stand an deinem Wasserfall,
Wer lauschte deiner Ströme Hall,
Und nannte dich nicht schön?
Du Land des Volks, dem Reiche weihen
Ruhmvoll den Namen des Getreuen,
Bist herrlich, wenn der Frühlingssturm
Die Berggewässer schäumend führt,
Und deiner Fichte schlanker Turm
Sich mit der jungen Nadel ziert;
Bist reizend, wenn die Sommerglut
Erzittert um den Mandelbaum;
Doch in des Herbstes goldner Flut
Du ruhst gleich dunkeln Auges Traum.
Dann treibt der Wind kein rasselnd Laub
Durch brauner Heiden Wirbelstaub;
Wie halb bezwungne Seufzer wallen,
Nur leis die zarten Nadeln fallen,
Als wagten sie zu flüstern kaum.

Der Tag bricht an; noch einsam steht
Das Sonnenrund am Firmament;
Am Strahl, der auf und nieder streicht,
Gemach der Erdbeerbaum entbrennt;
Noch will das Genzian nicht wagen
Die dunkeln Wimper aufzuschlagen;
Noch schläft die Luft im Nebeldicht.
Welch greller Schrei die Stille bricht?

Der Auerhahn begrüßt das Licht;
Er schaukelt, wiegt sich, macht sich breit,
Er putzt sein stattlich Federkleid,
Und langsam streckt ihr stumpf Gesicht
Marmotte aus hohlen Baumes Nacht:
Das Leben, Leben ist erwacht;
Die Geier pfeifen, Birkhahn ruft,
Schneehühner flattern aus der Kluft;
Die Fichten selbst, dass keiner säume,
Erzählen flüsternd sich die Träume.
Und durch Remi geht überall
Ein dumpf Gemurr von Stall zu Stall.

GEDICHTE VERMISCHTEN INHALTS

Mein Beruf

»Was meinem Kreise mich enttrieb,
Der Kammer friedlichem Gelasse?«
Das fragt ihr mich als sei, ein Dieb,
Ich eingebrochen am Parnasse.
So hört denn, hört, weil ihr gefragt:
Bei der Geburt bin ich geladen,
Mein Recht soweit der Himmel tagt,
Und meine Macht von Gottes Gnaden.

Jetzt wo hervor der tote Schein
Sich drängt am modervollen Stumpfe,
Wo sich der schönste Blumenrain
Wiegt über dem erstorbnen Sumpfe,
Der Geist, ein blutlos Meteor,
Entflammt und lischt im Moorgeschwele,
Jetzt ruft die Stunde: »Tritt hervor,
Mann oder Weib, lebend'ge Seele!

Tritt zu dem Träumer, den am Rand
Entschläfert der Datura Odem,
Der, langsam gleitend von der Wand,
Noch zucket gen den Zauberbrodem.
Und wo ein Mund zu lächeln weiß

Im Traum, ein Auge noch zu weinen,
Da schmettre laut, da flüstre leis,
Trompetenstoß und West in Hainen!

Tritt näher, wo die Sinnenlust
Als Liebe gibt ihr wüstes Ringen,
Und durch der eignen Mutter Brust
Den Pfeil zum Ziele möchte bringen,
Wo selbst die Schande flattert auf,
Ein lustiges Panier zum Siege,
Da rüttle hart: ›Wach auf, wach auf,
Unsel'ger, denk an deine Wiege!

Denk an das Aug', das überwacht
Noch eine Freude dir bereitet,
Denk an die Hand, die manche Nacht
Dein Schmerzenslager dir gebreitet,
Des Herzens denk, das einzig wund
Und einzig selig deinetwegen,
Und dann knie nieder auf den Grund
Und fleh um deiner Mutter Segen!‹

Und wo sich träumen wie in Haft
Zwei einst so glüh ersehnte Wesen,
Als hab' ein Priesterwort die Kraft
Der Banne seligsten zu lösen,
Da flüstre leise: ›Wacht, o wacht!
Schaut in das Auge euch, das trübe,
Wo dämmernd sich Erinnrung facht‹,
Und dann: ›Wach auf, o heil'ge Liebe!‹

Und wo im Schlafe zitternd noch
Vom Opiat die Pulse klopfen,

Das Auge dürr, und gäbe doch
Sein Sonnenlicht um einen Tropfen, –
O, rüttle sanft! ›Verarmter, senk
Die Blicke in des Äthers Schöne,
Kos einem blonden Kind und denk
An der Begeistrung erste Träne.‹«

So rief die Zeit, so ward mein Amt
Von Gottes Gnaden mir gegeben,
So mein Beruf mir angestammt,
Im frischen Mut, im warmen Leben;
Ich frage nicht ob ihr mich nennt,
Nicht frönen mag ich kurzem Ruhme,
Doch wisst: Wo die Sahara brennt,
Im Wüstensand, steht eine Blume,

Farblos und Duftes bar, nichts weiß
Sie als den frommen Tau zu hüten,
Und dem Verschmachtenden ihn leis
In ihrem Kelche anzubieten.
Vorüber schlüpft die Schlange scheu
Und Pfeile ihre Blicke regnen,
Vorüber rauscht der stolze Leu,
Allein der Pilger wird sie segnen.

Meine Toten

Wer eine ernste Fahrt beginnt,
Die Mut bedarf und frischen Wind,
Er schaut verlangend in die Weite
Nach eines treuen Auges Brand,

Nach einem warmen Druck der Hand,
Nach einem Wort, das ihn geleite.

Ein ernstes Wagen heb' ich an,
So tret' ich denn zu euch hinan,
Ihr meine stillen strengen Toten;
Ich bin erwacht an eurer Gruft,
Aus Wasser, Feuer, Erde, Luft,
Hat eure Stimme mir geboten.

Wenn die Natur in Hader lag,
Und durch die Wolkenwirbel brach
Ein Funke jener tausend Sonnen, –
Spracht aus der Elemente Streit
Ihr nicht von einer Ewigkeit
Und unerschöpften Lichtes Bronnen?

Am Hange schlich ich, krank und matt,
Da habt ihr mir das welke Blatt
Mit Warnungsflüstern zugetragen,
Gelächelt aus der Welle Kreis,
Habt aus des Angers starrem Eis
Die Blumenaugen aufgeschlagen.

Was meine Adern muss durchziehn,
Sah ich's nicht flammen und verglühn,
An eurem Schreine nicht erkalten?
Vom Auge hauchtet ihr den Schein,
Ihr meine Richter, die allein
In treuer Hand die Waage halten.

Kalt ist der Druck von eurer Hand,
Erloschen eures Blickes Brand,

Und euer Laut der Öde Odem,
Doch keine andre Rechte drückt
So traut, so hat kein Aug' geblickt,
So spricht kein Wort, wie Grabesbrodem!

Ich fasse eures Kreuzes Stab,
Und beuge meine Stirn hinab
Zu eurem Gräserhauch, dem stillen,
Zumeist geliebt, zuerst gegrüßt,
Lasst, lauter wie der Äther fließt,
Mir Wahrheit in die Seele quillen.

Katharine Schücking

Du hast es nie geahndet, nie gewusst,
Wie groß mein Lieben ist zu dir gewesen,
Nie hat dein klares Aug' in meiner Brust
Die scheu verhüllte Runenschrift gelesen,
Wenn du mir freundlich reichtest deine Hand,
Und wir zusammen durch die Grüne wallten,
Nicht wusstest du, dass wie ein Götterpfand
Ich, wie ein köstlich Kleinod sie gehalten.

Du sahst mich nicht als ich, ein heftig Kind,
Vom ersten Kuss der jungen Muse trunken,
Im Garten kniete, wo die Quelle rinnt,
Und weinend in die Gräser bin gesunken;
Als zitternd ich gedreht der Türe Schloss,
Da ich zum ersten Mal dich sollte schauen,
Westfalens Dichterin, und wie da floss
Durch mein bewegtes Herz ein selig Grauen.

Sehr jung war ich und sehr an Liebe reich,
Begeisterung der Hauch von dem ich lebte;
Ach! manches ist zerstäubt, der Asche gleich,
Was einst als Flamme durch die Adern bebte!
Mein Blick ward klar und mein Erkennen stark,
Von seinem Throne musste manches steigen,
Und was ich einst genannt des Lebens Mark,
Das fühlt' ich jetzt mit frischem Stolz mein Eigen.

So scheut' ich es, als fromme Schülerin,
Dir wieder in das dunkle Aug' zu sehen,
Ich wollte nicht vor meiner Meisterin
Hochmütig, mit bedecktem Haupte, stehen.
Auch war ich krank, mein Sinnen sehr verwirrt,
Und keinen Namen mocht' ich sehnend nennen;
Doch hat dies deine Liebe nicht geirrt,
Du drangst zu mir nach langer Jahre Trennen.

Und als du vor mich tratest, fest und klar,
Und blicktest tief mir in der Seele Gründe,
Da ward ich meiner Schwäche wohl gewahr,
Was ich gedacht, das schien mir schwere Sünde.
Dein Bild, du Starke in der Läutrung Brand,
Stieg wie ein Phönix aus der Asche wieder,
Und tief im Herzen hab' ich es erkannt,
Wie zehnfach größer du als deine Lieder.

Du sahst, Bescheidne, nicht, dass damals hier
Aus deinem Blick Genesung ich getrunken,
Dass deines Mundes Laute damals mir
Wie Naphtha in die Seele sind gesunken.
Ein jedes Wort, durchsichtig wie Kristall
Und kräftig gleich dem edelsten der Weine,

Schien mir zu rufen: »Auf! der Launen Ball,
Steh auf! erhebe dich, du Schwach' und Kleine!«

Nun bist du hin! von Gottes reinstem Bild
Ist nur ein grüner Hügel uns geblieben,
Den heut umziehn die Winterstürme wild
Und die Gedanken derer, die dich lieben.
Auch hör' ich, dass man einen Kranz gelegt
Von Lorbeer in des Grabes dunkle Moose,
Doch ich, Kathinka, widme dir bewegt
Den Efeu und die dornenvollste Rose.

Nach dem Angelus Silesius

Des Menschen Seele du, vor allem wunderbar,
Du Alles und auch Nichts, Gott, Priester und Altar,
Kein Pünktchen durch dich selbst, doch über alles Maß
Reich in geschenktem Gut, und als die Engel bass;
Denn höher steht dein Ziel, *Gott* ähnlich sollst du werden;
So, Seele, bist du's schon; denn was zu Glück und Ruhm
In dir verborgen liegt, es ist dein Eigentum,
Ob unentwickelt auch, wie's Keimlein in der Erden
Nicht minder als der Baum, und wie als Million
Nichts andres ist die Eins, bist du *ihm* gleich, sein Sohn,
So wie dem Tropfen Blut, der aus der Wunde quillt
Ganz ähnlich ist das Rot, das noch die Adern füllt;
Nicht Kletten trägt die Ros', der Dornstrauch keine Reben,
Drum, Seele, stürbest du, Gott müsst den Geist aufgeben.

Ja, alles ist in dir was nur das Weltall beut,
Der Himmel und die Höll', Gericht und Ewigkeit,

Gott ist dein Richter nicht, du musst dir selbst verzeihn,
Sonst an des Höchsten Thron stehst du in ew'ger Pein;
Er, der dem Suchenden noch nie verlöscht die Spur,
Er hat selbst Satan nicht verdammt nach Zeit und Ort;
Des unergründlich Grab ist seine Ichheit nur:
Wär' er des Himmels Herr, er brennte ewig fort,
Wie Gott im Höllenpfuhl wär selig für und für,
Und, Seele, bist du treu, so steht dies auch bei dir.

Also ist deine Macht auch heute schon dein Eigen,
Du kannst, sooft du willst, die Himmelsleiter steigen;
Ort, Raum, sind Worte nur von Trägheit ausgedacht,
Die nicht Bedürfnis in dein Wörterbuch gebracht.
Dein Aug' ist Blitz und Nu, dein Flug bedarf nicht Zeit,
Und im Moment ergreifst du Gott und Ewigkeit;
Allein der Sinne Schrift, die musst du dunkel nennen,
Da dir das Werkzeug fehlt die Lettern zu erkennen;
Nur Geist'ges fasst der Geist, ihm ist der Leib zu schwer,
Du schmeckst, du fühlst, du riechst, und weißt um gar nichts mehr;
Hat nicht vom Tröpfchen Tau die Eigenschaft zu messen
Jahrtausende der Mensch vergebens sich vermessen?
Drum, plagt dich Irdisches, du hast es selbst bestellt,
Viel näher als dein Kleid ist dir die Geisterwelt!

Fasst's nicht zuweilen dich, als müsstest in der Tat
Du über dich hinaus, das Ganze zu durchdringen,
Wie jener Philosoph um einen Punkt nur bat,
Um dann der Erde Ball aus seiner Bahn zu schwingen?
Fühlst du in Demut so, in Liebesflammen rein,
Dann ist's der Schöpfung Mark, lass dir nicht leide sein!
Dann fühlst du dich von Gott als Wesenheit begründet,
Wie Quelle an dem Strand, wo Ozean sich ründet.

So sei denn freudig, Geist, da nichts mag größer sein,
So wirf dich in den Staub, da nichts wie du so klein!
Du Würmchen in dir selbst, doch reich durch Gottes Hort,
So schlummre, schlummre nur, mein Seelchen, schlummre fort!
Was rennst, was mühst du dich zu mehren deine Tat?
Halt nur den Acker rein, dann sprießt von selbst die Saat;
In Ruhe wohnt die Kraft, du musst nur ruhig sein,
Durch offne Tür und Tor die Gnade lassen ein;
Dann wird aus lockerm Grund dir Myrt' und Balsam steigen,
Er kömmt, er kömmt, dein Lieb, gibt sich der Braut zu Eigen,
Mit sich der Krone Glanz, mit sich der Schlösser Pracht,
Um die sie nicht gefreit, an die sie nicht gedacht!

Gruß an Wilhelm Junkmann

Mein Lämpchen zuckt, sein Docht verglimmt,
Die Funken knistern im Kamine,
Wie eine Nebeldecke schwimmt
Es an des Saales hoher Bühne;
Im Schneegestöber schläft die Luft,
Am Scheite ist das Harz entglommen,
Mich dünkt, als spür' ich einen Duft
Wie Weihrauch an der Gruft des Frommen.

Dies ist die Stunde, das Gemach,
Wo sich Gedanken mögen wiegen,
Verklungne Laute hallen nach,
Es dämmert in verloschnen Zügen;
Im Hirne summt es, wie ein Lied
Das mit den Flocken möchte steigen,

Und, flüsternd wie der Hauch im Ried,
An eines Freundes Locke neigen.

Schon seh ich ihn, im gelben Licht,
Das seines Ofens Flamme spielet,
Er selbst ein wunderlich Gedicht,
Begriffen schwer, doch leicht gefühlet.
Ich seh ihn, wie, die Stirn gestützt,
Er leise lächelt in Gedanken;
Wo weilen sie? wo blühen itzt
Und treiben diese zarten Ranken?

Baun sie im schlichten Heidekraut
Ihr Nestchen sich aus Immortellen?
Sind mit der Flocke sie getaut
Als Träne, wo die Gräber schwellen?
Vielleicht in fernes fernes Land
Wie Nachtigallen fortgezogen,
Oder am heil'gen Meeresstrand,
Gleich der Morgana auf den Wogen.

Ihm hat Begeistrung, ein Orkan,
Des Lebens Zedern nicht gebeuget,
Nicht sah er sie als Flamme nahn,
Die lodernd durch den Urwald steiget;
Nein, als entschlief der Morgenwind,
Am Strauche summten fromme Bienen,
Da ist der Herr im Säuseln lind
Gleich dem Elias ihm erschienen.

Und wie er sitzt, so vorgebeugt,
Die hohe Stirn vom Schein umflossen,
Das Ohr wie fremden Tönen neigt,

Und lächelt geistigen Genossen,
Ein lichter Blitz in seinem Aug',
Wie ein verirrter Strahl aus Eden, –
Da möcht' ich leise, leise auch
Als Äolsharfe zu ihm reden.

Junge Liebe

Über dem Brünnlein nicket der Zweig,
Waldvögel zwitschern und flöten,
Wild Anemon' und Schlehdorn bleich
Im Abendstrahle sich röten,
Und ein Mädchen mit blondem Haar
Beugt über der glitzernden Welle,
Schlankes Mädchen, kaum fünfzehn Jahr,
Mit dem Auge der scheuen Gazelle.

Ringelblumen blättert sie ab:
»Liebt er, liebt er mich nimmer?«
Und wenn »liebt« das Orakel gab,
Um ihr Antlitz gleitet ein Schimmer:
»Liebt er nicht« – o Grimm und Graus!
Dass der Himmel den Blüten gnade!
Gras und Blumen, den ganzen Strauß,
Wirft sie zürnend in die Kaskade.

Gleitet dann in die Kräuter lind,
Ihr Auge wird ernst und sinnend;
Frommer Eltern heftiges Kind,
Nur Minne nehmend und minnend,
Kannte sie nie ein anderes Band

Als des Blutes, die schüchterne Hinde;
Und nun einer, der nicht verwandt –
Ist das nicht eine schwere Sünde?

Mutlos seufzet sie niederwärts,
In argem Schämen und Grämen,
Will zuletzt ihr verstocktes Herz
Recht ernstlich in Frage nehmen.
Abenteuer sinnet sie aus:
Wenn das Haus nun stände in Flammen,
Und um Hülfe riefen heraus
Der Karl und die Mutter zusammen?

Plötzlich ein Perlenregen dicht
Stürzt ihr glänzend aus beiden Augen,
In die Kräuter gedrückt ihr Gesicht,
Wie das Blut der Erde zu saugen,
Ruft sie schluchzend: »Ja, ja, ja!«
Ihre kleinen Hände sich ringen,
»Retten, retten würd' ich Mama,
Und zum Karl in die Flamme springen!«

Das vierzehnjährige Herz

Er ist so schön! – sein lichtes Haar
Das möcht' ich mit keinem vertauschen,
Wie seidene Fäden so weich und klar,
Wenn zarte Löckchen sich bauschen;
Oft streichl' ich es, dann lacht er traun,
Nennt mich »seine alberne Barbe«;

Es ist nicht schwarz, nicht blond, nicht braun,
Nun ratet, wie nennt sich die Farbe?

Und seine Gebärde ist königlich,
Geht majestätisch zu Herzen,
Zuckt er die Braue, dann fürcht' ich mich,
Und möchte auch weinen vor Schmerzen;
Und wieder seh ich sein Lächeln blühn,
So klar wie das reine Gewissen,
Da möchte ich gleich auf den Schemel knien,
Und die guten Hände ihm küssen.

Heut bin ich in aller Frühe erwacht,
Beim ersten Glitzern der Sonnen,
Und habe mich gleich auf die Sohlen gemacht,
Zum Hügel drüben am Bronnen;
Erdbeeren fand ich, glüh wie Rubin,
Schau, wie im Korbe sie lachen!
Die stell' ich ihm nun an das Lager hin,
Da sieht er sie gleich beim Erwachen.

Ich weiß, er denkt mit dem ersten Blick,
»Das tat meine alberne Barbe!«
Und freundlich streicht er das Haar zurück
Von seiner rühmlichen Narbe,
Ruft mich bei Namen, und zieht mich nah,
Dass Tränen die Augen mir trüben;
Ach, er ist mein herrlicher Vater ja,
Soll ich ihn denn nicht lieben, nicht lieben!

*Brennende Liebe**

Und willst du wissen, warum
So sinnend ich manche Zeit,
Mitunter so töricht und dumm,
So unverzeihlich zerstreut,
Willst wissen auch ohne Gnade,
Was denn so Liebes enthält
Die heimlich verschlossene Lade,
An die ich mich öfters gestellt?

Zwei Augen hab' ich gesehn,
Wie der Strahl im Gewässer sich bricht,
Und wo zwei Augen nur stehn,
Da denke ich an ihr Licht.
Ja, als du neulich entwandtest
Die Blume vom blühenden Rain,
Und »Oculus Christi« sie nanntest,
Da fielen die Augen mir ein.

Auch gibt's einer Stimme Ton,
Tief, zitternd, wie Hornes Hall,
Die tut's mir völlig zum Hohn,
Sie folget mir überall.
Als jüngst im flimmernden Saale
Mich quälte der Geigen Gegell,
Da hört' ich mit einem Male
Die Stimme im Violoncell.

---

* *Crategus pyracantha, auch sonst der »brennende Busch« genannt.*

Auch weiß ich eine Gestalt,
So leicht und kräftig zugleich,
Die schreitet vor mir im Wald,
Und gleitet über den Teich;
Ja, als ich eben in Sinnen
Sah über des Mondes Aug'
Einen Wolkenstreifen zerrinnen,
Das war ihre Form, wie ein Rauch.

Und höre, höre zuletzt,
Dort liegt, da drinnen im Schrein,
Ein Tuch mit Blute genetzt,
Das legte ich heimlich hinein.
Er ritzte sich nur an der Schneide,
Als Beeren vom Strauch er mir hieb,
Nun hab' ich sie alle beide,
Sein Blut und meine brennende Lieb'.

Der Brief aus der Heimat

Sie saß am Fensterrand im Morgenlicht,
Und starrte in das aufgeschlagne Buch,
Die Zeilen zählte sie und wusst' es nicht,
Ach weithin, weithin der Gedanken Flug!
Was sind so ängstlich ihre nächt'gen Träume?
Was scheint die Sonne durch so öde Räume?
– Auch heute kam kein Brief, auch heute nicht.

Seit Wochen weckte sie der Lampe Schein,
Hat bebend an der Stiege sie gelauscht;
Wenn plötzlich am Gemäuer knackt der Schrein,

Ein Fensterladen auf im Winde rauscht, –
Es kömmt, es naht, die Sorgen sind geendet:
Sie hat gefragt, sie hat sich abgewendet,
Und schloss sich dann in ihre Kammer ein.

Kein Lebenszeichen von der liebsten Hand,
Von jener, die sie sorglich hat gelenkt,
Als sie zum ersten Mal zu festem Stand
Die zarten Kinderfüßchen hat gesenkt;
Versprengter Tropfen von der Quelle Rande,
Harrt sie vergebens in dem fremden Lande;
Die Tage schleichen hin, die Woche schwand.

Was ihre rege Phantasie geweckt?
Ach, *eine* Leiche sah die Heimat schon,
Seit sie den unbedachten Fuß gestreckt
Auf fremden Grund und hörte fremden Ton;
Sie küsste scheidend jung und frische Wangen,
Die jetzt von tiefer Grabesnacht umfangen;
Ist's Wunder, dass sie tödlich aufgeschreckt?

In Träumen steigt das Krankenbett empor,
Und Züge dämmern, wie in halber Nacht;
Wer ist's? – sie weiß es nicht und spannt das Ohr,
Sie horcht mit ihrer ganzen Seele Macht;
Dann fährt sie plötzlich auf beim Windesrauschen,
Und glaubt dem matten Stöhnen noch zu lauschen,
Und kann erst spät begreifen dass sie wacht.

Doch sieh, dort fliegt sie übern glatten Flur,
Ihr aufgelöstes Haar umfließt sie rund,
Und zitternd ruft sie, mit des Weinens Spur:
»Ein Brief, ein Brief, die Mutter ist gesund!«

Und ihre Tränen stürzen wie zwei Quellen,
Die übervoll aus ihren Ufern schwellen;
Ach, eine Mutter hat man einmal nur!

Ein braver Mann

Noch lag, ein Wetterbrodem, schwer
Die Tyrannei auf Deutschlands Gauen,
Die Wachen schlichen scheu umher,
Die Menge schlief in dumpfem Grauen;
Ein Seufzer schien der Morgenwind
Aus angstgepresster Brust zu brechen;
Nur die Kanone durfte sprechen
Und lächeln durfte nur das Kind.

Da lebt' im Frankenland ein Mann,
Der bittre Stunden schon getragen,
In drängenden Geschickes Bann
Gar manche Täuschung sonder Klagen;
Ihm war von seiner Ahnen Flur
Der edle Name nur geblieben,
Von allen, allen Jugendtrieben
Des Herzens warm Gedenken nur.

Durch frühes Siechtum schwer gebeugt
Und jeglichem Beruf verdorben,
Hätt' oft er gern das Haupt geneigt
Und wär' in Frieden nur gestorben;
An seinen Schläfen lagen schon
Mit vierzig Jahren weiße Garben,

Und seiner Züge tiefe Narben
Verrieten steter Sorge Fron.

Doch freundlich trug er jeden Dorn,
Der auf dem Pfade ihm begegnet,
Geschlagen von des Schicksals Zorn,
Doch von der Götter Hand gesegnet.
Und eine Kunst war ihm beschert,
So mild wie seiner Seele Hauchen,
Sein Pinsel ließ die Wiesen rauchen
Und flammen des Vulkanes Herd.

Es waren Bilder die mit Lust
Ein unverdorbnes Herz erfüllen,
Wie sie entsteigen warmer Brust
Und reiner Phantasie entquillen;
Doch Mäklern schienen sie zu zart,
Den Stempel hoher Kunst zu tragen;
So hat er schwer sich durchgeschlagen
Und täglich am Bedarf gespart.

Da ward in Winterabends Lauf
Ein Brief ihm von der Post gesendet;
Er riss bestürzt das Siegel auf:
O Gott, die Sorgen sind beendet!
Des fernen Vetters Totenschein
Hat als Agnaten ihn berufen,
Er darf nur treten an die Stufen,
Die reichen Lehne harren sein!

Wer denkt es nicht, dass ihm gepresst
Aus heißer Wimper Tränen flossen!
Dann plötzlich steht sein Auge fest,

Der Zähren Quelle ist geschlossen.
Er liest, er tunkt die Feder ein,
Hat nur Sekunden sich beraten,
Und an den nächsten Lehnsagnaten
Schreibt mutig er beim Lampenschein:

»Wohl sagt man, dass Tyrannenmacht
Nicht Eides* Band vermag zu schlingen,
Doch wo in uns ein Zweifel wacht,
Da müssen wir zum Besten ringen.
Nimm hin der Väter liebes Schloss,
– O würd' ich einstens dort begraben! –
Ich bin gewöhnt nicht viel zu haben,
Und mein Bedürfnis ist nicht groß.«

Wer unter euch von Opfern spricht,
Von edleren, und Märt'rerzeichen,
Der sah gewiss noch Jahre nicht,
Nicht vierzig Jahr in Sorg' entschleichen!
Ihr die mit Stärke prunkt und gleich
Euch drängt zu stolzer Taten Weihe:
– Er war ein Mann wie Wachs so weich,
Nur stark in Gott und seiner Treue.

Und wie es ferner ihm erging?
Er hat gemalt bis er gestorben,
Zuletzt, in langer Jahre Ring,
Ein schmal Vermögen sich erworben;
Nie hat auf der Begeistrung Höh'
Sein schamhaft Schweigen er gebrochen,

* *Der Huldigungseid, den er als Grundbesitzer hätte leisten müssen.*

Und keine Seele hat gesprochen
Von seinem schweren Opfer je.

Zweimal im Leben gab das Glück
Vor seinem Antlitz mir zu stehen,
In seinem mild bescheidnen Blick
Des Geistes reinen Blitz zu sehen.
Und im Dezember hat man dann
Des Sarges Deckel zugeschlagen
Und still ihn in die Gruft getragen.
– Das ist das Lied vom braven Mann.

Stammbuchblätter

1. Mit Lauras Bilde

Im Namen eines Freundes

Um einen Myrtenzweig sich zu ersingen
Schickt seinen Schwan Petrarca Lauren nach,
Mit Lorbeerreisern füllt er das Gemach,
Doch kann er in den Myrtenhain nicht dringen.

Da zieht er durch die Welt mit hellem Klingen,
Schlägt mit den Flügeln an das teure Haus,
Man reicht ihm den Zypressenkranz hinaus,
Allein die Myrte kann er nicht erringen.

Mein Freund, wohl ist der Lorbeer uns versagt,
Doch lass uns um den schnöden Preis nicht klagen,
Von Dornen und Zypressen rings umragt.

Will es in einer Laura Blick mir tagen,
Dann hab' ich gern dem schweren Kranz entsagt,
Die kleine Myrte lässt sich leichter tragen.

2. An Henriette von Hohenhausen

Wie lieb, o Nähe; Ferne, ach wie leid;
Wie bald wird Gegenwart Vergangenheit!
Warum hat Trauer denn so matten Schritt,
Da doch so leicht die frohe Stunde glitt?
Ach, wer mir liebe Stunden könnte bannen,
Viel werter sollt' er sein, als der vermöchte
Der trüben schlaffe Sehnen anzuspannen,
Denn Leid im Herzen wirbt sich teure Rechte,
Und wer es nimmt, der nimmt ein Kleinod mit.
Reich mir die Hand! du hast mich froh gemacht.
In öder Fremde hab' ich dein gedacht,
Werd' oft noch sinnen deinem Blicke nach,
So mildes Auge hellt den trübsten Tag.
Lass Ferne denn zur Nähe sich gestalten
Durch Wechselwort und inniges Gedenken.
Reich mir die Hand! – ich will sie treulich halten,
Und drüber her mag immergrün sich senken
Der Tannenzweig, ein schirmend Wetterdach.

*Nachruf an Henriette von Hohenhausen**

An deinem Sarge standen wir,
Du fromme milde Leidenspalme,
Wir legten in die Hände dir
Des Lenzes linde Blütenhalme;
An deiner Brust, wie eingenickt,
Die blauen Seidenschleifen lagen;
So, mit der Treue Bild geschmückt,
Hat man dich in die Gruft getragen.

Die Sonne sticht, der Regen rauscht –
Wir sitzen schweigend und beklommen;
Es knirrt im Flur, und jeder lauscht,
Als dächten wir du könntest kommen;
In jedem Winkel suchen wir
Nach deinem Lächeln, deinem Blicke,
Wer lehnte je am Busen dir,
Und fühlt im Herzen keine Lücke?

Dass dein Erkennen stark und klar,
Auch andre mögen's mit dir teilen,
Doch dass du so gerecht und wahr,
Dass Segen jede deiner Zeilen,
Der Odem den dein Leben sog,
Der letzte noch, ein Liebeszeichen, –
Das, Henriette, stellt dich hoch
Ob andre, die an Geist dir gleichen!

* *Henriette von Hohenhausen, in Herford geboren, starb im April 1843 zu Münster. Sie ist Verfasserin verschiedener Erzählungen, Gedichte und Jugendschriften sittlich-religiöser Richtung.*

Du warst die Seltne, die gehorcht
Des Ruhmes lockender Sirene,
Und keine Tünche je geborgt,
Und keine süßen Taumeltöne;
Die jede Perl' aus ihrem Hort
Vor Gottes Auge erst getragen,
Um ernstes wie um heitres Wort,
Um keines durft' im Tode zagen.

Am Sarge fällt die Blüte ab,
Zerrinnt der Glorie Zauberschemen,
Dein Lorbeerreis, es bleibt am Grab,
Du kannst es nicht hinüber nehmen;
Doch vor dem Richter kannst du knien,
Die reinen Hände hoch gefaltet:
»Sieh, Herr, die Pfunde, mir verliehn,
Ich habe redlich sie verwaltet.«

Nicht möcht' ich einen kalten Stein
Ob deinem warmen Herzen sehen,
Auch keiner glühen Rosen Schein,
Die üppig unter Dornen wehen;
Des Sinnlaubs immergrünen Stern
Möcht' ich um deinen Hügel ranken,
Und überm Grüne säh' ich gern
Die segensreiche Ähre schwanken.

Vanitas Vanitatum!

R. i. p.

Ihr saht ihn nicht im Glücke,
Als Scharen ihm gefolgt,
Mit einem seiner Blicke
Er jeden Hass erdolcht,
Das Blut an seinen Händen
Wie Königspurpur fast,
Und flammenden Geländen
Entstieg des Nimbus Glast;

Saht nicht, wie stolz getragen
Schulfreund und Kamerad
Die Stirn, mit welchem Zagen
Der Fremdling ihm genaht,
Wenn mit Kolosses Schreiten
Das Klippentor er stieß,
Die kleinen Segel gleiten
An seiner Sohle ließ.

Ihr habt ihn nicht gesehen,
Ihr Augen jugendklar,
Du Haupt wo Ringel wehen
Von süßem Lockenhaar;
Jünglinge, blühnde Frauen,
Ihr saht ihn nicht im Glanz,
Ihn, seines Landes Grauen
Und allergrünsten Kranz.

Vielleicht doch saht ihr streifen
Den alten kranken Leun,
Saht seine Mähne schleifen

Und zittern sein Gebein,
Saht wie die breiten Pranken
Er matt und stöhnend hob,
Wie taumelnd seine Flanken
Er längs der Mauer schob.

Und Scheitel saht ihr, weiße,
Am Fensterglase spähn,
Die dann mit scheuem Fleiße
Sich hintern Vorhang drehn,
Vernahmt der Knaben Lachen,
Der Greise schmerzlich Ach,
Wenn er im freien flachen
Geländ' zusammenbrach.

Allein ihr horcht als rede
Ich von dem Tartarkhan,
Mit Augen weit und öde
Starrt ihr mich lange an,
Und einer ruft: »O schauet,
Wie man ein Ehrenmal
Obskurem Burschen bauet!
Wer war der General?«

Instinkt

Bin ich allein, verhallt des Tages Rauschen
Im frischen Wald, im braunen Heideland,
Um mein Gesicht die Gräser nickend bauschen,
Ein Vogel flattert an des Nestes Rand,
Und mir zu Füßen liegt mein treuer Hund,

Gleich Feuerwürmern seine Augen glimmen,
Dann kommen mir Gedanken, ob gesund,
Ob krank, das mag ich selber nicht bestimmen.

Ergründen möcht' ich, ob das Blut, das grüne,
Kein Lebenspuls durch jene Kräuter trägt,
Ob Dionaea* um die kühne Biene
Bewusstlos ihre rauen Netze schlägt,
Was in dem weißen Sterne** zuckt und greift,
Wenn er, die Fäden streckend, leise schauert,
Und ob, vom Duft der Menschenhand gestreift,
Gefühllos ganz die Sensitive trauert?

Und wieder muss ich auf den Vogel sehen,
Der dort so zürnend seine Federn sträubt,
Mit kriegerischem Schrei mich aus den Nähen
Der nackten Brut, nach allen Kräften treibt.
Was ist Instinkt? – tiefsten Gefühles Herd;
Instinkt trieb auch die Mutter zu dem Kinde,
Als jene Fürstin, von der Glut verzehrt;
Als Heil'ge ward posaunt in alle Winde.

Und du, mein zott'ger Tremm, der schlafestrunken
Noch ob der Herrin wacht, und durch das Grün
Lässt blinzelnd streifen seiner Blicke Funken,
Sag an, was deine klugen Augen glühn?
Ich bin es nicht, die deine Schale füllt,
Nicht gab der Nahrung Trieb dich mir zu Eigen,
Und mit der Sklavenpeitsche kann mein Bild
Noch minder dir im dumpfen Hirne steigen.

---

* *Dionaea muscipula, auch »Fliegenfalle« genannt.*
** *Sparrmannia, Zimmerlinde.*

Wer kann mir sagen, ob des Hundes Seele
Hinaufwärts, oder ob nach unten steigt?
Und müde, müde drück' ich in die Schmele
Mein Haupt, wo siedend der Gedanke steigt.
Was ist es, das ein hungermattes Tier,
Mit dem gestohlnen Brote für das bleiche
Blutrünst'ge Antlitz, in das Waldrevier
Lässt flüchten und verschmachten bei der Leiche?

Das sind Gedanken, die uns könnten töten,
Den Geist betäuben, rauben jedes Glück,
Mit tausendfachem Mord die Hände röten,
Und leise schaudernd wend' ich meinen Blick.
O schlimme Zeit, die solche Gäste rief
In meines Sinnens harmlos lichte Bläue!
O schlechte Welt, die mich so lang und tief
Ließ grübeln über eines Pudels Treue!

Die rechte Stunde

Im heitren Saal beim Kerzenlicht,
Wenn alle Lippen sprühen Funken,
Und gar vom Sonnenscheine trunken,
Wenn jeder Finger Blumen bricht,
Und vollends an geliebtem Munde,
Wenn die Natur in Flammen schwimmt, –
Das ist sie nicht die rechte Stunde,
Die dir der Genius bestimmt.

Doch wenn so Tag als Lust versank,
Dann wirst du schon ein Plätzchen wissen,

Vielleicht in deines Sofas Kissen,
Vielleicht auf einer Gartenbank:
Dann klingt's wie halb verstandne Weise,
Wie halb verwischter Farben Guss
Verrinnt's um dich, und leise, leise
Berührt dich dann dein Genius.

Der zu früh geborene Dichter

Acht Tage zählt' er schon, eh ihn
Die Amme konnte stillen,
Ein Würmchen, saugend kümmerlich
An Zucker und Kamillen,
Statt Nägel nur ein Häutchen lind,
Däumlein wie Vogelsporen,
Und jeder sagte: »Armes Kind!
Es ist zu früh geboren!«

Doch wuchs er auf, und mit der Zeit
Hat Leben sich entwickelt,
Mehr als der Doktor prophezeit,
Und hätt' er ihn zerstückelt;
Im zähen Körper zeigte sich
Zäh wilder Seele Streben;
Einmal erfasst – dann sicherlich
Hielt er, auf Tod und Leben.

In Büchern hat er sich studiert
Hohläugig und zuschanden,
Und durch sein glühes Hirn geführt
Zahllose Liederbanden.

Ein steter Drang – hinauf! hinauf!
Und ringsum keine Palme;
So klomm er an der Weide auf
Und jauchzte in die Alme.

Zwar dünkt ihn oft, bei trübem Mut,
Sein Baldachin von Laube
So köstlich wie ein alter Hut,
Wie 'ne zerrissne Haube;
Allein dies schalt man »eitlen Drang,
Mit Würde abzutrumpfen!«
Und alles was er sah, das sang
Herab vom Weidenstumpfen.

So ward denn eine werte Zeit
Vertrödelt und verstammelt,
Lichtblonde Liederlein juchheit,
Und Weidenduft gesammelt;
Wohl fielen Tränen in den Flaum
Und schimmerten am Raine,
Erfasste ihn der glühe Traum
Von einem Palmenhaine.

Und als das Leben ausgebrannt
Und fühlte sich vergehen,
Da sollt' wie Moses er das Land
Der Gottverheißung sehen;
Er sah, er sah sie Schaft an Schaft
Die heil'gen Kronen tragen,
Und drunter all die frische Kraft
Der edlen Sprossen ragen.

Und Lieder hört' er, Melodien,
Wie ihm im Traum geklungen,
Wenn ein Kristall der Gletscher schien,
Und Adler sich geschwungen;
Durch das smaragdne Riesenlaub
Sah er die Lyra blinken,
Und über sie gleich goldnem Staub
Levantes Äther sinken.

O, wie zusammen da im Fall
Die alten Töne schwirrten,
Im Busen die Gefangnen all
Mit ihren Ketten klirrten!
»Ha, Leben, Jahre! und mein Sitz
Ist in den Säulenwänden,
Auch meine Lyra soll den Blitz
Durch die Smaragden senden!«

Ach, arme Frist, an solchem Schaft
Mit mattem Fuß zu klimmen,
Die Sehne seiner Jugendkraft,
Vermag er sie zu stimmen?
Und bald erseufzt er: »Hin ist hin!
Vertrödelt ist verloren!
Die Scholle winkt, weh mir, ich bin
Zu früh, zu früh geboren!«

Not

Was redet ihr so viel von Angst und Not,
In eurem tadellosen Treiben?
Ihr frommen Leute, schlagt die Sorge tot,
Sie will ja doch nicht bei euch bleiben!

Doch wo die Not, um die das Mitleid weint,
Nur wie der Tropfen an des Trinkers Hand,
Indes die dunkle Flut, die keiner meint,
Verborgen steht bis an der Seele Rand –

Ihr frommen Leute wollt die Sorge kennen,
Und habt doch nie die Schuld gesehn!
Doch sie, sie dürfen schon das Leben nennen
Und seine grauenvollen Höhn;

Hinauf schallt's wie Gesang und Loben,
Und um die Blumen spielt der Strahl,
Die Menschen wohnen still im Tal,
Die dunklen Geier horsten droben.

Die Bank

Im Parke weiß ich eine Bank,
Die schattenreichste nicht von allen,
Nur Erlen lassen, dünn und schlank,
Darüber karge Streifen wallen;
Da sitz' ich manchen Sommertag
Und lass mich rösten von der Sonnen,

Rings keiner Quelle Plätschern wach,
Doch mir im Herzen springt der Bronnen.

Dies ist der Fleck, wo man den Weg
Nach allen Seiten kann bestreichen,
Das staub'ge Gleis, den grünen Steg,
Und dort die Lichtung in den Eichen:
Ach manche, manche liebe Spur
Ist unterm Rade aufgeflogen!
Was mich erfreut, bekümmert, nur
Von drüben kam es hergezogen.

Du frommer Greis im schlichten Kleid,
Getreuer Freund seit zwanzig Jahren,
Dem keine Wege schlimm und weit,
Galt es den heil'gen Dienst zu wahren,
Wie oft sah ich den schweren Schlag
Dich drehn mit ungeschickten Händen,
Und langsam steigend nach und nach
Dein Käppchen an des Dammes Wänden.

Und du in meines Herzens Grund,
Mein lieber schlanker blonder Junge,
Mit deiner Büchs' und braunem Hund,
Du klares Aug' und muntre Zunge,
Wie oft hört' ich dein Pfeifen nah,
Wenn zu der Dogge du gesprochen;
Mein lieber Bruder warst du ja,
Wie sollte mir das Herz nicht pochen?

Und manches was die Zeit verweht,
Und manches was sie ließ erkalten,
Wie Banquos Königsreihe geht

Und trabt es aus des Waldes Spalten.
Auch was mir noch geblieben und
Was neu erblüht im Lebensgarten,
Der werten Freunde heitrer Bund,
Von drüben muss ich ihn erwarten.

So sitz' ich Stunden wie gebannt,
Im Gestern halb und halb im Heute,
Mein gutes Fernrohr in der Hand
Und lass es streifen durch die Weite.
Am Damme steht ein wilder Strauch,
O, schmählich hat mich der betrogen!
Rührt ihn der Wind, so mein' ich auch
Was Liebes komme hergezogen!

Mit jedem Schritt weiß er zu gehn,
Sich anzuformen alle Züge;
So mag er denn am Hange stehn,
Ein wert Phantom, geliebte Lüge;
Ich aber hoffe für und für,
Sofern ich mich des Lebens freue,
Zu rösten an der Sonne hier,
Geduld'ger Märtyrer der Treue.

*Clemens von Droste**

An seinem Denkmal saß ich, das Getreibe
Des Lebens schwoll und wogt' in den Alleen,
Ich aber mochte nur zum Himmel sehn,
Von dem ihr Silber goss die Mondenscheibe.
Und alle Schmerzenskeime fühlt' ich sprießen,
Im Herzen sich entfalten, Blatt um Blatt,
Und allen Segen fühlt' ich niederfließen
Um eines Christen heil'ge Schlummerstatt.

Da nahte durch die Gräser sich ein Rauschen,
Geflüster hallte an der Marmorwand,
Der mir so teure Name ward genannt,
Und leise Wechselrede hört' ich tauschen.
Es waren tiefe achtungsvolle Worte,
Und dennoch war es mir, als dürfe hier
Kein anderer an dem geweihten Orte,
Kein Wesen ihn betrauern neben mir.

Wer könnte unter diesen Gräbern wandeln,
Der ihn gekannt wie ich, so manches Jahr,
Der seine Kindheit sah, so frisch und klar,
Des Jünglings Glut, des Mannes kräftig Handeln?
Welch fremdes Aug' hat in den ernsten Lettern,
Dem strengen Wort des Herzens Schlag erkannt?
Die Blitze saht ihr, aber aus den Wettern
Saht ihr auch segnen eines Engels Hand?

---

* *Clemens August Freiherr Droste zu Hülshoff, Professor an der juristischen Fakultät zu Bonn, 1832 plötzlich und überraschend in Wiesbaden verstorben.*

Sie standen da wie vor Pantheons Hallen,
Wie unter Bannern, unter Lorbeerlaub;
Ich saß an einem Hügel, wo zu Staub
Der Menschenherzen freundlichstes zerfallen.
Sie redeten von den zersprengten Kreisen,
Die all er wie ein mächt'ger Reif geeint;
Ich dachte an die Witwen und die Waisen,
Die seinem dunklen Sarge nachgeweint.

Sie redeten von seines Geistes Walten,
Von seinem starken ungebeugten Sinn,
Und wie er nun der Wissenschaft dahin,
Der Mann an dem sich mancher Arm gehalten;
Ich hörte ihres Lobes Wogen schießen,
Es waren Worte wohlgemeint und wahr,
Doch meine Tränen fühlt' ich heißer fließen,
Als ob man ihn verkenne ganz und gar.

Und endlich hört' ich ihre Stimmen schwinden,
Ihr letztes Wort war eine Klage noch:
Dass nicht so leicht ein gleiches Wissen doch,
Dass selten nur ein gleicher Geist zu finden.
Ich aber, beugend in des Denkmals Schatten,
Hab' seines Grabes feuchten Halm geküsst:
»Wo gibt es einen Vater, einen Gatten,
Und einen Freund wie du gewesen bist!«

Guten Willens Ungeschick

Du scheuchst den frommen Freund von mir,
Weil krank ich sei und sehr bewegt,
Mein hell und blühend Lustrevier
Hast du mit Dornen mir umhegt;
Wohl weiß ich, dass der Wille rein,
Dass eure Sorge immer wach,
Doch was ihn labt, was hindert, ach,
Ein jeder weiß es nur allein.

Ich denke, wie ich einstens saß
An eines Hügels schroffem Rain,
Und sah ein schönes Kind, das las
Sich Schneckenhäuschen im Gestein;
Dann glitt es aus, ich sprang hinzu,
Es hatte sich am Strauch gedrückt;
Ich griff es an gar ungeschickt,
Und abwärts rollte es im Nu;

Auf hob ich es, das weinend lag,
Und grimmig weinend um sich fuhr,
Und freilich, was es stieß vom Hag,
Mein schlimmes Helfen war es nur. –
Und an der Klippe stand ich auch,
Bei Vogelbrut mit Flaumenhaar,
Und drüber pfiff wie ein Korsar
Ein Weihe hoch im Nebelrauch.

Nun blitzte wie ein Strahl heran
Und immer näher schoss der Weih,
Ich schwang das Tuch, den Mantel dann,
Die jungen Vögel duckten scheu;

Und aufwärts funkelnd, angstgepresst,
Wie Marder pfiffen sie so klar;
Da ward mir endlich offenbar,
Dies sei des Weihen eignes Nest.

So hab' ich hundertmal gefühlt,
Und tausendmal hab' ich gesehn,
Dass nichts so hart am Herzen wühlt
Wo seine tiefsten Adern gehn,
Als – zürne nicht, die Lippen drück'
Ich sühnend auf der Lippen Rand –
Als eine liebe rasche Hand
In guten Willens Ungeschick.

Der Traum

An Amalie H.

Jüngst hab' ich dich gesehn im Traum,
So lieblich saßest du behütet,
In einer Laube grünem Raum,
Von duftendem Jasmin umblütet,
Durch Zweige fiel das goldne Licht,
Aus Vogelkehlen ward gesungen,
Du saßest da, wie ein Gedicht
Von einem Blumenkranz umschlungen.

Und deine liebe Rechte trug
Das Antlitz mit so edlen Sitten,
Im Sand das aufgeschlagne Buch
Schien von dem Schoße dir geglitten;
Dich lehnend an den frischen Hag

Hauchtest du flüsternd leise Küsse,
Im Auge eine Träne lag
Wie Tau im Kelche der Narzisse.

Dich anzuschaun war meine Lust,
Zu lauschen deiner Züge Regen,
Und dennoch hätt' ich gern gewusst,
Was dich so innig mocht' bewegen?
Da bogst du sacht hinab den Zweig,
Strichst lächelnd an der Spitzenhaube,
An deine Schulter huscht' ich gleich,
Sah einen Baum in schlichtem Laube:

Und auf dem Baume saß ein Fink,
Der schleppte dürres Moos und Reisig,
»Schau her, schau wieder!«, zirpt' er flink
Und förderte am Nestchen fleißig;
Er sah so keck und fröhlich aus,
Als trüg' er des Flamingo Kleider,
So sorglich hüpft' er um sein Haus,
Als fürcht' er bösen Blick und Neider.

Und wenn ein Reischen er gelegt,
Dann rief er alle Welt zu Zeugen,
Als müsse was der Garten hegt,
Blum' und Gesträuch sich vor ihm neigen;
Um deine Lippe flog ein Zug,
Wie ich ihn oft an ihr gesehen,
Und meinen Namen ließ im Flug
Sie über ihre Spalte gehen.

Schon hob ich meine Hand hinauf
Mit leisem Schlage dich zu strafen,

Allein da wacht' ich plötzlich auf
Und bin nicht wieder eingeschlafen;
Nur deiner hab' ich fortgedacht,
Säh' dich so gern am grünen Hage,
Mich dünkt, so lieb wie in der Nacht
Sah ich dich noch an keinem Tage.

Im Eise schlummern Blum' und Zweig,
Dezemberwinde schneidend wehen,
Der Garten steht im Wolkenreich,
Wo tausend schönre Gärten stehen;
So golden ist kein Sonnenschein,
Dass er wie der erträumte blinke;
Doch du, bist du nicht wirklich mein?
Und bin ich nicht dein dummer Finke?

Locke und Lied

Meine Lieder sandte ich dir,
Meines Herzens strömende Quellen,
Deine Locke sandtest du mir,
Deines Hauptes ringelnde Wellen;
Hauptes Welle und Herzens Flut
Sie zogen einander vorüber,
Haben sie nicht im Kusse geruht?
Schoss nicht ein Leuchten darüber?

Und du klagest: Verblichen sei
Die Farbe der wandernden Zeichen;
Scheiden tut weh, mein Liebchen, ei,
Die Scheidenden dürfen erbleichen;

Warst du blass nicht, zitternd und kalt,
Als ich von dir mich gerissen?
Blicke sie an, du Milde, und bald,
Bald werden den Herrn sie nicht missen.

Auch deine Locke hat sich gestreckt,
Verdrossen, gleich schlafendem Kinde,
Doch ich hab' sie mit Küssen geweckt,
Hab' sie gestreichelt so linde,
Ihr geflüstert von unserer Treu',
Sie geschlungen um deine Kränze,
Und nun ringelt sie sich aufs Neu,
Wie eine Rebe im Lenze.

Wenig Wochen, dann grünet der Stamm,
Hat Sonnenschein sich ergossen,
Und wir sitzen am rieselnden Damm,
Die Händ' ineinander geschlossen,
Schaun in die Welle, und schaun in das Aug'
Uns wieder und wieder und lachen,
Und Bekanntschaft mögen dann auch
Die Lock' und der Liederstrom machen.

An ***

Kein Wort, und wär' es scharf wie Stahles Klinge,
Soll trennen, was in tausend Fäden eins,
So mächtig kein Gedanke, dass er dringe
Vergällend in den Becher reinen Weins;
Das Leben ist so kurz, das Glück so selten,
So großes Kleinod, einmal sein statt gelten!

Hat das Geschick uns, wie in frevlem Witze,
Auf feindlich starre Pole gleich erhöht,
So wisse, dort, dort auf der Scheidung Spitze
Herrscht, König über alle, der Magnet,
Nicht frägt er ob ihn Fels und Strom gefährde,
Ein Strahl fährt mitten er durchs Herz der Erde.

Blick in mein Auge – ist es nicht das deine,
Ist nicht mein Zürnen selber deinem gleich?
Du lächelst – und dein Lächeln ist das meine,
An gleicher Lust und gleichem Sinnen reich;
Worüber alle Lippen freundlich scherzen,
Wir fühlen heil'ger es im eignen Herzen.

Pollux und Kastor, – wechselnd Glühn und Bleichen,
Des einen Licht geraubt dem andern nur,
Und doch der allerfrömmsten Treue Zeichen. –
So reiche mir die Hand, mein Dioskur!
Und mag erneuern sich die holde Mythe,
Wo überm Helm die Zwillingsflamme glühte.

Poesie

Frägst du mich im Rätselspiele,
Wer die zarte lichte Fei,
Die sich drei Kleinoden gleiche
Und ein Strahl doch selber sei?
Ob ich's rate? Ob ich fehle?
Liebchen, pfiffig war ich nie,
Doch in meiner tiefsten Seele
Hallt es: Das ist Poesie!

Jener Strahl der, Licht und Flamme,
Keiner Farbe zugetan,
Und doch, über alles gleitend
Tausend Farben zündet an,
Jedes Recht und keines Eigen. –
Die Kleinode nenn' ich dir:
Den Türkis, den Amethisten,
Und der Perle edle Zier.

Poesie gleicht dem Türkise,
Dessen frommes Auge bricht,
Wenn verborgner Säure Brodem
Nahte seinem reinen Licht;
Dessen Ursprung keiner kündet,
Der wie Himmelsgabe kam,
Und des Himmels milde Bläue
Sich zum milden Zeichen nahm.

Und sie gleicht dem Amethisten,
Der sein veilchenblau Gewand
Lässt zu schnödem Grau erblassen
An des Ungetreuen Hand;
Der, gemeinen Götzen frönend,
Sinkt zu niedren Steines Art,
Und nur *einer* Flamme dienend
Seinen edlen Glanz bewahrt;

Gleicht der Perle auch, der zarten,
Am Gesunden tauig klar,
Aber saugend, was da Krankes
In geheimsten Adern war;
Sahst du niemals ihre Schimmer
Grünlich, wie ein modernd Tuch?

Eine Perle bleibt es immer,
Aber die ein Siecher trug.

Und du lächelst meiner Lösung,
Flüsterst wie ein Widerhall:
Poesie gleicht dem Pokale
Aus venedischem Kristall;
Gift hinein – und schwirrend singt er
Schwanenliedes Melodie,
Dann in tausend Trümmer klirrend,
Und hin ist die Poesie!

*An ****

O frage nicht, was mich so tief bewegt,
Seh ich dein junges Blut so freudig wallen,
Warum, an deine klare Stirn gelegt,
Mir schwere Tropfen aus den Wimpern fallen.

Mich träumte einst, ich sei ein albern Kind,
Sich emsig mühend an des Tisches Borden;
Wie übermächtig die Vokabeln sind,
Die wieder Hieroglyphen mir geworden!

Und als ich dann erwacht, da weint' ich heiß,
Dass mir so klar und nüchtern jetzt zumute,
Dass ich so schrankenlos und überweis',
So ohne Furcht vor Schelten und vor Rute.

So, wenn ich schaue in dein Antlitz mild,
Wo tausend frische Lebenskeime walten,

Da ist es mir, als ob Natur mein Bild
Mir aus dem Zauberspiegel vorgehalten;

Und all mein Hoffen, meiner Seele Brand,
Und meiner Liebessonne dämmernd Scheinen,
Was noch entschwinden wird und was entschwand,
Das muss ich alles dann in dir beweinen.

An Elise

Am 19. November 1843

Du weißt es lange wohl wie wert du mir,
Was sollt' ich es nicht froh und offen tragen
Ein Lieben, das so frischer Ranken Zier
Um meinen kranken Lebensbaum geschlagen?
Und manchen Abend hab' ich nachgedacht,
In leiser Stunde träumerischem Sinnen,
Wie deinen Morgen, meine nahnde Nacht
Das Schicksal ließ aus *einer* Urne rinnen.

Zu alt zur Zwillingsschwester, möchte ich
Mein Töchterchen dich nennen, meinen Sprossen,
Mir ist, als ob mein fliehend Leben sich,
Mein rinnend Blut in deine Brust ergossen.
Wo flammt im Herzen mir ein Opferherd,
Dass nicht der deine loderte daneben,
Von gleichen Landes lieber Luft genährt,
Von gleicher Freunde frommem Kreis umgeben?

Und heut, am Sankt Elisabethentag,
Vereinend uns mit gleichen Namens Banden,

Schlug ich bedächtig im Kalender nach,
Welch' Heilige am Taufborn uns gestanden;
Da fand ich eine königliche Frau,
Die ihre milde Segenshand gebreitet,
Und eine Patriarchin, ernst und grau,
Nur wert um den, des Wege sie bereitet.

Fast war es mir, als ob dies Doppelbild
Mit strengem Mahnen strebe uns zu trennen,
Als woll' es dir die Fürstin zart und mild,
Mir nur die ernste Hüterin vergönnen;
Doch – lächle nicht – ich hab' mich abgekehrt,
Bin fast verschämt zur Seite dir getreten;
Nun wähle, Lieb, und die du dir beschert,
Zu der will ich als meiner Heil'gen beten.

Ein Sommertagstraum

Im tiefen West der Schwaden grollte,
Es stand die Luft, ein siedend Meer,
An meines Fensters Vorhang rollte
Die Sonnenkugel, glüh und schwer,
Und wie ein Kranker, lang gestreckt,
Lag ich auf grünen Sofakissen,
Das Haupt von wüstem Schmerz zerrissen,
Die Stirne fieberhaft gefleckt.

Um mich Geschenke, die man heute
Zu meinem Wiegenfest gesandt,
Denare, Schriften, Meeres Beute,
Ich hab' mich schnöde abgewandt;

Zum Tode matt und schlafberaubt
Studiert ich der Gardine Bauschen,
Und horchte auf des Blutes Rauschen
Und Klingeln im betäubten Haupt.

Zuweilen dehnte sich ein Murren
Den Horizont entlang, es schlich
Am Hag ein Rieseln und ein Surren,
Wie flatternder Libelle Strich;
Betäubend zog Resedaduft
Durch des Balkones offne Türen,
In jeder Nerve war zu spüren
Die schwefelnde Gewitterluft.

Da plötzlich schien sich aufzurichten
Am Fensterrahm ein Schattenwall,
Und mählich schob die dunklen Schichten
Er näher an den glühen Ball.
Durch der Gardine Spalten zog
Ein frischer Hauch, ich schloss die Augen,
Um tiefer, tiefer einzusaugen,
Was leise spielend mich umflog.

Genau vernahm ich noch das Rucken
Des flatternden Papiers, das Licht
Der Stufe sah ich schmerzend zucken;
Ob ich entschlief? mich dünkt es nicht.
Doch schneller schien am Autograph
Das dürre Züngelchen zu wehen,
Ein glitzernd Aug' der Stein zu drehen,
Die Muschel dehnte sich im Schlaf.

Und, nächt'ger Mücke zu vergleichen,
Umsäuselte mich halber Klang,
Am Teppich schien es sacht zu streichen,
Und lief des Polsters Saum entlang,
Wie wenn im zitternden Papier
Der Fliege zarte Füßchen irren;
Und heller feiner aus dem Schwirren
Drang es wie Wortes Hauch zu mir:

Das Autograph

Pst! – St! – ja, ja,
Das mocht' eine Pracht noch heißen,
Als ich am Ärmel sah
Die goldenen Tressen gleißen!
Wie waren die Hände weiß und weich,
Wie funkelten die Demanten!
Wie schwammen drüber, so duftig, reich,
Die breiten Brüsseler Kanten!

Das waren Bilder und Lockenpracht,
Wie mähnige Leun in Rahmen!
Das Vasen! wo in der Galatracht
Spazierten schäfernde Damen!
Und, o, das war eine Blumensee,
Ein farbiges Blütengewimmel!
Das eine berauschende Äthernäh'
Von heißem südlichen Himmel!

Pst! – St! – ich duckt' in meinem Fach,
Pst! – still – wie Vögel im Nest,
Und ward am Gitter die Brise wach,
Dann ruschelt' ich mit dem West.

O, o! der war auch ein Vagabund:
Von Bogen flog er zu Bogen,
Hat aus der Siegel Granatenmund
Säuselnde Küsse gesogen.

Pst! – drunten, hart an meiner Klaus'
Ein Tisch auf güldenen Krallen;
Und wispelte ich zu weit hinaus,
Ich wär auf den Amor gefallen;
Der stand, einen Köcher in jeder Hand,
Wie sinnend auf lustige Finte,
Das Haupt gewendet vom stäubenden Sand,
Und spiegelte sich in der Dinte.

Sieh! drüben der Türen Paneele, breit,
Geschmückt mit schimmernden Leisten!
Wie hab' ich geflattert und mich gefreut,
Wenn leise knarrend sie gleißten!
Dann kam das Ding – ein Mann – ein Greis? –
Nie konnte ich satt mich schauen,
Dass seine Lockenkaskaden so weiß,
So glänzend schwarz seine Brauen!

Schrieb, schrieb, dass die Feder knirrt' und bog,
Lang lange schlängelnde Kette,
Und sachte über den Marmor zog
Und schleifte sich die Manschette.
Das summt' und säuselte mir wie Traum,
Wie surrender Bienen Lesen,
Als sei ich einst ein seidener Schaum,
Eine Spitzenmanschette gewesen.

Pst! – stille, – sieh, ein andrer! – sieh!
Wie schütteln des Schreibers Locken!
Er beugt und schlenkert sich bis ans Knie,
Schlürft und schleicht wie auf Socken.
Ha! es zupft mich, – ich falle, ich falle! –
Da liege ich hülflos gebreitet,
Und über mich die dintige Galle
Wie Würmer krimmelt und gleitet.

Licht! Leben! durch die Fasern gießt
Gleich Ichor sich der Menschengeist;
Wie's droben tönt, die Spalte fließt,
Gedankenwelle schwillt und kreist.
»Viva!« – ein König wird gegrüßt, –
Es fault im Mark, die Rinde gleißt. –
Und Schiffe, schwer von Proviant,
Ziehn übers Meer vom Nordenstrand.

Ich zittre, zittre, jenes Fremden Auge,
Lichtblau und klar, ist über mich gebeugt;
Ob es den Geist mir aus den Fasern sauge?
Ich weiß es nicht, sein Blinzen sinkt und steigt,
Ein Auge scharf wie Scheidewassers Lauge! –
Er streicht die Brauen, fasst die Feder leicht, –
Nun schlängelt er, – nun drunten steht es da:
»Theodor' il primo, re di Corsica.«
Pst! still! – der König spricht, Denar, halt Ruh!
Was schaukelst dich, was klimperst du?

Der Denar

O! über deinen König! ganz dir gleich,
Du glattgeschlagner Lumpen, o, sein Reich
Das Inselchen, des kärglichen Tribut
Lukull in *eine* Silberschüssel lud,
Gebannt in *eine* Perle Cäsars Hand
In der Ägypterfürstin Locken wand.
Du, zitternd vor Satrapenblicke, fahl
Wärst du zerstäubt vor seiner Augen Strahl,
Wenn langsam übers Forum, im Triumph
Das Viergespann ihn rollte; hörst du dumpf,
Wie halberwachten Donner oder Spülen
Der Brandung, Pöbelwoge ziehn und wühlen,
Um die Quadriga summend, wie im Nahn
Prüft seine Stimme murrend der Orkan?
»Heil, Cäsar, Heil!« um seine kahle Stirn
Ragt Lorbeer, wie die Ficht' um Klippenfirn;
Er lächelt, und aus seinem Lächeln fließet
Ein leise schläfernd Gift, o Roma, dir,
Sein halbgeschloss'nes Auge Fäden schießet,
Ein unzerreißbar Netz. – Gebückt und stier,
Zerzausten Haares, vor den Rossen klirrt
Endloser Gallierzug, die Fesseln schleifen,
Und aus der Pöbelwelle gellt und schwirrt
Gezisch, Gejubel, Zymbelklang und Pfeifen.
Denare fliegen aus des Siegers Hand,
Ha, wie es krabbelt im Arenasand! –
Der Imperator nickt und klingelt fort.
Noch lieg' ich unberührt im Byssusbeutel, –
Was steigt so schwarz am Kapitole dort?
Es dunkelt, dunkelt; – über Cäsars Scheitel
Ein Riesenaar mit Flügelrauschen steigt,

Die Sonne schwindet, – doch ein Leuchten streicht
Um der Liktoren Beile, – wieder itzt –
Sie zucken, schwenken sich – es blitzt! – es blitzt!

Die Erzstufe

Ja, Blitze, Blitze! der Schwaden drängt
Giftiges Gas am Risse hinaus,
Auf einem Blitze bin ich gesprengt
Aus meinem funkelnden Kellerhaus.
O, wie war ich zerbrochen und krank,
Wie rieselt's mir über die blanke Haut,
Wenn langsam schwellend der Tropfen sank,
Des Zuges Schneide mich angegraut!

Kennst du den Bergmönch, den braunen Schelm,
Dem auf der Schulter das Antlitz kreist?
Schwarz und rau wie ein rostiger Helm,
Wie die Grubenlampe sein Auge gleißt.
O, er ist böse, tückisch und schlimm!
Mit dem Gezähe* hackt er am Spalt,
Bis das schwefelnde Wetter im Grimm
Gegen die weichende Rinde schwallt.

Steiger bete! du armer Knapp',
Dem in der Hütte das Kindlein zart,
Betet! betet! eh ihr hinab,
Eh zum letzten Male vor Ort ihr fahrt.
Sieben Nächte hab' ich gesehn
Wie eine Walze rollen den Nacken,

* *Allgemeiner Begriff, das Handwerkszeug der Bergknappen.*

Und die Augen funkeln und drehn,
Und das Gezähe schürfen und hacken.

Dort, dort hinter dem reichen Gang
Lauert der giftige Brodem; da
Wo der Kobold den Hammer schwang,
Wo ich am Bruche ihn schnuppern sah.
Gleich dem Molche von Dunste trunken
Schwoll und wackelt' der Gnom am Grund,
Und des Gases knisternde Funken
Zogen in seinen saugenden Schlund.

Bete, Steiger, den Morgenpsalm
Einmal noch, und dein »Walt's Gott«,
Deinen Segen gen Wetters Qualm,
Gäh' Verscheiden und Teufelsrott'.
Schau noch einmal ins Angesicht
Deinem Töchterchen, deinem Weib,
Und dann zünde das Grubenlicht.
»Gott die Seele, dem Schacht der Leib!«

Sie sind vor Ort, die Lämpchen rund
Wie Irrwischflämmchen aufgestellt.
Die Winde keucht, es rollt der Hund*,
Der Hammer pickt, die Stufe fällt,
An Bleigewürfel, Glimmerspat
Zerrinnend, malt der kleine Strahl
In seiner Glorie schwimmend Rad
Sich Regenbogen und Opal.

---

* *Der kastenähnliche Karren, mit dem die Erzstufen aus dem Stollen zutage gefördert werden.*

Die Winde keucht, es rollt der Hund. –
Hörst du des Schwadens Sausen nicht?
Wie Hagel bröckelt es zum Grund –
Der Hammer pickt, die Stufe bricht; –
Weh, weh! es zündet, flammt hinein!
Hinweg! es schmettert aus der Höh'!
Felsblöcke, zuckendes Gebein!
Wo bin ich? bin ich? – auf der See?
Und welch Geriesel – immer immerzu,
Wie Regentropfen, regnet's?

Die Muschel

Su, susu,
O, schlaf im schimmernden Bade,
Hörst du sie plätschern und rauschen,
Meine hüpfende blanke Najade?
Ihres Haares seidenen Tang
Über der Schultern Perlenschaum;
Horch! sie singt den Wellengesang,
Süß wie Vögelein, zart wie Traum:

»Webe, woge, Welle, wie
Westes Säuselmelodie,
Wie die Schwalbe übers Meer
Zwitschernd streicht von Süden her,
Wie des Himmels Wolken tauen
Segen auf des Eilands Auen,
Wie die Muschel knirrt am Strand,
Von der Düne rieselt Sand.

Woge, Welle, sachte, sacht,
Dass der Triton nicht erwacht.

In der Hand das plumpe Horn
Schlummert er, am Strudelborn.
In der Muschelhalle liegt er,
Seine grünen Zöpfe wiegt er;
Riesle, Woge, Sand und Kies,
In des Bartes zottig Vlies.

Leise, leise, Wellenkreis,
Wie des Liebsten Ruder leis
Streift dein leuchtend Glas entlang
Zu dem nächtlich süßen Gang;
Wenn das Boot, im Strauch geborgen,
Tändelt, schaukelt, bis zum Morgen.
In der Kammer flimmert Licht;
Ruhig, Kiesel, knistert nicht!«

Das Lied verhaucht, wie Echo am Gestade,
Und leiser, leiser wiegt sich die Najade,
Beginnt ihr strömend Flockenhaar zu breiten,
Lässt vom Korallenkamm die Tropfen gleiten,
Und sachte strählend schwimmt sie, wie ein Hauch,
Im Strahl der dämmert durch den Nebelrauch;
Wie glänzt ihr Regenbogenschleier! – o,
Die Sonne steigt, – das Meer beginnt zu zittern, –
Ein Silbernetz von Myriaden Flittern!
Mein Auge zündet sich – wo bin ich? – wo?

Tief atmend saß ich auf, aus Westen
Bohrte der schräge Sonnenstrahl,
Es tropft' und rieselt' von den Ästen,
Die Lerche stieg im Äthersaal;
Vom blanken Erzgewürfel traf
Mein Aug' ein Leuchten, schmerzlich flirrend,

Und in des Zuges Hauche schwirrend
Am Boden lag das Autograph.

So hab' ich Donner, Blitz und Regenschauer
Verträumt, in einer Sommerstunde Dauer.

Die junge Mutter

Im grün verhangnen duftigen Gemach,
Auf weißen Kissen liegt die junge Mutter;
Wie brennt die Stirn! Sie hebt das Auge schwach
Zum Bauer, wo die Nachtigall das Futter
Den nackten Jungen reicht: »Mein armes Tier«,
So flüstert sie, »und bist du auch gefangen
Gleich mir, wenn draußen Lenz und Sonne prangen,
So hast du deine Kleinen doch bei dir.«

Den Vorhang hebt die graue Wärterin,
Und legt den Finger mahnend auf die Lippen;
Die Kranke dreht das schwere Auge hin,
Gefällig will sie von dem Tranke nippen;
Er mundet schon, und ihre bleiche Hand
Fasst fester den Kristall, – o milde Labe! –
»Elisabeth, was macht mein kleiner Knabe?«
»Er schläft«, versetzt die Alte abgewandt.

Wie mag er zierlich liegen! – Kleines Ding! –
Und selig lächelnd sinkt sie in die Kissen;
Ob man den Schleier um die Wiege hing,
Den Schleier der am Erntefest zerrissen?
Man sieht es kaum, sie flickte ihn so nett,

Dass alle Frauen höchlich es gepriesen,
Und eine Ranke ließ sie drüber sprießen.
»Was läutet man im Dom, Elisabeth?«

»Madame, wir haben heut Mariatag.«
So hoch im Mond? sie kann sich nicht besinnen. –
Wie war es nur? – doch ihr Gehirn ist schwach,
Und leise suchend zieht sie aus den Linnen
Ein Häubchen, in dem Strahle kümmerlich
Lässt sie den Faden in die Nadel gleiten;
So ganz verborgen will sie es bereiten,
Und leise, leise zieht sie Stich um Stich.

Da öffnet knarrend sich die Kammertür,
Vorsicht'ge Schritte übern Teppich schleichen.
»Ich schlafe nicht, Rainer, komm her, komm hier!
Wann wird man endlich mir den Knaben reichen?«
Der Gatte blickt verstohlen himmelwärts,
Küsst wie ein Hauch die kleinen heißen Hände:
»Geduld, Geduld, mein Liebchen, bis zum Ende!
Du bist noch gar zu leidend, gutes Herz.«

»Du duftest Weihrauch, Mann.« – »Ich war im Dom;
Schlaf, Kind«; und wieder gleitet er von dannen.
Sie aber näht, und liebliches Phantom
Spielt um ihr Aug' von Auen, Blumen, Tannen. –
Ach, wenn du wieder siehst die grüne Au,
Siehst über einem kleinen Hügel schwanken
Den Tannenzweig und Blumen drüber ranken,
Dann tröste Gott dich, arme junge Frau!

Meine Sträuße

Sooft mir ward eine liebe Stund'
Unterm blauen Himmel im Freien,
Da habe ich, zu des Gedenkens Bund,
Mir Zeichen geflochten mit Treuen,
Einen schlichten Kranz, einen wilden Strauß,
Ließ drüber die Seele wallen;
Nun stehe ich einsam im stillen Haus,
Und sehe die Blätter zerfallen.

Vergissmeinnicht mit dem Rosaband –
Das waren dämmrige Tage,
Als euch entwandte der Freundin Hand
Dem Weiher drüben am Hage;
Wir schwärmten in wirrer Gefühle Flut,
In sechzehnjährigen Schmerzen;
Nun schläft sie lange. – Sie war doch gut,
Ich liebte sie recht von Herzen!

Gar weite Wege hast du gemacht,
Kamelia, staubige Schöne,
In deinem Kelche die Flöte wacht,
Trompeten und Zymbelgetöne;
Wie zitterten durch das grüne Revier
Buntfarbige Lampen und Schleier!
Da brach der zierliche Gärtner mir
Den Strauß beim bengalischen Feuer.

Dies Alpenröschen nährte mit Schnee
Ein eisgrau starrender Riese;
Und diese Tange entfischt' ich der See
Aus Muschelgescherbe und Kiese;

Es war ein volles, gesegnetes Jahr,
Die Trauben hingen gleich Pfunden,
Als aus der Rebe flatterndem Haar
Ich diesen Kranz mir gewunden.

Und ihr, meine Sträuße von wildem Heid',
Mit lockerm Halme geschlungen,
O süße Sonne, o Einsamkeit,
Die uns redet mit heimischen Zungen!
Ich hab' sie gepflückt an Tagen so lind,
Wenn die goldenen Käferchen spielen,
Dann fühlte ich mich meines Landes Kind,
Und die fremden Schlacken zerfielen.

Und wenn ich grüble an meinem Teich,
Im duftigen Moose gestrecket,
Wenn aus dem Spiegel mein Antlitz bleich
Mit rieselndem Schauer mich necket,
Dann lang' ich sachte, sachte hinab,
Und fische die träufelnden Schmelen;
Dort hängen sie, drüben am Fensterstab,
Wie arme vertrocknete Seelen.

So mochte ich still und heimlich mir
Eine Zauberhalle bereiten,
Wenn es dämmert dort, und drüben, und hier,
Von den Wänden seh ich es gleiten;
Eine Fei entschleicht der Kamelia sich,
Liebesseufzer stöhnet die Rose,
Und wie Blutes Adern umschlingen mich
Meine Wasserfäden und Moose.

Das Liebhabertheater

Meinst du, wir hätten jetzt Dezemberschnee?
Noch eben stand ich vor dem schönsten Hain,
So grün und kräftig sah ich keinen je.
Die Windsbraut fuhr, der Donner knallte drein,
Und seine Zweige trotzten wie gegossen,
Gleich an des Parkes Tor ein Häuschen stand,
Mit Kränzen war geschmückt die schlichte Wand,
Die haben nicht gezittert vor den Schlossen,
Das nenn' ich Kränze doch und einen Hain!

Und denkst du wohl, wir hätten finstre Nacht?
Des Morgens Gluten wallten eben noch,
Rotglühend, wie des Lavastromes Macht
Hernieder knistert von Vesuves Joch;
Nie sah so prächtig man Auroren ziehen!
An unsre Augen schlugen wir die Hand,
Und dachten schier, der Felsen steh' in Brand,
Die Hirten sahn wir wie Dämone glühen;
Das nenn' ich einen Sonnenaufgang doch!

Und sprichst du unsres Landes Nymphen Hohn?
Noch eben schlüpfte durch des Forstes Hau
Ein Mädchen, voll und sinnig wie der Mohn,
Gewiss, sie war die allerschönste Frau!
Ihr weißes Händchen hielt den blanken Spaten,
Der kleine Fuß, in Zwickelstrumpf und Schuh,
Hob sich so schwebend, trat so zierlich zu,
Und hör, ich will es dir nur gleich verraten,
Der schönen Clara glich sie ganz genau.

Und sagst du, diese habe mein gelacht?
O hättest du sie heute nur gesehn,
Wie schlau sie meine Blicke hat bewacht,
Wie zärtlich konnte ihre Augen drehn,
Und welche süße Worte ihr entquollen!
Recht wo ich stand, dorthin hat sie geweint:
»Mein teures Herz, mein Leben, einz'ger Freund!«
Das schien ihr von den Lippen nur zu rollen.
War das nicht richtig angebracht, und schön?

Doch eins nur, eines noch verhehlt' ich dir,
Und fürchte sehr, es trage wenig ein;
Der Wald war brettern und der Kranz Papier,
Das Morgenrot Bengalens Feuerschein,
Und als sie ließ so süße Worte wandern,
Ach, ob sie gleich dabei mich angeblickt,
Der dicht an das Orchester war gerückt,
Doch fürcht' ich fast, sie galten einem andern!
Was meinst du, sollte das wohl möglich sein?

Die Taxuswand

Ich stehe gern vor dir,
Du Fläche schwarz und rau,
Du schartiges Visier
Vor meines Liebsten Brau',
Gern mag ich vor dir stehen,
Wie vor grundiertem Tuch,
Und drüber gleiten sehen
Den bleichen Krönungszug;

Als mein die Krone hier,
Von Händen die nun kalt;
Als man gesungen mir
In Weisen die nun alt;
Vorhang am Heiligtume,
Mein Paradiesestor,
Dahinter alles Blume,
Und alles Dorn davor.

Denn jenseits weiß ich sie,
Die grüne Gartenbank,
Wo ich das Leben früh
Mit glühen Lippen trank,
Als mich mein Haar umwallte
Noch golden wie ein Strahl,
Als noch mein Ruf erschallte,
Ein Hornstoß, durch das Tal.

Das zarte Efeureis,
So Liebe pflegte dort,
Sechs Schritte, – und ich weiß,
Ich weiß dann, dass es fort.
So will ich immer schleichen
Nur an dein dunkles Tuch,
Und achtzehn Jahre streichen
Aus meinem Lebensbuch.

Du starrtest damals schon
So düster treu wie heut,
Du, unsrer Liebe Thron
Und Wächter manche Zeit;
Man sagt dass Schlaf, ein schlimmer,
Dir aus den Nadeln raucht, –

Ach, wacher war ich nimmer,
Als rings von dir umhaucht!

Nun aber bin ich matt,
Und möcht' an deinem Saum
Vergleiten, wie ein Blatt
Geweht vom nächsten Baum;
Du lockst mich wie ein Hafen,
Wo alle Stürme stumm,
O, schlafen möcht' ich, schlafen,
Bis meine Zeit herum!

Nach fünfzehn Jahren

Wie hab' ich doch so manche Sommernacht,
Du düstrer Saal, in deinem Raum verwacht!
Und du, Balkon, auf dich bin ich getreten,
Um leise für ein teures Haupt zu beten,
Wenn hinter mir aus des Gemaches Tiefen
Wie Hülfewimmern bange Seufzer riefen,
Die Odemzüge aus geliebtem Mund;
Ja, bitter weint' ich – o Erinnerung! –
Doch trug ich mutig es, denn ich war jung,
War jung noch und gesund.

Du Bett mit seidnem Franzenhang geziert,
Wie hab' ich deine Falten oft berührt,
Mit leiser leiser Hand gehemmt ihr Rauschen,
Wenn ich mich beugte durch den Spalt zu lauschen,
Mein Haupt so müde dass es schwamm wie trunken,
So matt mein Knie dass es zum Grund gesunken!

Mechanisch löste ich der Zöpfe Bund
Und sucht' im frischen Trunk Erleichterung;
Ach, alles trägt man leicht, ist man nur jung,
Nur jung noch und gesund!

Und als die Rose, die am Stock erblich,
Sich wieder auf die kranke Wange schlich,
Wie hab' ich an dem Pfeilertische drüben
Dem Töchterchen geringelt seine lieben
Goldbraunen Löckchen! wie ich mich beflissen,
Eh ich es führte an der Mutter Kissen!
Und gute Sitte flüstert' ich ihm ein,
Gelobte ihm die Fabel von dem Schaf
Und sieben Zicklein, wenn es wolle brav,
Recht brav und sittig sein.

Und dort die Hütte in der Tannenschlucht,
Da naschten sie und ich der Rebe Frucht,
Da fühlten wir das Blut so keimend treiben,
Als müss' es immer frisch und schäumend bleiben;
Des Überstandnen lachten wir im Hafen:
Wie ich geschwankt, wie stehend ich geschlafen;
Und wandelten am Rasenstreifen fort,
Und musterten der Stämmchen schlanke Reihn,
Und schwärmten, wie es müsse reizend sein
Nach fünfzehn Jahren dort!

O fünfzehn Jahre, lange öde Zeit!
Wie sind die Bäume jetzt so starr und breit!
Der Hütte Tür vermocht' ich kaum zu regen,
Da schoss mir Staub und wüst Gerüll entgegen,
Und an dem blanken Gartensaale drüben
Da steht 'ne schlanke Maid mit ihrem Lieben,

Die schaun sich lächelnd in der Seele Grund,
In ihren braunen Locken rollt der Wind;
Gott segne dich, du bist geliebt, mein Kind,
Bist fröhlich und gesund!

Sie aber die vor Lustern dich gebar,
Wie du so schön, so frisch und jugendklar,
Sie steht mit einer an des Parkes Ende
Und drückt zum Scheiden ihr die bleichen Hände,
Mit einer, wie du nimmer möchtest denken,
So könne deiner Jugend Flut sich senken;
Sie schaun sich an, du nennst vielleicht es kalt,
Zwei starre Stämme, aber sonder Wank
Und sonder Tränenquell, denn sie sind krank,
Ach, beide krank und alt!

Der kranke Aar

Am dürren Baum, im fetten Wiesengras
Ein Stier behaglich wiederkäut' den Fraß;
Auf niederm Ast ein wunder Adler saß,
Ein kranker Aar mit gebrochnen Schwingen.

»Steig auf, mein Vogel, in die blaue Luft,
Ich schau dir nach aus meinem Kräuterduft.« –
»Weh, weh, umsonst die Sonne ruft
Den kranken Aar mit gebrochnen Schwingen!« –

»O Vogel, warst so stolz und freventlich
Und wolltest keine Fessel ewiglich!« –

»Weh, weh, zu viele über mich,
Und Adler all, – brachen mir die Schwingen!«

»So flattre in dein Nest, vom Aste fort,
Dein Ächzen schier die Kräuter mir verdorrt.«
»Weh, weh, kein Nest hab' ich hinfort,
Verbannter Aar mit gebrochnen Schwingen!«

»O Vogel, wärst du eine Henne doch,
Dein Nestchen hättest du, im Ofenloch.«
»Weh, weh, viel lieber ein Adler noch,
Viel lieber ein Aar mit gebrochnen Schwingen!«

Sit illi terra levis!

So sonder Arg hast du in diesem Leben
Mich deinen allerbesten Freund genannt,
Hast mir so oft gereicht die hagre Hand, –
Hab' ich gelächelt, mag mir Gott vergeben.
Die Schlange wacht in jedes Menschen Brust,
Was ich dir bot, es war doch treue Gabe,
Und hier bekenn' ich es, an deinem Grabe,
Du warst mir lieber als ich es gewusst.

Ob ich auch nie zu jenen mich gesellte,
Die lachend deine Einfalt angeschaut;
Des Hauptes, das in Ehren war ergraut,
Verhöhnung immer mir die Adern schwellte;
Doch erst wo aller Menschen Witz versiegt,
Ein armer Tropfen in Ägyptens Sande,

Hier erst erkenn' ich, an der Seelen Brande,
Wie schwer des Auges warme Träne wiegt.

Sah ich sie nicht an deine Wimper steigen,
Wenn du dem fremden Leide dich geeint?
Hast du nicht meinen Toten nachgeweint,
So heiß wie deines eignen Blutes Zweigen?
O! wenn ich in der Freude des vergaß,
Mit bitterm Herzen muss ich es beklagen,
Denn von des Schicksals harter Hand geschlagen,
Wie gern ich dann in deinem Auge las!

Noch seh ich dich im Hauch des Winterbrodems
Herstapfen, wie den irren Heidegeist,
Wenn Tropf' an Tropfen deiner Stirn entfleußt,
Hör' noch das Keuchen deines armen Odems.
Es waren schlimme Wege, rau und weit,
Die du gewandelt manche Winterwende,
Um des Altares heil'ge Gnadenspende
Zu tragen mir in meine Einsamkeit.

O manchem Spötter gabst du ernst Gedenken,
Wenn höhnend deine kleine Hab' er pries,
Für schlechtes Ding dir Tausende verhieß,
Und du nur glücklich warst ihn zu beschenken!
So wert war dir kein Gut, so ehrenreich,
Dass du es nicht mit Freuden hingegeben,
Dann sah man deine Lippen freundlich beben,
Und zucken wie das Dämmerlicht im Teich.

An deinem Kleide, schwarz und fadenscheinend,
War jeder Fleck ein heimlich Ehrenmal,
Du frommer Dieb am Eignen! ohne Wahl

Das Schlechteste dir noch genugsam meinend.
Mann ohne Falsch und mit der offnen Hand,
Drin wie Demant der Witwe Heller blinken,
Sanft soll der Tau auf deinen Hügel sinken,
Und leicht, leicht sei dir das geweihte Land!

Schlaf sanft, schlaf still in deinem grünen Bette,
Dir überm Haupt des Glaubens fromm Symbol,
Die Welt vergisst, der Himmel kennt dich wohl,
Ein Engel wacht an dieser schlichten Stätte.
Auch eine Träne wird dir nachgeweint,
Und wahrlich keine falsche: »Ach sie haben,
Sie haben einen guten Mann begraben,
Und mir, mir war er mehr« – mein wärmster Freund.

Die Unbesungenen

’s gibt Gräber wo die Klage schweigt,
Und nur das Herz von innen blutet,
Kein Tropfen in die Wimper steigt,
Und doch die Lava drinnen flutet;
’s gibt Gräber, die wie Wetternacht
An unserm Horizonte stehn
Und alles Leben niederhalten,
Und doch, wenn Abendrot erwacht,
Mit ihren goldnen Flügeln wehn
Wie milde Seraphimgestalten.

Zu heilig sind sie für das Lied,
Und mächtge Redner doch vor allen,
Sie nennen dir was nimmer schied,

Was nie und nimmer kann zerfallen;
O, wenn dich Zweifel drückt herab,
Und möchtest atmen Ätherluft,
Und möchtest schauen Seraphsflügel,
Dann tritt an deines Vaters Grab!
Dann tritt an deines Bruders Gruft!
Dann tritt an deines Kindes Hügel!

Das Spiegelbild

Schaust du mich an aus dem Kristall,
Mit deiner Augen Nebelball,
Kometen gleich die im Verbleichen;
Mit Zügen, worin wunderlich
Zwei Seelen wie Spione sich
Umschleichen, ja, dann flüstre ich:
Phantom, du bist nicht meinesgleichen!

Bist nur entschlüpft der Träume Hut,
Zu eisen mir das warme Blut,
Die dunkle Locke mir zu blassen;
Und dennoch, dämmerndes Gesicht,
Drin seltsam spielt ein Doppellicht,
Trätest du vor, ich weiß es nicht,
Würd' ich dich lieben oder hassen?

Zu deiner Stirne Herrscherthron,
Wo die Gedanken leisten Fron
Wie Knechte, würd' ich schüchtern blicken;
Doch von des Auges kaltem Glast,
Voll toten Lichts, gebrochen fast,

Gespenstig, würd', ein scheuer Gast,
Weit, weit ich meinen Schemel rücken.

Und was den Mund umspielt so lind,
So weich und hülflos wie ein Kind,
Das möcht' in treue Hut ich bergen;
Und wieder, wenn er höhnend spielt,
Wie von gespanntem Bogen zielt,
Wenn leis' es durch die Züge wühlt,
Dann möcht' ich fliehen wie vor Schergen.

Es ist gewiss, du bist nicht ich,
Ein fremdes Dasein, dem ich mich
Wie Moses nahe, unbeschuhet,
Voll Kräfte die mir nicht bewusst,
Voll fremden Leides, fremder Lust;
Gnade mir Gott, wenn in der Brust
Mir schlummernd deine Seele ruhet!

Und dennoch fühl' ich, wie verwandt,
Zu deinen Schauern mich gebannt,
Und Liebe muss der Furcht sich einen.
Ja, trätest aus Kristalles Rund,
Phantom, du lebend auf den Grund,
Nur leise zittern würd' ich, und
Mich dünkt – ich würde um dich weinen!

Neujahrsnacht

Im grauen Schneegestöber blassen
Die Formen, es zerfließt der Raum,
Laternen schwimmen durch die Gassen,
Und leise knistert es im Flaum;
Schon naht des Jahres letzte Stunde,
Und drüben, wo der matte Schein
Haucht aus den Fenstern der Rotunde,
Dort ziehn die frommen Beter ein.

Wie zu dem Richter der Bedrängte,
Ob dessen Haupt die Waage neigt,
Noch einmal schleicht eh der verhängte,
Der schwere Tag im Osten steigt,
Noch einmal faltet seine Hände
Um milden Spruch, so knien sie dort,
Still gläubig, dass ihr Flehen wende
Des Jahres ernstes Losungswort.

Ich sehe unter meinem Fenster
Sie gleiten durch den Nebelrauch,
Verhüllt und lautlos wie Gespenster,
Vor ihrer Lippe flirrt der Hauch;
Ein blasser Kreis zu ihren Füßen
Zieht über den verschneiten Grund,
Lichtfunken blitzen auf und schießen
Um der Laterne dunstig Rund.

Was mögen sie im Herzen tragen,
Wie manche Hoffnung, still bewacht!
Wie mag es unterm Vließe schlagen
So heiß in dieser kalten Nacht!

Fort keuchen sie, als möge fallen
Der Hammer, eh sie sich gebeugt,
Bevor sie an des Thrones Hallen
Die letzte Bittschrift eingereicht.

Dort hör' ich eine Angel rauschen,
Vernehmlich wird des Kindes Schrein,
Und die Gestalt – sie scheint zu lauschen,
Dann fürder schwimmt der Lampe Schein;
Noch einmal steigt sie, lässt die Schimmer
Verzittern an des Fensters Rand,
Gewiss, sie trägt ein Frauenzimmer,
Und einer Mutter fromme Hand!

Nun stampft es rüstig durch die Gasse,
Die Decke kracht vom schweren Tritt,
Der Krämer schleppt die Sündenmasse
Der bösen Zahler keuchend mit;
Und hinter ihm wie eine Docke
Ein armes Kind im Flitterstaat,
Mit seidnem Fähnchen, seidner Locke,
Huscht frierend durch den engen Pfad.

Ha, Schellenklingeln längs der Stiege!
Glutaugen richtend in die Höh',
'ne kolossale Feuerfliege,
Rauscht die Karosse durch den Schnee;
Und Dämpfe qualmen auf und schlagen
Zurück vom Wirbel des Gespanns;
Ja, schwere Bürde trägt der Wagen,
Die Wünsche eines reichen Manns!

Und hinter ihm ein Licht so schwankend,
Der Träger tritt so sachte auf,
Nun lehnt er an der Mauer, wankend,
Sein hohler Husten schallt hinauf;
Er öffnet der Laterne Reifen,
Es zupfen Finger lang und fahl
Am Dochte, Odemzüge pfeifen, –
Du, Armer, kniest zum letzten Mal.

Dann Licht an Lichtern längs der Mauer,
Wie Meteore irr geschart,
Ein krankes Weib, in tiefer Trauer,
Husaren mit bereiftem Bart,
In Filz und Kittel stämm'ge Bauern,
Den Rosenkranz in starrer Faust,
Und Mädchen die wie Falken lauern,
Von Mantels Fittigen umsaust.

Wie oft hab' ich als Kind im Spiele
Gelauscht den Funken im Papier,
Der Sternchen zitterndem Gewühle,
Und: »Kirchengänger!« sagten wir;
So seh ich's wimmeln um die Wette
Und löschen, wo der Pfad sich eint,
Nachzügler noch, dann grau die Stätte,
Nur einsam die Rotunde scheint.

Und mählich schwellen Orgelklänge
Wie Heroldsrufe an mein Ohr:
Knie nieder, Lässiger, und dränge
Auch deines Herzens Wunsch hervor!
»Du, dem Jahrtausende verrollen
Sekundengleich, erhalte mir

Ein mutig Herz, ein redlich Wollen,
Und Fassung an des Grabes Tür.«

Da, horch! – es summt durch Wind und Schlossen,
Gott gnade uns, hin ist das Jahr!
Im Schneegestäub' wie Schnee zerflossen,
Zukünftiges wird offenbar;
Von allen Türmen um die Wette
Der Hämmer Schläge, dass es schallt,
Und mit dem letzten ist die Stätte
Gelichtet für den neuen Wald.

Der Todesengel

's gibt eine Sage, dass wenn plötzlich matt
Unheimlich Schaudern einen übergleite,
Dass dann ob seiner künft'gen Grabesstatt
Der Todesengel schreite.

Ich hörte sie, und malte mir ein Bild
Mit Trauerlocken, mondbeglänzter Stirne,
So schaurig schön, wie's wohl zuweilen quillt
Im schwimmenden Gehirne.

In seiner Hand sah ich den Ebenstab
Mit leisem Strich des Bettes Lage messen,
– So weit das Haupt – so weit der Fuß – hinab!
Verschüttet und vergessen!

Mich graute, doch ich sprach dem Grauen Hohn,
Ich hielt das Bild in Reimes Netz gefangen,

Und frevelnd wagt' ich aus der Totenkron'
Ein Lorbeerblatt zu langen.

O, manche Stunde denk' ich jetzt daran,
Fühl' ich mein Blut so matt und stockend schleichen,
Schaut aus dem Spiegel mich ein Antlitz an –
Ich mag es nicht vergleichen; –

Als ich zuerst dich auf dem Friedhof fand,
Tiefsinnig um die Monumente streifend,
Den schwarzen Ebenstab in deiner Hand
Entlang die Hügel schleifend;

Als du das Auge hobst, so scharf und nah,
Ein leises Schaudern plötzlich mich befangen,
O wohl, wohl ist der Todesengel da
Über mein Grab gegangen!

Abschied von der Jugend

Wie der zitternde Verbannte
Steht an seiner Heimat Grenzen,
Rückwärts er das Antlitz wendet,
Rückwärts seine Augen glänzen,
Winde die hinüberstreichen,
Vögel in der Luft beneidet,
Schaudernd vor der kleinen Scholle,
Die das Land vom Lande scheidet;

Wie die Gräber seiner Toten,
Seine Lebenden, die süßen,

Alle stehn am Horizonte,
Und er muss sie weinend grüßen;
Alle kleinen Liebesschätze,
Unerkannt und unempfunden,
Alle ihn wie Sünden brennen
Und wie ewig offne Wunden;

So an seiner Jugend Scheide
Steht ein Herz voll stolzer Träume,
Blickt in ihre Paradiese
Und der Zukunft öde Räume,
Seine Neigungen, verkümmert,
Seine Hoffnungen, begraben,
Alle stehn am Horizonte,
Wollen ihre Träne haben.

Und die Jahre die sich langsam,
Tückisch reihten aus Minuten,
Alle brechen auf im Herzen,
Alle nun wie Wunden bluten;
Mit der armen kargen Habe,
Aus so reichem Schacht erbeutet,
Mutlos, ein gebrochner Wandrer,
In das fremde Land er schreitet.

Und doch ist des Sommers Garbe
Nicht geringer als die Blüten,
Und nur in der feuchten Scholle
Kann der frische Keim sich hüten;
Über Fels und öde Flächen
Muss der Strom, dass er sich breite,
Und es segnet Gottes Rechte
Übermorgen so wie heute.

Was bleibt

Seh ich ein Kind zur Weihnachtsfrist,
Ein rosig Kind mit Taubenaugen,
Die Kunde von dem kleinen Christ
Begierig aus den Lippen saugen,
Aufhorchen, wenn es rauscht im Tann,
Ob draußen schon sein Pferdchen schnaube:
»O Unschuld, Unschuld«, denk' ich dann,
Du zarte, scheue, flücht'ge Taube!

Und als die Wolke kaum verzog,
Studenten klirrten durch die Straßen,
Und: »Vivat Bona!«, donnert's hoch,
So keck und fröhlich sonder Maßen;
Sie scharten sich wie eine Macht,
Die gegen den Koloss sich bäume:
»O Hoffnung«, hab' ich da gedacht,
»Wie bald zerrinnen Träum' und Schäume!«

Und ihnen nach ein Reiter stampft,
Geschmückt mit Kreuz und Epaulette,
Den Tschako lüftet er, es dampft
Wie Öfen seines Scheitels Glätte;
Kühn war der Blick, der Arm noch stramm,
Doch droben schwebt' der Zeitenrabe:
Da schien mir Kraft ein Meeresdamm,
Den jeder Pulsschlag untergrabe.

Und wieder durch die Gasse zog
Studentenhauf, und vor dem Hause
Des Rektors dreimal »Hurra hoch!«
Und wieder »Hoch!« – aus seiner Klause,

In Zipfelmütze und Flanell,
Ein Schemen nickt am Fensterbogen.
»Ha«, dacht ich, »Ruhm, du Mordgesell,
Kömmst nur als Leichenhuhn geflogen!«

An meine Wange haucht' es dicht,
Und wie das Haupt ich seitwärts regte,
Da sah ich in das Angesicht
Der Frau, die meine Kindheit pflegte,
Dies Antlitz wo Erinnerung
Und werte Gegenwart sich paaren:
»O Liebe«, dacht ich, »ewig jung,
Und ewig frisch bei grauen Haaren!«

SCHERZ UND ERNST

Dichters Naturgefühl

Es war an einem jener Tage,
Wo Lenz und Winter sind im Streit,
Wo nass das Veilchen klebt am Hage,
Kurz, um die erste Maienzeit;
Ich suchte keuchend mir den Weg
Durch sumpf'ge Wiesen, dürre Raine,
Wo matt die Kröte hockt' am Steine,
Die Eidechs schlüpfte übern Steg.

Durch hundert kleine Wassertruhen,
Die wie verkühlter Spülicht stehn,
Zu stelzen mit den Gummischuhen,
Bei Gott, heißt das Spazierengehn?
Natur, wer auf dem Haberrohr
In Jamben, Stanzen, süßen Phrasen
So manches Loblied dir geblasen,
Dem stell dich auch manierlich vor!

Da ließ zurück den Schleier wehen
Die eitle vielbesungne Frau,
Als fürchte sie des Dichters Schmähen;
Im Sonnenlichte stand die Au,
Und bei dem ersten linden Strahl

Stieg eine Lerche aus den Schollen,
Und ließ ihr Tirilirum rollen
Recht wacker durch den Äthersaal.

Die Quellchen, glitzernd wie Kristallen, –
Die Zweige, glänzend emailliert –
Das kann dem Kenner schon gefallen,
Ich nickte lächelnd: »Es passiert!«
Und stapfte fort in eine Schluft,
Es war ein still und sonnig Fleckchen,
Wo tausend Anemonenglöckchen
Umgaukelten des Veilchens Duft.

Das üpp'ge Moos – der Lerchen Lieder –
Der Blumen Flor – des Krautes Keim –
Auf meinen Mantel saß ich nieder
Und sann auf einen Frühlingsreim.
Da – alle Musen, welch ein Ton! –
Da kam den Rain entlang gesungen
So eine Art von dummen Jungen,
Der Friedrich, meines Schreibers Sohn.

Den Efeukranz im flächsnen Haare,
In seiner Hand den Veilchenstrauß,
So trug er seine achtzehn Jahre
Romantisch in den Lenz hinaus.
Nun schlüpft' er durch des Hagens Loch,
Nun hing er an den Dornenzwecken
Wie Abrams Widder in den Hecken,
Und in den Dornen pfiff er noch.

Bald hatt' er beugend, gleitend, springend,
Den Blumenanger abgegrast,

Und rief nun, seine Mähnen schwingend:
»Viktoria, Trompeten blast!«
Dann flüstert' er mit süßem Hall:
»O, wären es die schwed'schen Hörner!«
Und dann begann ein Lied von Körner;
Fürwahr du bist 'ne Nachtigall!

Ich sah ihn, wie er an dem Walle
Im feuchten Moose niedersaß,
Und nun die Veilchen, Glöckchen alle
Mit sel'gem Blick zu Sträußen las,
Auf seiner Stirn den Sonnenstrahl;
Mich fasst' ein heimlich Unbehagen,
Warum? ich weiß es nicht zu sagen,
Der fade Bursch war mir fatal.

Noch war ich von dem blinden Hessen
Auf meinem Mantel nicht gesehn,
Und so begann ich zu ermessen,
Wie übel ihm von Gott geschehn;
O Himmel, welch ein traurig Los,
Das Schicksal eines dummen Jungen,
Der zum Kopisten sich geschwungen
Und auf den Schreiber steuert los!

Der in den kargen Feierstunden
Romane von der Zofe borgt,
Beklagt des Löwenritters Wunden
Und seufzend um den Posa sorgt,
Der seine Zelle, kalt und klein,
Schmückt mit Aladdins Zaubergabe,
Und an dem Quell, wie Schillers Knabe,
Violen schlingt in Kränzelein!

In dessen wirbelndem Gehirne
Das Leben spukt gleich einer Fei,
Der – hastig fuhr ich an die Stirne:
»Wie, eine Mücke schon im Mai?«
Und trabte zu der Schlucht hinaus,
Hohl hustend, mit beklemmter Lunge,
Und drinnen blieb der dumme Junge,
Und pfiff zu seinem Veilchenstrauß!

Der Teetisch

Leugnen willst du Zaubertränke,
Lachst mir höhnisch in die Zähne,
Wenn Isoldens ich gedenke,
Wenn Gudrunens ich erwähne?

Und was deine kluge Amme
In der Dämmrung dir vertraute,
Von Schneewittchen und der Flamme,
Die den Hexenschwaden braute;

Alles will dir nicht genügen,
Überweiser Mückensieber?
Nun, so lass die Feder liegen,
Schieb dich in den Zirkel, Lieber,

Wo des zopfigen Chinesen
Trank im Silberkessel zischet,
Sein Aroma auserlesen
Mit des Patschuls Düften mischet;

Wo ein schöner Geist, den Bogen
Feingefältelt in der Tasche,
Lauscht wie in den Redewogen
Er das Steuer sich erhasche;

Wo in zarten Händen hörbar
Blanke Nadelstäbe knittern,
Und die Herren stramm und ehrbar
Breiten ihrer Weisheit Flittern.

Alles scheint dir noch gewöhnlich,
Von der Sohle bis zum Scheitel,
Und du rufst, dem Weisen ähnlich:
»Alles unterm Mond ist eitel!«

Dir genüber und zur Seite
Hier Christinos, dort Carlisten,
Lauter ordinäre Leute,
Deutsche Michel, gute Christen!

Aber sieh die weißen schmalen
Finger sich zum Griff bereiten,
Und die dampfumhüllten Schalen
Zierlich an die Lippen gleiten:

Noch Minuten – und die Stube
Ist zum Kiosk umgestaltet,
Wo der tränenreiche Bube,
Der Chinese zaubernd waltet;

Von der rosenfarbnen Rolle
Liest er seine Zauberreime,

Verse, zart wie Seidenwolle,
Süß wie Jungfernhonigseime;

»Ting, tang, tong« – das steigt und sinket,
Welch Gesäusel, welches Zischen!
Wie ein irres Hündlein hinket
Noch ein deutsches Wort dazwischen.

Und die süßen Damen lächeln,
Leise schaukelnde Pagoden;
Wie sie nicken, wie sie fächeln,
Wie der Knäuel hüpft am Boden!

Aber, weh, nun wird's gefährlich,
»Tschi, tsi, tsung.« – Die Töne schneiden,
Schnell hinweg die Messer! schwerlich
Übersteht er solche Leiden;

Denn er schaukelt und er dehnet
Ob der Zauberschale Rauche;
Weh, ich fürcht' am Boden stöhnet
Bald er mit geschlitztem Bauche!

Und die eingeschreckten Frauen
Sitzen stumm und abgetakelt,
Nur das schwanke Haupt vor Grauen
Noch im Pendelschwunge wackelt;

Tiefe Stille im Gemache –
Trän' im Auge – Kummermiene, –
Und wie Glöckchen an dem Dache
Spielt die siedende Maschine;

Alle die gesenkten Köpfe
Blinzelnd nach des Tisches Mitten,
Wo die Brezel stehn, wie Zöpfe
In Verzweiflung abgeschnitten;

Suche sacht nach deinem Hute,
Freund, entschleiche unterm Lesen,
Sonst, ich schwör's bei meinem Blute,
Zaubern sie dich zum Chinesen,

Löst sich deines Frackes Wedel,
Unwillkürlich musst du zischen,
Und von deinem weißen Schädel
Fühlst du Haar um Haar entwischen,

Bis dir blieb nur eine Locke
Von des dunklen Wulstes Drängen,
Dich damit, lebend'ge Glocke,
An dem Kiosk aufzuhängen.

Die Nadel im Baume

Vor Zeiten, ich war schon groß genug,
Hatt' die Kinderschuhe vertreten,
Nicht alt war ich, doch eben im Zug'
Zu Sankt Andreas zu beten,
Da bin ich gewandelt, Tag für Tag,
Das Feld entlang mit der Kathi;
Ob etwas Liebes im Wege lag?
Tempi passati – passati!

Und in dem Heideland stand ein Baum,
Eine schlanke schmächtige Erle,
Da saßen wir oft in wachendem Traum,
Und horchten dem Schlage der Merle;
Die hatte ihr struppiges Nest gebaut,
Grad in der schwankenden Krone,
Und hat so keck herniedergeschaut
Wie ein Gräflein vom winzigen Throne.

Wir kosten so viel und gingen so lang,
Dass drüber der Sommer verflossen;
Dann hieß es: »Scheiden, o weh wie bang!«
Viel Tränen wurden vergossen;
Die Hände hielten wir stumm gepresst,
Da zog ich aus flatternder Binde
Eine blanke Nadel, und drückte fest
Sie, fest in die saftige Rinde;

Und drunter merkte ich Tag und Stund',
Dann sind wir fürder gezogen,
So kläglich schluchzend aus Herzensgrund,
Dass schreiend die Merle entflogen;
O junge Seelen sind Königen gleich,
Sie können ein Peru vergeuden,
Im braunen Heid, unterm grünen Zweig,
Ein Peru an Lieben und Leiden.

Die Jahre verglitten mit schleichendem Gang,
Verrannen gleich duftiger Wolke,
Und wieder zog ich das Feld entlang
Mit jungem lustigen Volke;
Die schleuderten Stäbe, und schrien »Hallo!«
Die sprudelten Witze wie Schlossen,

Mir ward's im Herzen gar keck und froh,
Mutwillig wie unter Genossen.

Da plötzlich rauscht' es im dichten Gezweig,
»Eine Merle«, rief's, »eine Merle!«
Ich fuhr empor – ward ich etwa bleich?
Ich stand an der alternden Erle;
Und rückwärts zog mir's den Schleier vom Haar,
Ach Gott, ich erglühte wie Flamme,
Als ich sah, dass die alte Nadel es war,
Meine rostige Nadel im Stamme!

Drauf hab' ich genommen ganz still in Schau
Die Inschrift, zu eigenem Frommen,
Und fühlte dann plötzlich, es steige der Tau,
Und werde mir schwerlich bekommen.
Ich will nicht klagen, mir blieb ein Hort,
Den rosten nicht Wetter und Wogen,
Allein für immer, für immer ist fort
Der Schleier vom Auge gezogen!

Die beschränkte Frau

Ein Krämer hatte eine Frau,
Die war ihm schier zu sanft und milde,
Ihr Haar zu licht, ihr Aug' zu blau,
Zu gleich ihr Blick dem Mondenschilde;
Wenn er sie sah so still und sacht
Im Hause gleiten wie ein Schemen,
Dann fasst' es ihn wie böse Macht,
Er musste sich zusammennehmen.

Vor allem macht ihm Überdruss
Ein Wort, das sie an alles knüpfte,
Das freilich in der Rede Fluss
Gedankenlos dem Mund entschlüpfte:
»In Gottes Namen«, sprach sie dann,
Wenn schwere Prüfungsstunden kamen,
Und wenn zu Weine ging ihr Mann,
Dann sprach sie auch: »In Gottes Namen.«

Das schien ihm lächerlich und dumm,
Mitunter frevelhaft vermessen;
Oft schalt er und sie weinte drum,
Und hat es immer doch vergessen.
Gewöhnung war es früher Zeit
Und klösterlich verlebter Jugend;
So war es keine Sündlichkeit
Und war auch eben keine Tugend.

Ein Sprichwort sagt: Wem gar nichts fehlt,
Den ärgert an der Wand die Fliege;
So hat dies Wort ihn mehr gequält,
Als andre Hinterlist und Lüge.
Und sprach sie sanft: »Es passte schlecht!«
Durch Demut seinen Groll zu zähmen,
So schwur er, übel oder recht,
Werd' es ihn ärgern und beschämen.

Ein Blütenhag war seine Lust.
Einst sah die Frau ihn sinnend stehen,
Und ganz versunken, unbewusst,
So Zweig an Zweig vom Strauche drehen;
»In Gottes Namen!«, rief sie, »Mann,
Du ruinierst den ganzen Hagen!«

Der Gatte sah sie grimmig an,
Fürwahr, fast hätt' er sie geschlagen.

Doch wer da Unglück sucht und Reu,
Dem werden sie entgegeneilen,
Der Handel ist ein zart Gebäu,
Und ruht gar sehr auf fremden Säulen.
Ein Freund falliert, ein Schuldner flieht,
Ein Gläub'ger will sich nicht gedulden,
Und eh ein halbes Jahr verzieht
Weiß unser Krämer sich in Schulden.

Die Gattin hat ihn oft gesehn
Gedankenvoll im Sande waten,
Am Kontobuche seufzend stehn,
Und hat ihn endlich auch erraten;
Sie öffnet heimlich ihren Schrein,
Langt aus verborgner Fächer Grube,
Dann, leise wie der Mondenschein,
Schlüpft sie in ihres Mannes Stube.

Der saß, die schwere Stirn gestützt,
Und rauchte fort am kalten Rohre:
»Karl!«, drang ein scheues Flüstern itzt,
Und wieder »Karl!« zu seinem Ohre;
Sie stand vor ihm, wie Blut so rot,
Als gält' es eine Schuld gestehen.
»Karl«, sprach sie, »wenn uns Unheil droht,
Ist's denn unmöglich, ihm entgehen?«

Drauf reicht sie aus der Schürze dar
Ein Säckchen, stramm und schwer zu tragen,
Drin alles was sie achtzehn Jahr

Erspart am eigenen Behagen.
Er sah sie an mit raschem Blick,
Und zählte, zählte nun aufs Neue,
Dann sprach er seufzend: »Mein Geschick
Ist zu verwirrt, – dies langt wie Spreue!«

Sie bot ein Blatt, und wandt' sich um,
Erzitternd, glüh gleich der Granate;
Es war ihr kleines Eigentum,
Das Erbteil einer frommen Pate.
»Nein«, sprach der Mann, »das soll nicht sein!«
Und klopfte freundlich ihre Wangen.
Dann warf er einen Blick hinein
Und sagte dumpf: »Schier möcht' es langen.«

Nun nahm sie, aus der Schürze Grund,
All ihre armen Herrlichkeiten,
Teelöffelchen, Dukaten rund,
Was ihr geschenkt von Kindeszeiten.
Sie gab es mit so freud'gem Zug!
Doch war's als ob ihr Mund sich regte,
Als sie zuletzt aufs Kontobuch
Der sel'gen Mutter Trauring legte.

»Fast langt es«, sprach gerührt der Mann,
»Und dennoch kann es schmählich enden;
Willst du dein Leben dann fortan,
Geplündert, fristen mit den Händen?«
Sie sah ihn an, – nur Liebe weiß
An liebem Blicke so zu hangen –
»In Gottes Namen!«, sprach sie leis,
Und weinend hielt er sie umfangen.

Die Stubenburschen

Sie waren beide froh und gut,
Und mochten ungern scheiden;
Die Jahre fliehn, es lischt der Mut,
Der Tag bringt Freud' und Leiden,
Geschäft will Zeit und Zeit ist schnell,
So unterblieb das Schreiben,
Doch öfters sprach Emanuel:
»Was mag der Franzel treiben!«

Da trat einst wintermorgens früh
Ein Mann in seine Stube,
Seltsam verschabt wie ein Genie,
Und hager wie Coeur Bube,
Sah ihn so glau und pfiffig an,
Und blinzelt' vor Behagen:
»Emanuel, du Hampelmann!
Willst du mir denn nichts sagen?«

»Er ist es!«, rief der Doktor aus,
Und reicht' ihm beide Hände.
»Willkomm, Willkomm! wie siehst du aus?
Ei, munter und behände.«
»Ha«, rief der andre, »Sapperment,
Man sieht, du darfst nicht sorgen!
Wie rot du bist, wie korpulent!
Du hast dich wohl geborgen.«

Drauf saß man zu Kamin und Wein,
Ließ von der Glut sich rösten,
Und ätzte sich mit Schmeichelein,
Den Alternden zu trösten.

Ein jeder warf den Hamen hin
Als wohlgeübter Fischer,
Und jeder dachte still: »Ich bin
Gewiss um zehn Jahr frischer.«

Man schüttelte die Hände derb,
Dann ging es an ein Fragen.
Reich war des Medikus Erwerb,
Und dennoch mocht' er klagen.
Er sah den Franz bedenklich an,
Und dacht', er steck' in Schulden,
Doch dieser prahlt': Er sei ein Mann
Von »*täglich seinem Gulden*«.

Zwei Jahre hat er nur gespart,
Und dann, ein kecker Kämpfer,
Gerasselt mit der Eisenfahrt,
Gestrudelt mit dem Dämpfer!
O wie er die »Stadt Leyden« pries,
Und der Kajüte Gleißen!
Nach seiner Meinung dürfte sie
»Viktoria« nur heißen.

Das hat den Medikus gerührt,
Ihm den bescheidnen Schlucker
Lebendig vor das Aug' geführt,
Der Klöße aß wie Zucker.
Und gar als jener sprach: »Denkst du
Noch an die halbe Flasche?«
Der Doktor kniff die Augen zu,
Und klimpert' in der Tasche.

Dann ging es weiter: »Denkst du dort?
Und denkst du dies? und jenes?«
Die Bilder wogten lustig fort,
Viel Herzliches und Schönes.
Wie Abendrot zog ins Gemach
Ein frischer Jugendodem,
Und überhauchte nach und nach
Der Pillenschachteln Brodem.

Am nächsten Morgen hat man kaum
Den Doktor mögen kennen,
Man sah ihn lächeln wie im Traum
Und seine Wangen brennen;
Im heiligen Studierklosett
Hört' man die Gläser klingen,
Und ein misstöniges Duett
Aus Uhukehlen dringen.

Nicht litt am Blute mehr der Mann,
Am Podagra und Grieße;
Sah er den dürren Franzel an,
So schien er sich ein Riese;
Hat er den Franzel angesehn
Mit seinem Gulden täglich,
So musst' er selber sich gestehn,
Es geh' ihm ganz erträglich.

Doch als der dritte Tag entschwand,
Da sah man auch die beiden
Betrübten Auges stehn am Strand,
Und wieder hieß es – Scheiden. –
»Leb wohl, Emanuel, leb wohl!« –
– »Leb wohl, du alte Seele!«

Und die »Stadt Leyden« rauschte hohl
Durch Dunst und Wogenschwele.

Drei Monde hat das Jahr gebracht,
Seit Franzel ist geschieden,
Mit ihm des Hypochonders Macht;
Der Doktor lebt in Frieden.
Und will der Dämon hier und dort
Sich schleichend offenbaren,
So geht er an des Rheines Bord
Und sieht »Stadt Leyden« fahren.

Die Schmiede

Wie kann der alte Apfelbaum
So lockre Früchte tragen,
Wo Mistelbüsch' und Mooses Flaum
Aus jeder Ritze ragen?

Halb tot, halb lebend, wie ein Prinz
In einem Ammenmärchen,
Die eine Seite voll Gespinns,
Wurmfraß und Flockenhärchen,

Langt mit der andern, üppig rot,
Er in die Funkenreigen,
Die knatternd aus der Schmiede Schlot
Wie Sternraketen steigen;

Ein zweiter Scävola hält Jahr
Auf Jahr er seine Rechte

Der Glut entgegen, die kein Haar
Zu sengen sich erfrechte.

Und drunten geht es Pink und Pank,
Man hört die Flamme pfeifen,
Es keucht der Balg aus hohler Flank'
Und bildet Aschenstreifen;

Die Kohle knallt und drüber dicht,
Mit Augen wie Pyropen,
Beugt sich das grimmige Gesicht
Des rußigen Zyklopen.

Er hält das Eisen in die Glut
Wie eine arme Seele,
Es knackt und spritzet Funkenblut
Und dunstet blaue Schwele.

Dann auf dem Amboss, Schlag an Schlag,
Lässt es sein Weh erklingen,
Bis nun gekrümmt in Zorn und Schmach
Es kreucht zu Hufes Ringen.

Des alten Pfarrers Woche

Sonntag

Das ist nun so ein schlimmer Tag,
Wie der April ihn bringen mag
Mit Schlacken, Schnee und Regen.
Zum drittenmal in das Gebraus

Streckt Jungfer Anne vor dem Haus
Ihr kupfern Blendlaternchen aus,
Und späht längs allen Wegen.

»Wo nur der Pfarrer bleiben kann?
Ach, sicher ist dem guten Mann
Was übern Weg gefahren!
Ein Pfleger wohl, der Rechnung macht. –
Aus war der Gottesdienst um acht:
Soll man so streifen in der Nacht
Bei Gicht und grauen Haaren!«

Sie schließt die Türe, schüttelt bass
Ihr Haupt und wischt am Brillenglas;
So gut dünkt ihr die Stube;
Im Ofen kracht's, der Lampenschein
Hellt überm Tisch den Sonntagswein,
Und lockend lädt der Sessel ein
Mit seiner Kissengrube.

Pantoffeln, – Schlafrock, – alles recht!
Sie horcht aufs Neu; doch hört sie schlecht,
Es schwirrt ihr vor den Ohren.
»Wie? hat's geklingelt? ei der Daus,
Zum zweiten Male! schnell hinaus!«
Da tritt der Pfarrer schon ins Haus,
Ganz blau und steif gefroren.

Die Jungfrau blickt ein wenig quer,
Begütigend der Pfarrer her,
Wie's recht in diesem Orden.
Dann hustet er. »Nicht Mond noch Stern!
Der lahme Friedrich hört doch gern

Ein christlich Wort am Tag des Herrn,
Es ist mir spät geworden!«

Nun sinkt er in die Kissen fest,
Wirft ab die Kleider ganz durchnässt,
Und schlürft der Traube Segen.
Ach Gott! nur wer jahraus, jahrein
In andrer Dienste lebt allein,
Weiß was es heißt, beim Sonntagswein
Sich auch ein wenig pflegen.

Montag

»Wenn ich montags früh erwache,
Wird mir's ganz behaglich gleich;
Montag hat so eigne Sache
In dem kleinen Wochenreich.
Denn die Predigt liegt noch ferne,
Alle Sorgen scheinen leicht;
Keiner kömmt am Montag gerne,
Sei's zur Trauung, sei's zur Beicht.

Und man darf mir's nicht verdenken,
Will ich in des Amtes Frist
Dem ein freies Stündchen schenken,
Was doch auch zu loben ist.
So erwacht denn, ihr Gesellen
Meiner fleiß'gen Jugendzeit!
Wollt' in Reih und Glied euch stellen,
Alte Bilder, eingeschneit!

Ilion will ich bekriegen,
Mit Horaz auf Reisen gehn,
Will mit Alexander siegen
Und an Memnons Säule stehn.
Oder auch vergnügt ergründen,
Was das Vaterland gebracht,
Mich mit Kant und Wolff verbünden,
Ziehn mit Laudon in die Schlacht.«

Auf der Bücherleiter traben
Sieh den Pfarrer, lustentbrannt,
Sich verschanzen, sich vergraben
Unter Heft und Foliant.
Blättern sieh ihn – nicken – spüren –
Ganz versunken sitzen dann,
Dass mit einer Linie rühren
Du das Buch magst und den Mann.

Doch was kann ihn so bewegen?
Aufgeregt scheint sein Gehirn!
Und das Käppchen ganz verwegen
Drückt er hastig in die Stirn.
Nun beginnt er gar zu pfeifen,
Horch! das Lied vom Prinz Eugen;
Seinen weißen Busenstreifen
Seh' ich auf und nieder gehn.

Ha, nun ist der Türk geschlagen!
Und der Pfarrer springt empor,
Höher seine Brauen ragen,
Senkrecht steht sein Pfeifenrohr.
Im Triumph muss er sich denken
Mit dem Kaiser und dem Staat,

Sieht sich selbst den Säbel schwenken,
Fühlt sich selber als Soldat.

Aber draußen klappern Tritte,
Nach dem Pfarrer fragt es hell,
Der, aus des Gefechtes Mitte,
Huscht in seinen Sessel schnell.
»Ei! das wären saubre Kunden!
Beichtkind und Kommunikant!
Hättet ihr den Pfarr gefunden
Mit dem Säbel in der Hand!«

Dienstag

Auf der breiten Tenne drehn
Paar an Paar so nett,
Wo die Musikanten stehn,
Geig' und Klarinett, –
Auch der Brummbass rumpelt drein, –
Sieht man noch den Bräut'gamsschrein
Und das Hochzeitbett.

Etwas eigen, etwas schlau,
Und ein wenig bleich,
Sittsam sieht die junge Frau,
Würdevoll zugleich;
Denn sie ist des Hauses Spross,
Denn sie führt den Ehgenoss
In ihr Erb' und Reich.

Sippschaft ist ein weites Band,
Geht gar viel hinein;

Hundert Kappen goldentbrannt,
Kreuze funkeln drein;
Wie das drängt und wie das schiebt!
Was sich kennt und was sich liebt
Will beisammen sein.

Nun ein schallend Vivat bricht
In dem Schwarme aus,
Wo sogar die Tiere nicht
Weigern den Applaus.
Ja, wie an der Krippe fein
Brüllen Ochs und Eselein
Über'n Trog hinaus.

Ganz verdutzt der junge Mann
Kaum die Flasche hält,
Späße hageln drauf und dran,
Keiner neben fällt;
Doch er lacht und reicht die Hand.
Nun! er ist für seinen Stand
Schon ein Mann von Welt.

Alte Frauen schweißbedeckt,
Junge Mägd' im Lauf,
Spenden was der Korb verdeckt,
Reihen ab und auf.
Sieben Tische kann man sehn,
Sieben Kaffeekessel stehn
Breit und glänzend drauf.

Aber freundlich, wie er kam,
Sucht der Pfarrer gut
Drüben unter tausend Kram

Seinen Stab und Hut;
Dankt noch schön der Frau vom Haus;
In die Dämmerung hinaus
Trabt er wohlgemut;

Wandelt durch die Abendruh'
Sinnend allerlei:
»Ei, dort ging es löblich zu,
Munter, und nicht frei.
Aber – aber – aber doch –«
Und ein langes Aber noch
Fügt er seufzend bei.

»Wie das flimmert! Wie das lacht!
Kanten Händebreit!«
Ach die schnöde Kleiderpracht
Macht ihm tausend Leid.
Und nun gar – er war nicht blind –
Eines armen Mannes Kind;
Nein, das ging zu weit.

Kurz, er nimmt sich's ernstlich vor,
Heut' und hier am Steg, –
Ja, an der Gemeinde Ohr,
Wächter treu und reg,
Will er's tragen ungescheut;
O er findet schon die Zeit
Und den rechten Weg.

Mittwoch

Begleitest du sie gern
Des Pfarrers Lust und Plagen:
Sich gleich an allen Tagen
Triffst du den frommen Herrn.
Der gute Seelenhirt!
Tritt über seine Schwelle;
Da ist er schon zur Stelle
Als des Kollegen Wirt.

In wohlgemeinten Sorgen,
Wie er geschäftig tut!
Doch dämmert kaum der Morgen,
Dies eben dünkt ihm gut.
Am Abend kam der Freund
Erschöpft nach Art der Gäste;
Nun säubre man aufs Beste,
Dass alles nett erscheint.

Schon strahlt die große Kanne,
Die Teller blitzen auf;
Noch scheuert Jungfer Anne,
Und horcht mitunter auf.
Ach, sollte sie der Gast
Im alten Jäckchen finden:
Sie müsste ganz verschwinden
Vor dieser Schande Last.

Und was zur Hand tut stehen,
Das reizt den Pfarrer sehr,
Die Jungfer wird's nicht sehen,
Er macht sich drüber her;

Die Schlaguhr greift er an
Mit ungeschickten Händen,
Und sucht sie sacht zu wenden;
Der übermüt'ge Mann!

Schleppt Foliantenbürde,
Putzt Fensterglas und Tisch;
Fürwahr mit vieler Würde
Führt er den Flederwisch.
Am Paradiesesbaum
Die Blätter zart aus Knochen,
Eins hat er schon zerbrochen,
Jedoch man sieht es kaum.

Und als er just in Schatten
Die alte Klingel stellt –
Es kömmt ihm wohl zustatten –
Da rauscht es draußen, gelt!
Fidel schlägt an in Hast,
Die Jungfer ist geflüchtet,
Und stattlich aufgerichtet
Begrüßt der Pfarr den Gast.

Wie dem so wohl gefallen
Die Aussicht und das Haus,
Wie der entzückt von allen,
Nicht Worte drücken's aus!
Ich sag es ungeniert,
Sie kamen aus den Gleisen,
Sich Ehre zu erweisen,
Der Gast und auch der Wirt.

Und bei dem Mittagessen,
Das man vortrefflich fand,
Da ward auch nicht vergessen
Der Lehr- und Ehrenstand.
Ich habe viel gehört,
Doch nichts davon getragen,
Nur dieses mag ich sagen,
Sie sprachen sehr gelehrt.

Und sieh nur! drüben schreitet
Der gute Pfarrer just,
Er hat den Gast geleitet
Und spricht aus voller Brust:
»Es ist doch wahr! mein Haus,
So nett und blank da droben,
Ich muss es selber loben,
Es nimmt sich einzig aus.«

Donnerstag

Winde rauschen, Flocken tanzen,
Jede Schwalbe sucht das Haus,
Nur der Pfarrer unerschrocken
Segelt in den Sturm hinaus.
Nicht zum besten sind die Pfade,
Aber leidlich würd' es sein,
Trüg' er unter seinem Mantel
Nicht die Äpfel und den Wein.

Ach, ihm ist so wohl zumute,
Dass dem kranken Zimmermann
Er die längst gegönnte Gabe

Endlich einmal bieten kann.
Immer muss er heimlich lachen,
Wie die Anne Äpfel las,
Und wie er den Wein stipitzte,
Während sie im Keller saß.

Längs des Teiches sieh ihn flattern,
Wie er rudert, wie er streicht,
Kann den Mantel nimmer zwingen
Mit den Fingern starr und feucht.
Öfters aus dem trüben Auge
Eine kalte Zähre bricht,
Wehn ihm seine grauen Haare
Spinnenwebig ums Gesicht.

Doch Gottlob! da ist die Hütte,
Und nun öffnet sich das Haus,
Und nun keuchend auf der Tenne
Schüttet er die Federn aus.
Ach wie freut der gute Pfarrer
Sich am blanken Feuerschein!
Wie geschäftig schenkt dem Kranken
Er das erste Gläschen ein.

Setzt sich an des Lagers Ende,
Stärkt ihm bestens die Geduld,
Und von seinen frommen Lippen
Einfach fließt das Wort der Huld.
Wenn die abgezehrten Hände
Er so fest in seine schließt,
Anders fühlt sich dann der Kranke,
Meint, dass gar nichts ihn verdrießt.

Mit der Einfalt, mit der Liebe
Schmeichelt er die Seele wach,
Kann an jedes Herz sich legen,
Sei es kraftvoll oder schwach.
Aber draußen will es dunkeln,
Draußen tröpfelt es vom Dach; –
Lange sehn ihm nach die Kinder,
Und der Kranke seufzt ihm nach.

Freitag

Zu denken in gestandnen Tagen
Der Sorge, die so treulich sann,
Der Liebe, die ihn einst getragen,
Wohl ziemt es jedem Ehrenmann.
Am Lehrer alt, am Schüler mild
Magst du nicht selten es gewahren;
Und sind sie beide grau von Haaren,
Um desto werter ist das Bild.

Zumeist dem Priester wird beschieden
Für frühe Treue dieser Lohn;
Nicht einsam ist des Alters Frieden,
Der Zögling bleibt sein lieber Sohn.
Ja was erstarrt im Lauf der Zeit,
Und wehrt dem Neuen einzudringen,
Des Herzens steife Flechsen schlingen
Sich fester um Vergangenheit.

So lässt ein wenig Putz gefallen
Sich heut der gute Pfarrer gern,
Das span'sche Rohr, die Silberschnallen,

Denn heute gehts zum *jungen Herrn*.
Der mag in reifen Jahren stehn,
Da ihn erwachsne Kinder ehren,
Allein das kann den Pfarr nicht stören,
Der ihn vorzeiten klein gesehn.

Still wandelnd durch des Parkes Linden,
In deren Schutz das Veilchen blüht,
Der Alte muss es freundlich finden,
Dass man so gern ihn freitags sieht;
Er weiß, dem Junker sind noch frisch
Die lieben längst entschwundnen Zeiten,
Und seines Lehrers schwache Seiten,
Ein Gläschen Wein, ein guter Fisch.

Schon tritt er in des Tores Halle;
Da, wie aus reifem Erbsenbeet
Der Spatzen Schar, so hinterm Walle
Hervor es flattert, lacht und kräht;
Der kleinen Junker wilde Schar,
Die still gelauscht im Mauerbogen,
Und nun den Pfarrer so betrogen,
So überrumpelt ganz und gar.

Das stürmt auf ihn von allen Seiten,
Das klammert überall sich an;
Fürwahr mühselig muss er schreiten
Der müde und geduld'ge Mann.
Jedoch er hat sie allzu gern,
Die ihn so unbarmherzig plagen,
Und fast zu viel lässt er sie wagen,
Die junge Brut des jungen Herrn.

Wie dann des Hauses Wirt sich freute,
Der Mann mit früh ergrautem Haar,
Nicht wich von seines Lehrers Seite,
Und rückwärts ging um dreißig Jahr;
Wie er in alter Zeiten Bann
Nur flüsternd sprach nach Schüler Weise,
Man sieht es an und lächelt leise,
Doch mit Vergnügen sieht man's an.

Und später beim Spazierengehen
Die beiden hemmen oft den Schritt,
Nach jeder Blume muss man sehen,
Und manche Pflanze wandert mit.
Der eine ist des Amtes bar,
Nichts hat der andre zu regieren;
Sie gehn aufs Neu' botanisieren,
Der Theolog' und sein Scholar.

Doch mit dem Abend naht das Scheiden,
Man schiebt es auf, doch kömmt's heran,
Die Kinder wollen's gar nicht leiden.
Am Fenster steht der Edelmann
Und spinnt noch lange, lange aus
Vielfarb'ger Bilder bunt Gezwirne;
Dann fährt er über seine Stirne,
Und atmet auf und ist zu Haus.

Samstag

Wie funkeln hell die Sterne,
Wie dunkel scheint der Grund,
Und aus des Teiches Spiegel

Steigt dort der Mond am Hügel
Grad um die elfte Stund'.

Da hebt vom Predigthefte
Der müde Pfarrer sich;
Wohl war er unverdrossen,
Und endlich ist's geschlossen,
Mit langem Federstrich.

Nun öffnet er das Fenster,
Er trinkt den milden Duft,
Und spricht: »Wer sollt' es sagen,
Noch Schnee vor wenig Tagen,
Und dies ist Maienluft.«

Die strahlende Rotunde
Sein ernster Blick durchspäht,
Schon will der Himmelswagen
Die Deichsel abwärts tragen.
»Ja, ja es ist schon spät!«

Und als dies Wort gesprochen,
Es fällt dem Pfarrer auf,
Als müss er eben deuten
Auf sich der ganz zerstreuten,
Arglosen Rede Lauf.

Nie schien er sich so hager,
Nie fühlt' er sich so alt,
Als seit er heut begraben
Den langen Moritz Raben,
Den Förster dort vom Wald.

Am gleichen Tag geboren,
Getauft am gleichen Tag!
Das ist ein seltsam Wesen,
Und lässt uns deutlich lesen,
Was wohl die Zeit vermag!

Der Nacht geheimes Funkeln,
Und dass sich eben muss,
Wie Mondesstrahlen steigen,
Der frische Hügel zeigen,
Das Kreuz an seinem Fuß:

Das macht ihn ganz beklommen,
Den sehr betagten Mann,
Er sieht den Flieder schwanken,
Und längs des Hügels wanken
Die Schatten ab und an.

Wie oft sprach nicht der Tote
Nach seiner Weise kühn:
»Herr Pfarr, wir alten Knaben,
Wir müssen sachte traben,
Die Kirchhofsblumen blühn.«

»So mögen sie denn blühen!«
Spricht sanft der fromme Mann,
Er hat sich aufgerichtet,
Sein Auge, mild umlichtet,
Schaut fest den Äther an.

»Hast Du gesandt ein Zeichen
Durch meinen eignen Mund,
Und willst mich gnädig mahnen

An unser aller Ahnen,
Uralten ew'gen Bund;

Nicht lässig sollst Du finden
Den, der Dein Siegel trägt,
Doch nach dem letzten Sturme« –
Da eben summt's vom Turme,
Und zwölf die Glocke schlägt. –

»Ja, wenn ich bin entladen
Der Woche Last und Pein,
Dann führe, Gott der Milde,
Das Werk nach Deinem Bilde
In Deinen Sonntag ein.«

Der Strandwächter am deutschen Meere und sein Neffe vom Lande

»Sieben Nächte stand ich am Riff
Und hörte die Woge zerschellen,
Taucht kein Segel, kein irres Schiff?
Schon dunkelt's über den Wellen.
Nimm das Nachtrohr, Neffe vom Land!
Ich will in die Matte mich strecken,
Dröhnt ein Schuss oder flackert ein Brand,
Dann zieh an der Schnur, mich zu wecken.« –

»Schöner Platz, an der Luke hier,
Für einen unschuld'gen Privaten!
Drunten die See, das wüste Getier,
Das Haie speit und Piraten.

Von der Seeschlang' wütigem Kampf
Auch hat man Neues vernommen,
Weiß der Himmel, ob nicht per Dampf
Ins deutsche Meer sie gekommen?

Ist's doch jetzt eine Wunderzeit,
Wo Gletscher brennen wie Essen,
Weiber turnieren im Männerkleid,
Und Knaben die Rute vergessen.
Jeder Wurm entfaltet sein Licht,
Und jeder Narr seine Kappe,
Also, Seele, wundre dich nicht,
Wenn heute du stehst an der Klappe.«

»Vetter! ein Segel, ein Segel fürwahr,
Ein Boot mit flatternden Streifen,
Lichterchen dann, eine schwimmende Schar,
Die unter den Flanken ihm schweifen!
Schau, nun schleichen sie alle seitab,
Nun wechseln sie hüben und drüben –«
»'s ist eine Fischerflotte, mein Knab',
Sind nur Leute die fischen im Trüben.« –

»Wie das Wasser kräuselt und rennt,
Und wie die Kämme ihm flittern!
Vetter, ob wohl die Düne brennt?
Ich höre das Seegras knittern.« –
»Dünste, mein Junge, nur Phosphorlicht,
Vermoderte Quallen und Schnecken,
Lass sie leuchten, sie zünden nicht,
Und morgen sind's grünliche Flecken.« –

»Dort kein Räuber? kein Feuer hier?
Ich hätt' es für beides genommen.
Wetter! ist doch die Welle mir
Schier über den Tubus geschwommen.
Welch ein Leben, so angerannt
Auf nackter Düne zu wohnen!
Und die schnarchenden Robben am Strand, –
Man meint es seien Kanonen!

Schläft der Alte in gutem Mut,
Und lässt mich allein mit dem Spuke,
Und mir ist als steige die Flut,
Und bäume sich gegen die Luke.
Wahrlich, Vetter, es schäumt und schwemmt,
Es brüllt um der Klippe Zinken!« –
»Ruhig, mein Junge, die Springflut kömmt,
Lass sie steigen, sie wird schon sinken.« –

»Gut dann, gut, ihr wisst es aufs Best',
Ihr müsst die Sache verstehen.
Hab' ich doch nie solch bedenkliches Nest
Wie diese Baracke gesehen.
Und die Wolken schleifen so schwer,
Als schleppten sie Stürme in Säcken,
Jene dort, mit dem fackelnden Speer,
Scheint gar 'ne Posaune zu strecken.

Was! sie dröhnt? welch gräulicher Schall!
Die Welle bäumt sich entgegen,
Tosend und schwarz der ringelnde Wall
Will an den Trichter sich legen;
Ha, es knallt – es flattert und streut –
Wo war's? wo ist es gewesen?

Wind und Schaum! – was hab' ich doch heut
Von der Wasserhose gelesen?

Aber dort, – ein Segel in See,
Ist's aus der Welle gestiegen?
Grad entgegen der sausenden Bö
Scheint's über die Brandung zu fliegen.
Vetter, schnell von der Matte herab!
Ein Schiff gegen Winde und Wellen!« –
»Gib das Nachtrohr, Knabe, – seitab!
Ich will an die Luke mich stellen.

Gnad' uns Gott, am Deck zerstreut,
Umhuscht von gespenstigen Lichtern,
Welche Augen, so hohl und weit,
In den fahlen verlebten Gesichtern!
Hörtest vom Geisterschiffe du nicht,
Von den westlichen Todesladern?
Modernde Larve ihr Angesicht,
Und Schwefel statt Blut in den Adern.

Mag die ehrliche deutsche See
Vom Schleim der Molluske sich röten,
Springflut brausen, zischen die Bö,
Und die Wasserhose trompeten,
Drunten, drunten ist's klar und licht,
Wie droben die Wellen gebaren.
Mögen wir nur vor dem fremden Gezücht,
Vor dem Geisterjanhagel uns wahren!«

Das Eselein

Auf einem Wiesengrund ging einmal
Ein muntres Rösslein weiden,
Ein Schimmelchen war's, doch etwas fahl,
Sein Äußeres nenn' ich bescheiden,
Das schlechtste und auch das beste nicht,
Wir wollen nicht drüber zanken,
Doch hatt' es ein klares Augenlicht
Und starke geschmeidige Flanken.

In selbem Grunde schritt oft und viel
Ein edler Jüngling spazieren,
Hinter jedem Ohre ein Federkiel,
Das tät ihn wunderbar zieren!
Am Rücken ein Gänseflügelpaar,
Die täten rauschen und wedeln,
Und wisst, seine göttliche Gabe war,
Die schlechte Natur zu veredeln.

Den Tropfen der seiner Stirne entrann,
Den soll wie Perle man fassen,
Ach, ohne ihn hätte die Sonne man
So simpelhin scheinen lassen,
Und ohne ihn wäre der Wiesengrund
Ein nüchterner Anger geblieben,
Ein Quellchen blank, ein Hügelchen rund,
Und eine Handvoll Maßlieben!

Er aber fing in Spiegel den Strahl,
Und ließ ihn zucken wie Flammen,
Die ruppigen Gräser strich er zumal
Und flocht sie sauber zusammen,

An Steinen schleppt' er sich krank und matt,
Für ein Ruinchen am Hügel,
Dem Hasen kämmt' er die Wolle glatt
Und frisiert' den Mücken die Flügel.

So hat er mit saurem Schweiß und Müh'
Das ganz Gemeine verbessert,
Und klareres Wasser fand man nie,
Als wo er schaufelt' und wässert',
Und wie's nun aller Edlen Manier,
Sich mild und nobel zu zeigen,
So, sei's Gestein, Mensch oder Tier,
Er gab ihm von seinem Eigen.

Einst saß er mit seinem Werkgerät,
Mit Schere, Pinsel und Flasche,
In der eine schwärzliche Lymphe steht,
Mit Spiegel, Feder und Tasche;
Er saß und lauschte wie in der Näh
Mein Schimmelchen galoppieret;
Auf dem Finger pfiff er: »Pst, Pferdchen, he!«
Und wacker kam es trottieret.

Dann sprach der Edle: »Du wärst schon gut,
'ne passable Rosinante,
Nähm' ich dich ernstlich in meine Hut,
Dass ich den Koller dir bannte;
Ein leiser Traber – ein schmuckes Tier –
Ein unermüdeter Wandrer!
Kurz, wenig wüsst' ich zu rügen an dir,
Wärst du nur völlig ein andrer.

Drum sei verständig, trab' heran,
Und lass mich ruhig gewähren,
Und sollt's dich kneipen, nicht zuck mir dann,
Du weißt, oft zwicken die Scheren.«
Mein Schimmelchen stutzt, es setzt seitab,
Ein paarmal rennt es in Kreisen,
Dann sachte trabt es den Anger hinab,
Dann stand es still vor dem Weisen.

Der sprach: »Dein Ohr – ein armer Stumpf!
Armselig bist du geboren!
Kommandowort und der Siegstriumph,
Das geht dir alles verloren.«
Drauf rüstig setzt er die Zangen an,
Und zerrt' und dehnte an beiden;
Mein Schimmelchen ächzt, und dachte dann:
»O wehe, Hoffart muss leiden!«

»Auch deine Farbe – erbärmlich schlecht!
Nicht blank und dennoch zu lichte,
Nicht für die romantische Dämmrung recht
Und nicht für die klare Geschichte.«
Drauf emsig langt' er den Pinsel her,
Und mischte Schwarz zu dem Weißen;
Mein Schimmelchen zuckt, es juckt ihn sehr,
Doch dacht' es: »Wie werd' ich gleißen!«

»Und gar dein Schweif – unseliges Vieh!
Der flattert und schlenkert wie Segel,
Ich wette, du meinst dich ein Kraftgenie,
Und scheinst doch andern ein Flegel.«
Drauf mit der Schere, Gang an Gang,
Beginnt er hurtig zu zwicken,

Hinauf, hinunter die Wurzel entlang,
Von der Kuppe bis an den Rücken.

Dann spricht er freudig: »Mein schmuckes Tier,
Mein Zelter edel wie keiner!«
Und eilends langt er den Spiegel herfür:
»Nun sieh, und freue dich deiner!
Nun bist ein Paraderösslein, bass
Wie eines von Münster bis Wesel.«
Der Schimmel blinzt, und schaut ins Glas, –
O Himmel, da war er ein Esel!

Die beste Politik

Von allem was zu Leid und Frommen
Bisher das Leben mir gebracht,
Ist manches unverhofft gekommen,
Und manches hatt' ich überdacht;
Doch seltsam! wo ich schlau und fein
Mich abgesorgt zu grauen Haaren,
Da bin ich meistens abgefahren,
Und Unverhofftes schlug mir ein.

Ein jeder kömmt doch gern zu Brode,
Doch blieben mir die Gönner kalt,
Tat ich gleich klein wie eine Lode
Gen einen mächt'gen Eichenwald;
Und nur der ärmliche Student,
Bei dem ich manche Nacht verwachte,
Als Mangel ihn aufs Lager brachte,
Der dachte mein als Präsident.

Den Frauen will man auch gefallen,
– Zumal sieht man nicht übel aus, –
In die Salons sah man mich wallen,
Verschmitzt hinein, verdutzt heraus;
Und nur die täglich recht und schlicht
Mich wandeln sah im eignen Hause,
Die trug in meine kleine Klause
Des Lebens süßestes Gedicht.

Auch Ruhm ist gar ein scharfer Köder,
Ich habe manchen Tag verschwitzt,
Verschnitzelt hab' ich manche Feder,
Und bin doch schmählich abgeblitzt;
Und nur als ich, entmutigt ganz,
Gedanken flattern ließ wie Flocken,
Da plötzlich fiel auf meine Locken
Ein junger frischer Lorbeerkranz.

So hab' aus allem ich gezogen
Das treue Fazit mir zuletzt,
Dass dem das Glück zumeist gewogen,
Der es am mindesten gehetzt;
Und dass, wo Wirken ein Geschick
Nach eigner Willkür kann bereiten,
Nur Offenheit zu allen Zeiten
Die allerbeste Politik.

BALLADEN

Der Graf von Thal

1.

Das war der Graf von Thal,
So ritt an der Felsenwand;
Das war sein ehlich Gemahl,
Die hinter dem Steine stand.

Sie schaut' im Sonnenstrahl
Hinunter den linden Hang,
»Wo bleibt der Graf von Thal?
Ich hört' ihn doch reiten entlang!

Ob das ein Hufschlag ist?
Vielleicht ein Hufschlag fern?
Ich weiß doch wohl ohne List,
Ich hab' gehört meinen Herrn!«

Sie bog zurück den Zweig.
»Bin blind ich oder auch taub?«
Sie blinzelt' in das Gesträuch,
Und horcht' auf das rauschende Laub.

Öd war's, im Hohlweg leer,
Einsam im rispelnden Wald;
Doch überm Weiher, am Wehr,
Da fand sie den Grafen bald.

In seinen Schatten sie trat.
Er und seine Gesellen,
Die flüstern und halten Rat,
Viel lauter rieseln die Wellen.

Sie starrten über das Land,
Genau sie spähten, genau,
Sahn jedes Zweiglein am Strand,
Doch nicht am Wehre die Frau.

Zur Erde blickte der Graf,
So sprach der Graf von Thal:
»Seit dreizehn Jahren den Schlaf
Rachlose Schmach mir stahl.

War das ein Seufzer lind?
Gesellen, wer hat's gehört?«
Sprach Kurt: »Es ist nur der Wind,
Der über das Schilfblatt fährt.« –

»So schwör' ich beim höchsten Gut,
Und wär's mein ehlich Weib,
Und wär's meines Bruders Blut,
Viel minder mein eigner Leib:

Nichts soll mir wenden den Sinn,
Dass ich die Rache ihm spar';

Der Freche soll werden inn',
Zins tragen auch dreizehn Jahr'.

Bei Gott! das war ein Gestöhn!«
Sie schossen die Blicke in Hast.
Sprach Kurt: »Es ist der Föhn,
Der macht seufzen den Tannenast.« –

»Und ist sein Aug' auch blind,
Und ist sein Haar auch grau,
Und mein Weib seiner Schwester Kind –«
Hier tat einen Schrei die Frau.

Wie Wetterfahnen schnell
Die dreie wendeten sich.
»Zurück, zurück, mein Gesell'!
Dieses Weibes Richter bin ich.

Hast du gelauscht, Allgund?
Du schweigst, du blickst zur Erd'?
Das bringt dir bittre Stund'!
Allgund, was hast du gehört?« –

»Ich lausch' deines Rosses Klang,
Ich späh' deiner Augen Schein,
So kam ich hinab den Hang.
Nun tue was not mag sein.« –

»O Frau!«, sprach Jakob Port,
»Da habt ihr schlimmes Spiel!
Grad' sprach der Herr ein Wort,
Das sich vermaß gar viel.«

Sprach Kurt: »Ich sag' es rund,
Viel lieber den Wolf im Stall,
Als eines Weibes Mund
Zum Hüter in solchem Fall.«

Da sah der Graf sie an,
Zu einem und zu zwein;
Drauf sprach zur Fraue der Mann:
»Wohl weiß ich, du bist mein.

Als du gefangen lagst
Um mich ein ganzes Jahr,
Und keine Silbe sprachst:
Da ward deine Treu' mir klar.

So schwöre mir denn sogleich:
Sei's wenig oder auch viel,
Was du vernahmst am Teich,
Dir sei's wie Rauch und Spiel.

Als seie nichts geschehn,
So muss ich völlig meinen;
Darf dich nicht weinen sehn,
Darfst mir nicht bleich erscheinen.

Denk nach, denk nach, Allgund!
Was zu verheißen not.
Die Wahrheit spricht dein Mund,
Ich weiß, und brächt' es Tod.«

Und konnte sie sich besinnen,
Verheißen hätte sie's nie;

So war sie halb von Sinnen,
Sie schwur, und wusste nicht wie.

2.

Und als das Morgengrau
In die Kemnate sich stahl:
Da hatte die werte Frau
Geseufzt schon manches Mal;

Manch Mal gerungen die Hand,
Ganz heimlich wie ein Dieb;
Rot war ihrer Augen Rand,
Todblass ihr Antlitz lieb.

Drei Tage kredenzt' sie den Wein,
Und saß beim Mahle drei Tag',
Drei Nächte in steter Pein
In der Waldkapelle sie lag.

Wenn er die Wacht besorgt,
Der Torwart sieht sie gehn,
Im Walde steht und horcht
Der Wilddieb dem Gestöhn.

Am vierten Abend sie saß
An ihres Herren Seit',
Sie dreht' die Spindel, er las,
Dann sahn sie auf, alle beid'.

»Allgund, bleich ist dein Mund!«
»Herr, 's macht der Lampe Schein.«

»Deine Augen sind rot, Allgund!«
»'s drang Rauch vom Herde hinein.

Auch macht mir's schlimmen Mut,
Dass heut vor fünfzehn Jahren
Ich sah meines Vaters Blut;
Gott mag die Seele wahren!

Lang ruht die Mutter im Dom,
Sind wen'ge mir verwandt,
Ein' Muhm' noch und ein Ohm:
Sonst ist mir keins bekannt.«

Starr sah der Graf sie an:
»Es steht dem Weibe fest,
Dass um den ehlichen Mann
Sie Ohm und Vater lässt.«

»Ja, Herr! so muss es sein.
Ich gäb' um Euch die zweie,
Und mich noch obendrein,
Wenn's sein müsst', ohne Reue.

Doch dass nun dieser Tag
Nicht gleich den andern sei,
Lest, wenn ich bitten mag,
Ein Sprüchlein oder zwei.«

Und als die Fraue klar
Darauf das heil'ge Buch
Bot ihrem Gatten dar,
Es auf von selber schlug.

Mit einem Blicke er maß
Der nächsten Sprüche einen;
»Mein ist die Rach'«, er las;
Das will ihm seltsam scheinen.

Doch wie so fest der Mann
Auf Frau und Bibel blickt,
Die saß so still und spann,
Dort war kein Blatt geknickt.

Um ihren schönen Leib
Den Arm er düster schlang:
»So nimm die Laute, Weib,
Sing mir einen lust'gen Sang!«

»O Herr! mag's Euch behagen,
Ich sing' ein Liedlein wert,
Das erst vor wenig Tagen
Mich ein Minstrel gelehrt.

Der kam so matt und bleich,
Wollt' nur ein wenig ruhn,
Und sprach, im oberen Reich
Sing' man nichts anderes nun.«

Drauf, wie ein Schrei verhallt,
Es durch die Kammer klingt,
Als ihre Finger kalt
Sie an die Saiten bringt.

»Johann! Johann! was dachtest du
An jenem Tag,
Als du erschlugst deine eigne Ruh'

Mit *einem* Schlag?
Verderbtest auch mit dir zugleich
Deine drei Gesellen;
O, sieh nun ihre Glieder bleich
Am Monde schwellen!

Weh dir, was dachtest du Johann
Zu jener Stund'?
Nun läuft von dir verlornem Mann
Durchs Reich die Kund'!
Ob dich verbergen mag der Wald,
Dich wird's ereilen;
Horch nur, die Vögel singen's bald,
Die Wölf' es heulen!

O weh! das hast du nicht gedacht,
Johann! Johann!
Als du die Rache wahr gemacht
Am alten Mann.

Und wehe! nimmer wird der Fluch
Mit dir begraben,
Dir, der den Ohm und Herrn erschlug,
Johann von Schwaben!«

Aufrecht die Fraue bleich
Vor ihrem Gatten stand,
Der nimmt die Laute gleich,
Er schlägt sie an die Wand.

Und als der Schall verklang,
Da hört man noch zuletzt,

Wie er die Hall' entlang
Den zorn'gen Fußtritt setzt.

3.

Von heut am siebenten Tag
Das war eine schwere Stund',
Als am Balkone lag
Auf ihren Knien Allgund.

Laut waren des Herzens Schläge:
»O Herr! erbarme dich mein,
Und bracht' ich Böses zuwege,
Mein sei die Buß' allein.«

Dann beugt sie tief hinab,
Sie horcht und horcht und lauscht:
Vom Wehre tost es herab,
Vom Forste drunten es rauscht.

War das ein Fußtritt? nein!
Der Hirsch setzt über die Kluft.
Sollt' ein Signal das sein?
Doch nein, der Auerhahn ruft.

»O mein Erlöser, mein Hort!
Ich bin mit Sünde beschwert,
Sei gnädig und nimm mich fort,
Eh heim mein Gatte gekehrt.

Ach, wen der Böse umgarnt,
Dem alle Kraft er bricht!

Doch hab' ich ja nur gewarnt,
Verraten, verraten ja nicht!

Weh! das sind Rossestritte.«
Sie sah sie fliegen durchs Tal
Mit wildem grimmigen Ritte,
Sie sah auch ihren Gemahl.

Sie sah ihn dräuen, genau,
Sie sah ihn ballen die Hand:
Da sanken die Knie der Frau,
Da rollte sie über den Rand.

Und als zum Schlimmen entschlossen
Der Graf sprengt' in das Tor,
Kam Blut entgegen geflossen,
Drang unterm Gitter hervor.

Und als er die Hände sah falten
Sein Weib in letzter Not,
Da konnt' er den Zorn nicht halten,
Bleich ward sein Gesicht so rot.

»Weib, das den Tod sich erkor!« –
»'s war nicht mein Wille«, sie sprach,
Noch eben bracht' sie's hervor.
»Weib, das seine Schwüre brach!«

Wie Abendlüfte verwehen
Noch einmal haucht sie ihn an:
»Es musst' eine Sünde geschehen –
Ich hab' sie für dich getan!«

Der Tod des Erzbischofs Engelbert von Köln

1.

Der Anger dampft, es kocht die Ruhr,
Im scharfen Ost die Halme pfeifen,
Da trabt es sachte durch die Flur,
Da taucht es auf wie Nebelstreifen,
Da nieder rauscht es in den Fluss,
Und stemmend gen der Wellen Guss
Es fliegt der Bug, die Hufe greifen.

Ein Schnauben noch, ein Satz, und frei
Das Ross schwingt seine nassen Flanken,
Und wieder eins, und wieder zwei,
Bis fünfundzwanzig stehn wie Schranken:
Voran, voran durch Heid und Wald,
Und wo sich wüst das Dickicht ballt,
Da brechen knisternd sie die Ranken.

Am Eichenstamm, im Überwind,
Um einen Ast den Arm geschlungen,
Der Isenburger steht und sinnt
Und naget an Erinnerungen.
Ob er vernimmt, was durchs Gezweig
Ihm Rinkerad, der Ritter bleich,
Raunt leise wie mit Vögelzungen?

»Graf«, flüstert es, »Graf haltet dicht,
Mich dünkt, als woll' es Euch betören;
Bei Christi Blute, lasst uns nicht
Heim wie gepeitschte Hunde kehren!
Wer hat gefesselt Eure Hand,

Den freien Stegreif Euch verrannt?«
Der Isenburg scheint nicht zu hören.

»Graf«, flüstert es, »wer war der Mann,
Dem zu dem Kreuz die Rose* passte?
Wer machte Euren Schwäher dann
In seinem eignen Land zum Gaste?
Und, Graf, wer höhnte Euer Recht,
Wer stempelt' Euch zum Pfaffenknecht?« –
Der Isenburg biegt an dem Aste.

»Und wer, wer hat Euch zuerkannt,
Im härnen Sünderhemd zu stehen,
Die Schandekerz' in Eurer Hand,
Und alte Vetteln anzuflehen
Um Kyrie und Litanei!?« –
Da krachend bricht der Ast entzwei
Und wirbelt in des Sturmes Wehen.

Spricht Isenburg: »Mein guter Fant,
Und meinst du denn ich sei begraben?
O lass mich nur in meiner Hand –
Doch ruhig, still, ich höre traben!«
Sie stehen lauschend, vorgebeugt;
Durch das Gezweig der Helmbusch steigt
Und flattert drüber gleich dem Raben.

* *Zu (dem Kreuz) Köln die Rose (das Wappen von) Berg, dessen Besitz Engelbert dem Bruder von Isenburgs Frau vorenthielt.*

2.

Wie dämmerschaurig ist der Wald
An neblichten Novembertagen,
Wie wunderlich die Wildnis hallt
Von Astgestöhn und Windesklagen!
»Horch, Knabe, war das Waffenklang?« –
»Nein, gnäd'ger Herr! ein Vogelsang,
Von Sturmesflügeln hergetragen.« –

Fort trabt der mächtige Prälat,
Der kühne Erzbischof von Köllen,
Er, den der Kaiser sich zum Rat
Und Reichsverweser mochte stellen,
Die ehrne Hand der Klerisei, –
Zwei Edelknaben, Reis'ger zwei,
Und noch drei Äbte als Gesellen.

Gelassen trabt er fort, im Traum
Von eines Wunderdomes Schöne,
Auf seines Rosses Hals den Zaum,
Er streicht ihm sanft die dichte Mähne,
Die Windesodem senkt und schwellt; –
Es schaudert, wenn ein Tropfen fällt
Von Ast und Laub, des Nebels Träne.

Schon schwindelnd steigt das Kirchenschiff,
Schon bilden sich die krausen Zacken –
Da, horch, ein Pfiff und hui, ein Griff,
Ein Helmbusch hier, ein Arm im Nacken!
Wie Schwarzwildrudel bricht's heran,
Die Äbte fliehn wie Spreu, und dann
Mit Reisigen sich Reis'ge packen.

Ha, schnöder Strauß! zwei gegen zehn!
Doch hat der Fürst sich losgerungen,
Er peitscht sein Tier und mit Gestöhn
Hat's übern Hohlweg sich geschwungen;
Die Gerte pfeift – »Weh, Rinkerad!« –
Vom Rosse gleitet der Prälat
Und ist ins Dickicht dann gedrungen.

»Hussah, hussah, erschlagt den Hund,
Den stolzen Hund!«, und eine Meute
Fährt's in den Wald, es schließt ein Rund,
Dann vor- und rückwärts und zur Seite;
Die Zweige krachen – ha es naht –
Am Buchenstamm steht der Prälat
Wie ein gestellter Eber heute.

Er blickt verzweifelnd auf sein Schwert,
Er löst die kurze breite Klinge,
Dann prüfend untern Mantel fährt
Die Linke nach dem Panzerringe;
Und nun wohlan, er ist bereit,
Ja männlich focht der Priester heut,
Sein Streich war eine Flammenschwinge.

Das schwirrt und klingelt durch den Wald,
Die Blätter stäuben von den Eichen,
Und über Arm und Schädel bald
Blutrote Rinnen tröpfeln, schleichen;
Entwaffnet der Prälat noch ringt,
Der starke Mann, da zischend dringt
Ein falscher Dolch ihm in die Weichen.

Ruft Isenburg: »Es ist genug,
Es ist zu viel!« und greift die Zügel;
Noch sah er wie ein Knecht ihn schlug,
Und riss den Wicht am Haar vom Bügel.
»Es ist zu viel, hinweg, geschwind!«
Fort sind sie, und ein Wirbelwind
Fegt ihnen nach wie Eulenflügel. – –

Des Sturmes Odem ist verrauscht,
Die Tropfen glänzen an dem Laube,
Und über Blutes Lachen lauscht
Aus hohem Loch des Spechtes Haube;
Was knistert nieder von der Höh'
Und schleppt sich wie ein krankes Reh?
Ach armer Knabe, wunde Taube!

»Mein gnädiger, mein lieber Herr,
So mussten dich die Mörder packen?
Mein frommer, o mein Heiliger!«
Das Tüchlein zerrt er sich vom Nacken,
Er drückt es auf die Wunde dort,
Und hier und drüben, immerfort,
Ach, Wund' an Wund' und blut'ge Zacken!

»Ho, holla ho!« – dann beugt er sich
Und späht, ob noch der Odem rege;
War's nicht als wenn ein Seufzer schlich,
Als wenn ein Finger sich bewege? –
»Ho, holla ho!« – »Hallo, hoho!«
Schallt's wiederum, des war er froh:
»Sind unsre Reuter allewege!«

3.

Zu Köln am Rheine kniet ein Weib
Am Rabensteine unterm Rade,
Und überm Rade liegt ein Leib,
An dem sich weiden Kräh' und Made;
Zerbrochen ist sein Wappenschild,
Mit Trümmern seine Burg gefüllt,
Die Seele steht bei Gottes Gnade.

Den Leib des Fürsten hüllt der Rauch
Von Ampeln und von Weihrauchschwelen –
Um seinen qualmt der Moderhauch
Und Hagel peitscht der Rippen Höhlen;
Im Dome steigt ein Trauerchor,
Und ein Tedeum stieg empor
Bei seiner Qual aus tausend Kehlen.

Und wenn das Rad der Bürger sieht,
Dann lässt er rasch sein Rösslein traben,
Doch eine bleiche Frau die kniet,
Und scheucht mit ihrem Tuch die Raben:
Um sie mied er die Schlinge nicht,
Er war ihr Held, er war ihr Licht –
Und ach, der Vater ihrer Knaben!

Das Fegefeuer des westfälischen Adels

Wo der selige Himmel, das wissen wir nicht,
Und nicht, wo der gräuliche Höllenschlund,
Ob auch die Wolke zittert im Licht,

Ob siedet und qualmet Vulkanes Mund;
Doch wo die westfälischen Edeln müssen
Sich sauber brennen ihr rostig Gewissen,
Das wissen wir alle, das ward uns kund.

Grau war die Nacht, nicht öde und schwer,
Ein Aschenschleier hing in der Luft;
Der Wanderbursche schritt flink einher,
Mit Wollust saugend den Heimatduft;
O bald, bald wird er schauen sein Eigen,
Schon sieht am Lutterberge er steigen
Sich leise schattend die schwarze Kluft.

Er richtet sich, wie Trompetenstoß
Ein Holla ho! seiner Brust entsteigt –
Was ihm im Nacken? ein schnaubend Ross,
An seiner Schulter es rasselt, keucht,
Ein Rappe – grünliche Funken irren
Über die Flanken, die knistern und knirren,
Wie wenn man den murrenden Kater streicht.

»Jesus Maria!« – er setzt seitab,
Da langt vom Sattel es überzwerch –
Ein eherner Griff, und in wüstem Trab
Wie Wind und Wirbel zum Lutterberg!
An seinem Ohre hört er es raunen
Dumpf und hohl, wie gedämpfte Posaunen,
So an ihm raunt der gespenstige Scherg':

»Johannes Deweth! ich kenne dich!
Johann! du bist uns verfallen heut'!
Bei deinem Heile, nicht lach noch sprich,
Und rühre nicht an was man dir beut;

Vom Brote nur magst du brechen in Frieden,
Ewiges Heil ward dem Brote beschieden,
Als Christus in froner Nacht es geweiht!« –

Ob mehr gesprochen, man weiß es nicht,
Da seine Sinne der Bursche verlor,
Und spät erst hebt er sein bleiches Gesicht
Vom Estrich einer Halle empor;
Um ihn Gesumme, Geschwirr, Gemunkel,
Von tausend Flämmchen ein mattes Gefunkel,
Und drüber schwimmend ein Nebelflor.

Er reibt die Augen, er schwankt voran,
An hundert Tischen, die Halle entlang,
All edle Geschlechter, so Mann an Mann;
Es rühren die Gläser sich sonder Klang,
Es regen die Messer sich sonder Klirren,
Wechselnde Reden summen und schwirren,
Wie Glockengeläut, ein wirrer Gesang.

Ob jedem Haupte des Wappens Glast,
Das langsam schwellende Tropfen speit,
Und wenn sie fallen, dann zuckt der Gast,
Und drängt sich einen Moment zur Seit';
Und lauter, lauter dann wird das Rauschen,
Wie Stürme die zornigen Seufzer tauschen,
Und wirrer summet das Glockengeläut.

Strack steht Johann wie ein Lanzenknecht,
Nicht möchte der gleißenden Wand er traun,
Noch wäre der glimmernde Sitz ihm recht,
Wo rutschen die Knappen mit zuckenden Braun.
Da muss, o Himmel, wer sollt' es denken!

Den frommen Herrn, den Friedrich von Brenken,
Den alten stattlichen Ritter er schaun.

»Mein Heiland, mach' ihn der Sünden bar!«
Der Jüngling seufzet in schwerem Leid;
Er hat ihm gedienet ein ganzes Jahr;
Doch ungern kredenzt er den Becher ihm heut!
Bei jedem Schlucke sieht er ihn schüttern,
Ein blaues Wölkchen dem Schlund entzittern,
Wie wenn auf Kohlen man Weihrauch streut.

O manche Gestalt noch dämmert ihm auf,
Dort sitzt sein Pate, der Metternich,
Und eben durch den wimmelnden Hauf
Johann von Spiegel, der Schenke, strich;
Prälaten auch, je viere und viere,
Sie blättern und rispeln im grauen Breviere,
Und zuckend krümmen die Finger sich.

Und unten im Saale, da knöcheln frisch
Schaumburger Grafen um Leut' und Land,
Graf Simon schüttelt den Becher risch,
Und reibt mitunter die knisternde Hand;
Ein Knappe nähet, er surret leise –
Ha, welches Gesumse im weiten Kreise,
Wie hundert Schwärme an Klippenrand!

»Geschwind den Sessel, den Humpen wert,
Den schleichenden Wolf* geschwinde herbei!«
Horch, wie es draußen rasselt und fährt!

---

* *Der schleichende Wolf ziert das Wappen der Familie Asseburg.*

Barhaupt stehet die Massonei,
Hundert Lanzen drängen nach binnen,
Hundert Lanzen und mitten darinnen
Der Asseburger, der blutige Weih!

Und als ihm alles entgegenzieht,
Da spricht Johannes ein Stoßgebet:
Dann risch hinein! sein Ärmel sprüht,
Ein Funken über die Finger ihm geht.
Voran – da »sieben« schwirren die Lüfte
»Sieben, sieben, sieben« die Klüfte,
»In sieben Wochen, Johann Deweth!«

Der sinkt auf schwellenden Rasen hin,
Und schüttelt gegen den Mond die Hand,
Drei Finger die bröckeln und stäuben hin,
Zu Asch' und Knöchelchen abgebrannt.
Er rafft sich auf, er rennt, er schießet,
Und ach, die Vaterklause begrüßet
Ein grauer Mann, von keinem gekannt,

Der nimmer lächelt, nur des Gebets
Mag pflegen drüben im Klosterchor,
Denn »sieben, sieben«, flüstert es stets,
Und »sieben Wochen« ihm in das Ohr.
Und als die siebente Woche verronnen,
Da ist er versiegt wie ein dürrer Bronnen,
Gott hebe die arme Seele empor!

Die Stiftung Cappenbergs

Der Mond mit seinem blassen Finger
Langt leise durch den Mauerspalt,
Und koset, streifend längs dem Zwinger,
Norbertus' Stirne feucht und kalt.
Der lehnt an bröckelndem Gestein,
Salpeterflocken seine Daunen,
An seinem Ohre Heimchen raunen,
Und wimmelnd rennt das Tausendbein.

Und überm Haupte fühlt er's beben,
Da geht es hoch, da zecht es frisch,
In Pulsen schäumend pocht das Leben,
Die Humpen tanzen auf dem Tisch.
Der Graf von Arnsberg gibt ein Fest,
Dem Schwiegersohn der graue Schwäher;
So mehr er trinkt so wird er zäher,
So wirrer steht sein Lockennest.

Gern hat sein Kind er dem Dynasten,
Dem reichen Cappenberg vertraut,
Nun trägt sein Anker Doppellasten!
Und seinen Feinden hat's gegraut.
Da kömmt auf seinem Eselein
Norbert, und macht den Sohn zum Pfaffen;
Allein er wusste Rat zu schaffen,
Er pferchte den Apostel ein.

Wie, keine Enkel soll er wiegen?
Soll in des Eidams Hora gehn,
Und sehn sein Kind am Boden liegen
Und Paternosterkugeln drehn?

Nein, heute ist der Tag wo muss,
Wo wird die Sache sich erled'gen,
Und sollt' er mit dem Schwerte pred'gen,
Ein umgekehrter Carolus.

Und »Gottfried«, spricht er, »Junge, Ritter,
So sieh doch einmal in die Höh'!
Du schaust ja in den Wein so bitter
Wie Requiem und Kyrie.
Was spinnst du an dem alten Werg?
Lass die Kapuze grauen Sündern,
Und deine Burg die lass den Kindern,
Dein schönes festes Cappenberg!«

Und drunten in dem feuchten Turme
Der Heil'ge flüstert: »Großer Gott,
Allgegenwärt'ger du im Wurme
Als in der Krone blankem Spott,
Wie größer deine Allmacht zeigt
Sein Füßchen, das lebendig zittert,
Als eine Mauer die verwittert,
Und ob ein Babel drüber steigt!«

»Ja«, spricht der Graf, den Humpen schwenkend:
»Wär Norbert hier, dein Eselmann,
Ich ließ ihm füllen, dein gedenkend,
Und trinken möcht' er was er kann;
Doch da ihm Pech und Schwefel glüht,
Was andern Schächern mild und süße,
So bleibt er besser im Verließe,
Ein wohlkasteiter Eremit.«

Und drunten spricht's mit mildem Tone:
»Du der, des Himmels höchste Zier,
Gezogen bist zur Dornenkrone
Auf einem still demüt'gen Tier,
Du, der des Mondes Lieblichkeit
In meinen Kerker ließest rinnen,
Gezähmt mir die vertrauten Spinnen,
Du, Milder, seist gebenedeit!«

Und Gottfried, kämpfend mit den Tränen,
Ergreift den Humpen, noch gefüllt,
Vor seinem Ohr ein leises Stöhnen,
Vor seinem Aug' ein bleiches Bild.
O, dringen möcht' er durch den Stein,
Wo seine sünd'gen Füße stehen,
O, einmal, einmal möcht' er sehen
Durch Lichterglanz den Heil'genschein!

»Ha!«, zürnt der Graf, »was ließ ich schenken
Dir meinen allerbesten Wein!
Eh möcht' ich einen Schädel tränken,
Ja, oder einen Leichenstein.
Gottfried, Gottfried, ich schwör es dir,
So wahr ich Friedrich« – seht ihn stocken,
Vor seinem Auge schwimmen Flocken,
Er hebt sich auf, er schwankt zur Tür,

Und plötzlich auf den Estrich nieder
Taumelt er wie ein wundes Ross,
Es zucken, strecken sich die Glieder.
Welch ein Getümmel in dem Schloss!
»Krank« dieser, »tot« spricht jener Mund,
Ja wahrlich, das ist Todes Miene,

Und eine mächtige Ruine
Liegt Friedrich auf dem eignen Grund.

Die Humpen sind in Hast zertrümmert,
Burgunderblut fließt übern Stein,
Die Lampen mählich sind verkümmert,
Wie Erdenlust sie qualmten ein.
Doch drüben, in des Klosters Hut,
Entflammte man die ew'ge Leuchte,
Und kniend alles Volk sich beugte
Dem reinen Wein, der Christi Blut.

Der Fundator

Im Westen schwimmt ein falber Strich,
Der Abendstern entzündet sich
Grad' überm Sankt Georg am Tore;
Schwer haucht der Dunst vom nahen Moore.
Schlaftrunkne Schwäne kreisen sacht
Ums Eiland, wo die graue Wacht
Sich hebt aus Wasserbins' und Rohre.

Auf ihrem Dach die Fledermaus,
Sie schaukelt sich, sie breitet aus
Den Rippenschirm des Schwingenflosses,
Und, mit dem Schwirren des Geschosses,
Entlang den Teich, hinauf, hinab,
Dann klammert sie am Fensterstab,
Und blinzt in das Gemach des Schlosses.

Ein weit Gelass, im Sammetstaat!
Wo einst der mächtige Prälat
Des Hauses Chronik hat geschrieben.
Frisch ist der Baldachin geblieben,
Der güldne Tisch, an dem er saß,
Und seine Seelenmesse las
Man heut in der Kapelle drüben.

Heut sind es grade hundert Jahr,
Seit er gelegen auf der Bahr'
Mit seinem Kreuz und Silberstabe.
Die ew'ge Lamp' an seinem Grabe
Hat heute hundert Jahr gebrannt.
In seinem Sessel an der Wand
Sitzt heut ein schlichter alter Knabe.

Des Hauses Diener, Sigismund,
Harrt hier der Herrschaft, Stund' auf Stund':
Schon kam die Nacht mit ihren Flören,
Oft glaubt die Kutsche er zu hören,
Ihr Quitschern in des Weges Kies,
Er richtet sich – doch nein – es blies
Der Abendwind nur durch die Föhren.

's ist eine Dämmernacht, genau
Gemacht für Alp und weiße Frau.
Dem Junkerlein ward es zu lange,
Dort schläft es hinterm Damasthange.
Die Chronik hält der Alte noch,
Und blättert fort im Finstern, doch
Im Ohre summt es gleich Gesange:

»So hab' ich dieses Schloss erbaut,
Ihm mein Erworbnes anvertraut,
Zu des Geschlechtes Nutz und Walten;
Ein neuer Stamm sprießt aus dem alten,
Gott segne ihn! Gott mach' ihn groß! –«
Der Alte horcht, das Buch vom Schoß
Schiebt sacht er in der Lade Spalten:

Nein – durch das Fenster ein und aus
Zog schrillend nur die Fledermaus;
Nun schießt sie fort. – Der Alte lehnet
Am Simse. Wie der Teich sich dehnet
Ums Eiland, wo der Warte Rund,
Sich tief schattiert im matten Grund.
Das Röhricht knirrt, die Unke stöhnet.

Dort, denkt der Greis, dort hat gewacht
Der alte Kirchenfürst, wenn Nacht
Sich auf den Weiher hat ergossen.
Dort hat den Reiher er geschossen,
Und zugeschaut des Schlosses Bau,
Sein weiß Habit, sein Auge grau,
Lugt' drüben an den Fenstersprossen.

Wie scheint der Mond so kümmerlich!
– Er birgt wohl hinterm Tanne sich –
Schaut nicht der Turm wie 'ne Laterne,
Verhauchend, dunstig, aus der Ferne!
Wie steigt der blaue Duft im Rohr,
Und rollt sich am Gesims empor!
Wie seltsam blinken heut die Sterne!

Doch ha! – er blinzt, er spannt das Aug',
Denn dicht und dichter schwillt der Rauch,
Als ob ein Docht sich langsam fache,
Entzündet sich im Turmgemache
Wie Mondenschein ein graues Licht,
Und dennoch – dennoch – las er nicht,
Nicht Neumond heut im Almanache? –

Was ist das? deutlich, nur getrübt
Vom Dunst der hin und wieder schiebt,
Ein Tisch, ein Licht, in Turmes Mitten,
Und nun, – nun kömmt es hergeschritten,
Ganz wie ein Schatten an der Wand,
Es hebt den Arm, es regt die Hand, –
Nun ist es an den Tisch geglitten.

Und nieder sitzt es, langsam, steif,
Was in der Hand? – ein weißer Streif! –
Nun zieht es etwas aus der Scheiden
Und fingert mit den Händen beiden,
Ein Ding, – ein Stäbchen ungefähr, –
Dran fährt es langsam hin und her,
Es scheint die Feder anzuschneiden.

Der Diener blinzt und blinzt hinaus:
Der Schemen schwankt und bleichet aus,
Noch sieht er es die Feder tunken,
Da drüber gleitet es wie Funken,
Und in demselbigen Moment
Ist alles in das Element
Der spurlos finstern Nacht versunken.

Noch immer steht der Sigismund,
Noch starrt er nach der Warte Rund,
Ihn dünkt, des Weihers Flächen rauschen,
Weit beugt er übern Sims, zu lauschen;
Ein Ruder! – nein, die Schwäne ziehn!
Grad hört er längs dem Ufergrün
Sie sacht ihr tiefes Schnarchen tauschen.

Er schließt das Fenster. – »Licht, o Licht!« –
Doch mag das Junkerlein er nicht
So plötzlich aus dem Schlafe fassen,
Noch minder es im Saale lassen.
Sacht schiebt er sich dem Sessel ein,
Zieht sein korallnes Nösterlein,
– Was klingelt drüben an den Tassen? –

Nein – eine Fliege schnurrt im Glas!
Dem Alten wird die Stirne nass;
Die Möbeln stehn wie Totenmale,
Es regt und rüttelt sich im Saale,
Allmählich weicht die Tür zurück,
Und in demselben Augenblick
Schlägt an die Dogge im Portale.

Der Alte drückt sich dicht zuhauf,
Er lauscht mit Doppelsinnen auf,
– Ja! am Parkett ein leises Streichen,
Wie Wiesel nach der Stiege schleichen –
Und immer härter, Tapp an Tapp,
Wie mit Sandalen, auf und ab,
Es kömmt – es naht – er hört es keuchen; –

Sein Sessel knackt! – ihm schwimmt das Hirn –
Ein Odem, dicht an seiner Stirn!
Da fährt er auf und wild zurücke,
Errafft das Kind mit blindem Glücke
Und stürzt den Korridor entlang.
O, Gott sei Dank! ein Licht im Gang,
Die Kutsche rasselt auf die Brücke!

Vorgeschichte (Second sight)

Kennst du die Blassen im Heideland,
Mit blonden flächsenen Haaren?
Mit Augen so klar wie an Weihers Rand
Die Blitze der Welle fahren?
O sprich ein Gebet, inbrünstig, echt,
Für die Seher der Nacht, das gequälte Geschlecht.

So klar die Lüfte, am Äther rein
Träumt nicht die zarteste Flocke,
Der Vollmond lagert den blauen Schein
Auf des schlafenden Freiherrn Locke,
Hernieder bohrend in kalter Kraft
Die Vampirzunge, des Strahles Schaft.

Der Schläfer stöhnt, ein Traum voll Not
Scheint seine Sinne zu quälen,
Es zuckt die Wimper, ein leises Rot
Will über die Wange sich stehlen;
Schau, wie er woget und rudert und fährt,
Wie einer so gegen den Strom sich wehrt.

Nun zuckt er auf – ob ihn geträumt,
Nicht kann er sich dessen entsinnen –
Ihn fröstelt, fröstelt, ob's drinnen schäumt
Wie Fluten zum Strudel rinnen;
Was ihn geängstet, er weiß es auch:
Es war des Mondes giftiger Hauch.

O Fluch der Heide, gleich Ahasver
Unterm Nachtgestirne zu kreisen!
Wenn seiner Strahlen züngelndes Meer
Aufbohret der Seele Schleusen,
Und der Prophet, ein verzweifelnd Wild,
Kämpft gegen das mählich steigende Bild.

Im Mantel schaudernd misst das Parkett
Der Freiherr die Läng' und Breite,
Und wo am Boden ein Schimmer steht,
Weitaus er beuget zur Seite,
Er hat einen Willen und hat eine Kraft,
Die sollen nicht liegen in Blutes Haft.

Es will ihn krallen, es saugt ihn an,
Wo Glanz die Scheiben umgleitet,
Doch langsam weichend, Spann' um Spann',
Wie ein wunder Edelhirsch schreitet,
In immer engerem Kreis gehetzt,
Des Lagers Pfosten ergreift er zuletzt.

Da steht er keuchend, sinnt und sinnt,
Die müde Seele zu laben,
Denkt an sein liebes einziges Kind,
Seinen zarten, schwächlichen Knaben,

Ob dessen Leben des Vaters Gebet
Wie eine zitternde Flamme steht.

Hat er des Kleinen Stammbaum doch
Gestellt an des Lagers Ende,
Nach dem Abendkusse und Segen noch
Drüber brünstig zu falten die Hände;
Im Monde flimmernd das Pergament
Zeigt Schild an Schilder, schier ohne End'.

Rechtsab des eigenen Blutes Gezweig,
Die alten freiherrlichen Wappen,
Drei Rosen im Silberfelde bleich,
Zwei Wölfe schildhaltende Knappen,
Wo Ros' an Rose sich breitet und blüht,
Wie überm Fürsten der Baldachin glüht.

Und links der milden Mutter Geschlecht,
Der frommen in Grabeszellen,
Wo Pfeil' an Pfeile, wie im Gefecht,
Durch blaue Lüfte sich schnellen.
Der Freiherr seufzt, die Stirn gesenkt,
Und – steht am Fenster, bevor er's denkt.

Gefangen! gefangen im kalten Strahl!
In dem Nebelnetze gefangen!
Und fest gedrückt an der Scheib' Oval,
Wie Tropfen am Glase hangen,
Verfallen sein klares Nixenaug',
Der Heidequal in des Mondes Hauch.

Welch ein Gewimmel! – er muss es sehn,
Ein Gemurmel! – er muss es hören,

Wie eine Säule, so muss er stehn,
Kann sich nicht regen noch kehren.
Es summt im Hofe ein dunkler Hauf,
Und einzelne Laute dringen hinauf.

Hei! eine Fackel! sie tanzt umher,
Sich neigend, steigend in Bogen,
Und nickend, zündend, ein Flammenheer
Hat den weiten Estrich umzogen.
All schwarze Gestalten im Trauerflor
Die Fackeln schwingen und halten empor.

Und alle gereihet am Mauerrand,
Der Freiherr kennet sie alle;
Der hat ihm so oft die Büchse gespannt,
Der pflegte die Ross' im Stalle,
Und der so lustig die Flasche leert,
Den hat er siebenzehn Jahre genährt.

Nun auch der würdige Kastellan,
Die breite Pleureuse am Hute,
Den sieht er langsam, schlurfend nahn,
Wie eine gebrochene Rute;
Noch deckt das Pflaster die dürre Hand,
Versengt erst gestern an Herdes Brand.

Ha, nun das Ross! aus des Stalles Tür,
In schwarzem Behang und Flore;
O, ist's Achill, das getreue Tier?
Oder ist's seines Knaben Medore?
Er starret, starrt und sieht nun auch,
Wie es hinkt, vernagelt nach altem Brauch.

Entlang der Mauer das Musikchor,
In Krepp gehüllt die Posaunen,
Haucht prüfend leise Kadenzen hervor,
Wie träumende Winde raunen;
Dann alles still. O Angst! o Qual!
Es tritt der Sarg aus des Schlosses Portal.

Wie prahlen die Wappen, farbig grell
Am schwarzen Sammet der Decke.
Ha! Ros' an Rose, der Todesquell
Hat gespritzet blutige Flecke!
Der Freiherr klammert das Gitter an:
»Die andre Seite!«, stöhnet er dann.

Da langsam wenden die Träger, blank
Mit dem Monde die Schilder kosen.
»O«, – seufzt der Freiherr – »Gott sei Dank!
Kein Pfeil, kein Pfeil, nur Rosen!«
Dann hat er die Lampe still entfacht,
Und schreibt sein Testament in der Nacht.

Der Graue

Im Walde steht die kleine Burg,
Aus rohem Quaderstein gefugt,
Mit Schart' und Fensterlein, wodurch
Der Doppelhaken einst gelugt;
Am Teiche rauscht des Rohres Speer,
Die Brücke wiegt und knarrt im Sturm,
Und in des Hofes Mitte, schwer,
Plump wie ein Mörser, steht der Turm.

Da siehst du jetzt umhergestellt
Manch feuerrotes Ziegeldach,
Und wie der Stempel steigt und fällt,
So pfeift die Dampfmaschine nach;
Es knackt die Form, der Bogen schrillt,
Es dunstet Scheidewassers Näh',
Und überm grauen Wappenschild
Liest man: Moulin à papier.

Doch wie der Kessel quillt und schäumt,
Den Brüssler Kaufherrn freut es kaum,
Der hatte einmal sich geträumt
Von Land und Luft den feinsten Traum;
Das war so recht ein Fleckchen, sich
Zu retten aus der Zahlen Haft!
Nicht groß, und doch ganz adelig,
Und brauchte wenig Dienerschaft.

Doch eine Nacht nur macht' er sich
Bequem es – oder unbequem –
In seinem Schlösschen, und er strich
Nur wie ein Vogel dran seitdem.
Sah dann er zu den Fenstern auf,
Verschlossen wie die Sakristein,
So zog er wohl die Schultern auf,
Mit einem Seufzer, oder zwein.

– – – – –

Es war um die Septemberzeit,
Als, schürend des Kamines Brand,
Gebückt, in regenfeuchtem Kleid,
Der Hausherr in der Halle stand,

Er und die Gäste, all im Rauch;
Van Neelen, Redel, Verney, Dahm,
Und dann der blonde Waller auch,
Der eben erst aus Smyrna kam.

Im Schlote schnob der Wind, es goss
Der Regen sprudelnd sich vom Dach,
Und wenn am Brand ein Flämmchen schoss,
Schien doppelt öde das Gemach.
Die Gäste waren all zur Hand,
Erleichternd ihres Wirtes Müh';
Van Neelen nur am Fenster stand,
Und schimpfte auf die Landpartie.

Doch nach und nach mag's besser gehn,
Schon hat der Wind die Glut gefacht,
Den Regen lässt man draußen stehn,
Champagnerflaschen sind gebracht.
Die Leuchter hatten wenig Wert,
Es ging wie beim Studentenfest:
Sobald die Flasche ist geleert,
Wird eine Kerze drauf gepresst.

Je mehr es fehlt, so mehr man lacht,
Der Wein ist heiß, die Kost gewählt,
Manch derbes Späßchen wird gemacht,
Und mancher feine Streich erzählt.
Zuletzt von Wein und Reden glüh,
Rückt seinen Stuhl der Herr vom Haus:
»Ich lud euch zu 'ner Landpartie,
Es ward 'ne Wasserfahrt daraus.

Doch da die allerschönste Fracht
Am Ende nach dem Hafen schifft,
So, meine Herren, gute Nacht!
Und nehmt vorlieb, wie es sich trifft.«
Da lachend nach den Flaschen greift
Ein jeder. – Türen auf und zu. –
Und Waller, noch im Gehen, streift
Aus seinem Frack den Ivanhoe.

– – – – –

Es war tief in die Nacht hinein,
Und draußen heulte noch der Sturm,
Schnob zischend an dem Fensterstein
Und drillt' den Glockenstrang am Turm.
In seinem Bette Waller lag,
Und las so scharf im Ivanhoe,
Dass man gedacht, bevor es Tag
Sei Englands Königreich in Ruh.

Er sah nicht, dass die Kerze tief
Sich brannte in der Flasche Rand,
Der Talg in schweren Tropfen lief,
Und drunten eine Lache stand.
Wie träumend hört' er das Geknarr
Der Fenster, vom Rouleau gedämpft,
Und wie die Türe mit Geschnarr
In ihren Angeln zuckt und kämpft.

Sehr freut er sich am Bruder Tuck,
– Die Sehne schwirrt, es rauscht der Hain –
Da plötzlich ein gewalt'ger Ruck,
Und, hui! die Scheibe klirrt hinein.

Er fuhr empor, – weg war der Traum –
Und deckte mit der Hand das Licht,
Ha! wie so wüst des Zimmers Raum!
Selbst ein romantisches Gedicht!

Der Sessel feudalistisch Gold –
Am Marmortisch die Greifenklau' –
Und überm Spiegel flatternd rollt,
Ein Banner, der Tapete Blau,
Im Zug der durch die Lücke schnaubt;
Die Ahnenbilder leben fast,
Und schütteln ihr behelmtes Haupt
Ergrimmt ob dem plebejen Gast.

Der blonde Waller machte gern
Sich selber einen kleinen Graus,
So nickt' er spöttisch gen die Herrn,
Als fordert' er sie keck heraus.
Die Glocke summt – schon eins fürwahr!
Wie eine Boa dehnt' er sich,
Und sah nach dem Pistolenpaar,
Dann rüstet' er zum Schlafe sich.

Die Flasche hob er einmal noch
Und leuchtete die Wände an,
Ganz wie 'ne alte Halle doch
Aus einem Scottischen Roman!
Und – ist das Nebel oder Rauch,
Was durch der Türe Spalten quillt,
Und, wirbelnd in des Zuges Hauch,
Die dunstigen Paneele füllt?

Ein Ding – ein Ding – wie Grau in Grau,
Die Formen schwanken – sonderbar! –
Doch, ob der Blick sich schärft? den Bau
Von Gliedern nimmt er mählich wahr.
Wie überm Eisenhammer, schwer
Und schwarz, des Rauches Säule wallt;
Ein Zucken flattert drüben her,
Doch – hat es menschliche Gestalt!

Er war ein hitziger Kumpan,
Wenn Wein die Lava hat geweckt.
»Qui vive!« – und leise knackt der Hahn,
Der Waller hat den Arm gestreckt:
»Qui vive!« – 'ne Pause, – »ou je tire!«
Und aus dem Lauf die Kugel knallt;
Er hört sie schlagen an die Tür,
Und abwärts prallen mit Gewalt.

Der Schuss dröhnt am Gewölbe nach,
Und, eine schwere Nebelschicht,
Füllt Pulverbrodem das Gemach;
Er teilt sich, schwindet, das Gesicht
Steht in des Zimmers Mitte jetzt,
Ganz wie ein graues Bild von Stein,
Die Formen scharf und unverletzt,
Die Züge edel, streng und rein.

Auf grauer Locke grau Barett,
Mit grauer Hahnenfeder drauf.
Der Waller hat so sacht und nett
Sich hergelangt den zweiten Lauf.
Noch zögert er – ist es ein Bild,
Wär's zu zerschießen lächerlich;

Und wär's ein Mensch – das Blut ihm quillt –
Ein Geck, der unterfinge sich –?!

Ein neuer Ruck, und wieder Knall
Und Pulverrauch – war das Gestöhn?
Er hörte keiner Kugel Prall –
Es ist vorüber! ist geschehn!
Der Waller zuckt: »Verdammtes Hirn!«
Mit einmal ist er kalt wie Eis,
Der Angstschweiß tritt ihm auf die Stirn,
Er starret in den Nebelkreis.

Ein Ächzen! oder Windeshauch! –
Doch nein, der Scheibensplitter schwirrt.
O Gott, es zappelt! – nein – der Rauch
Gedrängt vom Zuge schwankt und irrt;
Es wirbelt aufwärts, woget, wallt,
Und, wie ein graues Bild von Stein,
Steht nun am Bette die Gestalt,
Da, wo der Vorhang sinkt hinein.

Und drüber knistert's, wie von Sand,
Wie Funke, der elektrisch lebt;
Nun zuckt ein Finger – nun die Hand –
Allmählich nun ein Fuß sich hebt, –
Hoch – immer höher – Waller winkt;
Dann macht er schnell gehörig Raum,
Und langsam in die Kissen sinkt
Es schwer, wie ein gefällter Baum.

»Ah, je te tiens!«, er hat's gepackt,
Und schlingt die Arme wie 'nen Strick, –
Ein Leichnam! todessteif und nackt!

Mit einem Ruck fährt er zurück;
Da wälzt es langsam, schwer wie Blei,
Sich gleich dem Mühlstein über ihn;
Da tat der Waller einen Schrei,
Und seine Sinne waren hin.

Am nächsten Morgen fand man kalt
Ihn im Gemache ausgestreckt;
'␣s war eine Ohnmacht nur, und bald
Ward zum Bewusstsein er geweckt.
Nicht irre war er, nur gepresst,
Und fragt' ob keiner ward gestört?
Doch alle schliefen überfest,
Nicht einer hat den Schuss gehört.

So ward es denn für Traum sogleich,
Und alles für den Alp erkannt;
Doch zog man sich aus dem Bereich,
Und trollte hurtig über Land.
Sie waren alle viel zu klug,
Und vollends zu belesen gar;
Allein der blonde Waller trug
Seit dieser Nacht eisgraues Haar.

Die Vendetta

1.

Ja, einen Feind hat der Kors', den Hund,
Luigi, den hagern Podesta,
Der den Ohm, so stark und gesund,

Ließ henken, den kühnen di Vesta.
Er und der rote Franzose Jocliffe,
Die beiden machten ihn hangen,
Aber der ging zu dem Schmugglerschiff,
Und liegt seit Monden gefangen.

Steht im Walde Geronimo,
Und klirrend zieht aus der Scheide
Er das Messer, so und so
An der Sohle wetzt er die Schneide;
Gleitet dann in die Dämmerung,
Dem Feinde auf Tod und Leben
Mit des Tieres Verstümmelung
Ein korsisch' Kartell zu geben.

Schau! wie Zweig an Zweige er streicht,
– Kaum flüsternd die Blätter schwanken, –
Gleich der gleißenden Boa leicht
Hinquillt durch Gelaub und Ranken;
Drüber träufelt das Mondenlicht,
Wie heimlicher Träne Klage
Durch eine dunkele Wimper bricht.
Nun kniet der Korse am Hage.

Dort der Anger, – und dort am Hang
Die einsam weidende Stute,
Langsam schnaubt sie den Rain entlang;
Aus andalusischem Blute,
Hoch, schneeschimmernd, zum Grund gebeugt
Den mähnumfluteten Nacken,
Nah sie, näher dem Hagen steigt.
Nun wird der Korse sie packen!

Schon erfasst er der Schneide Griff,
Er reckt sich über dem Kraute,
Da – ein Geknister und – still! ein Pfiff,
Und wieder – summende Laute!
Und es schreitet dem Hage zu,
Grad wo Geronimo kniet,
Nieder gleitet der Kors' im Nu,
Ha, wie er keuchet und glühet!

Dicht an ihm, – der Mantel streift,
Die Ferse könnt' er ihm fassen, –
Steht der hagre Podest' und pfeift;
»Sorella!«, ruft er gelassen,
Und: »Sorella, mein kluges Tier!«
Der Lauscher höret es stampfen,
Über ihm, mit hellem Gewiehr,
Zwei schnaubende Nüstern dampfen.

Freundlich klatscht Luigi den Bug,
Liebkosend streicht er die Mähnen,
Hat nicht zärtlicher Worte genug,
Er spricht wie zu seiner Schönen.
Einen Blitz aus glühendem Aug',
Und rückwärts taumelt die Stute.
»Ei, Sorella, was fehlt dir auch?
Mein Töchterchen, meine Gute.«

Kandiszucker langt er hervor;
Ha, wie ihre Nüstern blasen!
Wie sie naschet, gespitzt das Ohr,
Und immer glotzet zum Rasen!
Einen Blick der Podesta scheu
Schießt über die glitzernde Aue,

Rückt am Dolche, und dann aufs Neu:
»Mein Schimmelchen, meine Graue!«

Wie er über den Hag sich biegt,
Am Nacken des Tieres gleitet,
Auf Geronimos Auge liegt
Des Feindes Mantel gebreitet;
O, nie hat so heiß und schwer
Geronimo, nie gelegen,
Jede Muskel im Arm fühlt er
Wie eine Viper sich regen.

Doch er ist ein gläubiger Christ,
Geht jede Woche zur Beichte,
Hat voll Andacht noch heut geküsst
Christoferos heilige Leuchte.
Sünde wär's, das Messer im Schlund
Des Ungewarnten zu bergen,
Sonst – alleine, allein der Hund!
Bewaffnet, und ohne Schergen!

Eine Minute, die schnell vergeht,
Der Korse gen Himmel schaute,
Zum Patrone ein Stoßgebet,
Dann fährt er empor vom Kraute;
Blank die Waffe, den Bug geschlitzt,
Dann wie ein Vogel zum Walde –
Schreiend vom Hange die Stute blitzt,
Der Richter starrt an der Halde.

2.

Mittagsstunde, – der Sonnenpfeil
Prallt an des Weihen Gefieder,
Der vom Gesteine grau und steil
Blinzt in die Pinien nieder.
Schwarz der Wald, eine Wetternacht,
Die aus dem Äther gesunken,
Drüber der Strahl in Siegespracht
Tanzt auf dem Feinde wie trunken.

Plötzlich zuckt, es flattert der Weih,
Und klatscht in taumelnden Ringen,
Überm Riffe sein wilder Schrei,
Dann steigt er, wiegend die Schwingen;
Und am Grunde es stampft und surrt,
Hart unter dem Felsenmale,
Netz im Haare, Pistol im Gurt,
Zwölf Schergen reiten zu Tale.

Wo den Schatten verkürzt das Riff
Wirft über die zitternde Aue,
Starrt gefesselt der rote Jocliffe
Hinauf zum Vogel ins Blaue.
Dürr seine Zunge, – kein Tropfen labt –
Er lacht in grimmigem Hohne,
Neben ihm der Podesta trabt
Und pfeift sich eine Kanzone.

Rüstig stampfen die Rosse fort,
Dann »halt!« Es lagert die Bande;
Hier ein Scherge, ein anderer dort,
Gestreckt im knisternden Sande.

Die Zigarre lässt an den Grund
Ihr bläuliches Wölkchen schwelen,
Und der Schlauch, von Mund zu Mund,
Strömt in die durstigen Kehlen.

Wie so lockend die Taube lacht
Aus grünem duftigem Haine!
Von den zwölfen heben sich acht,
Sie schlendern entlang das Gesteine,
Lässig, spielend, so sorgenbar
Wie junge Geier im Neste,
Dieser zupfet des Nachbars Haar,
Der schnitzelt am Zwiebelreste.

Einer so nach dem andern schwankt
Ins Grün aus der sengenden Hitze,
Halt! wie elektrisch Feuer rankt
Von Aug zu Aug ein Geblitze.
Horch, sie flüstern! Zwei und zwei
Die Pinien streifen sie leise,
Wie die Hinde witternd und scheu
Schlüpft über befahrene Gleise.

Zwei am Hange und zwei hinab
Und vier zur Rechten und Linken,
Sachte beugen den Ast sie ab,
Ihre Augen wie Vipern blinken,
Da – im Moose ein dürrer Baum
Mit wunderlich brauner Schale, –
Hui! ein Pfiff auf gekrümmtem Daum, –
Und dort – und drunten im Tale.

Fährt vom Moose Geronimo,
Und eh ihn die Schergen umschlingen,
Wie im Heid die knisternde Loh',
Ha! sieh ihn flattern und springen!
Knall auf Knall, eine Kugel pfeift
Ihm durch der Retilla Knoten,
Blutend er an dem Gesteine läuft
Bis zum Jocliffe, dem roten.

Hoch die Rechte – will er schnell
Sich rächen zu dieser Stunde?
Nein, am Rosse schreibt das Kartell
Er rasch mit klaffender Wunde.
Hoch die Linke – es knallt, es blitzt.
Und taumelnd sinkt der Podesta;
Ruft der Korse: »So hab es itzt,
Du Hund, für den kühnen di Vesta!«

O Geronimo! hätten dich fort,
Fort, fort deine Sprünge getragen,
Als die einen am Riffe dort,
Die andern klommen am Hagen!
Schwerlich heute, so mein' ich klar,
Sie würden die Stadt erschrecken
Mit der Leiche auf grüner Bahr'
Und mit dir, gebunden am Schecken!

Das Fräulein von Rodenschild

Sind denn so schwül die Nächt' im April?
Oder ist so siedend jungfräulich Blut?
Sie schließt die Wimper, sie liegt so still,
Und horcht des Herzens pochender Flut.
»O will es denn nimmer und nimmer tagen!
O will denn nicht endlich die Stunde schlagen!
Ich wache, und selbst der Seiger ruht!

Doch horch! es summt, eins, zwei und drei, –
Noch immer fort? – sechs, sieben und acht,
Elf, zwölf, – o Himmel, war das ein Schrei?
Doch nein, Gesang steigt über der Wacht,
Nun wird mir's klar, mit frommem Munde
Begrüßt das Hausgesinde die Stunde*,
Anbrach die hochheilige Osternacht.«

Seitab das Fräulein die Kissen stößt,
Und wie eine Hinde vom Lager setzt,
Sie hat des Mieders Schleifen gelöst,
Ins Häubchen drängt sie die Locken jetzt,
Dann leise das Fenster öffnend, leise,
Horcht sie der mählich schwellenden Weise,
Vom wimmernden Schrei der Eule durchsetzt.

O dunkel die Nacht! und schaurig der Wind!
Die Fahnen wirbeln am knarrenden Tor, –
Da tritt aus der Halle das Hausgesind'

* *Es bestand (und besteht hier und dort noch) in katholischen Ländern die Sitte, am Vorabend des Oster- und Weihnachtstages den zwölften Glockenschlag abzuwarten, um den Eintritt des Festes mit einem frommen Lied zu begrüßen.*

Mit Blendlaternen und einzeln vor.
Der Pförtner dehnet sich, halb schon träumend,
Am Dochte zupfet der Jäger säumend,
Und wie ein Oger gähnet der Mohr.

Was ist? – wie das auseinanderschnellt!
In Reihen ordnen die Männer sich,
Und eine Wacht vor die Dirnen stellt
Die graue Zofe sich ehrbarlich,
»Ward ich gesehn an des Vorhangs Lücke?
Doch nein, zum Balkone starren die Blicke,
Nun langsam wenden die Häupter sich.

O weh meine Augen! bin ich verrückt?
Was gleitet entlang das Treppengeländ?
Hab' ich nicht so aus dem Spiegel geblickt?
Das sind meine Glieder, – welch ein Geblend'!
Nun hebt es die Hände, wie Zwirnes Flocken,
Das ist mein Strich über Stirn und Locken! –
Weh, bin ich toll, oder nahet mein End'!«

Das Fräulein erbleicht und wieder erglüht,
Das Fräulein wendet die Blicke nicht,
Und leise rührend die Stufen zieht
Am Steingelände das Nebelgesicht,
In seiner Rechten trägt es die Lampe,
Ihr Flämmchen zittert über der Rampe,
Verdämmernd, blau, wie ein Elfenlicht.

Nun schwebt es unter dem Sternendom,
Nachtwandlern gleich in Traumes Geleit,
Nun durch die Reihen zieht das Phantom,
Und jeder tritt einen Schritt zur Seit'. –

Nun lautlos gleitet's über die Schwelle, –
Nun wieder drinnen erscheint die Helle,
Hinauf sich windend die Stiegen breit.

Das Fräulein hört das Gemurmel nicht,
Sieht nicht die Blicke, stier und verscheucht,
Fest folgt ihr Auge dem bläulichen Licht,
Wie dunstig über die Scheiben es streicht.
– Nun ist's im Saale – nun im Archive –
Nun steht es still an der Nische Tiefe –
Nun matter, matter, – ha! es erbleicht!

»Du sollst mir stehen! ich will dich fahn!«
Und wie ein Aal die beherzte Maid
Durch Nacht und Krümmen schlüpft ihre Bahn,
Hier droht ein Stoß, dort häkelt das Kleid,
Leis tritt sie, leise, o Geistersinne
Sind scharf! dass nicht das Gesicht entrinne!
Ja, mutig ist sie, bei meinem Eid!

Ein dunkler Rahmen, Archives Tor;
– Ha, Schloss und Riegel! – sie steht gebannt,
Sacht, sacht das Auge und dann das Ohr
Drückt zögernd sie an der Spalte Rand,
Tiefdunkel drinnen – doch einem Rauschen
Der Pergamente glaubt sie zu lauschen,
Und einem Streichen entlang der Wand.

So niederkämpfend des Herzens Schlag,
Hält sie den Odem, sie lauscht, sie neigt –
Was dämmert ihr zur Seite gemach?
Ein Glühwurmleuchten – es schwillt, es steigt,
Und Arm an Arme, auf Schrittes Weite,

Lehnt das Gespenst an der Pforte Breite,
Gleich ihr zur Nachbarspalte gebeugt.

Sie fährt zurück, – das Gebilde auch –
Dann tritt sie näher – so die Gestalt –
Nun stehen die beiden, Auge in Aug,
Und bohren sich an mit Vampires Gewalt.
Das gleiche Häubchen decket die Locken,
Das gleiche Linnen, wie Schnees Flocken,
Gleich ordnungslos um die Glieder wallt.

Langsam das Fräulein die Rechte streckt,
Und langsam, wie aus der Spiegelwand,
Sich Linie um Linie entgegenreckt
Mit gleichem Rubine die gleiche Hand;
Nun rührt sich's – die Lebendige spüret
Als ob ein Luftzug schneidend sie rühret,
Der Schemen dämmert, – zerrinnt – entschwand.

Und wo im Saale der Reihen fliegt,
Da siehst ein Mädchen du, schön und wild,
– Vor Jahren hat's eine Weile gesiecht –
Das stets in den Handschuh die Rechte hüllt.
Man sagt, kalt sei sie wie Eises Flimmer,
Doch lustig die Maid, sie hieß ja immer:
»Das tolle Fräulein von Rodenschild.«

Der Geierpfiff

»Nun still! – Du an den Dohnenschlag!
Du links an den gespaltnen Baum!
Und hier der faule Fetzer mag
Sich lagern an der Klippe Saum:
Da seht fein offen übers Land
Die Kutsche ihr heranspazieren:
Und Rieder dort, der Höllenbrand,
Mag in den Steinbruch sich postieren!

Dann aufgepasst mit Aug und Ohr,
Und bei dem ersten Räderhall
Den Eulenschrei! und tritt hervor
Die Fracht, dann wiederholt den Schall:
Doch naht Gefahr – Patrouillen gehn, –
Seht ihr die Landdragoner streifen,
Dann dreimal, wie von Riffeshöhn,
Lasst ihr den *Lämmergeier pfeifen.*

Nun, Rieder, noch ein Wort zu dir:
Mit Recht heißt du der Höllenbrand;
Kein Stückchen – ich verbitt' es mir –
Wie neulich mit der kalten Hand!«
Der Hauptmann spricht es; durch den Kreis
Ein Rauschen geht und feines Schwirren,
Als sie die Büchsen schultern leis,
Und in den Gurt die Messer klirren.

Seltsamer Tross! hier Riesenbau
Und hiebgespaltnes Angesicht,
Und dort ein Bübchen wie 'ne Frau,
Ein zierliches Spelunkenlicht;

Der drüben an dem Scheitelhaar
So sachte streift den blanken Fänger,
Schaut aus den blauen Augen gar
Wie ein verarmter Minnesänger.

's ist lichter Tag! die Bande scheut
Vor keiner Stunde – alles gleich; –
Es ist die rote Bande, weit
Verschrien, gefürchtet in dem Reich;
Das Knäbchen kauert unterm Stier
Und betet, raschelt es im Walde,
Und manches Weib verschließt die Tür,
Schreit nur ein Kuckuck an der Halde.

Die Posten haben sich zerstreut,
Und in die Hütte schlüpft der Tross –
Wildhüters Obdach, zu der Zeit,
Als jene Trümmer war ein Schloss:
Wie Ritter vor der Ahnengruft,
Fühlt sich der Räuber stolz gehoben
Am Schutte, dran ein gleicher Schuft
Vor Jahren einst den Brand geschoben.

Und als der letzte Schritt verhallt,
Der letzte Zweig zurückgerauscht,
Da wird es einsam in dem Wald,
Wo überm Ast die Sonne lauscht;
Und als es drinnen noch geklirrt,
Und noch ein Weilchen sich geschoben,
Da still es in der Hütte wird,
Vom wilden Weingerank umwoben.

Der scheue Vogel setzt sich kühn
Aufs Dach und wiegt sein glänzend Haupt,
Und summend durch der Reben Grün
Die wilde Biene Honig raubt;
Nur leise wie der Hauch im Tann,
Wie Weste durch die Halme streifen,
Hört drinnen leise, leise man,
Vorsichtig an den Messern schleifen. –

– – – – –

Ja, lieblich ist des Berges Maid
In ihrer festen Glieder Pracht,
In ihrer blanken Fröhlichkeit
Und ihrer Zöpfe Rabennacht;
Siehst du sie brechen durchs Genist
Der Brombeerranken, frisch, gedrungen,
Du denkst, die Zentifolie ist
Vor Übermut vom Stiel gesprungen.

Nun steht sie still und schaut sich um –
Allüberall nur Baum an Baum;
Ja, irre zieht im Walde um
Des Berges Maid und glaubt es kaum;
Noch zwei Minuten, wo sie sann,
Pulsieren ließ die heißen Glieder, –
Behände wie ein Marder dann
Schlüpft keck sie in den Steinbruch nieder.

Am Eingang steht ein Felsenblock,
Wo das Geschiebe überhängt;
Der Efeu schüttelt sein Gelock,
Zur grünen Laube vorgedrängt:

Da unterm Dache lagert sie,
Behaglich lehnend an dem Steine,
Und denkt: Ich sitze wahrlich wie
Ein Heil'genbildchen in dem Schreine!

Ihr ist so warm, der Zöpfe Paar
Sie löset mit der runden Hand,
Und nieder rauscht ihr schwarzes Haar
Wie Rabenfittiges Gewand.
Ei! denkt sie, bin ich doch allein!
Auf springt das Spangenpaar am Mieder;
Doch unbeweglich gleich dem Stein
Steht hinterm Block der wilde Rieder:

Er sieht sie nicht, nur ihren Fuß,
Der tändelnd schaukelt wie ein Schiff,
Zuweilen treibt des Windes Gruß
Auch eine Locke um das Riff,
Doch ihres heißen Odems Zug,
Samumes Hauch, glaubt er zu fühlen,
Verlorne Laute, wie im Flug
Lockvögel, um das Ohr ihm spielen.

So weich die Luft und badewarm,
Berauschend Thymianes Duft,
Sie lehnt sich, dehnt sich, ihren Arm,
Den vollen, streckt sie aus der Kluft,
Schließt dann ihr glänzend Augenpaar –
Nicht schlafen, ruhn nur eine Stunde –
So dämmert sie und die Gefahr
Wächst von Sekunde zu Sekunde.

Nun alles still – sie *hat* gewacht –
Doch hinterm Steine wird's belebt
Und seine Büchse sachte, sacht,
Der Rieder von der Schulter hebt,
Lehnt an die Klippe ihren Lauf,
Dann lockert er der Messer Klingen,
Hebt nun den Fuß – was hält ihn auf?
Ein Schrei scheint aus der Luft zu dringen!

Ha, das Signal! – er ballt die Faust –
Und wiederum des Geiers Pfiff
Ihm schrillend in die Ohren saust –
Noch zögert knirschend er am Riff –
Zum dritten Mal – und sein Gewehr
Hat er gefasst – hinan die Klippe!
Dass bröckelnd Kies und Sand umher
Nachkollern von dem Steingerippe.

Und auch das Mädchen fährt empor:
»Ei, ist so locker das Gestein?«
Und langsam, gähnend tritt hervor
Sie aus dem falschen Heil'genschrein,
Hebt ihrer Augen feuchtes Glühn,
Will nach dem Sonnenstande schauen,
Da sieht sie einen *Geier ziehn*
Mit einem Lamm in seinen Klauen.

Und schnell gefasst, der Wildnis Kind,
Tritt sie entgegen seinem Flug:
Der kam daher, wo Menschen sind,
Das ist der Bergesmaid genug.
Doch still! war das nicht Stimmenton
Und Räderknarren? still! sie lauscht –

Und wirklich, durch die Nadeln schon
Die schwere Kutsche ächzt und rauscht.

»He, Mädchen!«, ruft es aus dem Schlag,
Mit feinem Knicks tritt sie heran:
»Zeig uns zum Dorf die Wege nach,
Wir fuhren irre in dem Tann!« –
»Herr«, spricht sie lachend, »nehmt mich auf,
Auch ich bin irr und führ' Euch doch.«
»Nun wohl, du schmuckes Kind, steig auf,
Nur frisch hinauf, du zögerst noch?«

»Herr, was ich weiß, ist nur gering,
Doch führt es Euch zu Menschen hin,
Und das ist schon ein köstlich Ding
Im Wald, mit Räuberhorden drin:
Seht, einen Weih am Bergeskamm
Sah steigen ich aus jenen Gründen,
Der in den Fängen trug ein Lamm;
Dort muss sich eine Herde finden.« –

Am Abend steht des Forstes Held
Und flucht die Steine warm und kalt:
Der Wechsler freut sich, dass sein Geld
Er klug gesteuert durch den Wald:
Und nur die gute, franke Maid
Nicht ahnet in der Träume Walten,
Dass über sie so gnädig heut
Der Himmel seinen Schild gehalten. –

Die Schwestern

1.

Sacht pochet der Käfer im morschen Schrein,
Der Mond steht über den Fichten.
»Jesus Maria, wo mag sie sein!
Hin will meine Angst mich richten.
Helene, Helene, was ließ ich dich gehn
Allein zur Stadt mit den Hunden,
Du armes Kind, das sterbend mir
Auf die Seele die Mutter gebunden!«

Und wieder rennt Gertrude den Weg
Hinauf bis über die Steige.
Hier ist ein Tobel – sie lauscht am Steg,
Ein Strauch – sie rüttelt am Zweige.
Da drunten summet es elf im Turm,
Gertrude kniet an der Halde:
»Du armes Blut, du verlassener Wurm!
Wo magst du irren im Walde!«

Und zitternd löst sie den Rosenkranz
Von ihres Gürtels Gehänge,
Ihr Auge starret in trübem Glanz,
Ob es die Dämmerung sprenge.
»Ave Maria – ein Licht, ein Licht!
Sie kömmt, 's ist ihre Laterne!
– Ach Gott, es ist nur ein Hirtenfeur,
Jetzt wirft es flatternde Sterne.

Vater unser, der du im Himmel bist
Geheiliget werde dein Name« –

Es rauscht am Hange, »heiliger Christ!«
Es bricht und knistert im Brame,
Und drüber streckt sich ein schlanker Hals,
Zwei glänzende Augen starren.
»Ach Gott, es ist eine Hinde nur,
Jetzt setzt sie über die Farren.«

Gertrude klimmt die Halde hinauf,
Sie steht an des Raines Mitte.
Da – täuscht ihr Ohr? – ein flüchtiger Lauf,
Behänd galoppierende Tritte –
Und um sie springt es in wüstem Kreis,
Und funkelt mit freud'gem Gestöhne.
»Fidel, Fidel!«, so flüstert sie leis,
Dann ruft sie schluchzend: »Helene!«

»Helene!«, schallt es am Felsenhang,
»Helen'!«, von des Waldes Kante,
Es war ein einsamer trauriger Klang,
Den heimwärts die Echo sandte.
Wo drunten im Tobel das Mühlrad wacht,
Die staubigen Knecht' an der Wanne
Die haben gehorcht die ganze Nacht
Auf das irre Gespenst im Tanne.

Sie hörten sein Rufen von Stund zu Stund,
Sahn seiner Laterne Geflimmer,
Und schlugen ein Kreuz auf Brust und Mund,
Zog über den Tobel der Schimmer.
Und als die Müllerin Reisig las,
Frühmorgens an Waldes Saume,
Da fand sie die arme Gertrud im Gras,
Die ängstlich zuckte im Traume.

2.

Wie rollt in den Gassen das Marktgebraus!
Welch ein Getümmel, Geblitze!
Hanswurst schaut über die Bude hinaus,
Und winkt mit der klingelnden Mütze;
Karossen rasseln, der Trinker jucht,
Und Mädchen schrein im Gedränge,
Drehorgeln pfeifen, der Kärrner flucht,
O Babels würdige Klänge!

Da tritt ein Weib aus der Ladentür,
Eine schlichte Frau von den Flühen,
Die stieß an den klingelnden Harlekin schier,
Und hat nicht gelacht noch geschrien.
Ihr mattes Auge sucht auf dem Grund,
Als habe sie etwas verloren,
Und hinter ihr trabt ein zottiger Hund,
Verdutzt, mit hängenden Ohren.

»Zurück, Verwegne! siehst du denn nicht
Den Wagen, die schnaubenden Braunen?«
Schon dampfen die Nüstern ihr am Gesicht,
Da fährt sie zurück mit Staunen,
Und ist noch über die Rinne grad'
Mit raschem Sprunge gewichen,
Als an die Schürze das klirrende Rad
In wirbelndem Schwunge gestrichen.

Noch ein Moment, – sie taumelt, erbleicht,
Und dann ein plötzlich Erglühen,
O schau, wie durch das Gewühl sie keucht,
Mit Armen und Händen und Knien!

Sie rudert, sie windet sich, – Stoß auf Stoß,
Scheltworte und Flüche wie Schlossen –
Das Fürtuch reißt, dann flattert es los,
Und ist in die Rinne geflossen.

Nun steht sie vor einem stattlichen Haus,
Ohne Schuh, besudelt mit Kote;
Dort hält die Karosse, dort schnauben aus
Die Braunen und rauchen wie Schlote.
Der Schlag ist offen, und eben sieht
Sie im Portale verschwinden
Eines Kleides Falte, die purpurn glüht,
Und den Schleier, segelnd in Winden.

»Ach«, flüstert Gertrude, »was hab' ich gemacht,
Ich bin wohl verrückt geworden!
Kein Trost bei Tag, keine Ruh bei Nacht,
Das kann die Sinne schon morden.«
Da poltert es schreiend die Stiegen hinab,
Ein Fußtritt aus dem Portale,
Und wimmernd rollt von der Rampe herab
Ihr Hund, der zottige, fahle.

»Ja«, seufzt Gertrude, »nun ist es klar,
Ich bin eine Irre leider!«
Erglühend streicht sie zurück ihr Haar,
Und ordnet die staubigen Kleider.
»Wie sah ich so deutlich ihr liebes Gesicht,
So deutlich am Schlage doch ragen!
Allein in Ewigkeit hätte *sie* nicht
Den armen Fidel geschlagen.«

3.

Zehn Jahre! – und mancher der keck umher
Die funkelnden Blicke geschossen,
Der schlägt sie heute zu Boden schwer,
Und mancher hat sie geschlossen.
Am Hafendamme geht eine Frau,
– Mich dünkt, wir müssen sie kennen,
Ihr Haar einst schwarz, nun schillerndes Grau,
Und hohl die Wangen ihr brennen.

Im Topfe trägt sie den Honigwab,
Zergehend in Juliushitze;
Die Trägerin trocknet den Schweiß sich ab,
Und ruft dem hinkenden Spitze.
Der sie bestellte, den Schiffspatron,
Sieht über die Planke sie kommen;
Wird er ihr kümmern den kargen Lohn?
Gertrude denkt es beklommen.

Doch nein, – wo sich die Matrosen geschart,
Zum Strande sieht sie ihn schreiten,
Er schüttelt das Haupt, er streicht den Bart,
Und scheint auf die Welle zu deuten.
Und schau den Spitz! er schnuppert am Grund –
»Was suchst du denn in den Gleisen?
Fidel, Fidel!«, fort strauchelt der Hund,
Und heulet wie Wölfe im Eisen.

Barmherziger Himmel! ihr wird so bang,
Sie watet im brennenden Sande,
Und wieder erhebt sich so hohl und lang
Des Hundes Geheul vom Strande.

O Gott, eine triefende Leich' im Kies,
Eine Leich' mit dem Auge des Stieres!
Und drüber kreucht das zottige Vlies
Des lahmen wimmernden Tieres.

Gertrude steht, sie starret herab,
Mit Blicken irrer und irrer,
Dann beugt sie über die Leiche hinab,
Mit Lächeln wirrer und wirrer,
Sie wiegt das Haupt bald so bald so,
Sie flüstert mit zuckendem Munde,
Und eh die zweite Minute entfloh,
Da liegt sie kniend am Grunde.

Sie fasst der Toten geschwollene Hand,
Ihr Haar voll Muscheln und Tange,
Sie fasst ihr triefend zerlumptes Gewand,
Und säubert von Kiese die Wange;
Dann sachte schiebt sie das Tuch zurück,
Recht wo die Schultern sich runden,
So stier und bohrend verweilt ihr Blick,
Als habe sie etwas gefunden.

Nun zuckt sie auf, erhebt sich jach,
Und stößt ein wimmernd Gestöhne,
Grad eben als der Matrose sprach:
»Das ist die blonde Helene!
Noch jüngst juchheite sie dort vorbei
Mit trunknen Soldaten am Strande.«
Da tat Gertrud einen hohlen Schrei,
Und sank zusammen im Sande.

4.

Jüngst stand ich unter den Föhren am See,
Meinen Büchsenspanner zur Seite.
Vom Hange schmälte das brünstige Reh,
Und strich durch des Aufschlags Breite;
Ich hörte es knistern so nah und klar,
Grad wo die Lichtung verdämmert,
Dass mich gestöret der Holzwurm gar,
Der unterm Fuße mir hämmert.

Dann sprang es ab, es mochte die Luft
Ihm unsre Witterung tragen;
»Herr«, sprach der Bursche: »links über die Kluft!
Wir müssen zur Linken uns schlagen!
Hier naht kein Wild, wo sie eingescharrt
Die tolle Gertrud vom Gestade,
Ich höre genau wie der Holzwurm pocht
In ihrer zerfallenden Lade.«

Zur Seite sprang ich, eisig durchgraut,
Mir war als hab' ich gesündigt,
Indes der Bursch mit flüsterndem Laut
Die schaurige Märe verkündigt:
Wie jene gesucht, bei Tag und Nacht,
Nach dem fremden ertrunkenen Weibe,
Das ihr der tückische See gebracht,
Verloren an Seele und Leibe.

Ob ihres Blutes? man wusste es nicht!
Kein Fragen löste das Schweigen.
Doch schlief die Welle, dann sah ihr Gesicht
Man über den Spiegel sich beugen,

Und zeigte er ihr das eigene Bild,
Dann flüsterte sie beklommen:
»Wie alt sie sieht, wie irre und wild,
Und wie entsetzlich verkommen!«

Doch wenn der Sturm die Woge gerührt,
Dann war sie vom Bösen geschlagen,
Was sie für bedenkliche Reden geführt,
Das möge er lieber nicht sagen.
So war sie gerannt vor Jahresfrist,
– Man sah's vom lavierenden Schiffe –
Zur Brandung, wo sie am hohlsten ist,
Und kopfüber gefahren vom Riffe.

Drum scharrte man sie ins Dickicht dort,
Wie eine verlorene Seele.
Ich schwieg, und sandte den Burschen fort,
Brach mir vom Grab eine Schmele:
»Du armes gehetztes Wild der Pein,
Wie mögen die Menschen dich richten!«
– Sacht pochte der Käfer im morschen Schrein,
Der Mond stand über den Fichten. –

Meister Gerhard von Köln

Ein Notturno

Wenn in den linden Vollmondnächten
Die Nebel lagern überm Rhein,
Und graue Silberfäden flechten
Ein Florgewand dem Heil'genschrein:
Es träumt die Waldung, duftumsäumt,

Es träumt die dunkle Flutenschlange,
Wie eine Robbe liegt am Hange
Der Schürg' und träumt.

Tief zieht die Nacht den feuchten Odem,
Des Walles Gräser zucken matt,
Und ein zerhauchter Grabesbrodem
Liegt über der entschlafnen Stadt:
Sie hört das Schlummerlied der Welln,
Das leise murmelnde Geschäume,
Und tiefer, tiefer sinkt in Träume
Das alte Köln.

Dort wo die graue Kathedrale,
Ein riesenhafter Zeitentraum,
Entsteigt dem düstern Trümmermale
Der Macht, die auch zerrann wie Schaum –
Dort, in der Scheibe Purpurrund
Hat taumelnd sich der Strahl gegossen
Und sinkt, und sinkt, in Traum zerflossen,
Bis auf den Grund.

Wie ist es schauerlich im weiten
Versteinten öden Palmenwald,
Wo die Gedanken niedergleiten
Wie Anakonden schwer und kalt;
Und blutig sich der Schatten hebt
Am blut'gen Märtyrer der Scheibe,
Wie neben dem gebannten Leibe
Die Seele schwebt.

Der Ampel Schein verlosch, im Schiffe
Schläft halbgeschlossen Blum' und Kraut;

Wie nackt gespülte Uferriffe
Die Streben lehnen, tief ergraut;
Anschwellend zum Altare dort,
Dann aufwärts dehnend, langgezogen,
Schlingen die Häupter sie zu Bogen,
Und schlummern fort.

Und immer schwerer will es rinnen
Von Quader, Säulenknauf und Schaft,
Und in dem Strahle will's gewinnen
Ein dunstig Leben, geisterhaft:
Da horch! es dröhnt im Turme – ha!
Die Glocke summt – da leise säuselt
Der Dunst, er zucket, wimmelt, kräuselt, –
Nun steht es da! –

Ein Nebelmäntlein umgeschlagen,
Ein graues Käppchen, grau Gewand,
Am grauen Halse grauer Kragen,
Das Richtmaß in der Aschenhand.
Durch seine Glieder zitternd geht
Der Strahl wie in verhaltner Trauer,
Doch an dem Estrich, an der Mauer
Kein Schatten steht.

Es wiegt das Haupt nach allen Seiten,
Unhörbar schwebt es durch den Raum,
Nun sieh es um die Säulen gleiten,
Nun fährt es an der Orgel Saum;
Und allerorten legt es an
Sein Richtmaß, webert auf und nieder,
Und leise zuckt das Spiel der Glieder,
Wie Rauch im Tann. –

War das der Nacht gewalt'ger Odem? –
Ein weit zerflossner Seufzerhall,
Ein Zitterlaut, ein Grabesbrodem
Durchquillt die öden Räume all:
Und an der Pforte, himmelan
Das Männlein ringt die Hand, die fahle,
Dann gleitet's aufwärts am Portale –
Es steht am Kran.

Und über die entschlafnen Wellen
Die Hand es mit dem Richtmaß streckt;
Ihr Schlangenleib beginnt zu schwellen,
Sie brodeln auf, wie halb geweckt;
Als drüber nun die Stimme dröhnt,
Ein dumpf, verhallend, fern Getose,
Wie träumend sich im Wolkenschoße
Der Donner dehnt.

»Ich habe diesen Bau gestellt,
Ich bin der Geist vergangner Jahre!
Weh! dieses dumpfe Schlummerfeld
Ist schlimmer viel als Totenbahre!
O wann, wann steigt die Stunde auf,
Wo ich soll lang Begrabnes schauen?
Mein starker Strom, ihr meine Gauen
Wann wacht ihr auf? –

Ich bin der Wächter an dem Turm,
Mein Ruf sind Felsenhieroglyphen,
Mein Hornesstoß der Zeitensturm,
Allein sie schliefen, schliefen, schliefen!
Und schlafen fort, ich höre nicht
Den Meißel klingen am Gesteine,

Wo tausend Hände sind wie eine,
Ich hör' es nicht! –

Und kann nicht ruhn, ich sehe dann
Zuvor den alten Kran sich regen,
Dass ich mein treues Richtmaß kann
In eine treue Rechte legen!
Wenn durch das Land *ein* Handschlag schallt,
Wie *einer* alle Pulse klopfen,
Ein Strom die Millionen Tropfen –«
Da silbern wallt

Im Osten auf des Morgens Fahne,
Und, ein zerflossner Nebelstreif,
Der Meister fährt empor am Krane. –
Mit Räderknarren und Gepfeif,
Ein rauchend Ungeheuer, schäumt
Das Dampfboot durch den Rhein, den blauen –
O deutsche Männer! deutsche Frauen!
Hab' ich geträumt? –

Die Vergeltung

1.

Der Kapitän steht an der Spiere,
Das Fernrohr in gebräunter Hand,
Dem schwarzgelockten Passagiere
Hat er den Rücken zugewandt.
Nach einem Wolkenstreif in Sinnen
Die beiden wie zwei Pfeiler sehn,

Der Fremde spricht: »Was braut da drinnen?«
»Der Teufel«, brummt der Kapitän.

Da hebt von morschen Balkens Trümmer
Ein Kranker seine feuchte Stirn,
Des Äthers Blau, der See Geflimmer,
Ach, alles quält sein fiebernd Hirn!
Er lässt die Blicke, schwer und düster,
Entlängs dem harten Pfühle gehn,
Die eingegrabnen Worte liest er:
»*Batavia. Fünfhundert Zehn.*«

Die Wolke steigt, zur Mittagsstunde
Das Schiff ächzt auf der Wellen Höhn,
Gezisch, Geheul aus wüstem Grunde,
Die Bohlen weichen mit Gestöhn.
»Jesus, Marie! wir sind verloren!«
Vom Mast geschleudert der Matros',
Ein dumpfer Krach in aller Ohren,
Und langsam löst der Bau sich los.

Noch liegt der Kranke am Verdecke,
Um seinen Balken fest geklemmt,
Da kömmt die Flut, und eine Strecke
Wird er ins wüste Meer geschwemmt.
Was nicht geläng' der Kräfte Sporne,
Das leistet ihm der starre Krampf,
Und wie ein Narwal mit dem Horne
Schießt fort er durch der Wellen Dampf.

Wie lange so? er weiß es nimmer,
Dann trifft ein Strahl des Auges Ball,
Und langsam schwimmt er mit der Trümmer

Auf ödem glitzerndem Kristall.
Das Schiff! – die Mannschaft! – sie versanken.
Doch nein, dort auf der Wasserbahn,
Dort sieht den Passagier er schwanken
In einer Kiste morschem Kahn.

Armsel'ge Lade! sie wird sinken,
Er strengt die heisre Stimme an:
»Nur grade! Freund, du drückst zur Linken!«
Und immer näher schwankt's heran,
Und immer näher treibt die Trümmer,
Wie ein verwehtes Möwennest;
»Courage!«, ruft der kranke Schwimmer,
»Mich dünkt ich sehe Land im West!«

Nun rühren sich der Fähren Ende,
Er sieht des fremden Auges Blitz,
Da plötzlich fühlt er starke Hände,
Fühlt wütend sich gezerrt vom Sitz.
»Barmherzigkeit! ich kann nicht kämpfen.«
Er klammert dort, er klemmt sich hier;
Ein heisrer Schrei, den Wellen dämpfen,
Am Balken schwimmt der Passagier.

Dann hat er kräftig sich geschwungen,
Und schaukelt durch das öde Blau,
Er sieht das Land wie Dämmerungen
Enttauchen und zergehn in Grau.
Noch lange ist er so geschwommen,
Umflattert von der Möwe Schrei,
Dann hat ein Schiff ihn aufgenommen,
Viktoria! nun ist er frei!

2.

Drei kurze Monde sind verronnen,
Und die Fregatte liegt am Strand,
Wo mittags sich die Robben sonnen,
Und Bursche klettern übern Rand,
Den Mädchen ist's ein Abenteuer
Es zu erschaun vom fernen Riff,
Denn noch zerstört ist nicht geheuer
Das gräuliche Korsarenschiff.

Und vor der Stadt da ist ein Waten,
Ein Wühlen durch das Kiesgeschrill,
Da die verrufenen Piraten
Ein jeder sterben sehen will.
Aus Strandgebälken, morsch, zertrümmert,
Hat man den Galgen, dicht am Meer,
In wüster Eile aufgezimmert.
Dort dräut er von der Düne her!

Welch ein Getümmel an den Schranken! –
»Da kömmt der Frei – der Hessel jetzt –
Da bringen sie den schwarzen Franken,
Der hat geleugnet bis zuletzt.«
»Schiffbrüchig sei er hergeschwommen«,
Höhnt eine Alte: »Ei, wie kühn!
Doch keiner sprach zu seinem Frommen,
Die ganze Bande gegen ihn.«

Der Passagier, am Galgen stehend,
Hohläugig, mit zerbrochnem Mut,
Zu jedem Räuber flüstert flehend:
»Was tat dir mein unschuldig Blut!

Barmherzigkeit! – so muss ich sterben
Durch des Gesindels Lügenwort,
O mög' die Seele euch verderben!«
Da zieht ihn schon der Scherge fort.

Er sieht die Menge wogend spalten –
Er hört das Summen im Gewühl –
Nun weiß er, dass des Himmels Walten
Nur seiner Pfaffen Gaukelspiel!
Und als er in des Hohnes Stolze
Will starren nach den Ätherhöhn,
Da liest er an des Galgens Holze:
»Batavia. Fünfhundert Zehn.«

Der Mutter Wiederkehr

Du frägst mich immer von Neuem, Marie,
Warum ich mein Heimatland
Die alten lieben Gebilde flieh
Dem Herzen doch eingebrannt?
Nichts soll das Weib dem Manne verhehlen,
Und nichts dem treuen Weibe der Mann,
Drum setz dich her, ich will erzählen,
Doch abwärts sitze – schau mich nicht an.

Bei meinen Eltern ich war, – ein Kind,
Ein Kind und dessen nicht froh,
Im Hause wehte ein drückender Wind,
Der ehliche Friede floh,
Nicht Zank noch Scheltwort durfte ich hören,
Doch wie ein Fels auf allen es lag,

Sahn wir von Reisen den Vater kehren,
Das war uns Kindern ein trauriger Tag.

Ein Kaufmann, ernst, sein strenges Gemüt
Verbittert durch manchen Verlust,
Und meine Mutter die war so müd,
So keuchend ging ihre Brust!
Noch seh ich wie sie, die Augen gerötet,
Ein Bild der still verhärmten Geduld,
An unserm Bettchen gekniet und gebetet.
Gewiss, meine Mutter war frei von Schuld!

Doch trieb der Vater sich um – vielleicht
In London oder in Wien –
Dann lebten wir auf und atmeten leicht,
Und schossen wie Kressen so grün.
Durch lustige Schwänke machte uns lachen
Der gute Mesner, dürr und ergraut,
Der dann uns alle sollte bewachen,
Denn meiner Mutter ward nichts vertraut.

Da schickte der Himmel ein schweres Leid,
Sie schlich so lange umher,
Und härmte sich sachte ins Sterbekleid,
Wir machten das Scheiden ihr schwer!
Wir waren wie irre Vögel im Haine,
Zu früh entflattert dem treuen Nest,
Bald tobten wir toll über Blöcke und Steine,
Und duckten bald, in den Winkel gepresst.

Dem alten Manne ward kalt und heiß,
Dem würdigen Sakristan,
Sah er besudelt mit Staub und Schweiß

Und glühend wie Öfen uns nahn;
Doch traten wir in die verödete Kammer,
Und sahn das Schemelchen am Klavier,
Dann strömte der unbändige Jammer,
Und nach der Mutter wimmerten wir.

Am sechsten Abend nachdem sie fort
– Wir kauerten am Kamin,
Der Alte lehnte am Simse dort
Und sah die Kohlen verglühn,
Wir sprachen nicht, uns war beklommen –
Da leis im Vorsaal dröhnte die Tür,
Und schlürfende Schritte hörten wir kommen.
Mein Brüderchen rief: »Die Mutter ist hier!«

Still, stille nur! – wir horchten all,
Zusammengedrängt und bang,
Wir hörten deutlich der Tritte Hall
Die knarrende Diel' entlang,
Genau wir hörten rücken die Stühle,
Am Schranke klirren den Schlüsselbund,
Und dann das schwere Krachen der Diele,
Als es vom Stuhle trat an den Grund.

Mein junges Blut in den Adern stand,
Ich sah den Alten wie Stein
Sich klammern an des Gesimses Rand,
Da langsam trat es herein.
O Gott, ich sah meine Mutter, Mariee!
Marie, ich sah meine Mutter gehn,
Im schlichten Kleide, wie morgens frühe
Sie kam nach ihren zwei Knaben zu sehn!

Fest war ihr Blick zum Grunde gewandt,
So schwankte sie durch den Saal,
Den Schlüsselbund in der bleichen Hand,
Die Augen trüb wie Opal;
Sie hob den Arm, wir hörten's pfeifen,
Ganz wie ein Schlüssel im Schlosse sich dreht,
Und ins Klosett dann sahn wir sie streifen,
Drin unser Geld und Silbergerät.

Du denkst wohl, dass keines Odems Hauch
Die schaurige Öde brach,
Und still war's in dem Klosette auch,
Noch lange lauschten wir nach.
Da sah ich zusammen den Alten fallen,
Und seine Schläfe schlug an den Stein,
Da ließen wir unser Geschrei erschallen,
Da stürzten unsere Diener herein.

Du sagst mir nichts, doch zweifl' ich nicht,
Du schüttelst dein Haupt, Marie,
Ein Greis – zwei Kinder – im Dämmerlicht –
Da waltet die Phantasie!
Was wollte ich nicht um dein Lächeln geben,
Um deine Zweifel, du gute Frau,
Doch wieder sag' ich's: bei meinem Leben!
Marie, wir sahen und hörten genau!

Am Morgen kehrte der Vater heim,
Verstimmt und müde gehetzt,
Und war er nimmer ein Honigseim,
So war er ein Wermut jetzt.
Auch waren es wohl bedenkliche Worte,
Die er gesprochen zum alten Mann,

Denn laut sie haderten an der Pforte,
Und schieden in tiefer Empörung dann.

Nun ward durchstöbert das ganze Haus,
Ein jeder gefragt, gequält,
Die Beutel gewogen, geschüttet aus,
Die Silberbestecke gezählt,
Ob alles richtig, versperrt die Zimmer,
Nichts konnte dem Manne genügen doch;
Bis abends zählte und wog er immer,
Und meinte, der Schade finde sich noch.

Als nun die Dämmerung brach herein,
Ohne Mutter und Sakristan,
Wir kauerten auf dem staubigen Stein,
Und gähnten die Flamme an.
Verstimmt der Vater, am langen Tische,
Wühlt' in Papieren, schob und rückt',
Wir duckten an unserm Kamin, wie Fische,
Wenn drauf das Auge des Reihers drückt.

Da horch! – die Türe dröhnte am Gang,
Ein schlürfender Schritt darauf
Sich schleppte die knarrende Diel' entlang.
Der Vater horchte – stand auf –
Und wieder hörten wir rücken die Stühle,
Am Schranke klirren den Schlüsselbund.
Und wieder das schwere Krachen der Diele,
Als es vom Stuhle trat an den Grund.

Er stand, den Leib vornüber gebeugt,
Wie Jäger auf Wildes Spur,
Nicht Furcht noch Rührung sein Auge zeigt',

Man sah, er lauerte nur.
Und wieder sah ich die mich geboren,
Verbannt, verstoßen vom heiligen Grund,
O, nimmer hab' ich das Bild verloren,
Es folgt mir noch in der Todesstund'!

Und *er*? – hat keine Wimper geregt,
Und keine Muskel gezuckt,
Der Stuhl, auf den seine Hand gelegt,
Nur einmal leise geruckt.
Ihr folgend mit den stechenden Blicken
Wandt' er sich langsam wie sie schritt,
Doch als er sie ans Klosett sah drücken,
Da zuckte er auf, als wolle er mit.

Und »Arnold!« rief's aus dem Geldverlies,
– Er beugte vornüber, weit –
Und wieder »Arnold!« so klagend süß,
– Er legte die Feder beiseit' –
Zum dritten Mal, wie die blutige Trauer,
»Arnold!« – den Meerschaumkopf im Nu
Erfasst' er, schleudert' ihn gegen die Mauer,
Schritt ins Klosett und riegelte zu.

Wir aber stürzten in wilder Hast
Hinaus an das Abendrot,
Wir hatten uns bei den Händen gefasst,
Und weinten uns schier zu Tod.
Die ganze Nacht hat die Lampe geglommen,
Geknattert im Saal des Kamines Rost,
Und als der dritte Abend gekommen,
Da setzte der Vater sich auf die Post.

Ich habe ihm nicht Lebewohl gesagt,
Und nicht seine Hand geküsst,
Doch heißt es, dass er in dieser Nacht
Am Bettchen gestanden ist.
Und bei des nächsten Morgens Erglühen,
Das erste was meine Augen sahn,
Das war an unserem Lager knien
Den tief erschütterten Sakristan.

Dem ward in der Früh' ein Brief gebracht,
Und dann ein Schlüsselchen noch;
»Ich will nicht lesen«, hat er gedacht
Und zögerte, las dann doch
Den Brief, in letzter Stunde geschrieben
Von meines unglücklichen Vaters Hand,
Der fest im Herzen mir ist geblieben,
Obwohl mein Bruder ihn einst verbrannt.

»Was mich betroffen, das sag' ich nicht,
Eh dorre die Zunge aus!
Doch ist es ein bitter, ein schwer Gericht,
Und treibt mich von Hof und Haus.
In dem Klosette da sind gelegen
Papiere, Wechsel, Briefe dabei.
Dir will ich auf deine Seele legen
Meine zwei Buben, denn du bist treu.

Sorg nicht um mich, was ich bedarf
Des hab' ich genügend noch,
Und forsch auch nimmer, – ich warne scharf –
Nach mir, es tröge dich doch.
Sei ruhig, Mann, ich will nicht töten,
Den Leib, der vieles noch muss bestehn,

Doch lass meine armen Kinderchen beten,
Denn sehr bedarf ich der Unschuld Flehn.«

Und im Klosette gefunden ward
Ein richtiges Testament,
Und alle Papiere nach Kaufmannsart
Geordnet und wohl benennt.
Und wir? – in der Fremde ließ man uns pflegen,
Da waren wir eben wie Buben sind,
Doch mit den Jahren da muss sich's regen,
Bin ich doch jetzt sein einziges Kind!

Du weißt es, wie ich auch noch so früh,
So hart den Bruder verlor,
Und hätte ich dich nicht, meine Marie,
Dann wär ich ein armer Tor! –
Ach Gott, was hab' ich nicht all geschrieben,
Aufrufe, Briefe, in meiner Not!
Umsonst doch alles, umsonst geblieben.
Ob er mag leben? – vermutlich tot!

– – – – –

Nie brachte wieder auf sein Geschick
Die gute Marie den Mann,
Der seines Lebens einziges Glück
In ihrer Liebe gewann.
So mild und schonend bot sie die Hände,
Bracht' ihm so manches blühende Kind,
Dass von der ehrlichen Stirn am Ende
Die düstern Falten gewichen sind.

Wohl führt' nach Jahren einmal sein Weg
Ihn dicht zur Heimat hinan,
Da ließ er halten am Mühlensteg,
Und schaute die Türme sich an.
Die Händ' gefaltet, schien er zu beten,
Ein Wink – die Kutsche rasselte fort;
Doch nimmer hat er den Ort betreten,
Und keinen Trunk Wasser nahm er dort.

*Der Barmekiden Untergang**

»Reiche mir die Blutorange
Mit dem süßen Zauberdufte,
Sie die von den schönsten Lippen
Ihre Nahrung hat geraubt.

Sagt' ich es nicht, o Maimuna,
Flehend, händeringend, kniend,
Sagt' ich es zu sieben Malen,
Nicht zu tausend Malen dir?

---

* *Das Geschlecht der Barmekiden gehörte zur Zeit des Kalifats zu den edelsten und mächtigsten. Zuletzt war »Dschafer der Barmekide« Großwesir des Kalifen Harun al-Raschid und sein Liebling. Maimuna, die Schwester des Kalifen, fasste eine glühende Leidenschaft für den schönen Mann, und da sie sich ihm auf keine andre Weise zu nähern wusste, betrat sie seinen Palast in den Kleidern einer Tänzerin. Die Folge dieser Zusammenkunft war ein Verhältnis, das, eine Reihe von Jahren verborgen geblieben, doch endlich zur Kenntnis des Kalifen gelangte und den Untergang des ganzen Geschlechts nach sich zog. Dschafer wurde hingerichtet, sein Kopf über eins der Stadttore Bagdads aufgesteckt, und sämtliche Barmekiden wurden in die Wüste getrieben und starben dort.*

›Lass, o Fürstin, diese Liebe!
Lass von dieser dunklen Liebe,
Dir die ganze Brust versengend,
Unheil bringend und Gefahr!

Dass nicht merk' es der Kalife,
Er, der zornbereite Bruder,
Nicht den Dschafer dir verderbe,
Deinen hohen Barmekiden,
Nicht den Dschafer dir verderbe
Und dich selber, Fürstin, auch!‹«

Doch was ist die weise Rede
In dem liebentglühten Herzen?
Wie das Winseln eines Kindleins
In der wutentbrannten Schlacht,
Wie ein linder Nebeltropfen
In dem flammenden Gebäude,
Wie ein Licht, vom Borde taumelnd
In den dunkeln Ozean!

In der Tänzerin Gewande
Schmiegen sich der Fürstin Glieder,
Um die Schultern Seide flattert,
In dem Arm die Zither liegt.

O, wie windet sie die Arme
Hoch das Tamburin erschwingend,
O, wie wogen ihre Schritte,
Ihre reizerblühten Glieder,
Dass der Barmekide glühend
Seine dunklen Augen birgt!

Sieben Jahre sind verschwunden,
Sieben wonnevolle Jahre,
Zu den sieben drei und fünfe,
Und in den Gebirgen irrend
Zieht der Barmekiden Schar.

Mütter auf den Dromedaren,
Blind geweint die schönen Augen,
In den Armen Kindlein wimmernd
In die lagerlose Nacht.
Über Bagdads Tor ein Geier,
Kreisend über Dschafers Schädel,
Rauscht hinan und rauscht vorüber,
Hat zur Nahrung nichts gefunden
Als in seiner Augen Höhlen
Nur zwei kleine Spinnlein noch.

Bajazet

Der Löwe und der Leopard
Die singen Wettgesänge,
Glutsäulen heben Wettlauf an,
Und der Samum ihr Herold.
O Sonne, birg die Strahlen!

Was schleicht dort durch den gelben Sand,
Ist es ein wunder Schakal?
Ist es ein großer Vogel wohl,
Ein schwergetroffner Ibis?
O Sonne, birg die Strahlen!

Ein wunder Schakal ist es nicht,
Kein schwergetroffner Vogel,
Es ist der mächt'ge Bajazet,
Der Reichste in Kaïro.
Er, der die dreizehn Segel hat,
Die reichbeladnen Schiffe,
Auf seiner Achsel liegt der Schlauch,
Der Stab in seiner Rechten.
O Sonne, birg die Strahlen!

»Weh dir, du unglücksel'ges Gold,
Verräterisches Silber!
Und weh dir, Hassan, falscher Freund,
Du ungetreuer Diener!
Nahmst in der Nacht die Zelte mir
Und nahmst mir die Kamele.«
O Sonne, birg die Strahlen!

»Wie einen Leichnam ließest mich,
Wie Mumien, verdorrte,
Wie ein verschmachtetes Kamel,
Wie ein Getier der Wüste!
Und gab dir doch das reiche Gut,
Die zwanzigtausend Kori.«
O Sonne, birg die Strahlen!

»So fluch' ich denn zu sieben Mal,
Und tausendmal verfluch' ich:
Dass dich verschlingen mag das Meer,
Dein brennend Haus dich töten!
Dass breche dein Gebein der Leu,
Dein Blut der Tiger lecke!
Der Beduine plündre dich,

Preisgebe dich der Wüste,
Dass in dem Sande du versiechst,
Verschmachtend – hülflos – irrend!«
O Sonne, birg die Strahlen!

Der Schlosself

In monderhellten Weihers Glanz
Liegt brütend wie ein Wasserdrach'
Das Schloss mit seinem Zackenkranz,
Mit Zinnenmoos und Schuppendach.
Die alten Eichen stehn von fern,
Respektvoll flüsternd mit den Wellen,
Wie eine graue Garde gern
Sich mag um graue Herrscher stellen.

Am Tore schwenkt, ein Steinkoloss,
Der Pannerherr die Kreuzesfahn',
Und kurbettierend schnaubt sein Ross
Jahrhunderte schon himmelan;
Und neben ihm, ein Tantalus,
Lechzt seit Jahrhunderten sein Docke
Gesenkten Halses nach dem Fluss,
Im dürren Schlunde Mooses Flocke.

Ob längst die Mitternacht verklang,
Im Schlosse bleibt es immer wach;
Streiflichter gleiten rasch entlang
Den Korridor und das Gemach,
Zuweilen durch des Hofes Raum
Ein hüpfendes Laternchen ziehet;

Dann horcht der Wandrer, der am Saum
Des Weihers in den Binsen knieet.

»Ave Maria! stärke sie!
Und hilf ihr über diese Nacht!«
Ein frommer Bauer ist's, der früh
Sich auf die Wallfahrt hat gemacht.
Wohl weiß er, was der Lichterglanz
Mag seiner gnäd'gen Frau bedeuten;
Und eifrig lässt den Rosenkranz
Er durch die schwiel'gen Finger gleiten.

Doch durch sein christliches Gebet
Manch Heidennebel schwankt und raucht;
Ob wirklich, wie die Sage geht,
Der Elf sich in den Weiher taucht,
Sooft dem gräflichen Geschlecht
Der erste Sprosse wird geboren?
Der Bauer glaubt es nimmer recht,
Noch minder hätt' er es verschworen.

Scheu blickt er auf – die Nacht ist klar,
Und gänzlich nicht gespensterhaft,
Gleich drüben an dem Pappelpaar
Zählt man die Zweige längs dem Schaft;
Doch stille! In dem Eichenrund –
Sind das nicht Tritte? – Kindestritte?
Er hört wie an dem harten Grund
Sich wiegen, kurz und stramm, die Schritte.

Still! still! es raschelt übern Rain,
Wie eine Hinde, die im Tau,
Beherzt gemacht vom Mondenschein,

Vorsichtig äset längs der Au.
Der Bauer stutzt – die Nacht ist licht,
Die Blätter glänzen an dem Hagen,
Und dennoch – dennoch sieht er nicht,
Wen auf ihn zu die Schritte tragen.

Da, langsam knarrend, tut sich auf
Das schwere Heck zur rechten Hand,
Und, wieder langsam knarrend, drauf
Versinkt es in die grüne Wand.
Der Bauer ist ein frommer Christ;
Er schlägt behänd des Kreuzes Zeichen;
»Und wenn du auch der Teufel bist,
Du musst mir auf der Wallfahrt weichen!«

Da hui! streift's ihn, federweich,
Da hui! raschelt's in dem Grün,
Da hui! zischt es in den Teich,
Dass bläulich Schilf und Binsen glühn,
Und wie ein knisterndes Geschoss
Fährt an den Grund ein bläulich Feuer;
Im Augenblicke wo vom Schloss
Ein Schrei verzittert überm Weiher.

Der Alte hat sich vorgebeugt,
Ihm ist als schimmre, wie durch Glas,
Ein Kindesleib, phosphorisch, feucht,
Und dämmernd wie verlöschend Gas;
Ein Arm zerrinnt, ein Aug' verglimmt –
Lag denn ein Glühwurm in den Binsen?
Ein langes Fadenhaar verschwimmt,
– Am Ende scheinen's Wasserlinsen!

Der Bauer starrt, hinab, hinauf,
Bald in den Teich, bald in die Nacht;
Da klirrt ein Fenster drüben auf,
Und eine Stimme ruft mit Macht:
»Nur schnell gesattelt! schnell zur Stadt!
Gebt dem Polacken Gert' und Sporen!
Viktoria! soeben hat
Die Gräfin einen Sohn geboren!«

Kurt von Spiegel

O frommer Prälat, was ließest so hoch
Des Marschalks frevlen Mut du steigen!
War's seine Gestalt deren Adel dich trog,
Sein flatternder Witz unter Bechern und Reigen?
O frommer Bischof, wie war dir zumut,
Als rauchend am Anger unschuldiges Blut
Verklagte, verklagte dein zögerndes Schweigen!

Am Wewelsberge schallt Wald-Hurra,
Des Rosses Flanke schäumt über den Bügel,
Es keucht der Hirsch, und dem Edelwild nah,
Ein flüchtiger Dogge, keucht Kurt von Spiegel;
Von Turmes Fahne begierig horcht
Der arme Tüncher, und unbesorgt
Hält in der Hand er den bröckelnden Ziegel.

Da horch! Halali! das Treiben ist aus,
Des Hirsches einzige Träne vergossen,
Ein Hörnerstoß durch das waldige Haus
Vereint zum Geweide die zott'gen Genossen,

Und bald aus der nickenden Zweige Geleit
Die Treiber so stumm, die Ritter so breit,
Ziehn langsam daher mit den stöhnenden Rossen.

Der Spiegel spornt sein rauchendes Tier,
»Verfluchte Kanaille, du hast mich bestohlen!«
Da sieht er, hoch an des Turmes Zimier,
Den armen Tüncher auf schwankenden Bohlen.
»Ha«, murrt er, »heute nicht Beute noch Schuss,
Nie kam ich noch wieder mit solchem Verdruss,
Ich möchte mir drüben den Spatzen wohl holen!«

Der Tüncher sieht wie er blinzelt empor,
Und will nach dem ärmlichen Hütlein greifen,
Da sieht er drunten visieren das Rohr,
Da hört er den Knall, und die Kugel noch pfeifen;
Getroffen, getroffen! – er schaukelt, er dreht,
Mit Ziegel und Bohle und Handwerksgerät
Kollert er nieder zum rasigen Streifen.

Als träf' ihn selber das Todesgeschoss
So zuckt der Prälat, seine Augen blitzen,
»Marschalk!«, stöhnt er, die Stirne wird nass,
Am schwellenden Halse zittern die Spitzen,
Dann fährt auf die Wange ein glühendes Rot,
Und »Marschalk!«, ruft er, »das bringt dir den Tod!
Greift ihn, greift ihn, meine Treiber und Schützen!«

Doch lächelnd der Spiegel vom Hengste schaut,
Er lächelt umher auf die bleichen Vasallen:
»Mein gnädigster Herr, nicht zu laut, nicht zu laut,
Eur Dräuen möchte im Winde verhallen!«
Dann wendet er rasch, im sausenden Lauf

Durchs Tor und die donnernde Brücke hinauf. –
Zu spät, zu spät sind die Gitter gefallen!

– – – – –

Im Dome zu Paderborn ist verhallt
Das Sterbegeläute des alten Prälaten,
Und wieder im Dom hat Kapitels Gewalt
Den neuen Beherrscher gewählt und beraten.
Stumm fährt das Gebirg' und die Felder hinein
Der neue Bischof zur Wewelsburg ein,
Geleitet von summenden Volkskomitaten.

Und als nun über die Brücke er rollt,
Und sieht die massigen Türme sich strecken,
Wie ihm im Busen es zittert und grollt!
An seiner Inful – o brandiger Flecken!
Des Spiegels Blut in dem Ahnenbaum hell!
Leis seufzet er auf, dann murmelt er schnell:
»Herr Truchsess, lasst unsre Tafel nun decken.«

Es kreisen die Becher beim Böllergeknall,
Die stattlichen Ritter, die artigen Damen,
Sich schleudernd des Witzes anmutigen Ball,
Fast von der Stirne die Falten ihm nahmen;
Da horch! im Flure ein Schreiten in Eil;
Es knarren die Türen, es steht eine Säul',
Der Spiegel, der blutige Marschalk, im Rahmen!

Der Bischof schaut wie ein Laken so bleich, –
Im weiten Saal keines Odems Verhallen –
Ans Auge schlägt er die Rechte sogleich,
Und langsam lässt er zur Seite sie fallen.

Dann seufzt er hohl und düster und schwer:
»Kurt! – Kurt von Spiegel, wie kömmst du daher!
Greift ihn, ergreift ihn, ihr meine Vasallen!«

Kein Sünderglöckchen geläutet ward,
Kein Schandgerüst sah man zimmern und tragen,
Doch sieben Schüsse die knatterten hart,
Und eine Messe hörte man sagen.
Der Bischof schaut' auf den blutigen Stein,
Dann murmelt' er sacht ins Breve hinein:
»Es ist doch schwer eine Inful zu tragen!«

EINZELN PUBLIZIERTE GEDICHTE

Das Ich, der Mittelpunkt der Welt

Jüngst hast die Phrase scherzend du gestellt:
»Wer Reichtum, Liebe will und Glück erlangen,
Der mache sich zum Mittelpunkt der Welt,
Zum Kreise, drin sich alle Strahlen fangen.«
Dein Wort, mein Freund, war wie des Tempels Tür:
Die Inschrift draußen und das Volksgedränge,
Und durch die Spalten blinkt der Lampen Zier,
Ziehn Opferduft und heilige Gesänge.

Wie könnte jemals wohl des Glückes Born
Aus andrem als dem eignen Herzen fließen,
Aus welcher Schale wohl des Himmels Zorn
Als aus der selbstgebotnen sich ergießen!
O glücklich sein, geliebt und glücklich sein –
Möge ein Engel mir die Pfade deuten!
Da schwillt des Tempels Vorhang, zart und rein
Hör' ich's wie Echo durch die Falten gleiten.

»Standest an einem Krankenbett du je
Nach wochenlangen selbstvergessnen Sorgen,
Hobst deine schweren Wimper in die Höh'
Zu einem Dankgebete nach dem Morgen,
Und sahst um des Genesenden Gesicht
Ein neuerwachtes Seelenschimmern schweben
Und einen Liebesblick auf dich, wie nicht
Ihn Freund und nicht Geliebte können geben?

Hieltest du je den Griffel in der Hand
Und rechnetest mit frohem Geiz zusammen
Die Groschen, die du selber dir entwandt,
Schien jeder Heller dir wie Gold zu flammen
Des Schatzes für den fremden Sorgenpfühl,
Um den du deine Freuden schlau betrogen,
Und hast in deines Reichtums Vollgefühl
Tief, tief den Odem in die Brust gezogen?

Und der Moment, wo eine Rechte schwimmt
Ob teurem Haupte mit bewegtem Segen,
Wo sie das Herz vom eignen Herzen nimmt,
Um freudig an das fremde es zu legen:
Hast du ihn je erlebt und standest dann,
Die Arme still und freundlich eingeschlagen,
Selig berechnend, welche Früchte kann,
Wie liebliche das neue Bündnis tragen?

Dann bist du glücklich, bist geliebt und reich,
Ein Fels, an dem sich alle Blitze spalten,
Dann mag dein Kranz verwelken, mögen bleich
Krankheit und Alter dir die Stirne falten;
Dann bist der Mittelpunkt du deiner Welt,
Der Kreis, aus dem die Freudenstrahlen quillen,
Und was so frisch der Bäche Ufer schwellt,
Wie sollte seinen Born es nicht erfüllen!«

Spätes Erwachen

Wie war mein Dasein abgeschlossen,
Als ich im grünumhegten Haus
Durch Lerchenschlag und Fichtensprossen
Noch träumt' in den Azur hinaus!

Als keinen Blick ich noch erkannte,
Als den des Strahles durchs Gezweig,
Die Felsen meine Brüder nannte,
Schwester mein Spiegelbild im Teich!

Nicht rede ich von jenen Jahren,
Die dämmernd uns die Kindheit beut –
Nein, so verdämmert und zerfahren
War meine ganze Jugendzeit.

Wohl sah ich freundliche Gestalten
Am Horizont vorüberfliehn;
Ich konnte heiße Hände halten
Und heiße Lippen an mich ziehn.

Ich hörte ihres Grußes Pochen,
Ihr leises Wispern um mein Haus,
Und sandte schwimmend, halb gebrochen,
Nur einen Seufzer halb hinaus.

Ich fühlte ihres Hauches Fächeln,
Und war doch keine Blume süß;
Ich sah der Liebe Engel lächeln,
Und hatte doch kein Paradies.

Mir war, als habe in den Noten,
Sich jeder Ton an mich verwirrt,
Sich jede Hand, die mir geboten,
Im Dunkel wunderlich verirrt.

Verschlossen blieb ich, eingeschlossen
In meiner Träume Zauberturm,
Die Blitze waren mir Genossen
Und Liebesstimme mir der Sturm.

Dem Wald ließ ich ein Lied erschallen,
Wie nie vor einem Menschenohr,
Und meine Träne ließ ich fallen,
Die heiße, in den Blumenflor.

Und alle Pfade musst' ich fragen:
Kennt Vögel ihr und Strahlen auch?
Doch keinen: Wohin magst du tragen,
Von welchem Odem schwillt dein Hauch?

Wie ist das anders nun geworden,
Seit ich ins Auge dir geblickt,
Wie ist nun jeder Welle Borden
Ein Menschenbildnis eingedrückt!

Wie fühl' ich allen warmen Händen
Nun ihre leisen Pulse nach,
Und jedem Blick sein scheues Wenden
Und jeder schweren Brust ihr Ach.

Und alle Pfade möcht' ich fragen:
Wo zieht ihr hin, wo ist das Haus,

In dem lebend'ge Herzen schlagen,
Lebend'ger Odem schwillt hinaus?

Entzünden möcht' ich alle Kerzen
Und rufen jedem müden Sein:
Auf ist mein Paradies im Herzen,
Zieht alle, alle nun hinein!

Die tote Lerche

Ich stand an deines Landes Grenzen,
An deinem grünen Saatenwald,
Und auf des ersten Strahles Glänzen
Ist dein Gesang herabgewallt;
Der Sonne schwirrtest du entgegen,
Wie eine Mücke nach dem Licht,
Dein Lied war wie ein Blütenregen,
Dein Flügelschlag wie ein Gedicht.

Da war es mir, als müsse ringen
Ich selber nach dem jungen Tag,
Als horch' ich meinem eignen Singen,
Und meinem eignen Flügelschlag;
Die Sonne sprühte glühe Funken,
In Flammen brannte mein Gesicht,
Ich selber taumelte wie trunken,
Wie eine Mücke nach dem Licht!

Da plötzlich sank und sank es nieder,
Gleich toter Kohle in die Saat;
Noch zucken sah ich kleine Glieder,

Und bin erschrocken dann genaht.
Dein letztes Lied, es war verklungen,
Du lagst ein armer, kalter Rest,
Am Strahl verflattert und versungen,
Bei deinem halbgebauten Nest.

Ich möchte Tränen um dich weinen
Wie sie das Weh vom Herzen drängt;
Denn auch mein Leben wird verscheinen,
Ich fühl's, versungen und versengt.
Dann du mein Leib, ihr armen Reste,
Dann nur ein Grab auf grüner Flur
Und nah nur, nah bei meinem Neste,
In meiner stillen Heimat nur!

Lebt wohl

Lebt wohl, es kann nicht anders sein!
Spannt flatternd eure Segel aus,
Lasst mich in meinem Schloss allein,
Im öden geisterhaften Haus.

Lebt wohl und nehmt mein Herz mit euch
Und meinen letzten Sonnenstrahl,
Er scheide, scheide nur sogleich,
Denn scheiden muss er doch einmal.

Lasst mich an meines Sees Bord
Mich schaukelnd mit der Wellen Strich,
Allein mit meinem Zauberwort
Dem Alpengeist und meinem Ich.

Verlassen, aber einsam nicht,
Erschüttert, aber nicht zerdrückt,
Solange noch das heil'ge Licht
Auf mich mit Liebesaugen blickt,

Solange mir der frische Wald
Aus jedem Blatt Gesänge rauscht,
Aus jeder Klippe, jedem Spalt
Befreundet mir der Elfe lauscht,

Solange noch der Arm sich frei
Und waltend mir zum Äther streckt,
Und jedes wilden Geiers Schrei
In mir die wilde Muse weckt.

Grüße

Steigt mir in diesem fremden Lande
Die altbekannte Nacht empor,
Klatscht es wie Hufesschlag vom Strande,
Rollt sich die Dämmerung hervor
Gleich Staubeswolken mir entgegen
Von meinem lieben starken Nord,
Und fühl' ich meine Locken regen
Der Luft geheimnisvolles Wort:

Dann ist es mir, als hör' ich reiten
Und klirren und entgegenziehn
Mein Vaterland von allen Seiten,
Und seine Küsse fühl' ich glühn;
Dann wird des Windes leises Munkeln

Mir zu verworrnen Stimmen bald,
Und jede schwache Form im Dunkeln
Zur tiefvertrautesten Gestalt.

Und meine Arme muss ich strecken,
Muss Küsse, Küsse hauchen aus,
Wie sie die Leiber könnten wecken,
Die modernden im grünen Haus;
Muss jeden Waldeswipfel grüßen
Und jede Heid' und jeden Bach,
Und alle Tropfen, die da fließen,
Und jedes Hälmchen, das noch wach.

Du Vaterhaus mit deinen Türmen,
Vom stillen Weiher eingewiegt,
Wo ich in meines Lebens Stürmen
So oft erlegen und gesiegt, –
Ihr breiten laubgewölbten Hallen,
Die jung und fröhlich mich gesehn,
Wo ewig meine Seufzer wallen
Und meines Fußes Spuren stehn!

Du feuchter Wind von meinen Heiden,
Der wie verschämte Klage weint, –
Du Sonnenstrahl, der so bescheiden
Auf ihre Kräuter niederscheint, –
Ihr Gleise, die mich fortgetragen,
Ihr Augen, die mir nachgeblinkt,
Ihr Herzen, die mir nachgeschlagen,
Ihr Hände, die mir nachgewinkt!

Und Grüße, Grüße, Dach, wo nimmer
Die treuste Seele mein vergisst

Und jetzt bei ihres Lämpchens Schimmer
Für mich den Abendsegen liest,
Wo bei des Hahnes erstem Krähen
Sie matt die graue Wimper streicht
Und einmal noch vor Schlafengehen
An mein verlassnes Lager schleicht!

Ich möcht' euch alle an mich schließen,
Ich fühl' euch alle um mich her,
Ich möchte mich in euch ergießen
Gleich siechem Bache in das Meer;
O wüsstet ihr, wie krankgerötet,
Wie fieberhaft ein Äther brennt,
Wo keine Seele für uns betet
Und keiner unsre Toten kennt!

Im Grase

Süße Ruh', süßer Taumel im Gras,
Von des Krautes Arom' umhaucht,
Tiefe Flut, tief, tief trunkne Flut,
Wenn die Wolke am Azure verraucht,
Wenn aufs müde schwimmende Haupt
Süßes Lachen gaukelt herab,
Liebe Stimme säuselt und träuft
Wie die Lindenblüt' auf ein Grab.

Wenn im Busen die Toten dann,
Jede Leiche sich streckt und regt,
Leise, leise den Odem zieht,
Die geschlossne Wimper bewegt,

Tote Lieb', tote Lust, tote Zeit,
All die Schätze, im Schutt verwühlt,
Sich berühren mit schüchternem Klang
Gleich den Glöckchen, vom Winde umspielt.

Stunden, flücht'ger ihr als der Kuss
Eines Strahls auf den trauernden See,
Als des ziehnden Vogels Lied,
Das mir niederperlt aus der Höh',
Als des schillernden Käfers Blitz
Wenn den Sonnenpfad er durcheilt,
Als der flücht'ge Druck einer Hand,
Die zum letzten Male verweilt.

Dennoch, Himmel, immer mir nur
Dieses eine nur: für das Lied
Jedes freien Vogels im Blau
Eine Seele, die mit ihm zieht,
Nur für jeden kärglichen Strahl
Meinen farbig schillernden Saum,
Jeder warmen Hand meinen Druck
Und für jedes Glück einen Traum.

Die Golems

Hätt' ich dich nicht als süßes Kind gekannt,
Mit deinem Seraph in den klaren Blicken,
Dich nicht geleitet in der Märchen Land,
Gefühlt der kleinen Hände zitternd Drücken:
Ich würde jetzt dich mit Behagen sehen,
Du wärst mir eine hübsche, brave Frau,

Doch, ach! nun muss ich unter deiner Brau,
Muss stets nach dem entflognen Engel spähen!

Und du, mit deinem Wort bedacht und breit,
Dem klugen Lächeln und der Stirne Falten,
Spricht dir kein armer Traum von jener Zeit,
Wo deine Glut die Felsen wollte spalten?
Ein braver Bürger bist du, hoch zu ehren,
Ein wahrer Heros auf der Mittelbahn,
Doch, o, mein Flammenwirbel, mein Vulkan –
Ach, dass die Berge Mäuse nur gebären!

Weh ihm, der lebt in des Vergangnen Schau,
Um bleiche Bilder wirbt, verschwommne Töne!
Nicht was gebrochen, macht das Haar ihm grau,
Was Tod geknickt in seiner süßen Schöne;
Doch sie, die Monumente ohne Toten,
Die wandernden Gebilde ohne Blut,
Sie, seine Tempel ohne Opferglut
Und seine Haine ohne Frühlingsboten!

’s gibt eine Sage aus dem Orient
Von Weisen, toter Masse Formen gebend,
Geliebte Formen, die die Sehnsucht kennt,
Und mit dem Zauberworte sie belebend;
Der Golem wandelt mit bekanntem Schritte,
Er spricht, er lächelt mit bekanntem Hauch,
Allein es ist kein Strahl in seinem Aug’,
Es schlägt kein Herz in seines Busens Mitte.

Und wie sich alte Lieb’ ihm unterjocht,
Er haucht sie an mit der Verwesung Schrecken;
Wie angstvoll die Erinnrung ruft und pocht,

Es ist in ihm kein Schlafender zu wecken;
Und tiefgebrochen sieht die Treue schwinden,
Was sie so lang und heilig hat bewahrt,
Was nicht des Lebens, nicht des Todes Art,
Nicht hier und nicht im Himmel ist zu finden.

O, kniee still an deiner Toten Gruft,
Dort magst du milde, fromme Tränen weinen,
Mit ihrem Odem säuselt dir die Luft,
Mit ihrem Antlitz wird der Mond dir scheinen;
Dein sind sie, dein, wie mit gebrochnen Augen,
Wie dein sie waren mit dem letzten Blick;
Doch fliehe, vor den Golems flieh zurück,
Die deine Tränen kalt wie Gletscher saugen!

Volksglauben in den Pyrenäen

1. Silvesterfei

Der morsche Tag ist eingesunken,
Sein Auge, gläsern, kalt und leer,
Barg keines Taues linden Funken
Für den gebräunten Eppich mehr.
Wie's draußen schauert! – längs der Wand
Ruschelt das Mäuslein unterm Halme,
Und langsam sprießt des Eises Palme
Am Scheibenrand.

In tiefer Nacht wem soll noch frommen
Am Simse dort der Lampe Strahl?
Da schon des Herdes Scheit verglommen,

Welch späten Gastes harrt das Mahl?
Längst hat im Turme zu Escout
Die Glocke zwölfmal angeschlagen,
Und glitzernd sinkt der Himmelswagen
Dem Pole zu.

Durch jener Kammer dünne Barren
Ziehn Odemzüge, traumbeschwert,
Ein Ruck mitunter auch, ein Knarren,
Wenn sich im Bett der Schläfer kehrt;
Und nur ein leiser Husten wacht,
Kein Traum die Mutter hält befangen,
Sie kann nicht schlafen in der langen
Silvesternacht.

Jetzt ist die Zeit, wo, los' und schleichend,
Die Fei sich durch die Ritze schlingt,
Mit langer Schlepp' den Estrich streichend,
Das Schicksal in die Häuser bringt,
An ihrer Hand das Glück, Gewind'
Und Ros' im Lockenhaar, ein schlankes,
Das Missgeschick ein fieberkrankes,
Ein weinend Kind.

Und trifft sie alles recht zu Danke
Geordnet von der Frauen Hand,
Dann nippt vom Mahle wohl das schlanke,
Und lässt auch wohl ein heimlich Pfand;
Doch sollt' ein Frevler lauschen, risch,
Im Hui, zerstoben ist die Szene,
Und scheidend fällt des Unglücks Träne
Auf Herd und Tisch.

O, keine Bearnerin wird's wagen,
Zu stehn am Astloch, lieber wird
Ein Tuch sie um die Augen schlagen,
Wenn durch den Spalt die Lampe flirrt;
Manon auch drückt die Wimper zu,
Und zupft an der Gardine Linnen,
Doch immer, immer lässt das Sinnen
Ihr keine Ruh'.

Ward glatt das Leilach auch gebreitet?
Hat hell der Becher auch geblinkt?
Ob jetzt das Glück zum Tische gleitet,
Ein Bröcklein nascht, ein Tröpflein trinkt?
Oft glaubt sie zarter Stimmen Hauch,
Verschämtes Trippeln oft zu hören,
Und dann am Brote leises Stören
Und Knuspern auch.

Sie horcht und horcht – das war ein Schlüpfen!
Doch nein – der Wind die Föhren schwellt.
Und das – am Flur ein schwaches Hüpfen,
Wie wenn zum Grund die Krume fällt!
»Eugène, was wirfst du dich umher,
Was soll denn dies Gedehn' und Ziehen?
Mein Gott, wie ihm die Händchen glühen!
Er träumt so schwer.«

Sie rückt das Kind an ihrer Seiten,
Den Knaben, dicht zu sich heran,
Lässt durch sein Haar die Finger gleiten,
Es hangen Schweißes Tropfen dran;
Erschrocken öffnet sie das Aug',
Will nach dem Fensterglase schauen,

Da eben steigt das Morgengrauen,
Ein trüber Rauch.

Vom Lager fährt die Mutter, bebend
Hat sie der Lampe Docht gehellt,
Als, sachte überm Leilach schwebend,
Ein Efeublatt zu Boden fällt.
Das Glück! das ist des Glückes Spur!
Doch nein, – sie pflückt' es ja dem Kinde,
Und dort – nascht an der Semmelrinde
Die Ratte nur.

Und wieder aus der Kammer stehlen
Sich Seufzer, halbbewusst Gestöhn;
»O Christ, was mag dem Knaben fehlen!
Eugène, wach auf, wach auf, Eugène!
Du lieber Gott, ist so geschwind,
Eh noch der Morgenstrahl entglommen,
Das Unglück mir ins Haus gekommen
Als krankes Kind!«

2. Münzkraut

Der Frühling naht, es streicht der Star
Am Söller um sein altes Nest;
Schon sind die Täler sonnenklar,
Doch noch die Scholle hart und fest;
Nur wo der Strahl vom Felsen prallt,
Will mählich sich der Grund erweichen,
Und schüchtern aus den Windeln schleichen
Der Gräser lichter dichter Wald.

Schau dort am Riff – man sieht es kaum –
So recht vom Sonnenbrand gekocht
Das kleine Beet, vier Schritte Raum,
Vom Schieferhange überjocht,
Nach Ost und Westen eingehegt,
Mit starken Planken abgeschlagen,
Als sollt' es Wunderblumen tragen,
Und sind nur Kräuter, was es trägt.

Und dort die Frau an Riffes Mitten,
Ach Gott, sie hat wohl viel gelitten!
Sie klimmt so schwer den Steig hinan,
Nun steht sie keuchend, löst das Mieder,
Nun sinkt sie an dem Beete nieder,
Und faltet ihre Hände dann.

»Liebe Münze, du werter Stab,
Drauf meines Heilands Sohle stand,
Als ihm, drüben im Morgenland,
Sankt Battista die Taufe gab,
Heiliges Kraut, das aus seinem Leibe
Ward gesegnet mit Wunderkraft,
Hilf einer Witw', einem armen Weibe,
Das so sorglich um dich geschafft!

Hier ist Brot, und hier ist Salz und Wein,
Sieh, ich leg's in deine Blätter mitten;
Woll' nicht zürnen, dass das Stück so klein,
Hab's von meinem Teile abgeschnitten;
Etwas wahrt' ich, Münze gnadenreich,
Schaffens halber nur, sonst gäb' ich's gleich.

Mein Knab' ist krank, du weißt es wohl,
Ich kam ja schon zu sieben Malen,
Und gestern musst' ich in Bregnoles
Den Trank für ihn so teuer zahlen.
Vier hab' ich, vier, dass Gott erbarm'!
Mit diesen Händen zu ernähren,
Und, sieh, so kann's nicht länger währen,
Denn täglich schwächer wird mein Arm.

O Madonna, Madonna, meine gnädige Frau!
Ich hab' gefrevelt, nimm's nicht genau,
Ich hab' gesündigt wider Willen!
Nimm, o nimm mir nur kein Kind,
Will ihnen gerne den Hunger stillen,
Wär's mit Bettelbrot, nicht eins
Kann ich missen, von allen keins!

Zweimal muss ich noch den Steig hinan,
Siebenmal bin ich nun hier gewesen.
Heil'ge Fraue von Embrun, wär' dann
Welk die Münze und mein Knab' genesen!
Gerne will ich dann an deinem Schrein
Meinen Treuring opfern, er ist klein,
Nur von Silber, aber fleckenrein;
Denn ich hab' mit Ehren ihn getragen,
Darf vor Gott und Menschen mich nicht schämen;
Milde Fraue, lass mich nicht verzagen,
Liebe Dame, woll' ihn gütig nehmen,
Denk, er sei von Golde und Rubin,
Süße, heil'ge, werte Himmelskönigin!«

3. Der Loup Garou

Brüderchen schläft, ihr Kinder, still!
Setzt euch ordentlich her zum Feuer!
Hört ihr der Eule wüst Geschrill?
Hu! im Walde ist's nicht geheuer.
Frommen Kindern geschieht kein Leid,
Drückt nur immer die Lippen zu,
Denn das böse, das lacht und schreit,
Holt die Eul' und der Loup Garou.

Wisst ihr, dort, wo das Nass vom Schiefer träuft
Und übern Weg 'ne andre Straße läuft,
Das nennt man Kreuzweg, und da geht er um,
Bald so, bald so, doch immer falsch und stumm,
Und immer schielend; vor dem Auge steht
Das Weiße ihm, so hat er es verdreht;
Dran ist er kenntlich, und am Kettenschleifen,
So trabt er, trabt, darf keinem Frommen nahn;
Die schlimmen Leute nur, die darf er greifen
Mit seinem langen, langen, langen Zahn.

Schiebt das Reisig der Flamme ein,
Puh! wie die Funken knistern und stäuben!
Pierrot, was soll das Wackeln sein?
Musst ein Weilchen du ruhig bleiben,
Gleich wird die Zeit dir Jahre lang!
Lass doch den armen Hund in Ruh'!
Immer sind deine Händ' im Gang,
Denkst du denn nicht an den Loup Garou?

Vom reichen Kaufmann hab' ich euch erzählt,
Der seine dürft'gen Schuldner so gequält,

Und kam mit sieben Säcken von Bagnères,
Vier von Juwelen, drei von Golde schwer;
Wie er aus Geiz den schlimmen Führer nahm,
Und ihm das Untier auf den Nacken kam.
Am Halse sah man noch der Kralle Spuren,
Die sieben Säcke hat es weggezuckt,
Und seine Börse auch, und seine Uhren,
Die hat es all zerbissen und verschluckt.

Schließt die Tür, es brummt im Wald!
Als die Sonne sich heut verkrochen,
Lag das Wetter am Riff geballt,
Und nun hört man's sieden und kochen.
Ruhig, ruhig, du kleines Ding!
Hörst du? – drunten im Stalle – hu!
Hörst du? Hörst du's? kling, klang, kling,
Schüttelt die Kette der Loup Garou.

Doch von dem Trunkenbolde wisst ihr nicht,
Dem in der kalten Weihnacht am Gesicht
Das Tier gefressen, dass am heil'gen Tag
Er wund und scheußlich überm Schneee lag;
Zog von der Schenke aus, in jeder Hand
'ne Flasche, die man auch noch beide fand;
Doch wo die Wangen sonst, da waren Knochen,
Und wo die Augen, blut'ge Höhlen nur;
Und wo der Schädel hier und da zerbrochen,
Da sah man deutlich auch der Zähne Spur.

Wie am Giebel es knarrt und kracht!
Caton, schau auf die Bühne droben
– Aber nimm mir die Lamp' in acht –
Ob vor die Luke der Riegel geschoben.

Pierrot, Schlingel! das rutscht herab
Von der Bank, ohne Strümpf und Schuh!
Willst du bleiben! tapp, tipp, tapp,
Geht auf dem Söller der Loup Garou.

Und meine Mutter hat mir oft gesagt
Von einem tauben Manne, hochbetagt,
Fast hundertjährig, dem es noch geschehn,
Als Kind, dass er das Scheuel hat gesehn,
Recht wie 'nen Hund, nur weiß wie Schnee und ganz
Verkehrt die Augen, eingeklemmt den Schwanz,
Und spannenlang die Zunge aus dem Schlunde,
So mit der Kette weg an Waldes Bord,
Dann wieder sah er ihn im Tobelgrunde,
Und wieder sah er hin – da war es fort.

Hab' ich es nicht gedacht? es schneit!
Ho, wie fliegen die Flocken am Fenster!
Heilige Frau von Embrun! wer heut
Draußen wandelt, braucht keine Gespenster;
Irrlicht ist ihm die Nebelsäul',
Führt ihn schwankend dem Abgrund zu,
Sturmes Flügel die Toteneul',
Und der Tobel sein Loup Garou.

4. Maisegen

Der Mai ist eingezogen,
Schon pflanzt er sein Panier
Am dunklen Himmelsbogen,
Mit blanker Sterne Zier.
Die wilden Wasser brausen

Und rütteln aus den Klausen
Rellmaus und Murmeltier.

»Ob wohl das Gletschereis den Strom gedämmt?
Von mancher Hütte geht's auf schlimmen Wegen.
Der Sturm hat alle Firnen kahl gekämmt,
Und gestern wie aus Röhren schoss der Regen.
Adieu, Jeannette, nicht länger mich gehemmt!
Adieu, ich muss, es gilt den Maiensegen;
Wenn vier es schlägt im Turme zu Escout,
Muss jeder Senne stehn am Pointe de Droux.«

Wie trunken schaun die Klippen,
Wie taumelnd in die Schlucht!
Als nickten sie, zu nippen
Vom Sturzbach auf der Flucht.
Da ist ein rasselnd Klingen,
Man hört die Schollen springen
Und brechen an der Bucht.

Auf allen Wegen ziehn Laternen um,
Und jedes Passes Echo wecken Schritte.
Habt acht, habt acht, die Nacht ist blind und stumm,
Die Schneeflut fraß an manches Blockes Kitte;
Habt acht, hört ihr des Bären tief Gebrumm?
Dort ist sein Lager, an des Riffes Mitte;
Und dort die schiefe Klippenbank, fürwahr!
Sie hing schon los' am ersten Februar.

Nun sprießen blasse Rosen
Am Gletscherbord hervor,
Und mit der Dämmrung kosen
Will schon das Klippentor;

Schon schwimmen lichte Streifen,
Es lockt der Gämse Pfeifen
Den Blick zum Grat empor.

Verlöscht sind die Laternen, und im Kreis
Steht eine Hirtenschar auf breiter Platte,
Voran der Patriarch, wie Silber weiß
Hängt um sein tiefgebräunt Gesicht das glatte,
Gestrehlte Haar, und alle beten leis,
Nach Osten schauend, wo das farbensatte
Rubingewölk mit glitzerndem Geroll
Die stolze Sonnenkugel bringen soll.

Da kömmt sie aufgefahren
In strenger Majestät,
Und von den Firnaltaren
Die Opferflamme weht.
Da sinken in der Runde
So Knie an Knie, dem Munde
Entströmt das Maigebet:

»Herr, Gott, der an des Maien erstem Tag
Den Strahl begabt mit sonderlichem Segen,
Den sich der sünd'ge Mensch gewinnen mag
In der geweihten Stunde, allerwegen,
Segne die Alm, segne das Vieh im Hag,
Mit Luft und Wasser, Sonnenschein und Regen,
Durch Sankt Anton den Siedel, Sankt Renée,
Martin von Tours und unsre Frau vom Schnee.

Segne das Haus, das Mahl auf unserm Tisch,
Am Berg den Weinstock und die Frucht im Tale,
Segne die Jagd am Gletscher, und den Fisch

Im See, und das Getiere allzumale,
So uns zur Nahrung dient, und das Gebüsch,
So uns erwärmt, mit Tau und Sonnenstrahle,
Durch Sankt Anton den Siedel, Saint Remy,
Sankt Paul und unsre Fraue von Clery.«

»Wir schwören«, alle Hände stehn zugleich
Empor, »wir schwören, keinen Gast zu lassen
Von unserm Herd, eh sicher Weg und Steig,
Das Vieh zu schonen, keinen Feind zu hassen,
Den Quell zu ehren, Recht an Arm und Reich
Zu tun, und mit der Treue nicht zu spaßen;
Das schwören wir beim Kreuze zu Autun
Und unsrer mächt'gen Fraue von Embrun.«

Da überm Kreise schweben,
Als wollten sie den Schwur
Zum Himmelstore heben,
Zwei Adler; auf die Flur
Senkt sich der Strahl vom Hange,
Und eine Demantschlange
Blitzt drunten der Adour.

Die Weiden sind verteilt, und wieder schallt
In jedem Passe schwerer Tritte Stampfen.
Voran, voran, die Firnenluft ist kalt,
Und scheint die Lunge eisig zu umkrampfen.
Nur frisch voran – schon sehn sie überm Wald
Den Vogel ziehn, die Nebelsäule dampfen,
Und wo das Riff durchbricht ein Klippengang,
Summt etwas auf, wie ferner Glockenklang.

Da liegt das schleierlose
Gewäld in Sonnenruh'!
Und, wie mit Sturmgetose
Dem Äthermeere zu,
Erfüllt des Tales Breite
Das Angelusgeläute
Vom Turme zu Escout.

5. Höhlenfei

Siehst du drüben, am hohlen Baum,
Ins Geklüfte die Schatten steigen,
Überm Bord, ein blanker Saum,
Leises Quellengeriesel neigen?
Das ist die Eiche von Bagnères,
Das ist die Höhle Trou de fer,
Wo sie tags in der Spalten Raum,
Nächtlich wohnt in den surrenden Zweigen.

O, sie ist überalt, die Fei!
Laut Annalen, vor grauen Jahren,
Zwei Jahrhunderten oder drei,
Musste sie seltsam sich gebaren:
Bald als Eule, mit Uhuhu!
Bald als Katze und schwarze Kuh,
Auch als Wiesel, mit feinem Schrei,
Ist sie über die Kluft gefahren.

Aber wenn jetzt im Mondenschein
Zarte Lichter den Grund betüpfen,
Sieht mitunter man am Gestein
Sie im schillernden Mantel hüpfen,

Hört ihr Stimmchen, Gesäusel gleich;
Aber nahst du, dann nickt der Zweig,
Und das Wasser wispert darein,
Und du siehst nur die Quelle schlüpfen.

Reich an Gold ist der Höhle Grund,
O, wie Guinea und wie Bengalen!
Und man spricht vom bewachenden Hund,
Doch des melden nichts die Annalen;
Aber mancher, der wundersam,
Unbegreiflich zu Gelde kam,
Ließ, so kündet der Sage Mund,
Es am Baum von Bagnères sich zahlen,

Barg einen Beutel im Hohle breit,
Drin den neuen Liard, bedächtig,
Recht in der sengenden Mittagszeit,
Die den Geistern wie mitternächtig,
Fand ihn abends mit Gold geschwellt, –
O, kein Christ komme so zu Geld!
Falsch war Feiengold jederzeit,
Kurz das Leben, und Gott ist mächtig.

Einmal nur, dass mich des gedenkt,
Ist ein Mann an den Baum gegangen,
Hat seinen Sack hinein gesenkt,
Groß, eines Königes Schatz zu fangen;
's war ein Wucherer, war ein Filz,
Ein von Tränen geschwellter Pilz;
Nun, er hat sich zuletzt gehenkt, –
Besser hätt' er schon da gehangen!

Hielt die Lippen so fest geklemmt,
– Denn Geflüster nur, musst du wissen,
Das ist eben, was alles hemmt,
Lieber hätt' er die Zunge zerbissen; –
Barfuß kam er, auf schlechten Rat,
Und als da in die Scherb' er trat,
Hat er sich nur an den Baum gestemmt
Und den Schart aus der Wunde gerissen;

Doch als aus dem Gemoder scheu
Schlüpft 'ne Schlange ihm längs den Haaren,
Da ist endlich ein kleiner Schrei,
Nur ein winziger, ihm entfahren;
Und am Abend? – verschwunden war
Großer Sack und neuer Liard.
O, verräterisch ist die Fei!
Und es wachen der Hölle Scharen.

6. Johannistau

Es ist die Zeit nun, wo den blauen Tag
Schon leiser weckt der Nachtigallen Schlag,
Wo schon die Taube, in der Mittagsglut,
Sich trunkner, müder breitet ob der Brut,
Wo abends, wenn das Sonnengold zergangen,
Verlorner Funke irrt des Wurmes Schein,
An allen Ranken Blütenbüschel hangen,
Und Düfte ziehn in alle Kammern ein.

»Weck mich zur rechten Zeit, mein Kamerad,
Versäumen möcht' ich Sankt Johannis Bad
Um alles nicht; ich hab' das ganze Jahr

Darauf gehofft, wenn mir so elend war.
Jérôme, du mochtest immer gut es meinen,
Bist auch, wie ich, nur armer Leute Kind,
Doch hast du klare Augen und die Deinen,
Und ich bin eine Waise und halb blind!

Hat schon der Hahn gekräht? ich hab's verfehlt;
Oft schlaf' ich fest, wenn mich der Schmerz gequält.
Ob schon die Dämmrung steigt? ich seh es nicht,
Mir fährt's wie Spinneweben am Gesicht;
Doch dünkt mich, hör' im Stalle ich Gebimmel
Und Peitschenknall; was das für Fäden sind,
Die mir am Auge schwimmen? lieber Himmel,
Ich bin nicht halb, ich bin beinah schon blind!

Hier ist der Steg am Anger, weiter will
Ich mich nicht wagen, hier ist alles still,
Und Tau genug für Kranke allzumal
Des ganzen Weilers, eh der Sonnenstrahl
Mit seinem scharfen Finger ihn gestrichen
Und aufgesogen ihn der Morgenwind;
Doch ist kein zweiter wohl hieher geschlichen,
Denn, Gott sei Dank, nur wenige sind blind.

Das ist ein Büschel – nein – doch *das* ist Gras,
Ich fühle meine Finger kalt und nass.
Johannes, heiliger Prophet, ich kam
In deinem werten Namen her, und nahm
Von jenem Taue, den im Wüstenbrande
Die Wolke dir geträufelt, lau und lind,
Dass nicht dein Auge in dem heißen Sande,
Nicht dein gesegnet Auge werde blind.

Gepredigt hast du in der Steppenglut –
So weißt du auch, wie harte Arbeit tut;
Doch arm und nicht der Arbeit fähig sein,
Das ist gewiss die allergrößte Pein.
Du hast ja kaum geruht in Mutterarmen,
Warst früh ein elternlos verwaistes Kind,
Woll' eines armen Knaben dich erbarmen,
Der eine Waise ist, wie du, und blind!«

Das Bild

1.

Sie stehn vor deinem Bild und schauen
In dein verschleiert Augenlicht,
Sie prüfen Lippe, Kinn und Brauen,
Und sagen dann: du seist es nicht,
Zu klar die Stirn, zu voll die Wange,
Zu üppig in der Locken Hange,
Ein lieblich fremdes Angesicht.

O wüssten sie es, wie ein treues
Gemüt die kleinsten Züge hegt,
Ein Zucken nur, ein flüchtig scheues,
Als Kleinod in die Seele legt,
Wie nur ein Wort, mit gleichem Klange
Gehaucht, dem Feinde selbst, das bange,
Bewegte Herz entgegenträgt.

Sie würden besser mich begreifen,
Sehn deiner Locken dunklen Hag

Sie mich mit leisem Finger streifen,
Als lüft' ich sie dem jungen Tag;
Den Flor mich breiten, dicht und dichter,
Dass deiner Augen zarte Lichter
Kein Sonnenstaub verletzen mag.

Was fremd, dahin will ich nicht schauen,
Ich will nicht wissen wo sie brennt,
Ob an der Lipp', ob in den Brauen,
Die Flamme, die dein Herz nicht kennt;
Ich will nur sehn in deine Augen,
Den einen reinen Blick nur saugen,
Der leise meinen Namen nennt.

Ihn, der wie Äther mich umflossen,
Als in der ernsten Abendzeit
Wir saßen, Hand in Hand geschlossen,
Und dachten Tod und Ewigkeit;
Ihn, der sich von der Sonne Schwinden
Heilig gewendet mich zu finden,
Und lächelnd sprach: ich bin bereit.

2.

Und wär' es wahr auch, dass der Jahre Pflug
Dir Furchen in die klare Stirn getrieben,
Nicht so elastisch deiner Lippen Zug
Bezeichne mehr dein Zürnen und dein Lieben,
Wenn dichter auch die Hülle dich umschlingt
Durch die der Strahl, der gottbeseelte, dringt,
Mir bist die immer Gleiche du geblieben.

Wenn minder stolz und edel die Gestalt,
Ich weiß in ihr die ungebeugte Seele,
Wenn es wie Nebel deinen Blick umwallt,
Ich weiß es, dass die Wolke Gluten hehle;
Und deiner weichen Stimme tiefrer Klang,
Verhallend, geisterhaft wie Wellensang,
Ich fühl' es dass kein Liebeswort ihm fehle.

O Fluch des Alters, wenn das bessre Teil
Mit ihm dem Gottesbilde müsste weichen!
Wenn minder liebewarm ein Lächeln, weil
Der Kummer ihm gelassen seine Zeichen,
Ein Auge gütig nur, solange leicht
Und anmutsvoll die Träne ihm entschleicht,
Und ros'ge Wangen, zücht'ger als die bleichen!

Und dennoch hält sie alle uns betört,
Die Form, die staubgeborne, wandelbare,
Scheint willig uns ein Ohr das leise hört,
Kühn einer frischen Stimme Siegsfanfare,
Wir alle sehen nur des Pharus Licht,
Die Glut im Erdenschoße sehn wir nicht,
Und keiner denkt der Lampe am Altare.

3.

Ich weiß ein bessres Bild zu finden
Als jenes, das dir ferner weicht,
Wie tiefer deine Wurzeln gründen
Und reifer sich die Ähre neigt;
Ein bessres als zu dessen Rahmen,

Wenn Jahre schwanden, Jahre kamen,
Man wie sein eigner Schatten schleicht.

Lausch' ich am Strande ob der lauen
Entschlafnen Flut, mit scheuer Lust,
Wird unterm Flore dann, dem blauen,
Lebendig mir die ernste Rust,
Ich seh am Grunde die Korallen,
Ich seh der Fischlein goldig Wallen,
Und schaue tief in deine Brust.

Und wieder, an der Grüfte Bogen,
Seh ich der Mauerflechte Stab
Mit tausend Ranken eingesogen
In des Gesteines Herz hinab,
Von Taue schwer die grünen Locken,
Leuchtwürmer in der Wimper Flocken,
Das ist dein Lieben übers Grab.

Und wenn an der Genesung Bronnen
– Im Saale tafeln Stern und Band –
Sich mittags kranke Bettler sonnen,
Begierig schlürfen überm Rand
Und emsig ihre Schalen schwenken,
Dann muss ich an dein Geben denken,
An deine warme, offne Hand.

O jener Quell, der glüh und leise,
Ein Sprudel, deiner Brust entquillt,
Der nichts von Flocken weiß und Eise,
Mit Segen seine Steppe füllt,
Ihm kann nur gleichen wessen Walten

Nie siechen kann und nie veralten,
Und die Natur nur ist dein Bild.

Das erste Gedicht

Auf meiner Heimat Grunde
Da steht ein Zinnenbau,
Schaut finster in die Runde
Aus Wimpern schwer und grau,
An seiner Fenster Gittern
Wimmert des Kauzes Schrei,
Und drüber siehst du wittern
Den sonnentrunknen Weih.

Ein Wächter, fest wie Klippen,
Von keinem Sturm bewegt,
Der in den harten Rippen
Gar manche Kugel trägt,
Ein Mahner auch, ein strenger,
Des Giebel grün und feucht
Mit spitzem Hut und Fänger
Des Hauses Geist besteigt:

Und sieht ihn das Gesinde
Am Fahnenschafte stehn,
Sich, wirbelnd vor dem Winde,
Mit leisem Schreie drehn,
Dann pocht im Schlossgemäuer
Gewiss die Totenuhr,
Oder ein tückisch Feuer
Frisst glimmend unterm Flur.

Wie hab' ich ihn umstrichen
Als Kind oft stundenlang,
Bin heimlich dann geschlichen
Den schwer verpönten Gang,
Hinauf die Wendelstiege,
Die unterm Tritte bog,
Bis zu des Sturmes Wiege,
Zum Hahnenbalken hoch.

Und saß ich auf dem Balken,
Im Dämmerstrahle falb,
Mich fühlend halb als Falken,
Als Mauereule halb,
Dann hab' ich aus dem Brodem
Den Geist zitiert mit Mut,
Ich, Hauch von seinem Odem
Und Blut von seinem Blut.

Doch als nun immer tiefer
Die Schlangenstiege sank,
Als schiefer stets und schiefer
Dräute die Stufenbank,
Da klomm ich sonder Harren
Hinan den Zinnenring,
Und in des Daches Sparren
Barg ich ein heimlich Ding.

Das sollten Enkel finden
Wenn einst der Turm zerbrach,
Es sollte etwas künden
Das mir am Herzen lag,
Nun sinn' ich oft vergebens
Was mich so tief bewegt,

Was mit Gefahr des Lebens
Ich in den Spalt gelegt?

Mir sagt ein Ahnen leise,
Es sei, gepflegt und glatt,
Von meinem Lorbeerreise
Das arme, erste Blatt,
Auch dass es just gewittert,
Mir, wie im Traume scheint,
Und dass ich sehr gezittert
Und bitterlich geweint.

Zerfallen am Gewände
Ist längst der Stiege Rund,
Kaum liegt noch vom Gelände
Ein morsches Brett am Grund,
Und wenn die Balken knarren,
Im Sturm die Fahne kreist,
Dann gleitet an den Sparren
Nicht mehr des Ahnen Geist;

Er mag nicht ferner hausen
Wo aller Glaube schwand;
Ich aber stehe draußen
Und schau hinauf die Wand,
Späh durch der Sonne Lodern
In welcher Ritze wohl
Es einsam mag vermodern
Mein schüchtern arm Idol!

Nie sorgt' ein Falke schlechter
Für seine erste Brut!
Doch du, mein grauer Wächter,

Nimm es in deine Hut;
Und ist des Daches Schiene
Hinfürder nicht zu traun,
So lass die fromme Biene
Dran ihre Zelle baun.

Durchwachte Nacht

Wie sank die Sonne glüh und schwer!
Und aus versengter Welle dann
Wie wirbelte der Nebel Heer,
Die sternenlose Nacht heran!
– Ich höre ferne Schritte gehn, –
Die Uhr schlägt zehn.

Noch ist nicht alles Leben eingenickt,
Der Schlafgemächer letzte Türen knarren,
Vorsichtig in der Rinne Bauch gedrückt
Schlüpft noch der Iltis an des Giebels Sparren,
Die schlummertrunkne Färse murrend nickt,
Und fern im Stalle dröhnt des Rosses Scharren,
Sein müdes Schnauben, bis, vom Mohn getränkt,
Es schlaff die regungslose Flanke senkt.

Betäubend gleitet Fliederhauch
Durch meines Fensters offnen Spalt,
Und an der Scheibe grauem Rauch
Der Zweige wimmelnd Neigen wallt.
Matt bin ich, matt wie die Natur! –
Elf schlägt die Uhr.

O wunderliches Schlummerwachen, bist
Der zartren Nerve Fluch du oder Segen? –
’s ist eine Nacht vom Taue wachgeküsst,
Das Dunkel fühl’ ich kühl wie feinen Regen
An meine Wange gleiten, das Gerüst
Des Vorhangs, scheint sich schaukelnd zu bewegen,
Und dort das Wappen an der Decke Gips,
Schwimmt sachte mit dem Schlängeln des Polyps.

Wie mir das Blut im Hirne zuckt!
Am Söller geht Geknister um,
Im Pulte raschelt es und ruckt
Als drehe sich der Schlüssel um,
Und – horch! der Seiger hat gewacht,
’s ist Mitternacht.

War das ein Geisterlaut? so schwach und leicht
Wie kaum berührten Glases schwirrend Klingen,
Und wieder, wie verhaltnes Weinen, steigt
Ein langer Klageton aus den Syringen,
Gedämpfter, süßer nun, wie tränenfeucht
Und selig kämpft verschämter Liebe Ringen;
O Nachtigall, das ist kein wacher Sang,
Ist nur im Traum gelöster Seele Drang.

Da kollert’s nieder vom Gestein!
Des Turmes morsche Trümmer fällt,
Das Käuzlein knackt und hustet drein.
Ein jäher Windesodem schwellt
Gezweig und Kronenschmuck des Hains;
– Die Uhr schlägt eins –

Und drunten das Gewölke rollt und klimmt;
Gleich einer Lampe aus dem Hünenmale
Hervor des Mondes Silbergondel schwimmt,
Verzitternd auf der Gasse blauem Stahle,
An jedem Fliederblatt ein Fünkchen glimmt,
Und hell gezeichnet von dem blassen Strahle
Legt auf mein Lager sich des Fensters Bild,
Vom schwanken Laubgewimmel überhüllt.

Jetzt möcht' ich schlafen, schlafen gleich,
Entschlafen unterm Mondeshauch,
Umspielt vom flüsternden Gezweig,
Im Blute Funken, Funk' im Strauch,
Und mir im Ohre Melodei;
– Die Uhr schlägt zwei. –

Und immer heller wird der süße Klang,
Das liebe Lachen, es beginnt zu ziehen,
Gleich Bildern von Daguerre, die Deck' entlang,
Die aufwärts steigen mit des Pfeiles Fliehen;
Mir ist als seh ich lichter Locken Hang,
Gleich Feuerwürmern seh ich Augen glühen,
Dann werden feucht sie, werden blau und lind,
Und mir zu Füßen sitzt ein schönes Kind.

Es sieht empor, so froh gespannt,
Die Seele strömend aus dem Blick,
Nun hebt es gaukelnd seine Hand,
Nun zieht es lachend sie zurück,
Und – horch! des Hahnes erster Schrei!
– Die Uhr schlägt drei. –

Wie bin ich aufgeschreckt – o süßes Bild
Du bist dahin, zerflossen mit dem Dunkel!
Die unerfreulich graue Dämmrung quillt,
Verloschen ist des Flieders Taugefunkel,
Verrostet steht des Mondes Silberschild,
Im Walde gleitet ängstliches Gemunkel,
Und meine Schwalbe an des Frieses Saum
Zirpt leise, leise auf im schweren Traum.

Der Tauben Schwärme kreisen scheu,
Wie trunken, in des Hofes Rund,
Und wieder gellt des Hahnes Schrei,
Auf seiner Streue rückt der Hund,
Und langsam knarrt des Stalles Tür,
– Die Uhr schlägt vier –

Da flammt's im Osten auf – o Morgenglut!
Sie steigt, sie steigt, und mit dem ersten Strahle
Strömt Wald und Heide vor Gesangesflut,
Das Leben quillt aus schäumendem Pokale,
Es klirrt die Sense, flattert Falkenbrut,
Im nahen Forste schmettern Jagdsignale,
Und wie ein Gletscher, sinkt der Träume Land
Zerrinnend in des Horizontes Brand.

Mondesaufgang

An des Balkones Gitter lehnte ich
Und wartete, du mildes Licht, auf dich.
Hoch über mir, gleich trübem Eiskristalle,
Zerschmolzen schwamm des Firmamentes Halle;

Der See verschimmerte mit leisem Stöhnen,
Zerflossne Perlen oder Wolkentränen? –
Es rieselte, es dämmerte um mich,
Ich wartete, du mildes Licht, auf dich.

Hoch stand ich, neben mir der Linden Kamm,
Tief unter mir Gezweige, Ast und Stamm;
Im Laube summte der Phalänen Reigen,
Die Feuerfliege sah ich glimmend steigen,
Und Blüten taumelten wie halb entschlafen;
Mir war, als treibe hier ein Herz zum Hafen,
Ein Herz, das übervoll von Glück und Leid
Und Bildern seliger Vergangenheit.

Das Dunkel stieg, die Schatten drangen ein –
Wo weilst du, weilst du denn, mein milder Schein! –
Sie drangen ein wie sündige Gedanken,
Des Firmamentes Woge schien zu schwanken,
Verzittert war der Feuerfliege Funken,
Längst die Phaläne an den Grund gesunken,
Nur Bergeshäupter standen hart und nah,
Ein düstrer Richterkreis, im Düster da.

Und Zweige zischelten an meinem Fuß
Wie Warnungsflüstern oder Todesgruß;
Ein Summen stieg im weiten Wassertale
Wie Volksgemurmel vor dem Tribunale;
Mir war, als müsse etwas Rechnung geben,
Als stehe zagend ein verlornes Leben,
Als stehe ein verkümmert Herz allein,
Einsam mit seiner Schuld und seiner Pein.

Da auf die Wellen sank ein Silberflor,
Und langsam stiegst du, frommes Licht, empor;
Der Alpen finstre Stirnen strichst du leise,
Und aus den Richtern wurden sanfte Greise;
Der Wellen Zucken ward ein lächelnd Winken,
An jedem Zweige sah ich Tropfen blinken,
Und jeder Tropfen schien ein Kämmerlein,
Drin flimmerte der Heimatlampe Schein.

O Mond, du bist mir wie ein später Freund,
Der seine Jugend dem Verarmten eint,
Um seine sterbenden Erinnerungen
Des Lebens zarten Widerschein geschlungen,
Bist keine Sonne, die entzückt und blendet,
In Feuerströmen lebt, in Blute endet –
Bist, was dem kranken Sänger sein Gedicht,
Ein fremdes, aber o ein mildes Licht.

Gastrecht

Ich war in einem schönen Haus
Und schien darin ein werter Gast,
Die Damen sahn wie Musen fast,
Sogar die Hunde geistreich aus,
Die Luft, von Ambraduft bewegt,
Schwamm wie zerflossne Phantasie,
Und wenn ein Vorhang sich geregt,
Dann war sein Säuseln Poesie.

Wohl trat mir oft ein Schwindel nah,
Ich bin an Naphtha nicht gewöhnt,

Doch hat der Zauber mich versöhnt,
Und reiche Stunden lebt' ich da,
All was man sagte war so fein,
So aus der Menschenbrust seziert,
Der Schnitt, so scharf und spiegelrein,
Und so vortrefflich durchgeführt.

Da kam ein Tag an dem man oft
Und leis von einem Gaste sprach,
Der, längst geladen, hintennach,
Kam wie die Reue unverhofft.
Da ward am Fenster ausgeschaut,
Ein seltsam Lächeln im Gesicht,
Ich hätte Häuser drauf gebaut,
Der Fremde sei ein Musenlicht.

Und als er endlich angelangt,
Als alles ihm entgegenflog
In den Salon ihn jubelnd zog,
Da hat mir ordentlich gebangt.
Doch schien ein schlichter Bursche nur
Mein Bruder in hospitio;
Vom Idealen keine Spur!
Nur frank, gesund und lebensfroh.

Drei Tage lebten wir nun flott,
Ganz wie im weiland Paradies,
Wo man die Engel sorgen ließ
Und geistreich sein den lieben Gott.
Des Gastes Auge hat geglüht,
Hat freundlich wie ein Stern geblinkt,
Und als er endlich trauernd schied,
Da ward ihm lange nachgewinkt.

O, unsre Wirte waren fein,
Gar feine Leute allzumal,
Schon sank die Dämmerung ins Tal,
Eh ihre Schonung nickte ein,
Und hier und dort ein Nadelstich,
Und schärfer dann ein Messerschnitt,
Und dann die Sonde säuberlich
In des Geschiednen Schwächen glitt.

O sichre Hand! o fester Arm!
O Sonde, leuchtend wie der Blitz!
Ich lehnte an des Gastes Sitz,
Und fühlte sacht ob er noch warm?
Und an das Fenster trat ich dann,
Nahm mir ein allbekanntes Buch
Und las, die Blicke ab und an
Versenkend in der Wolken Zug!

»Einst vor dem Thron Mütassims, des Kalifen
Beschwert mit Fesseln ein Verbrecher stand,
Dem, als vom Trunk betäubt, die Wächter schliefen,
Des Herrschers eigne Hand den Dolch entwand,
Nur dunkel ward die Tat dem Volk bekannt.
Man flüsterte von nahen Blutes Sünden,
Von Freveln die der Fürst nicht mög' ergründen.
Schwer traf die läss'gen Söldner das Gericht,
Wie es sie traf, die Sage kündet's nicht,
Nur dieses sagt sie: dass an jenem Tag
Ein schaudernd Schweigen über Bagdad lag,
Und dass, als man zum Spruch den Sünder führte,
Im weiten Saal sich keine Wimper rührte,
Und dass Mütassims Blick, zum Grund gewandt,
Die Blumen aus dem Teppich schier gebrannt.

Am Throne stand ein Becher mit Scherbet,
Den Gaum des Fürsten dörrten düstre Gluten,
Er fühlte seine Menschlichkeit verbluten
Am Stahle der bedräuten Majestät.
Wer gibt ihm seiner Nächte Schlaf zurück?
Wer seinen Mut zum Schaffen und zum Lieben?
Wer das Vertrauen auf sein altes Glück? –
Dies alles stand in seinem Blick geschrieben,
Weh! weh, wenn er die Wimper heben wird!
Der Frevler zittert, dass die Fessel klirrt.
Als noch der Lohn ihm wässerte den Mund,
Ein kecker Fuchs, und jetzt ein feiger Hund,
Würd' er sich doppelten Verrats nicht schämen,
Doch sieht er deutlich keiner will ihn nehmen,

Schaut zähneknirschend nur zum Fürsten auf;
Die Wimper zuckt! – da drängt ein Schrei sich auf, –
Und wie im Strauch die kranke Schlange pfeift,
An innerm Krampfe, will der Sklav' ersticken.
O Allah! wird er sich dem Pfahl entrücken!
Und stürmisch der Kalif zum Becher greift,
Hält mit den eignen Händen den Scherbet
Ihm an die Lippen bis der Krampf vergeht.

Die Farbe kehrt, der Sklave atmet tief,
Sein Auge, irr zuerst, dann fest und kühn,
Lässt lang' er auf des Thrones Stufen glühn,
Dann spricht er ernst: ›Lang lebe der Kalif!
Auf ihn hat sich Suleimans Geist gesenkt;
Ob er auch in gerechten Zornes Flamme,
Zum Marterpfahle einen Gast verdamme,
Den aus dem eignen Becher er getränkt.‹

Da ward Mütassim bleich vor innrer Qual,
Zittern sieht ihn sein Hof zum ersten Mal,
Dann plötzlich ward sein Antlitz sonnenhell,
Und, hochgetragnen Hauptes rief er: ›Schnell
Die Fesseln ihm gelöst, ihr Sklaven! frei
Entwandl' er, nur von seiner Schuld gedrückt.‹
Doch zu dem Thron tritt der Wesir, gebückt,
Spricht: ›Fürst der Gläubigen, was soll geschehn,
Wenn er zum zweiten Mal den Dolch gezückt?‹
›Allah kerim! das was geschrieben ist
Im Buch des Lebens, drin nur Allah liest;
Allein auf keinem Blatte kann es stehn,
Dass der Verbrecher keine Gnade fand,
Den der Kalif getränkt mit eigner Hand!‹«

Ich schloss das Buch und dachte nach,
An Türken – Christen – mancherlei,
Mir war ein wenig schwül und scheu,
Und sacht entschlüpft' ich dem Gemach.
Wie schien der Blumen wilde Zier,
Wie labend mir die schlichte Welt!
Und auf dem Rückweg hab' ich mir
Die Pferde an der Post bestellt.

Auch ein Beruf

Die Abendröte war zerflossen,
Wir standen an des Weihers Rand
Und ich hielt meine Hand geschlossen
Um ihre kleine kalte Hand;
»So müssen wir denn wirklich scheiden?

Das Schicksal würfelt mit uns beiden,
Wir sind wie herrenloses Land.

Von keines Herdes Pflicht gebunden,
Meint jeder nur, wir seien, grad
Für sein Bedürfnis nur erfunden,
Das hülfbereite fünfte Rad.
Was hilft es uns, dass frei wir stehen,
Auf keines Menschen Hände sehen?
Man zeichnet dennoch uns den Pfad.

Wo dicht die Bäume sich verzweigen
Und um den schlanken Stamm hinab,
Sich tausend Nachbaräste neigen,
Da schreitet schnell der Wanderstab.
Doch drüben sieh die einzle Linde,
Ein jeder schreibt in ihre Rinde,
Und jeder bricht ein Zweiglein ab.

O hätten wir nur Mut, zu walten
Der Gaben die das Glück beschert!
Wer dürft' uns hindern? wer uns halten?
Wer kümmern uns den eignen Herd?
Wir leiden nach dem alten Rechte:
Dass wer sich selber macht zum Knechte,
Nicht ist der goldnen Freiheit wert.

Zieh hin, wie du berufen worden,
Nach der Campagna Glut und Schweiß!
Und ich will ziehn nach meinem Norden,
Zu siechen unter Schnee und Eis.
Nicht würdig sind wir bessrer Tage,

Denn wer nicht kämpfen mag der trage!
Dulde wer nicht zu handeln weiß!«

So ward an Weihers Rand gesprochen,
Im Zorne halb, und halb in Pein.
Wir hätten gern den Stab gebrochen,
Ob all den kleinen Tyrannein.
Und als die Regenwolken stiegen,
Da bahnten wir erst mit Vergnügen
Uns in den Ärger recht hinein.

Solang die Tropfen einzeln fielen,
War's Naphthaöl in unsern Trutz;
Auch eins von des Geschickes Spielen,
Zum Schaden uns und keinem nutz!
Doch als der Himmel Schlossen streute,
Da machten wir's wie andre Leute,
Und suchten auch der Linde Schutz.

Dort stand ein Häuflein dicht beisammen,
Sich schauernd unterm Blätterdach;
Die Wolke zuckte Schwefelflammen,
Und jagte Regenstriemen nach.
Wir hörten's auf den Blättern springen,
Jedoch kein Tropfen konnte dringen
In unser laubiges Gemach.

Fürwahr ein armes Häuflein war es,
Was hier dem Wettersturm entrann;
Ein hagrer Jud' gebleichten Haares,
Mit seinem Hund ein blinder Mann,
Ein Schuladjunkt im magren Fracke,

Und dann, mit seinem Bettelsacke,
Der kleine hinkende Johann.

Und alle sahn bei jedem Stoße
Behaglich an den Stamm hinauf
Rückten die Bündelchen im Schoße,
Und drängten lächelnd sich zuhauf,
Denn wie so hohler schlug der Regen,
So breiter warf dem Sturm entgegen
Der Baum die grünen Schirme auf.

Wie kämpfte er mit allen Gliedern
Zu schützen was sich ihm vertraut!
Wie freudig rauscht' er, zu erwidern
Den Glauben, der auf ihn gebaut!
Ich fühlte seltsam mich befangen,
Beschämt, mit hocherglühten Wangen,
Hab' in die Krone ich geschaut

Des Baums der, keines Menschen Eigen,
Verloren in der Heide stand,
Nicht Früchte trug in seinen Zweigen,
Nicht Nahrung für des Herdes Brand,
Der nur auf Gottes Wink entsprossen
Dem fremden Haupte zum Genossen,
Dem Wandrer in der Steppe Sand.

Zur Freundin sah ich, sie herüber,
Wir dachten Gleiches wohl vielleicht,
Denn ihre Mienen waren trüber
Und ihre lieben Augen feucht.
Doch haben wir kein Wort gesprochen,

Vom Baum ein Zweiglein nur gebrochen,
Und still die Hände uns gereicht.

Gemüt

Grün ist die Flur, der Himmel blau,
Doch tausend Farben spielt der Tau,
Es hofft die Erde bis zum Grabe,
Bis sie in Himmelblau erblüht,
Und, sprich, was ist denn deine Gabe,
Der Seele Iris du, Gemüt?

Du Tropfen Wolkentau, der sich
In unsrer Scholle Poren schlich,
Dass er dem Himmel sie gewöhne
An seinem lieblichsten Gedicht,
Du, irdisch heilig wie die Träne,
Und himmlisch heilig wie das Licht!

Ein Tropfen nur, ein Widerschein,
Doch alle Wunder saugend ein,
Ob, Perle, dich am Blatte wiegend
Und spielend um der Biene Fuß,
Ob, süßer Traum, im Grase liegend,
Und lächelnd bei des Halmes Gruß:

O, Erd und Himmel lächeln auch,
Wenn du, geweckt vom Morgenhauch,
Gleich einem Kinde hebst den weichen
Verschämten Mondesblick zum Tag,

Erharrend was die Hand des Reichen,
Von Glanz und Duft dir geben mag.

Lächle nur, lächle für und für,
Des Kindes Reichtum wird auch dir:
Dir wird des Zweiges Blatt zur Halle,
Zum Sammet dir des Mooses Vlies,
Opale, funkelnde Metalle
Wäscht Muschelscherbe dir und Kies.

Des kranken Blattes rötlich Grün,
Drückt auf die Stirn dir den Rubin,
Mit Chrisolithes goldnem Flittern
Schmückt deinen Spiegel Kraut und Gras;
Und selbst des dürren Laubes Zittern,
Schenkt dir den bräunlichen Topas.

Und gar wenn losch der Sonnenbrand,
Und nun dein eigenstes Gewand,
Morgana deines Sees, gaukelt,
Ein Traum von Licht, um deinen Ball,
Und zarte Schattenbilder schaukelt,
Gefangne Geister im Kristall:

Dann schläfst du, schläfst in eigner Haft,
Lässt walten die verborgne Kraft,
Was nicht dem Himmel, nicht der Erden,
Was deiner Schöpfung nur bewusst,
Was nie gewesen, nie wird werden,
Die Embryone deiner Brust.

O lächle, träume immerzu,
Iris der Seele, Tropfen du!

Den Wald lass rauschen, im Gewimmel
Entfunkeln lass der Sterne Reihn,
Du hast die Erde, hast den Himmel,
Und deine Geister obendrein.

Der sterbende General

Er lag im dicht verhängten Saal,
Wo grau der Sonnenstrahl sich brach,
Auf seinem Schmerzensbette lag
Der alte kranke General;
Genüber ihm am Spiegel hing
Echarpe, Orden, Feldherrnstab,
Still war die Luft, am Fenster ging
Langsam die Schildwach' auf und ab.

Wie der verwitterte Soldat
So stumm die letzte Fehde kämpft!
Zwölf Stunden, seit zuletzt gedämpft
Um »Wasser« er, um »Wasser« bat.
An seinem Kissen beugten zwei,
Des einen Auge rotgeweint,
Des andern düster, fest und treu,
Ein Diener und ein alter Freund.

»Tritt seitwärts«, sprach der eine, »lass
Ihn seines Standes Ehren sehn, –
Den Vorhang weg! dass flatternd wehn
Die Bänder an dem Spiegelglas!«
Der Kranke schlug die Augen auf,
Man sah wohl dass er ihn verstand,

Ein Blick, ein leuchtender, und drauf
Hat er sich düster abgewandt.

»Denkst du, mein alter Kamerad,
Der jubelnden Viktoria?
Wie flogen unsre Banner da
Durch der gemähten Feinde Saat!
Denkst du an unsers Prinzen Wort:
– ›Man sieht es gleich hier stand der Wart!‹? –
Schnell, Konrad, nehmt die Decke fort,
Sein Odem wird so kurz und hart.«

Der Obrist lauscht, er murmelt sacht:
»Verkümmert wie ein welkes Blatt!
Das Dutzend Friedensjahre hat
Zum Kapuziner ihn gemacht. –
Wart, Wart! du hast so frisch und licht
So oft dem Tode dich gestellt,
Die Furcht, ich weiß es, kennst du nicht,
So stirb auch freudig wie ein Held!

Stirb wie ein Leue, adelich,
In seiner Brust das Bleigeschoss,
O, stirb nicht wie ein zahnlos Ross
Das zappelt vor des Henkers Stich! –
– Ha, seinem Auge kehrt der Strahl –
Stirb, alter Freund, stirb wie ein Mann!«
Der Kranke zuckt, zuckt noch einmal,
Und »Wasser, Wasser!« stöhnt er dann.

Leer ist die Flasche. – »Wache dort,
He, Wache, du bist abgelöst!
Schau, wo ans Haus das Gitter stößt,

Lauf, Wache, lauf zum Borne fort! –
's ist auch ein grauer Knasterbart,
Und strauchelt wie ein Dromedar –
Nur schnell, die Sohlen nicht gespart!
Was, alter Bursche, Tränen gar?«

»Mein Kommandant«, spricht der Ulan
Grimmig verschämt, »ich dachte nach
Wie ich blessiert am Strauche lag,
Der General mir nebenan,
Und wie er mir die Flasche bot,
Selbst dürstend in dem Sonnenbrand,
Und sprach: ›Du hast die schlimmste Not‹ –
Dran dacht' ich nur, mein Kommandant.«

Der Kranke horcht, durch sein Gesicht
Zieht ein verwittert Lächeln, dann
Schaut fest den Veteran er an. –
Die Seele, der Viktorie nicht,
Nicht Fürstenwort gelöst den Fluch,
Auf einem Tropfen Menschlichkeit
Schwimmt mit dem letzten Atemzug
Sie lächelnd in die Ewigkeit.

Silvesterabend

Am letzten Tage des Jahres
Da dacht' ich wie mancher tot,
Den ich bei seinem Beginne
Noch lustig gesehn und rot,
Wie mancher am Sargesbaume

Und wie vielleicht auch der meine
Zur Stunde schon sei gefällt.

Wer wird dann meiner gedenken
Wenn ich gestorben bin?
Wohl wird man Tränen mir weihen,
Doch diese sind bald dahin!
Wohl wird man Lieder mir singen,
Doch diese verweht die Zeit!
Vielleicht einen Stein mir setzen,
Den bald der Winter verschneit!

Und wenn die Flocke zerronnen
Und kehrt der Nachtigallschlag,
Dann blieb nur die heilige Messe
An meinem Gedächtnistag,
Nur auf zerrissenem Blatte
Ein Lied von flüchtigem Stift,
Und mir zu Häupten die Decke
Mit mooszerfressener Schrift.

Wohl hab' ich viele Bekannte
Die gern mir öffnen ihr Haus,
Doch wenn die Türe geschlossen,
Dann schaut man nimmer hinaus,
Dann haben sie einen andern
An meiner Stelle erwählt,
Der ihnen singt meine Lieder
Und meine Geschichten erzählt.

Wohl hab' ich ehrliche Freunde,
Die geht es schon härter an;
Doch wenn die Kette zerrissen,

Man flickt sie so gut man kann;
Zwei Tage blieben sie düster,
– Sie meinten es ernst und treu –
Und gingen dann in die Oper
Am dritten Tage aufs Neu.

Ich habe liebe Verwandte
Die trugen im Herzen das Leid,
Allein wie dürfte verkümmern
Ein Leben so vielen geweiht?
Die haben sich eben bezwungen,
Für andere Pflichten geschont,
Doch schweben meine Züge
Zuweilen noch über den Mond.

Ich habe Brüder und Schwestern,
Da ging ins Leben der Stich,
Da sind viel Tränen geflossen
Und viele Seufzer um mich;
O, hätten sie einsam gestanden,
Ich lebte in ewigem Licht!
Nun haben sie meines vergessen
Um ihres Kindes Gesicht.

Ich hab', ich hab' eine Mutter,
Der kehr' ich im Traum bei Nacht
Die kann das Auge nicht schließen,
Bis mein sie betend gedacht;
Die sieht mich in jedem Grabe,
Die hört mich im Rauschen des Hains –
O, vergessen kann eine Mutter
Von zwanzig Kindern nicht eins!

Schloss Berg

Ein Nebelsee quillt rauchend aus der Aue,
Und duft'ge Wolken treiben durch den Raum,
Kaum graut ein Punkt im Osten noch, am Taue
Verlosch des Glühwurms kleine Lampe kaum;
Horch! leises leises Zirpen unterm Dache
Verkündet, dass bereits die Schwalbe wache,
Und um manch Lager schwebt ein später Traum.

Die Stirn gelegt an meines Fensters Scheiben,
Schau immer ich zur wolk'gen Flut hinein,
Und an die Wölkchen, die dort lichter treiben,
Mein Blick hängt unverwendet an dem Schein.
Ja! dort! dort wird nun bald die Sonne steigen,
Mir ungekannte Herrlichkeit zu zeigen!
Dort ladet mich der Schweizermorgen ein!

So steh ich wirklich denn auf deinem Grunde,
Besungnes Land, von dem der Fremdling schwärmt,
Da meines Lebens allerfrühste Kunde
Aus jener Zeit, die noch das Herz erwärmt,
Da *eine*, nie vergessen, doch entschwunden,
So manche liebe hingeträumte Stunden,
An allzu teuren Bildern sich gehärmt.

Wenn sie gemalt, wie malet das Verlangen,
Die Felsenkuppen und den ew'gen Schnee,
Wenn an mein Ohr die Alpenglocken klangen,
Vor meinem Auge blitzte auf der See;
Von Schlosses Turm mit zitterndem Vergnügen
Ich zahllos sah die blanken Dörfer liegen,
Der Königreiche vier von meiner Höh'.

Mich dünkt, noch seh ich ihre milden Augen,
Die aufwärts schaun mit heiliger Gewalt,
Noch will mein Ohr die weichen Töne saugen,
Wenn echogleich sie am Klavier verhallt;
Und drunten, wo die lichten Pappeln wehen,
Noch mein' ich ihrer Locken Wald zu sehen,
Und ihre zarte schwankende Gestalt!

Wohl war sie gut, wohl war sie klar und milde,
Wohl war sie allen wert, die sie gekannt,
Kein Schatten haftet an dem reinen Bilde,
Man tritt sich näher, wird sie nur genannt –
Ja, über Tal und Ströme schlingt aufs Neue,
Um alles, was sie einst gehegt mit Treue,
Aus ihrem Grabe sich ein festes Band.

Ihr! ruhend noch in dieser frühen Stunde,
Verehrter Freund! und meine teuren Zween,
Emilie! und Emma! unserm Bunde
Wohl mag euch lächelnd sie zur Seite stehn,
Ich weiß es, denkend an geliebte Toten,
Habt ihr der Fremden eure Hand geboten,
Als hättet ihr seit Jahren sie gesehn.

So bin ich unter euer Dach getreten,
Wie eines Bruders Schwelle man berührt,
Eur gastlich Dach, wo frommer Treu' im steten
Gefolge – aller Segen wohl gebührt,
Wo Frieden wohnt – was kann man Liebres sagen?
Mag Mailands Krone denn ein andrer tragen,
Nebst seinem Zepter, das ihr einst geführt.

Schlaft wohl, schlaft sanft, indem ich späh und lausche
Nach jedem Flöckchen, das dort rötlich weht,
Ist's nicht, als ob der Morgenwind schon rausche?
Wie's drüben wogt, und rollt, und um sich dreht,
Es breitet sich – es sinkt – und überm Schaume,
Was steigt dort auf? ein Bild aus kühnem Traume!
O Säntis, Säntis, deine Majestät!

Bist du es, dem ringsum die Lüfte zittern?
Du weißes Haupt mit deinem Klippenkranz,
Ich fühle deinen Blick die Brust erschüttern,
Wie überm Duft du riesig stehst im Glanz –
Ja! gleich der Arche über Wogengrimmen,
Seh ich in weiter Wolkenflut dich schwimmen,
Im weiten weiten Meere – einsam ganz!

Doch nein! – dort blickt – dort taucht es aus den Wellen!
Cäsapiana hebt die Stirne bleich,
Dort taucht der Glärnisch auf, – dort seh ich's schwellen –
Und Zack' an Zack' entragt der Flut zugleich.
O Säntis! wohl mit Recht trägst du die Krone,
Da sieben Fürsten stehn an deinem Throne
Und unermesslich ist dein luftig Reich.

Und sieh! Tirol auch sendet seine Zeichen,
Es blitzt dir seine kalten Grüße zu,
Welch Hof ist wohl dem deinen zu vergleichen,
Mein grauer stolzer Wolkenkönig du!
Die Sonne steigt, schon Strahl auf Strahl sie sendet,
Wie's droben funkelt! wie's das Auge blendet!
Und drunten alles Dämmrung, alles Ruh.

So sah ich, unter Märchen eingeschlafen,
Im Traume einst des Winterfürsten Haus,
Den Eispalast, wo seinen goldnen Schafen
Er täglich streut das Silberfutter aus.
Ja, in der Tat, sie sind hinabgezogen
Die goldnen Lämmchen, und am Himmelsbogen
Noch sieht man schimmern ihre Wolle kraus.

Doch schau! ist Ebbe in dies Meer getreten?
Es sinkt – es sinkt – und schwärzlich übern Duft,
Streckt das Gebirge schon, gleich Riesenbeeten,
Die waldbedeckten Kämme in die Luft;
Ha! Menschenwohnungen an allen Enden!
Fast glaub' ich, Gais zu sehn vor Fichtenwänden,
Versteckt nicht Weisbad jene Felsenkluft?

Und immer sinkt es, immer zahllos steigen
Ruinen, Schlösser, Städte an den Strand,
Schon will der Bodensee die Spiegel zeigen,
Und wirft gedämpfte Schimmer übers Land,
Und jetzt – verrinnt die letzte Nebelwelle,
Da steht der Äther perlenklar und helle!
Die Berge möcht' man greifen mit der Hand.

Wüsst' ich die tausend Punkte nur zu nennen,
Die drüben lauschen aus dem Waldrevier,
Mich dünkt, mit freiem Auge müsst' ich kennen
Den Sennen, tretend in die Hüttentür;
Ob meilenweit, nicht seltsam würd' ich's finden,
Säh in die Schluchten ich den Jäger schwinden,
Und auf der Klippe das verfolgte Tier.

So klar, ein stählern Band, die Thur sich windet,
Ja! wie ich lauschend steh auf meiner Höh',
Ein einz'ger Blick mir zwölf Kantone bindet,
Wo drüben zitternd ruht der Bodensee;
Wo, längs dem Strand, die Wimpel lässig gleiten,
Vier Königreiche seh ich dort sich breiten –
Erfüllt ist alles ohne Traum und Fee.

Mein freier stolzer Grund! dich möcht' ich nennen
Mein kaiserlich', mein königliches Land;
Das Höchste muss ich deinen Bergen gönnen,
Doch Liebres ich in deinen Tälern fand.
Was klingt an meine Tür nach Geisterweise!
Horch! »guten Morgen, Nette« flüstert's leise,
Und meine Emma bietet mir die Hand.

DAS HOSPIZ AUF DEM GROSSEN ST. BERNHARD

Erster Gesang

Die Sonne hat den Lauf vollbracht,
Schon spannt sie aus ihr Wolkenzelt;
So manche Trän' hat sie bewacht,
So manchem Lächeln sich gesellt;
Um Sel'ge hat ihr Strahl gekräuselt,
Wo süß versteckt die Laube säuselt,
Und hat die Totenbahre auch
Gesegnet mit dem frommen Hauch;
Nun einmal ihres Schleiers Saum
Noch gleitet um der Alpen Schaum,
Und in des Schneegestäubes Flaum,
Das an Sankt Bernhards Klippe hängt,
Der matte Hauch sich flimmernd fängt.

Dort, wo es, aus des Passes Schlunde,
Ums Pain de Sucre* macht die Runde,
Berührt ein menschlich Angesicht
Fürwahr zum letzten Mal, das Licht.
Wie hat der Greis die dürre Hand
So fest um seinen Stab gespannt!
Und wie er so verkümmert steht,
So ganz verlassen um sich späht,
Da ist's, als ob, erstaunt zumal,
Noch zögern will der letzte Strahl.

---

* *Pain de Sucre, eins der Alpenhörner des Großen St. Bernhard, beträchtlich vom Wege abwärts.*

Schon zog der Aar dem Horste zu,
Und nur die Gems vom Tour des foux*
Noch einmal pfeift, und schwindet dann.
Am Riffe lehnt der alte Mann,
Wie auf dem Meere, jüngst ergrimmt,
Einsam noch eine Planke schwimmt.

O, du bist immer schön, Natur!
Doch dem, der Hertas Bild gegrüßt,
Die Woge bald die Lippe schließt.
Bist Königin vernichtend nur!
Der Blitz, der Seesturm, der Vulkan,
Sie stehn als Zeugen obenan.
Und jener Greis am Felsenrand?
Dem Strahl, der widerprallt im Schnee,
Will schützend die besennte Hand
Sich vorbaun, an der Braue Höh'.
Zum Montblanc hat er lang gesehn,
Und wendet abendwärts den Fuß,
Da ihm die Augen übergehn,
Dass er vor Kälte weinen muss.
Ihm ist wie taub, ihm ist wie blind,
Er spricht gepresst, und tut's nicht gern:
»Mein Knabe! Henri! liebes Kind!
Schau mal hervor, sind wir noch fern?«

Dann aus des Mantels Falten dicht
Ein Bübchen windet sein Gesicht;
Die kleinen Züge schwillt der Hauch,
Die roten Händchen birgt es auch

---

* *Eine mächtige freistehende Felszacke auf dem Gipfel des St. Bernhard.*

Sogleich, und zieht des Vließes Saum
Sorgfältig um der Stirne Raum,
Dass nur der Augen rötlich Licht
Durch des Gewandes Spalten bricht.
Nun mit den Wimpern zuckt er schnell:
»Großvater, schau! wie blitzt es hell!«

Der Alte seufzt: »Es blitzt, mein Sohn,
Am Himmel nicht um diese Zeit;
Es ist die Sonne wohl, die schon
Sich um die letzten Zacken reiht.«
Doch wiederum der Knabe spricht:
»Großvater! 's ist die Alpe nicht,
Es springt und zittert in die Höh',
Wie wenn die Sonne tanzt im See
Und spielt in unserm Fensterglas.«
»Wo, Henri? Kind, wo siehst du das?«
Ein Ärmchen aus der Wolle steigt.
Der Alte senkt das Haupt und schweigt.
Nein, nein, das ist kein Hospital!
In tausend Funken sprengt den Strahl,
Gleich nachtentbranntem Meeresdrange,
Nur Roche polie* von jenem Hange.

Und zögernd schiebt des Greises Hand
Den kleinen kalten Arm zurück,
Zieht fester um ihn das Gewand.
Er wirft den kummervollen Blick
Noch einmal durch die dünne Luft,
Auf jeden Fels, in jede Kluft;

* *Eine von der Natur glänzend polierte Felsenwand.*

Dann folgt ein Seufzer, unbewusst,
So schwer wie je aus Mannes Brust,
Und langsam abwärts, mit Gefahr,
Beginnt er Pfade unwirtbar.
– Schmal ist der Raum, die Klippe jäh; –
Zuweilen bietet das Gestein,
Ein altergrauer Felsenspalt,
Für Augenblicke schwachen Halt.
Die Ferse drückt er in den Schnee,
Und stößt des Stabes Stachel ein;
Denn eine Zeit gab's, wo im Gau
Von Saint Pierre kein Schütz sich fand,
Der auf der Jagd, am Alphorn blau,
Dem Benoit gegenüberstand.
Kein Aug' so scharf, kein Ohr so fein,
So sicher keine Kugel ging.
Von all den Kühnen er allein
So sorglos an der Klippe hing!
Zum letzten Mal dem Meister alt
Sich dankbar seine Kunst erzeigt.
Gottlob! nun ist die Schlucht erreicht.
Er blickt empor, durchs graue Haupt,
Fast von der Kälte sinnberaubt,
Noch einmal durch die öde Brust
Zieht sich das Bild vergangner Lust,
An der sein ganzes Herz gehangen,
Und doppelt fühlt er sich gefangen.

In Quarzes Schichten eingezwängt,
Durch die der schmale Pfad sich drängt,
Streckt, überbaut von Felsenwucht,
Sich lang des Pain de Sucre Schlucht.
Kein Laut die tote Luft durchirrt,

Kein Lebenshauch ist zu entdecken;
Und wenn es unversehens schwirrt,
Das Schneehuhn kann den Wandrer schrecken.
Wo droben schwimmt das Felsendach,
An dem der Wintersturm sich brach
Jahrtausende; – doch die Gedanken
Verlassen ihn, – er sieht es wanken –
Er fördert keuchend seinen Schritt –
Und immerfort, in tollem Schwanken,
Ziehn rechts und links die Klippen mit;
Dass jener harrt, – sogleich – sogleich –
Wie, aus der Lüfte Schwindelreich,
Die ungeheure Masse klirrt,
Und er sich schon zerschmettert glaubt,
So sehr ihm Furcht die Sinne raubt.

In diese wüste Bahn hat jetzt
Der müde Mann den Fuß gesetzt,
So schnell es gehn will, fort und fort.
Noch immer glühn die Firsten dort,
Und abwärts gleiten sieht den Strahl
Mit Lust er und mit Graun zumal.
Sobald der Abendsonne Schein
Nicht mehr die letzte Zacke badet,
Ins Hospital ein Glöckchen rein
Den Wandrer aus der Steppe ladet.
Und schon am Pointe de Drone das Licht
Kaum merklich noch den Schatten bricht.
»O Sonne«, seufzt der müde Greis,
»Bald bist du hin! der Himmel weiß,
Vielleicht hör' ich die Glocke nicht! –«
Blickt zweifelnd nach den Felsenwällen,
An denen mag der Klang zerschellen.

Das Kind, das Kind ist seine Not!
Schon fühlt er, wie, vom Froste lass,
Der steife Arm zu gleiten droht;
Und ohne Ende scheint der Pass!
Ein Turm ragt an dem andern her,
Es ist, als würden's immer mehr.
Dem Himmel Dank, die letzte Klippe!
Und als, mit angestrengtem Fleiß,
Sich immer näher treibt der Greis,
Was knistert überm Steingerippe?
Am Rande schiebt sich's, zittert, blinkt,
Langsam ein weißer Klumpen sinkt;
Dann schneller, dann mit jähem Fall,
Entlang die Klüfte tost der Schall.
Und zu des Alten Füßen rollen
Schneetrümmer und gesprengte Schollen.

Und dieser einen Augenblick
Steht regungslos, mit Schwindel ringt; –
So scharf vorüber zog der Tod!
Gefasst er dann zusammenrafft,
Was ihm von Wollen bleibt und Kraft.
Und vorwärts nun, mit harter Not,
Er in den Trümmerhaufen dringt.
Doch neben, vor und um ihn stemmt
Die Masse sich, zum Wall gedämmt.
Mitunter eine Scholle auch
In schwachem Gleichgewichte steht,
Nur wartend auf den nächsten Hauch,
Und aufwärts ihre Kante dreht.
Wenn das Geschiebe sich belebt,
Ein Sarkophag, der ihn begräbt!
Horch! wie er durch die Zacken irrt,

Zuweilen eine Scheibe klirrt;
Ein feines Schwirren – schwaches Rucken –
Vor seinen Augen Blitze zucken;
Doch immer wieder fügt sich's ein,
Und starr die Mauer steht wie Stein.
So muss er, fast in Todesbanden,
Wie durch ein Labyrinth sich schmiegen.
Es ist vorüber, ist bestanden,
Und hinter ihm die Trümmer liegen.

Indes des Tages matte Zeichen
Allmählich von den Kuppen bleichen,
Und, nach und nach, am Firmament
Des Mondes Lampe still entbrennt;
Verschwimmend, scheu, ihr zartes Licht
Malt noch der Dinge Formen nicht.
Doch allgemach aus Wolkenschleier
Ersteht die klare Scheibe freier.
Die Felsen scheinen sich zu regen,
Geflimmer zittert übern Schnee,
Und langsam steigend aus der Höh'
Die Schatten auf den Grund sich legen.

Gebeugt, mit angestrengtem Schritt,
Aus seiner Schlucht der Wandrer tritt
In eine öde Fläche vor.
Er steht – er lauscht – er trägt das Ohr
Zur Erde bald und bald empor,
Und alle Sinne lauschen mit.
Er wendet sich, ob nichts vom Schalle
Aus einer andern Richtung falle. –
Nur hohl und zischend sich die Luft
In des Gesteines Spalten fängt

Und, mit Geknister, durch den Duft
Zu Nacht gefallner Flocken drängt.
Der Kälte, die den Stamm zerschellt,
Kein Schirm sich hier entgegenstellt.
Ach Gott, wohin! ringsum kein Steg,
Sich überall die Ebne gleicht.
Doch vorwärts, vorwärts, immer reg,
Eh dich im Schlummer Tod beschleicht,
Nur immer in die Nacht hinein.
Da, durch die Steppe fällt ein Schein,
Wie wenn sich Kerzenschimmer brechen
In angehauchten Spiegels Flächen.
Und über dieses Meteor
Ragt eine Masse dunkel vor.
Gegrüßt, o Stern im Missgeschicke!
Es ist die Drance, es ist die Brücke.

Kaum die bekannten Pfade schaut
Der Greis, ihm ist wie aufgetaut;
Halb kehrt der Jugend Mut zurück,
Er wähnt sich einen Augenblick
Für dies und Schlimmres noch genug.
Die Brücke naht sich wie im Flug.
Schon hat er rüstig sie beschritten,
Schon steht er in der Ebne Mitten,
Schon keucht er um des Stromes Bogen:
Und vor ihm her die glas'gen Wogen
Durchrollt des Mondes Silbertuch.
Vergebens! diese Kraft ist Schein;
Mit jedem Hauche sinkt sie ein,
Mit jedem Schritte weicht das Blut.
Ach keine Wunder wirkt der Mut!
Schon matter wird des Greises Tritt.

Das Licht im Strome fliegt nicht mehr,
Es wandert zögernd vor ihm her.
Aus den gelähmten Fingern glitt
Der Stab und eine weite Strecke
In Sätzen prallend von der Decke,
Dann lagert er an Stromes Rand.
Hin schleppt der müde Mann den Schritt;
Er bückt sich mühsam, welche Qual!
Ergreift ihn, der zum dritten Mal
Ihm immer gleitet aus der Hand.
Und schwindelnd, bei dem sauren Beugen
Fühlt er das Blut zum Haupte steigen,
Sein Aug', von kalten Tränen schwer,
Sieht kaum das Allernächste mehr.
Noch tappt er, wo aus dunklem Schaft
Die glatte Eisenspitze blinkt.
Da weicht des Armes letzte Kraft,
Und auf den Schnee das Knäbchen sinkt;
Es rafft sich auf, ergreift den Stab,
Gehorsam, leichtem Dienst gewöhnt.
»Mein Kind! mein Kind!«, der Alte stöhnt,
Und nimmt die kleine Last ihm ab,
»Was willst du noch zuletzt dich plagen!«
Späht mit der Augen trübem Stern
Beklommen durch den nächt'gen Schein; –
»Du kannst nicht gehn, ich dich nicht tragen,
Und ach! das Hospital ist fern.
So müssen wir das Letzte wagen
Und kehren bei den Toten ein.«
Er lenkt die Schritte von dem Strand,
Sein Knäbchen hält er an der Hand.

Das Mondlicht, das mit kaltem Kusse
Liebkoset dem versteinten Flusse,
Gleich links, auf ein Gewölbe klein,
Streut alle seine Schimmer rein,
Die, wie sie Wolkenflor umwebt,
Bald auf dem Dache, wie belebt,
Sich kräuseln, in den Fenstern drehn,
Und bald wie eine Lampe stehn,
Die halb der Grüfte Dunkel bricht.
So leisten sie die fromme Pflicht
Dem, so der Fremde ward zum Raube,
Und bei dem unbeweinten Staube
Entzünden sie das Trauerlicht.
Ja, diese Mauern, wohl erbaut
Mit Christensinn, sie bergen doch,
Wovor des Menschen Seele graut,
Wem Blut rollt in den Adern noch.
Sie alle, die zum Todesschlaf
Sankt Bernhards leiser Odem traf,
Wenn sie nicht Freundes Wort genannt,
Nicht Eidgenossen Blick erkannt,
An diesen Ort sind sie gebannt.
Der Bettler, dem kein Heimatland,
Der Jude, so auf Geld bedacht
Gefahrenvollen Weg betrat,
Der arme wandernde Soldat,
Der Flüchtling vor Gesetzes Macht:
Sie alle liegen hier, wie Tod
Aus dieser Wildnis sie entbot.
Im Pelze der, im Mantel weit,
Und jener im Studentenkleid.
Das tiefe Auge, trüb und offen,
Auf liebe Züge scheint zu hoffen;

So Zeit auf Zeiten, keine Träne
Rann auf die bleiche Wange noch;
Und ließen treue Kinder doch,
Und sind geliebter Eltern Söhne.

Die Schwelle kennt der Greis genau,
Hier führt ein Steg nach Wallis' Gau,
Sein alter Pfad, wenn von der Jagd
Er heimwärts manchen Gang gemacht,
Ans Fenster pflegt' er dann zu treten,
Nachdenklich in die Gruft zu sehn,
Und sinnend auch, im Weitergehn,
Ein Vaterunser wohl zu beten.
Doch vor dem Tode auf der Flucht
Erfasst ihn ungeheures Grauen,
Als tret' er in das eigne Grab
Und soll' die eigne Leiche schauen.
Kaum wehrt er den Gedanken ab.
»Hinweg! hinweg! so weit der Fuß
Dich trägt«; und unwillkürlich muss
Er wenden. Doch da weint das Kind:
»Großvater! weiter sollen wir?
Wir sind ja hier an einer Tür.
Ich kann nicht mehr.« Verschwunden sind
Die Zweifel; mühsam öffnet jetzt
Der Greis das Tor, mit Rost versetzt,
Tritt in die Wölbung, kauert sich
Dann auf den Boden kümmerlich
Und nimmt an seine Brust den Kleinen.
So eine Weile sitzen sie,
Der Knabe auf des Mannes Knie
In stummen Schauern an ihn biegend,
Der Alte, sich nach innen schmiegend,

Das Haupt am feuchten Mauerstein,
Und übermüdet, überwacht,
Hat minder der Umgebung acht;
Minuten noch, so schläft er ein. –
Schon summt es um ihn wie ein Schwarm,
Der Mantel gleitet mit dem Arm;
Und als das Haupt zur Seite sinkt, –
»Großvater! ist das Glas? es blinkt!«
Der Alte fährt empor, er blickt
Verschüchtert seitwärts, unverrückt
Zu Boden dann: »Sei still, sei still,
Mein Kind, es sei auch was es will.«
Und seufzend fügt er noch hinzu:
»Es ist so spät! gib dich zur Ruh.«
Doch wie ein Strahl es ihn durchfliegt,
Dass Schlaf den Willen fast besiegt.
Schon greift der Krampf die Glieder an:
Zu reiben gleich beginnt der Mann.
Und als das Blut nun schneller rinnt,
Er immer heller sich besinnt,
Auch der Gedanke Kraft gewinnt.
Was war es, das, vom Schlaf erwacht
So in Verwirrung ihn gebracht?
Es war ein Blitz, es war ein Licht!
Und dennoch war es beides nicht.

Indessen hat das Knäbchen leis
Die beiden Ärmchen ausgestreckt,
Und aus des Mantels Hut mit Fleiß
Den kleinen Kopf hervorgesteckt.
Das Schlummern will ihm nicht gelingen;
Die Langeweile zu bezwingen
Am Mantel nestelt's immerfort,

Schaut unverrückt nach einem Ort,
Bald gähnend, bald mit halbem Wort.
»Ja!«, flüstert's, vor Ermattung rot,
Die Händchen in des Mantels Tasche,
»Dort steht das Glas und dort die Flasche,
Und auf dem Tische liegt das Brot.«
Dann zieht es sacht den Mantel los;
Es gleitet von des Alten Schoß,
Es taucht ins Dunkel. Auf sich rüttelnd
Aus wüster Träumereien Graus,
»Henri! mein Kind!«, ruft jener aus,
Das graue Haupt verdrossen schüttelnd,
»Wo bist du nur? komm wieder, Sohn!«
Dort glänzen seine Löckchen schon!
Was reicht und streicht es an der Wand?
Ans Auge hebt der Greis die Hand:
Fürwahr! nach einem Brote sucht
Der kleine Arm hinaufzulangen;
Und nebenan sich Schimmer reihn,
Bald rot, bald grün, wie sie gefangen
Im Glase dort, und dort im Wein.
O unverhoffter Segen! Schon
Vom Boden taumeln sieh den Alten.
»Lass, du vermagst es nicht zu halten,
Lass ab!« Es zittert jeder Ton,
Der aus bewegter Brust sich windet,
Und kaum im Odem Nahrung findet.
Die Glieder, so in Frost und Qual
Ihn treulich trugen durch die Steppen,
Kaum vorwärts weiß er sie zu schleppen
Bis hin, wo harrt das karge Mahl.
Er fasst das Brot und kann's nicht teilen,
Und stöbert, sucht mit wirrem Eilen

In allen Taschen, allen Falten,
Selbst in der Stiefel engen Spalten.
»Hab' ich mein Messer denn verloren?«
Die Rinde bricht, sie ist noch warm.
»Nun iss, nun trink, mein Würmchen arm!
O, kam ich eher um zwei Stunden!
Um eine einz'ge Stunde nur!«
Die Mönche hätt' er noch gefunden;
Dies ist des Hospitales Spur.

Denn was die kühnste Flamme bricht,
So wild sie durch die Adern tobt:
Es löscht die fromme Liebe nicht,
Die Leib und Leben hat verlobt.
Wenn Windsbraut an den Klippen rüttelt,
Wenn sich das Schneegestöber schüttelt,
Wenn durch die öde Winternacht,
Nur wie ein fernes Mordgeschütz,
Die zitternde Lawine kracht,
Wenn um die Gipfel spielt der Blitz:
Das sind die Boten, die er kennt;
Vom Betstuhl, wo die Lampe brennt,
Der Mönch sich hebt, den Weg beginnt
Zum Tobel, wo der Sturzbach rinnt,
Zum Passe, wo der Schnee am höchsten,
Zum Steg, wo die Gefahr am nächsten,
Hinauf, hinab Sankt Bernhards Rund;
Voran ihm spürt ein kluger Hund.
Dann, kehrend zu des Klosters Pforte,
Die Nahrung, so er bei sich trägt,
Mit milder Sorgfalt wird gelegt
An sichre sturmgeschützte Orte.
Und oft, im letzten Augenblick,

Trat die gebrochne Kraft zurück
Durch sie in die versiegten Adern.
Wer mag mit solchen Mönchen hadern!
Welch seelerstorbner Atheist
So frevler Torheit sich vermisst,
Dass er auf sie die Pfeile richte?
Schau! wie, gleich neuentflammtem Lichte,
Das Kind des Glases volle Last
Mit beiden roten Händchen fasst.
Nun setzt es an, und trinkt, und trinkt,
Durch alle Adern strömt das Heil,
Und lässt nicht ab, und stöhnt vor Eil',
Fast wird der Atem ihm versetzt.
Des Alten Auge freudig blinkt:
»Mein Junge, sprich, wie ist dir jetzt?«
Doch kaum und unverständlich nur
Des Kindes Antwort ihn erreicht,
Das auf sein Stückchen Brot gebeugt,
Natur, nach deinem weisen Walten,
Das schwache Leben zu erhalten,
Gefahr zu fliehn, die es nicht sieht,
Aus allen Kräften ist bemüht.

Indes hat draußen durch die Nacht
Ein Murmeln, Rauschen sich verbreitet,
Wie wenn erzürnte Woge schreitet;
Des Sturmes Stimme ist erwacht.
Noch fern und hohl im Klippenschacht,
Von Fels zu Felsen hört man's klagen.
Der Alte sinnt: soll er es wagen,
Sich und sein Liebstes fortzutragen?
Bald ist das Hospital erreicht! –
Ein Stoß um das Gewölbe streicht,

Und heulend singt er überm Dache
Das Totenlied dem Grabgemache.
Am Boden leises Knistern irrt,
Die Tür in ihren Angeln klirrt;
Umsonst! umsonst! es ist zu spät,
Der Wirbel durch die Steppe geht.
Und nun? Des Greises Blicke fragen,
Ob nirgends hier ein Plätzchen sei
Noch unbesetzt, vom Zuge frei.
Durch des Gewölbes Mitte stehn
Drei lange Bahren, sind sie leer?
Das Dunkel wirbelt drüber her.
Doch rechts und links und gegenüber,
Wohin der scheue Blick sich richtet,
Wenn flieht der Mondenstrahl vorüber,
Der die zerrissnen Wolken lichtet,
Der bleichen Schläfer Reihn er streift,
Die rings in Nischen aufgeschichtet.
Ein Antlitz halb dir zugewandt,
Hier braunes Haar, und dort gebleicht,
Aus jenem Winkel wie versteckt
Sich eines Fußes Spitze streckt,
Und dort sich wächsern eine Hand
Wie abgetrennt vom Körper zeigt.
Wer ist der Mann so unverzagt,
Den solch ein Anblick nicht erschüttert?
Wenn über ihm, wie schmerzdurchzittert,
Die mitternächt'ge Stimme klagt,
Gleich Geistern durch der Nacht Revier.
Ein heimlich Flüstern zischt und kocht,
Und an die schlecht verschlossne Tür
Der Wind mit leisem Finger pocht.
Dem alten Manne wird's zu viel,

Die Phantasie beginnt ihr Spiel;
Auf seinem Haupt in jedes Haar
Scheint Leben und Gefühl zu kommen.
Mehr ist der Atem ihm benommen
Als je vorzeiten in Gefahr.
Den Steinbock hat er oft gehetzt,
Dem Lämmergeier sich gesellt,
Und fröhlich pfeifend in die Welt
Dann übern Klippenspalt gesetzt.
Ein andres, dem Geschick sich stellen
In frischer Luft, auf freien Wellen,
Ein andres ist's, am Grabe stehn
Und ruhig dem verzerrten Ich
Ins eingesunkne Auge sehn.
Sieh! wie schon wieder schauerlich
Der Strahl durch das Gewölbe streicht,
Und dem betäubten Manne sich
Am Winkel dort ein Bänkchen zeigt
In das Gemäuer eingefugt.
Das ist ja eben, was er sucht!
Und muss nun seufzend sich bereiten,
Die ganze Wölbung zu durchschreiten.
Wie er die Schritte zögernd lenkt,
Die Augen bleiben scharf gesenkt,
Beinah geschlossen, als er quer
Um eine Bahre wendet her,
Zu eilig; mit dem Fuße schwer
Trifft er an des Gerüstes Stützen,
Durch das Gewölbe dröhnt der Schall.
Die Bahre schwankt, er will sich schützen,
Er gleitet; modriges Gewand,
Verwirrtes Haar streift seine Hand.
Der Alte taumelt und erbleicht.

Wie jener Winkel noch erreicht,
Das weiß er nicht, hält immer fest
An seine Brust das Kind gepresst,
Und sucht vergebens zu bezwingen
Der Phantasie verstörtes Ringen.
Die Wölbung dreht, die Mauern singen,
Ihm ist, als hätte seine Hand
Des Toten Züge all ergründet;
Er sieht das gelbe Augenband,
Das sinkend die Verwesung kündet,
Und drüber her, zu treu! zu treu! –
So tragend eigner Schwäche Joch
Doch bleibt ihm das Bewusstsein noch
Und eben noch die Willenskraft,
Zu kämpfen gegen schnöde Haft.
Er sinnt und grübelt allerlei,
Wie wohl zum Hospital der Weg?
Wie zu beschreiten jener Steg?
Wie fern die Morgenstunde sei?
Sucht heitre Bilder aufzuwecken,
Als in der Scheibe Herzen stecken
Ein jeder Benoits Kugel sah. –

Indessen lehnt der Knabe da,
Des späten Wachens ungewöhnt,
Und schaukelt sich und seufzt und gähnt,
Ahmt leis des Sturmes Stimme nach,
Verfolgend mit den schweren Blicken
Die Strahlen, so durch das Gemach
Zuweilen lichte Streifen schicken,
Ergötzlich, im beschränkten Meinen,
Ihm an der Wand die Bilder scheinen;
Der klare Blitz, wenn sich das Licht

In den metallnen Knöpfen bricht
Die Reih' entlang, so Funk an Funken
Aufsprühn und sich ins Dunkel tunken. –
Die Szene wechselt, langsam streicht
Ein Wolkenvorhang sich zurück,
Und in die ganze Wölbung steigt
Der Mond mit seinem Geisterblick.
Was noch verborgen war in Nacht,
Wird an ein mattes Licht gebracht;
Aus allen Winkeln sieht man's rücken,
Was niedrig lag scheint aufzustehn,
Und was erhaben sich zu bücken.
Vorüber nun. In starrer Rast,
Wie Grabmal sich an Grabmal fast
In königlichen Grüften zeigt,
Am Boden schlummert das Gebein,
Und drüber her der Mann von Stein.
Um manchen Busen spielt der Schein,
Mich dünkt ich seh' ihn sinken, heben,
Und lange Atemzüge schweben.
Der arme Kleine wie betört
An seines Vaters Busen fährt.
»Großvater, schau! die Bilder leben,
Sie atmen all und wollen gehn!«
Den Greis durchzuckt ein leises Beben:
»Sei still, es wird dir nichts geschehn.«
Wohl denkt er an den nächt'gen Schein,
(Es fällt ihm manches Blendwerk ein,)
Und zögert dennoch aufzusehn.

Und wieder hebt der Knabe an:
»Dort auf dem Tische sitzt ein Mann;
Er sitzt nicht, nein – er liegt schon wieder –

Und stand doch erst soeben auf.«
Dann hebt die Ärmchen er hinauf
Und zieht des Greises Stirne nieder,
Ihm flüsternd, mit verstecktem Ton:
»Es ist der Pfarr, ich kenn' ihn schon!
Er hat den Mantel umgeschlagen
Und seinen großen weißen Kragen.«
Nun wieder fröstelnd schaut das Kind
Mit offnem Munde, vorgebückt,
Dann an des Vaters Arm gedrückt:
»Wie weiß ihm seine Finger sind!«
Der Alte sucht mit allem Fleiß
Sich der Gedanken zu entschlagen,
Die fast wie Irrwahn ihn bedräun.
»Henri! du solltest ruhig sein,
Allein du weißt mich nur zu plagen.
Schlaf ein, schlaf ein, mein kleiner Sohn!«
Der Knabe bei dem harten Ton
Verschüchtert sich zur Seite schiebt,
Die müden Äuglein reibt betrübt.
Sein Köpfchen ruht so los und schlecht,
Auch ist der Sitz ihm gar nicht recht,
Zu dick der Mantel hängt und schwer,
So lange rutscht er hin und her,
Bis, von dem harten Schoße gleitend,
Er auf den Grund die Sohlen setzt,
Und, wie ein Häschen mattgehetzt,
Ins dürre Laub sein Häuptlein reckt,
So aus die zarten Arme streckt
Das Kind, um Vaters Leib sie breitend,
Und bricht vor unverstandnem Graus
In ganz geheime Tränen aus.

Doch jener, in sich selbst gekehrt,
Des Kleinen Stimme nicht beachtet,
Mit angestrengter Sorge trachtet
Die innern Feinde abzuwehren,
So pochend durch die Adern gären.
Er birgt die Augen, sinnt und sinnt:
Zu Saint Remi, im Stübchen klein,
Was seine Tochter wohl beginnt?
Die Wände hell, die Schemel rein
Sucht er den Sinnen vorzuführen.
Vergebens! wunderlich berühren
Auch hier sich Wirklichkeit und Schein;
Die tote Schwester fällt ihm ein.
Gleich Träumen die Gedanken irren,
Im Ohre hallt ein feines Schwirren,
Ein Klingeln, seltsam zu belauschen;
Es ist des eignen Blutes Rauschen,
Das, murrend ob der Adern Band,
Zum Haupt die Klagen hat gesandt.
So geht es nicht, so darf's nicht bleiben!
Der Greis, in seiner Seelenqual,
Beginnt die Glieder allzumal
Mit angestrengtem Fleiß zu reiben.
Des Mantels Rauschen an der Wand,
Das Rispeln seiner eignen Hand,
Des Haares Knistern, wenn er schwer
Streicht mit den Fingern drüber her:
Ein Laut des Lebens scheint dem schwachen
Bedrängten Busen Luft zu machen.
Und dann – ein Schrei! woher und wie?
Des Alten Blut zu Eis gerinnt.
Er tappt umher: »Henri! Henri!
Wo bist du nur? wo bist du, Kind?«

Da wieder das Gestöhn beginnt,
Und »Vater! Vater!« und aufs Neu
»Mein Vater!« wimmert's im Geschrei.
Der Alte, nach dem Laut gerichtet,
Hat jenen Winkel bald erreicht,
Wo, schwach vom nächt'gen Strahl umlichtet,
Sich dunkel eine Nische zeigt,
Drin sichtbar halb ein Leichnam ruht,
Auf breiter Stirn den Schweizerhut.
Und um des Toten Hand geklemmt
Der Knabe wimmert und sich stemmt
Den lieben Vater aufzuwecken.
»Was machst du, Henri? Kind, komm her!
Er ist's ja nicht, er kehrt nicht mehr,
Du arme Waise!«, und im Schrecken
Hat er des Knaben Arm geschüttelt,
Bis, von dem Totenhaupt gerüttelt,
Der Hut sich in die Kante stellt
Und dicht an seine Ferse fällt.
Mit *einem* Ruck des Kindes Hand
Befreiend, stürzt in tollem Graus
Der Alte in die Nacht hinaus.
Die Türe hat er eingerannt,
Und klirrend sprengt sich hinter ihm
Die Feder ein mit Ungestüm.

Nur fern erst an der Drance Rand
Gewinnen die Gedanken Stand.
Der Arm des Sturmes halb gesenkt
Nicht mehr so wild die Flagge schwenkt;
Doch auch das Mondlicht halb erbleicht
Ihm dämmernd nur die Richtung zeigt.
Getrost, getrost! kurz ist der Weg,

Bekannt, betreten jeder Steg!
Nur immer vorwärts, immer reg,
Eh dich im Schlummer Tod beschleicht.
Ein Weilchen geht's mit hartem Mut,
Wie Not ihn und Verzweiflung leiht.
Die Schatten dehnen sich so breit,
Die Luft verrauscht, entschlummert, ruht;
Ein grauliches Gewölke steigt
Allmählich an den Mond hinauf,
Der einmal noch die Scheibe zeigt.
Dann dicht und dichter zieht es auf,
Ein Nebelsee, in hoher Luft;
So wallt und wogt und rollt der Duft,
Bis, durch den Horizont verbreitet,
Sich formlos eine Decke spreitet.
Nun fällt ein Flöckchen, unbemerkt,
Nun wieder, auf des Greises Hand,
Trifft hier und dort des Hutes Rand.
Nun das Gestöber sich verstärkt,
Bis wimmelnd, in verwirrten Kriegen,
Die Flocken durcheinanderfliegen.
Dann, einer Staublawine gleich,
Entlastet sich der Lüfte Reich.
So ganz entschlafen ist die Luft,
Dass sich vernehmlich reibt der Duft
Und durch die eingewiegten Flächen
Der Glocke Stimme hörbar wird,
Die mild und lockend scheint zu sprechen:
Kommt alle her, die ihr verirrt!
Der Alte stutzt und bei dem Klingen
Gewaltsam sich zusammenrafft.
»O! könntest du mir junge Kraft
In meine alten Adern singen!«

Doch enger stets in Frostes Haft,
Wie kleine spitze Dornen wühlen,
Muss er's in allen Muskeln fühlen.
Gleich einer Trümmer, überschneit,
Er schleppt sich durch die Einsamkeit;
Sein Mantel, seine grauen Locken
Sie starren unter Eis und Flocken.
Oft von dem schlechtgebahnten Pfad
Der Fuß, getäuscht durch falsches Licht,
Auf eine lockre Masse trat
Und stampfend ihre Decke bricht.
»O namenlose Todesqual!
So nah, so nah dem Hospital!
Nur noch ein Steg, nur noch ein Pass,
O spannt euch an ihr Sehnen lass!
Mein armes Kind! allein um dich,
Nicht um mein Leben kämpfe ich.«
So tappt er fort. Die Bahn sich neigt:
Der Alte hat den Steg erreicht,
Den durch des Wirbels stäubend Rennen
Er eben, eben mag erkennen.

Die Drance in ihrem engen Bette
Sich windet um das Felsenriff,
Und drüber her, ein luftig Schiff,
Der Fichte Stamm vereint die Kette.
Am Tag, bei hellem Sonnenschein,
Wer schaute ohne Schwindel drein!
Zudem der Steg, jüngst überschwemmt
Von aufgelösten Schnees Wogen,
Mit Eises Rinde ist umzogen,
Die sich zu glatten Hügeln dämmt.
Hier steht der Greis in seinen Nöten,

Der nichts mehr kann und nichts mehr weiß
Und sachte noch versucht zu beten;
Schiebt dann voran die Sohle leis.
Schau! wie auf dem beglasten Bogen
Um einen Tritt er vorwärts schreitet;
Er steht nicht fest, er schwankt, er gleitet,
Er ist verloren – nein – er steht.
Mit blindem Glück zurückgezogen
Sein Fuß auf festem Grund sich dreht.
Zuerst der Alte ganz betäubt
Am Rand der Kluft gefesselt bleibt:
Dann, wie aus plötzlichem Entschlusse,
Den Mantel schiebt er von der Brust
Und herzt mit langem, langem Kusse,
Dem letzten irdischen Genusse,
Das Kind in Scheidens bittrer Lust.
Und nun: »Wohlan! es sei gewagt!
Uns hier der Morgen nimmer tagt.«

Doch horch! ein Klang die Luft durchweht.
Der Alte steht und lauscht und steht –
Ein Zittern durch die Züge geht.
Aufs Neu der Ton herübertreibt,
Doch schwach nur unterm Winde bleibt.
»Henri! Henri! leih mir dein Ohr!
Mein guter Junge, lausch hervor!«
Das Kind nur zögernd und betrübt
Sein fröstelnd Häuptlein aufwärts schiebt,
Ein Tränchen flirrt um Wang' und Mund:
»Großvater! 's ist ja nur ein Hund!«
»Ist's auch gewiss ein Hund, der bellt?
Mein Gott! du sahst die bittre Qual!
Dann sei's in deine Hand gestellt,

Dann wag' ich's nicht zum zweiten Mal.«
Er steht und horcht: und horcht und steht,
Aufs Neu der Wind den Klang verweht.
Nun wieder heller – ha! sie nahn;
Schon räumt der greise Mann die Bahn.
Ganz nah – sie drehn um jene Bucht; –
Ein Weilchen still – dann, wie zum Spott,
Ganz aus der Ferne – heil'ger Gott!
Sie ziehn vorüber an der Schlucht.
Des Alten morscher Körper nicht
Erträgt die Last des Schreckens mehr,
Es flirrt, es wirbelt um ihn her,
Noch hält er sich, noch sinkt er nicht.
Doch höher schon die Schauer steigen,
Allmählich sich die Kniee neigen,
Noch einmal seufzt er auf in Weh
Und fällt dann taumelnd in den Schnee.

Die Luft, so auf und nieder geht,
Jetzt frischen Klang herüberweht,
Nicht klaffend, wie zu Jagd und Lust,
Nein, gleich dem Ruf aus Menschenbrust,
Mit kurzen wiederholten Stößen,
Wie Wächter die Signale lösen,
Verhallend oft in Windes Rauschen
Der Ton auf Antwort scheint zu lauschen.
Nun wiederum in weiten Reifen
Sie spürend durch die Gegend schweifen
Bald fern, bald näher; wie im Traum
Der Greis vernimmt die Laute kaum.
Nur einmal zuckend seine Hand
Dem Knaben klemmt sich ins Gewand.
Kein Schmerz mehr durch die Nerven wühlt,

Kein Glied er mehr als eignes fühlt.
Nur wie von tausend Ketten spielt
Im Haupt ein wunderliches Klirren;
Die Töne wechseln – sich verwirren –
Nun wird's zum Klingeln – nun zum Schwirren –
Nun wie ein linder Hauch vergeht's –
Und leiser – leiser – leiser stets,
Er schläft – –

Zweiter Gesang

Wo auf Sankt Bernhards Mitte recht
Die Zinnen streckt der Felsenbau,
In seiner Trümmer Irrgeflecht
Ein Tal sich lagert, eng und rau.
Da harrt es nun in ew'gem Lauschen,
Nicht Vogelsang, nicht Blätterrauschen,
Nein, wie die Stürme Seufzer tauschen.
Inmitten schwärzlich ruht der See,
Der des verlornen Strahles Weh
Gefesselt hält in seinen Flächen,
So dort gleich dem Gefangnen liegt,
Sich angstvoll an die Decke schmiegt,
Den glas'gen Kerker zu durchbrechen.
Und nah dem unwirtbaren Strand
Das Hospital steigt in die Höh'
So schlicht wie eine Klippenwand,
Der Wandrer unterscheidet's nicht.
Nur wenn ein Klang die Stille bricht,
Vom Hochaltar das ew'ge Licht
Wenn's durch die Nacht den blassen Schein

Wirft in das Schneegefild' hinein,
Lenkt er zur Schwelle seinen Schritt,
Der wahrlich sonst vorüberglitt.
Denn in der Dämmrung ungestalt
Erscheint es wie ein Felsengrat
Rings eingekerbt von weitem Spalt.

Doch jetzt ein Flockennebel kraus
Löscht duftig alle Formen aus.
Die Schneenacht dieser ew'gen Wüste,
Als ob sie nimmer enden müsste,
So dicht die Mauern hält umrungen,
In jede Zelle ist gedrungen.
Auf allen Wimpern liegt der Mohn,
Und nur des Schlafes tiefer Ton,
Wie er bejahrter Brust entsteigt,
Gespenstig durch die Gänge schleicht.
Ein Augenpaar noch offen steht.
Nachlässig, in verklommten Händen,
Der Mönch des Glockenstranges Enden,
Sich auf und nieder windend, dreht.
Ermüdung kämpft in seinen Zügen,
Die Nacht ist streng, der Dienst ist schwer.
Wie die Gedanken abwärts fliegen,
Er wirft den düstern Blick umher,
Zumeist sein Auge ist gericht
Doch immer auf den Estrichgrund,
Wo ew'ger Lampe schlummernd Licht
Geträumet hat ein mattes Rund.
In dieser toten Einsamkeit
Der Bruder sich des Schimmers freut.
Er weiß es selbst nicht, wie ihm ist,
So öd, so öd zu dieser Frist.

Das Dunkel, das im Bethaus waltet,
Der leeren Bänke Reihn, ein Bild,
Das scheinbar aus der Nische quillt,
Und von der Decke hochgestaltet,
Manch grauer Heil'ger zürnend schaut.
Zudem – das Eis an Wänden hängt,
Vom Glockenstuhl ein Luftzug drängt,
Wie endlos Bommeln überm Haupt
Schier die Geduld dem Bruder raubt.
Ob denn die Stunde nimmer endet?
Doch still! die Klosteruhr sich wendet:
Eins – zwei – und drei – das Echo dröhnt,
Und auch der Mönch die Glieder dehnt.
Er lässt den Strang, im Spähn verloren,
Ihm summt's noch immer vor den Ohren.
Nun knarren Türen, schlurfen Tritte,
Ein Lichtstrahl durch die Ritze gleitet;
Dann, haltend vor des Auges Mitte
Sein Lämpchen in gebräunter Hand,
Hervor Denis der Alte schreitet.
Längst vom Gesetz dem Dienst entbunden
Hat er sich nimmer dreingefunden,
Ein eifervoller Gottesknecht,
Behauptend seiner Pflichten Recht.
Grau ist sein Haar wie sein Gewand,
Und da er bleibt am Pförtchen stehn
Den Finger mahnend aufgehoben,
Du meinst den Alpengeist zu sehn.
»O Eleuthère! soll man dich loben?
Mein junger rüstiger Gesell,
Ermattest du im Dienst so schnell?«
Der Bruder lässig fasst den Strang
Und lässt sogleich ihn wieder fallen;

»Dem Vater wird die Zeit wohl lang;
Ihr seid der Rüstigste von allen.«
Dann steht er, streicht mit flacher Hand
Die Falten von der Stirne Rand:
»Nehmt's, Vater, heut nicht so genau,
Die Nacht war gar zu wüst und rau,
Mir friert das Hirn am Schädel an.«
»Schlaf wohl!«, versetzt der alte Mann.
Sein Lämpchen zündet Eleuthère,
Zupft an dem Dochte mit Bedacht,
Und nickt und murmelt drüber her:
»Hab' ich mich je dem Dienst entzogen,
Wenn Schnee die Pässe gleichgemacht,
Und jede alte Spur getrogen?
Allein, was in der Jahre Lauf,
Uns reibt am allermeisten auf,
Dies Läuten, Läuten durch die Nacht,
Wo nicht das Schneehuhn kommt hervor,
Wo nicht der Uhu selber wacht,
Wo auf dem Bernhard klimmt kein Tor;
Und wir!« Er hebt die Lamp' empor.
An dem Gemäuer, überall,
Steigt glitzernd auf der Eiskristall,
Dass klar, wie in poliertem Stahl,
Steht geisterhaft der kleine Strahl.
»'s ist eben eine hies'ge Nacht«,
Versetzt Denis, »doch kannst du sagen,
Dich habe Trug hieher gebracht
Zur Ruhe und bequemen Tagen?
Und, Eleuthère, wie magst du wissen,
Dass niemand in der Steppe wacht?
Ich selbst hab' in Dezembernacht
Vorzeiten diesen Weg gemacht.

Ich macht' ihn, hab' ihn machen müssen,
Und, ratlos am Montmort gebettet,
Hat unser Glöckchen mich gerettet.
So treibt die Not« – der Alte schweigt,
Doch nieder auf den Strang sich beugt,
Und angeschlagen mit Gewalt
Das Glöckchen durch die Steppe schallt.
Dann – »Still! rief's meinen Namen nicht?«
»Nein, Vater.« »Hast du nichts vernommen?
Ein Schnauben, Scharren?« Jener spricht:
»Ist's möglich! unsre Hunde kommen.«
»Still, Bruder, still!« – Man horcht aufs Neu;
Ein leises Winseln schleicht herbei
Vom Klostertor, ein Stoßen, Kratzen,
Ein Rütteln wie mit schweren Tatzen.
»Schnell, Eleuthère! schnell aufgemacht!
Schau, was der Barry uns gebracht!«
Denis, gebannt am Glockenstrang,
Doch immer schaut den Weg entlang.
Nun nahen Tritte, ja gewiss –
Die Gänge tappt's hinauf – allein
Ein Hund scheint's und *ein* Mensch zu sein.
Das Pförtchen öffnet sich. »Denis!«,
Ruft Eleuthère, »o seht doch hier
Das gute kluge treue Tier!«

Und nach ihm, schwer ermüdet, wankt
Der große Hund in die Kapelle;
Er dreht die Augen rings, er schwankt,
Ihm hängt das Eis vom zott'gen Felle,
Auf seinem Rücken liegt ein Kind,
Ein armes Knäbchen, schier erfroren:
Voll Reifen seine Löckchen sind;

Die Hände hat es eingeklemmt
In seines Trägers raue Ohren,
Mit schwachen Beinchen sich gestemmt
Um Barrys Leib: in Angst verloren
Wagt's nicht zu schrein, nur allgemach
Ein Tränchen rinnt dem andern nach.
»O Barry, brav!«, der Bruder hebt
Das Kind empor, das schaudert, bebt,
Sich immer noch nicht fassen kann,
Die kalten Händchen nun und dann
An sein geblendet Auge hebt,
Und von dem wunderlichen Mann,
Der, fort es tragend, kost und schilt,
Sich angstvoll loszuwinden strebt.
Hart nebenher, das Ebenbild
Des Mönches schier, die Dogge trabt,
Mit gleicher Einsicht fast begabt,
Der auch den Knaben will ergötzen,
Glutäugig, mit gehobnem Haupt
Gar liebreich in die Höhe schnaubt,
Und tummelt sich in wüsten Sätzen;
Peitscht mit dem Schweif, steigt gähnend auf,
Streckt seine breite Tatze auf
Bis an das Kind, das vor Entsetzen
Beginnt zu schrein, der Hund zu bellen:
Die Fenster klirren, alle Zellen
Beleben sich, und vorgeduckt
Aus jeder Tür ein Mönchlein guckt.

Und wie das Knäbchen sie erschaun,
Das Kindchen unter ihrem Dache,
Da ist's, als ob die Sonne, traun!
Auf jedem Angesicht erwache.

Und alle eilen, wie betört,
Ihm irgend Gutes zuzufügen;
Auf die Geschichte keiner hört.
Das ist das heilige Vergnügen,
Das ist die unverstandne Macht,
So über Kindes Leben wacht!
Der Infirmier* mit leiser Hand
Die Glieder rührt, ob sie auch schwellen,
Die Schuh' ihm von den Füßchen zieht,
Und heimlich, an der Zellenwand,
Ein alterschwacher Mönch sich müht
Den kleinen Korb herabzustellen,
Darin nach seiner tör'gen Art
Er gute Bissen aufgespart.
Dem Pater Koch nicht schnell genug
Das Reisig will die Flamme zollen.
Dort einer bringt ein warmes Tuch;
Doch – horch! die Gitterpforten rollen. –
»Der Prior!«, läuft's von Mund zu Mund.
Mit freud'gem Funkeln lauscht der Hund,
Die Mönche mit den Brüdern schelten
Und lassen sie den Lärm entgelten;
Zur Zelle ein Noviz' sich schleicht.
Der Prior naht, gesetzt, doch leicht.
Die Schritte, schon vor manchen Jahren,
Der schlanken Gämse tödlich waren,
Als auf dem Montblanc diese Hand
Vergebens nie den Schuss entsandt.
Und der Gewohnheit zähes Band
Verrät sich noch bei grauen Haaren;

* *Infirmier, Krankenwärter.*

Ja, dieser blauen Augen Blitz
Scheint noch zu spähn des Geiers Sitz;
Den Stab er in der Mitte fasst,
Wie einst der Doppelbüchse Last.
Fürwahr! als einst, gedankenschwer,
Beratend in der Brüder Kreis
Er zum Brevier griff ungefähr,
Sah man das heil'ge Buch ihn schütteln,
Wie's Pulverhorn die Jäger rütteln.
So leis und fest die Schritte greifen.
Nun, redend, an des Gurtes Strang
Die Sehne scheint er noch zu streifen.
»Was, Brüder, zaudert ihr so lang?
Der Barry hat das Kind gebracht,
Allein wer nahm das Kind in acht?
Wo ist der Mann, wo ist die Frau,
So auf den Bernhard es getragen?
Seid Väter ihr umsonst so grau?
Muss euch des Hundes Witz verklagen?
Seht, wie das arme Tier sich müht,
Euch eure Pflichten anzusagen,
Wie's den Eugène am Kleide zieht!
Ja, Barry, solche Lässigkeit
Erfährst zum ersten Mal du heut!«

Hier wirft er einen Blick umher,
Der trifft nur wen'ge, aber schwer;
Zwei Brüder nur, von Schüchternheit
An ihren Plätzen festgehalten.
Schon in den Zellen sind die Alten,
Schon zur gefahrumgebnen Fahrt
An dieses Schneemeers falschen Küsten
In Eile sich die Jungen rüsten.

Bereit nun alles. Aus dem Tor
Sechs Brüder treten hastig vor,
Im Schneelicht wie ein Geisterchor.
Die grauen Mäntel, Kappen rau,
An ihrem Fuß der Filzschuh grau,
Gewirkte Gürtel um die Lenden,
Der Eisenstachel in den Händen.
Und ihrer zwei an Stangen auch,
Die arme Leiche einzuschlagen,
Ein festgerolltes Leilach tragen.
Voran, in der Laterne Schein,
Die Funken sendend übern See,
Tritt festen Schritts der Marronier*;
Den Alpstock trägt er in die Höh',
So kühn wie den Kommandostab
Der Feldherr über Schlachtfelds Grab.
Er kennt die Stege, jeden Stein:
Ein Felsgeäder sichtbar kaum,
Des Schneehuhns überjährig Nest,
Geborgen in der Spalte Raum,
Das Strombett sich nur wenig dehnend,
Ein Block sich an den andern lehnend
Stellt ihm sogleich die Richtung fest.
Denn täglich in des Hunds Geleite
Grüßt er die toddurchhauchte Weite –
Ja, jeden Tag und ganz allein!
Drum man zu diesem Amte schafft
Den Besten stets an Mut und Kraft.
Doch seht, wer mischt sich in den Zug?
Gebeugt, mit angestrengtem Schritte

---

* *Marronier, Amt des Bruders, der täglich ohne Ausnahme nach Verunglückten zu suchen hat.*

Denis ist in der Brüder Mitte.
Du Alter, hast du nicht genug
Durch dreißig saure Jahr' getragen?
Nein, heute muss er es schon wagen.
Ihm Eleuthère, des Trägen, Wort
Bohrt wie ein Dorn im Herzen fort.
Da hilft kein Mahnen, kein Versagen:
Sie sollen sehn, die Leute jung,
Der Alte tut auch noch genung.
Schau, wie voran in weiten Sprüngen
Den starken Leib die Hunde schwingen;
Dickmaulig, scheckig, lang von Haar,
Fest in den Gliedern ganz und gar,
Nicht Wachtelhund, nicht Dogge ganz,
Halb Spaniens, halb Englands Rasse
Ist's eine eigne edle Klasse.
Die Augen drehn in klugem Glanz,
Bei jedem Sprunge Schellchen klingen
An ihrer Nacken Lederringen.
Barry voran, obgleich in Scheiben
Und Schollen sich die Zotten reiben,
Der Barry mag zu Haus nicht bleiben.

Bald geht es abwärts; näher schon
Die ungeheuren Massen drohn.
Den Totenschädel reckt Montmort
Und scheint den Wanderern zu nicken.
Der Weg, beengt von Felsenstücken,
Die längs der Mutterklippe Rand
Entrafft des Wintersturmes Hand,
Muss oft an das Gestein sich drücken;
Dann schlingt er mühsam sich heran,
Springt über eingeschneite Zacken;

Die Brüder wandeln Mann für Mann,
Und ziehn die Kappen in den Nacken.
Zuerst manch abgebrochnes Wort
Fliegt durch die Reihe hier und dort,
Vom letzten Zuge, jener Frau,
Die halb erstarrt man heimgetragen;
Was in den jüngsten zwanzig Jahren
Das Hospital an Leid erfahren,
Gezählt an Kranken und an Bahren:
Der Marronier weiß ganz genau
Dir jeden Umstand herzusagen.
Doch steiler sinkt der Pfad; vom Schaft
Gestützt, eindrängend mit Gewalt
Den Stachel in des Eises Spalt,
Die Brüder nur mit ganzer Kraft
Der strammen Sohle Gleiten hemmen.
Und immer, immer näher sich
Die glimmerblanken Riffe klemmen:
Steil, zackenreich, ein Riesenschloss,
Wo aus gespaltner Scharten Hort
Sich niederdrängt des Winters Zeichen,
Als wollten Riesenjungfraun dort
Im Nebeltau die Schleier bleichen.
Und oben drauf an Zinnenwand
Die wunderlichsten Steingestalten,
Und einen Zoll breit nur vom Rand
Im Gleichgewichte scharf gehalten,
Noch aufrecht, zu getreuer Wacht.
Doch weiter – und in Schlummers Macht
Die Häupter immer schwerer neigen,
So schwindelnd aneinanderbeugen,
Dass kaum in seinem höchsten Stand
Lässt einen Strahl der Sonnenbrand

Auf Augenblicke niedersteigen.
Oft einer an des andern Hand
Die frommen Brüder, keuchend nur,
Ein jeder in des Vormanns Spur,
Verstummt auf ihre Tritte achten,
Als noch des Himmels karger Schein
Verlischt, und nur die Leuchte klein
Flammt heller auf bei tiefrem Nachten.
Sieh an des Glimmers reinen Scheiben
Den Strahl sich mit Geflatter reiben,
Ein Silbernetz auf Felsen webend,
Und an der Brüder Kutten bebend,
Die reiferglänzend ganz und gar
Nachziehn wie des Kometen Haar.

Wie lang die Schlucht, die Nacht wie kalt!
Des Nordes schneidende Gewalt
Strömt langsam durch die schmale Gasse,
Sich öffnend nur nach Mitternacht.
Die Brüder mit der Sohle Rand,
Und wechselnd dieser, jener Hand
Den Schaft der Eisenstange schlagen,
Dass nicht der Frost die Glieder fasse.
Nur kaum vermögen sie's zu tragen;
Und einen hört man heimlich klagen,
Der noch in keiner solchen Nacht
Den Klosterzug hat mitgemacht.
Frei wird die Bahn, doch milder nicht;
Der Wind sich an den Klippen bricht,
Und wirft ihm Flocken ins Gesicht.
»Hätt' er's gewusst, hätt' er's gedacht!
Es ist zu arg!« und – Horch!, sie lauschen,
Nicht fern seitab Gewässer rauschen,

Doch kollernd, dumpf, wie überdacht
Von einer Röhre hohlen Gängen.
Die Hunde schnaubend näher drängen,
Und Barry plötzlich wie gehetzt
Zur Seite in den Flugschnee setzt;
Steht still dann, winselt, schaut sich um,
Dann fort er watet, mühvoll stöhnend,
Versinkend oft, nun auf sich dehnend,
In kurzen Sprüngen weiter jetzt:
Und immer mit gestoßnem Laut
Er rückwärts nach den Brüdern schaut.
Voran der Marronier, geschürzt,
Sein Mantel unterm Arm sich kürzt;
Die Brüder nach mit weiten Schritten,
Versenkt bis an des Leibes Mitten;
Und rechts und links die Hunde klimmen,
Im aufgerührten Schneemeer schwimmen.
So vorwärts; »halt!«, der Führer ruft:
»Hier stehn wir an der Drance Kluft!
Nicht weiter!« Aber Barry leicht
Mit einem Satz den Stamm erreicht,
Der zweier Felsen Rücken bindet;
Tief drunter sich die Drance windet,
Wo aus gesprengten Eises Spalt
Das Wasser brodelt mit Gewalt.
Nur einmal sich der Barry schüttelt,
Die Flocken aus dem Pelze rüttelt,
Im Hui schwindet: längs der Kluft
Hört man ihn rauschen übern Duft.

Der Marronier die Leuchte jetzt
Dicht an den Rand der Tiefe setzt.
Auf steigt die alte Fichte weiß,

Ein ungeheurer Zapfen Eis,
Wo überall gleich Bergkristallen
Die blanken Stängel abwärts fallen,
Wie sich der Tropfstein bildet leis
In feuchter Grottenwölbung Hallen.
Und drunten das Gewässer schäumt,
Sich sprühend an der Scholle bäumt,
Wirft Perlen auf, in Bogen springt
Und tiefe heisre Weisen singt,
Bis, nicht zu fern, des Winters Macht
Aufs Neu in Fesseln es gebracht,
Wo pfeilgeschwinder Wellen Zug
Des Strudels Macht verrät genug.

Die Brüder stehn und sehn sich an. –
Der Marronier der feste Mann
Streicht mit den Fingern bald die Sohlen,
Bald prüfend auf den Steg sie reibt
Und in die Tiefe blickt verstohlen.
Kopfschüttelnd spricht er: »Brüder, bleibt!
Hier ist nur sichrer Tod zu holen;
Der Wildbach hat den Steg beschwemmt,
Seht, wie das blanke Eis sich dämmt:
So sei die Leiche Gott befohlen!
Was für den Lebenden uns Pflicht,
Das bleibt es für den Toten nicht.
He, Barry! Barry!« Aber dicht
Von drüben Wind und Stromes Rauschen
Ein wohlbekannter Ruf durchbricht,
Erst kurz, gestoßen – alles still –
Dann folgt ein ungeduldig Heulen,
Man hört ihn hin und wider eilen;
Nun scheint er an der Kluft zu lauschen,

Wo überm Rande, weiß umhegt,
Ein matter dunkler Fleck sich regt. –
Und plötzlich in des Steges Mitte
Erscheint die zottige Gestalt:
Ein Sprung – sich vor den Brüdern schmiegt
Das fromme Tier; es winselt, keucht,
Am Marronier sich angstvoll streicht,
Zupft an den Kleidern mit Gewalt.
»Ich fürcht' – ich hoffe – ja, ich glaube –«,
Haucht ein Noviz', der Angst zum Raube,
»Was drüben liegt, tot ist es nicht.«
Und »Barry! alter Barry!« spricht
Der Führer, streichelt sanft das Tier,
Vielleicht zum ersten Mal verlegen
In seines Amtes schwerem Segen.
Da stöhnend durch den Schnee sich bricht
Denis, die morschen Kniee schüttern,
Vor Zorn mehr als Erschöpfung zittern.
»Zurück!«, ruft er, »ich will voran!«
Trifft mit dem Arm und grimmen Blicken,
Was schnell nicht aus dem Pfad kann rücken,
Und vorwärts bricht der raue Mann.
Betäubt, fast willenlos die Brüder
Gestalten einer Kette Glieder;
Nun vorwärts, mit verschränkten Händen;
Der Himmel mag ein Unglück wenden!
Er hat's gewandt: tief atmend setzt
Jenseits den Fuß der Letzte jetzt.

Nur einen Blick, der war nicht süß,
Schenkt den Genossen noch Denis,
Brummt etwas noch von »trägen Hunden«;
Dann hat er schon den Ort gefunden,

Wo an die Felsenwand geschmiegt
Benoit der alte Senne liegt,
Und neben ihm der Barry gut,
Der Wanderstab, der breite Hut.
Sein Mantel, oben festgehalten
Durch der erstorbnen Finger Band,
Scheint, unten offen, aus den Falten
Gezerrt von ungeschickter Hand,
Wo in dem Schnee steckt tief genug
Die Flasche, so der Barry trug.
Zu Nacht gefallne Flocken haben
Den Körper mehr als halb begraben.
Wenn nicht ein Knie sich aufwärts streckt,
Man hätt' ihn nicht so bald entdeckt.
Herbei, Elias' fromme Raben!
Stemmt euch, hebt, hebt, das Leilach breitet!
Die steifen Glieder, drein geschlagen,
Ein Bruderpaar sich stumm bereitet,
Auf seinen Schultern heimzutragen.
Derselbe Pass, erhöhte Not!
Bräch' jetzt hervor des Mondes Licht!
Auf allen Zügen steht der Tod,
Doch keine Lippe widerspricht.
Zuerst der Marronier gebeugt
Dicht an den Steg die Leuchte streicht,
Dass jeder sieht zu jeder Seite
Der überglasten Wölbung Breite.
Schwieg jetzt des Strudels Rauschen auch,
Man körte keines Atems Hauch,
Und mancher schlöss die Augen gar,
Doch reißt sie offen die Gefahr.
Nur langsam – flach den Fuß gesetzt –
Des Vormanns Stange jeder fasse! –

Und seid auf einen Ruck bereitet,
Wenn einer schwankt, wenn einer gleitet;
Nur immer langsam – Schritt vor Schritt! –
Ha! auf den Grund der erste tritt
Und zieht mit seiner festen Hand
Die ganze Kette an den Strand.
Und jeder, wie er fühlt das Land,
Den Atem stößt mit voller Kraft
Aus der befreiten Kehle Haft.
Dem Himmel Dank! das war ein Wagen!
Hat niemand es zu künden Lust?
Doch war sich keiner in der Brust
Nur eines sichern Schritts bewusst,
Und keinem blieb, so kühn er sei,
Das Auge klar, Bewusstsein frei,
Als sie, wo drunten Wogen spülten,
Der Sohle leises Gleiten fühlten,
Und in der Hand, verklommen, zitternd
Die Stange hin und her sich schütternd.
Ja, Gottes Huld hat sie getragen,
Des Herrn, so sprach: »Ich bin dein Reich«,
Und: »Meinen Engel send' ich euch.«

Erst späterhin und fern vom Stege
Löst mählich sich der Zungen Band,
Und wenn auch auf demselben Wege,
Den früher man so übel fand,
Scheint doch, nach dem was man befuhr,
Ein Kinderspiel die Heimfahrt nur.
Entschlossen wird der Fuß gesetzt,
Was schlüpfrig sonst, scheint sicher jetzt;
Auch klimmt sich's leichter wohl hinan
Als abwärts auf beeister Bahn.

Nah ist der Tag, der Frost gewaltsam;
Allein die Luft, da man gekehrt,
Den Wandernden so unaufhaltsam
Nicht ferner in die Augen fährt.
Und wer sie hört, nicht sollt' er sagen,
Dass diese einen Leichnam tragen;
So überstandne Fährlichkeit
Die Herzen stimmt zur Heiterkeit.
Man lockt die Hunde, lobt und streichelt,
Geplauder wechselt durch die Reihe,
Zumeist bei der Gefahr es bleibt;
Und, wie's der Phantasie nun schmeichelt,
Wenn dieser spricht mit Heldenweihe,
Die Schrecken jener übertreibt.
Der Marronier auch redet drein,
Die Träger selber stimmen ein;
Sogar das Lachen überrascht
Den Jüngsten, als ein Bruder gleitet,
Nach der entfallnen Kappe hascht
Und stolpernd auf dem Alpstock reitet.
Doch wen dort, als von ungefähr
Der Lampe Schimmer sich verbreiten,
Sieht hinterm Zuge man von Weiten?
Denis! Wird ihm der Weg so schwer?
Man ruft und harrt, er schreitet an.
»Reicht mir die Hand!« Ein Bruder spricht:
»Stützt euch auf mich!« Der alte Mann
Erwidert: »Müde bin ich nicht.«
Dann setzt er an mit festem Schritt
Und rüstig in die Reihe tritt.
Was wohl den Mann betroffen hat?
Nicht kraftlos scheint er, in der Tat!
Und doch ihm in so kurzer Frist

Die Stimme klein geworden ist.
Wie das Gespräch sich wieder rege,
Er wandelt stumm und träumend fort,
Und fällt auch wohl ein schlimmes Wort,
Dass allzu viel in dieser Nacht
Um eine Leiche sei gewagt,
Nur tiefer sich der Alte bückt,
Nur in den Schnee die Ferse drückt,
Und der, so geht zunächst im Wege,
Meint, täusch' ihn nicht des Frostes Knistern,
Er höre schwere Seufzer flüstern.
Was wohl das gute Mönchlein quält?
Dem alten treuen Männchen fehlt?

Indessen, nun zum zweiten Mal,
Hat man die Klippenschlucht betreten;
Hier sind die Sinne all vonnöten.
Hu, wie der Wirbel streicht durchs Tal!
Die Luft gleich Äther scharf und fein!
Sogar die Worte frieren ein.
Und wieder hört man durch die Stille
Der Mäntel Reiben an den Kappen,
Des Tritts Geknarr, des Alpstocks Klappen;
Ein jeder schmiegt sich in die Hülle,
Und treibt den Fuß, so sehr er kann,
Voran, und immer nur voran.
Das Lampenlicht, was hier zuvor
Um Vließe duftbestreut geflogen,
Trifft sie mit Eise jetzt umzogen,
Und ganz von Glas erscheint der Chor.
Voran, voran! zieht sacht den Hauch,
Und streicht die Kappe dicht ans Aug'!
Voran! – Schaut nicht die Klippe hier

Fast wie ein formlos wüstes Tier?
Hier ein verstümmelt Riesenhaupt,
Das rechte Aug' ist ihm geraubt.
Voran, voran! – Was flattert dort?
Ein Lämmergeier, aufgeweckt
Aus seinem Lager, flieht erschreckt,
Gefangen in die Passes Enge.
Seht, wie er angstvoll krallt die Fänge!
Zurück! zurück! er naht dem Licht.
Und nun er überm Leilach schwebt,
Mit ausgespanntem Fittig bebt.
Die Lampe bergt! Da steigt er auf,
Ums Riesenhaupt noch einmal kreisend
Und pfeifend, dass die Gasse schallt;
Und nun verschwimmt er in die Nacht.
Noch einmal, sein Gekreisch verhallt.
Gottlob! jetzt hebt die Leuchte auf!
Leicht wird des Weges Rest vollbracht,
Ein Schimmer, nach dem Ausgang weisend,
Des Tages erster Bote scheint.
Ganz recht! hier öffnet sich das Tal!
Die Brüder schaun empor zumal:
Montmort steht schwarz, die Jungfrau grau:
Doch südlich im versenkten Blau
Die mächt'ge Rosenkuppel schwebt,
Bewegungslos am Äther hängt,
Und unter ihr Gewölke webt.
Es ist die Stirn, so stets empfängt
Den ersten Strahl, der niedersank,
Es ist der Alpenfürst Montblanc.

Allein des Dunkels Überrest
Verdoppelt auf die Fläche presst;

Formlose Massen noch, die Höhn
Im Horizont verschwimmend stehn.
Nur links am breiten Felsenturm
Erscheint, ein mächt'ger Feuerwurm,
Die ew'ge Lampe, deren Strahl
So milde winkt ins Hospital.
Noch tausend Schritt – die Wandrer keuchen,
Noch hundert Schritt – sie stehn am Tor.
Und eben bricht, ein glühend Zeichen,
Verschämt der Jungfrau Stirn hervor.
Was zaudert Bruder Pförtner noch?
Vielleicht vom Schlummer aufgestört!
Du alter Benoit, hat dich doch
Dein Wunsch ins Hospital gebracht!
Ach, anders gar wie du gedacht.
Da klinkt das Schloss, und eben hört,
Als grade sie ins Tor ihn tragen,
Man sechs die Klosterglocke schlagen.

Der Infirmier indes zu Nacht
Durch Schmeicheln und geduld'ges Fragen
Vom Knäbchen hat herausgebracht:
Wie Mutter schon vor vielen Tagen
Geschlafen, Vater auch nachher,
Der wenig Stunden krank gewesen,
Und beide gar nicht wachten mehr.
Wie anders dann Großvaters Wesen,
Wie sein Gesicht geworden schmal;
Und wie er gestern erst vom Tal
Bei argem Frost und harter Müh'
Getragen ihn auf üblen Wegen
Und viel erzählt von St. Remi,
Wo Tante Rose ganz genau

Ihn wie die Mutter werde pflegen,
Etienne la Borte des Sennen Frau.
O wohl mein armer Henri dir,
Dass du entschlummert unter Klagen,
Da sie vorbei an deiner Tür
Jetzt deinen guten Ätti tragen!
Sähst du so blau das Antlitz treu,
Zu stillen nicht wär' dein Geschrei.
Im Krankenzimmer schon die Glieder
Man hüllt in Schnee, man bürstet, reibt,
Sucht den entflohnen Atem wieder
Ihm einzuhauchen; alle Brüder
Verstummt und lauschend stehn dabei.
Kein Regen – und der Kerze Licht
Kein Zucken zeigt im Angesicht; –
Am vorgehaltnen Flaume nicht
Ein schwaches Fäserchen sich beugt,
Und mählich schon das Morgenrot
Bis an den Rand des Tales steigt.
»Ihr Brüder!«, nun der Prior spricht,
»Es scheint, der arme Greis sei tot.
Doch tut noch ferner eure Pflicht;
Ihr seid zur eignen Seele Frommen
Bis jetzt ihr treulich nachgekommen:
Allein zumeist, das ist gewiss,
Am allermeisten tat Denis.
Wo ist er? nun er ruht wohl aus!
Und sicher war's ein harter Strauß
Für seine Jahre.« Ach Denis
An keinen Schlummer denkt gewiss,
Vor dem Altare, wo im Bild
Die Gottesmutter rauchgeschwärzt
Ihr eingeräuchert Kindlein herzt,

Verzeichnet, bunt, doch gut genug,
Da es dem Manne sonder Trug
Mit Andacht so die Seele füllt,
Denn ganz besonders hat er sich
Geweiht der Jungfrau minniglich.
Was mag ihm so zu Herzen gehn?
Die Falte um den Mund, dies Stöhnen –
So hat man sonst ihn nicht gesehn.
Wie, schmolz der Mauerduft? Sind's Tränen,
Die niederfallen auf den Stein?
Dies feste Auge scheint mir nicht
Gewöhnt zu solcher Tropfen Pflicht.
Der Alte ist ja ganz allein!
Stets weiß die Jungfrau was er denkt:
Wär' zehnfach herber auch sein Grämen,
Vor ihr braucht er sich nicht zu schämen.

Indes das Dämmergrau zergeht;
Nur einzeln in die Mauerlücken
Sich kleine schwarze Schatten drücken.
Schon in der Fenster Mittelscheiben
Die rote Sonnenkugel schwebt;
Viel goldbestreute Wölkchen treiben,
Die ganze Luft ist glanzdurchbebt.
Im Morgenlichte doppelt mild
Dem Beter scheint das Mutterbild;
Selbst Märtyrer aus Gitterschrein
Nicht all so kläglich schauen drein.
Und nun das Diadem, das klare,
Am Haupt der Tagesfürstin ragt,
Da aus dem Winkel am Altare
Den letzten Schatten sie verjagt.
Sich von den Knieen hebt Denis,

Ein andrer Mann; die Finger leis
Streicht er durch seine Löckchen weiß,
Er ordnet sorglich sein Gewand,
Dem eingedrückt des Estrichs Sand,
Und zu den Brüdern, die noch immer
Versammelt sind im Krankenzimmer,
Begibt entschlossen sich der Greis.
Doch als er nun die Türe lichtet,
Auf ihn sich jedes Auge richtet;
Da, deut' ich recht der Finger Zucken,
Am Gurt das unbewusste Rucken,
So sinkt ein wenig ihm der Mut,
Auch in die Wange tritt das Blut.
»Wie, alter Vater! schlaft Ihr nicht?«,
Ruft ihm der Prior schon entgegen,
»Nein, Maß muss sein in allen Wegen,
Auch ihre Schranken hat die Pflicht.
Ihr scheint's Euch heute vorzunehmen
Uns alle gründlich zu beschämen,
Und Ihr seid matt, man sieht's Euch an.
Zu Bett, zu Bett!« Der alte Mann
Steht lautlos und in seiner Not
Aufs Neu beginnt das Kleid zu reiben,
Als sollte nicht ein Stäubchen bleiben:
Bis an die Stirne steigt das Rot.
Dann holt er tief und tiefer aus,
Und zitternd bricht die Stimm' heraus:
»Nein, lobt mich nicht, ich bin's nicht wert!
Ich will den schlimmsten Vorwurf dulden
Und dass ihr mir den Rücken kehrt;
Allein vergebt mir meine Schulden,
Der alte Feind hat mich betört.
Der alte eingefressne Zorn,

Im Herzen mir ein steter Dorn,
Seit ich in meinen jungen Tagen
Den Sennen blutig einst geschlagen.«
Hier stockt er, seufzt so tief betrübt,
Dass jede Brust ihm Antwort gibt.
»Als ich nach einem Ausweg sah
Am Drancerand die Brüder suchen,
Da fühlt' ich seine Kralle nah,
Und innerlich begann zu fluchen.
Und als nun sprach der Marronier:
›Hier ist nur sichrer Tod zu holen‹,
Und: ›Sei die Leiche Gott befohlen!‹
Es kribbelt' mir durch alle Glieder:
Den Alpstock hob ich in die Höh',
Dem Himmel Dank, ich senkt' ihn wieder.
Und als nun endlich, als am Strand
Barry, das unerschrockne Tier,
Ich treu auf seinem Posten fand:
Da hab' ich, hab' in Zornes Brand
Den Bruder einen Hund genannt.«
Er atmet auf: »Es ist heraus!
Ihr Brüder, ach vergebt dem alten
Verstockten Mann, was ich verbrach;
Kein böses Beispiel bleibe nach.
Vergib mir Bruder!« Ganz gebeugt
Zum Marronier er langsam schleicht
Und küsst voll Demut ihm die Hand.
Dann, eh noch einer spricht ein Wort
Vor Rührung, Staunen, tiefer Scham,
Schon stapft er durch das Zimmer fort,
Nicht ganz so trübe als er kam,
Um sich in seine Zelle klein
Drei Tage, frierend und allein

Bei Brot und Wasser einzuschließen.
Noch immer stehn die Brüder stumm,
Und jeder heimlich schilt sich dumm,
Dass sie den Alten ziehen ließen.
Die Stirn soldatisch in die Höh'
Am steifsten steht der Marronier.

Zuerst das lange Schweigen bricht
Der Prior: »Was wir alle denken,
Ihr Brüder, brauch' ich nicht zu sagen.
Denis will uns in diesen Tagen
Nicht nur von wandelloser Pflicht,
Von Reue auch ein Vorbild schenken,
So demutsvoll ein Christ nur handelt:
Deshalb« – Er stockt und wendet sich,
Denn eine Regung wunderlich
In Zittern ihm die Rede wandelt.

Der Prior sich zur Seite kehrt,
Und, dem Erstarrten zugewandt,
Die steifen Glieder abwärts fährt.
Den Flaum noch einmal mit der Hand
Bringt langsam an des Mundes Rand,
Erst quer, dann senkrecht aus der Höh'.
Nun hebt er sich, vom Bücken rot:
»Eugène und Louis! nehmt ihn fort!
Jetzt gleich! Und, Bruder Clavendier*,
Zum Sennen Etienne la Borte
Schickt nach Remi! Der Mann ist tot.«

---

* *Clavendier, der Bruder, dem die Besorgung der Hausgeschäfte obliegt.*

DES ARZTES VERMÄCHTNIS

So mild die Landschaft und so kühn,
Aus Felsenritzen Ranken blühn;
So wild das Wasser stürmt und rauscht,
Und drüber Soldanella* lauscht!
Nichts was ein wundes Herz so kühlt
Als Bergesluft die einsam spielt,
Wenn Maienmorgens frische Rosen
Mit Fichtendunkel flüsternd kosen.
Wo überm Wipfelmeer das Riff
Im Äther steht, ein flaggend Schiff,
Um seinen Mast der Geier schweift:
Tief im Gebüsch das Berghuhn läuft,
Es stutzt – es kauert sich – es pfeift
Und flattert auf; – ein Blättchen streift
Die Rolle in des Jünglings Hand.
Der schaut, versunken, über Land,
Wie einer, so in Stromes Rauschen
Will längst verklungner Stimme lauschen.
Er ruht am feuchten Uferrand. –
In seinem Auge Einklang liegt
Mit dem, was über ihm sich wiegt,
Mit Windgestöhn' und linden Zweigen:
Was ist ihm fremd, und was sein Eigen?
Gedankenvoll dem Boden ein
Gräbt Zeichen er mit spitzem Stein,
Und löst gedankenvoll das Band

---

* *Soldanella alpina, Alpendrottelblume.*

Am Blatt, wo, regelloser Spur
Ach! eine Hand, zu teuer nur,
Vertraut gestörter Seele Leiden,
Die Wahr und Falsch nicht konnte scheiden.
Und will er – soll er – dringen ein
In ein Geheimnis das nicht sein?
Es sei! es sei! die Hand ist Staub,
Und ein Vermächtnis ja kein Raub!
Dann – Wasser, Felsen, alles schwand.

»Ich war noch jung; o Zeit, entflohne Zeit!
Wohl vierzig Jahre hin, mir ist's wie heut.
Ein frisches Wasserreis war ich, im Traume
Von Blüte, Frucht und tausendjähr'gem Baume.
Ein Flämmchen war ich, lustig angebrannt,
Mein Sohn, nicht Schlacke, wie du mich gekannt.
Ach! damals hatte fremde Sünde nicht
Gelegt auf meinen Nacken ihr Gewicht.
Klar war mein Hirn, die Seufzer durften ruhn:
So war's, so war's, und anders ist es nun.
Der dunkle Mann – das Bild das mich umkreist –
Ich sage nichts, mein Sohn, was du nicht weißt.
Zu Nacht mein Auge fand das deine offen,
Dein sorglich Ohr mein Ächzen hat getroffen,
Wenn Missgeschick in Sünde mir zerfleußt,
Zur Gegenwart wird die Erinnerung.
Alt bin ich, krank, umdunkelt oft mein Geist,
Das kennst du nicht, du bist gesund und jung.

Am zwölften Mai, bei einsam tiefer Nacht,
Nach einem Tag, ich hatt' ihn froh verbracht
Auf Waldeshöhn, die wimmelnd von Gesindel
Zum Äther strecken ihrer Fichten Spindel,

An Böhmens Grenze eine starre Wacht:
Dort nahm, der Wissenschaft und Armut Sohn,
Ein kleines Haus mich auf seit Wochen schon,
Wo Kräuter suchend zwischen Fels und Gründen
Die Einsamkeit ich traulich konnte finden.
Am zwölften Mai, wo das Geschick mich traf –
Auf meinen Wimpern lag der Jugend Schlaf,
Doch ruhig nicht, mein Traum war wie im Fieber –
Auf Felsen stand ich, Adler kreisten drüber;
Mir näher, näher aus dem tiefen Grau,
Der Flügel Schlag ich hört' ihn ganz genau,
Und hört' es immer, als der Traum zerrann.
Vernahm ich's wirklich? Und was war es dann?
Den Atem haltend lausch' ich vorgebeugt,
Und wahrlich – zweimal – dreimal – nah der Wand
Pocht es vernehmlich an des Fensters Rand.
Dann Schatten seh ich vor der Scheibe schwanken,
Ein langer Arm, ein dunkler Finger steigt;
Ich war noch jung, wie Pulver die Gedanken,
Wenn aufgeregt, erkannten keine Schranken.
Man weckt den Arzt um Mitternacht so leicht:
Gewöhnlich fänd' ich's jetzt, dort wunderbar;
Doch Jugend schäumt entgegen der Gefahr,
Und ohne Sprudel ist kein Trank ihr klar.

So war's nur Neugier und verwegne Glut,
Was durch die Adern trieb das üpp'ge Blut,
Als ich verlassen jener Hütte Frieden
Um einen Wunden, wie man mich beschieden,
In jener Nacht so schwarz und schauerlich,
Dass nicht ein Glühwurm durch die Kräuter schlich;
Des Grases Knistern nur, der schwache Hauch
Des eignen Atems brach die Stille auch.

Vor ging ein Mann, und einer *nach* mir schritt.
Ich sah nur Grau in Grau und tappte mit,
Als wir dem Bergwald zogen stumm entgegen,
Gleich Kohlenstämmen unter Aschenregen.
Zuerst ein Weiher kam, und dann ein Steg,
Dann ging es aufwärts halbverwachsnen Weg;
Im tiefern Grau verschwammen die Gestalten;
Nur selten zeigten mir des Waldes Spalten
Noch meines Vormanns untersetzten Bau.
An einer Klippe meine Führer halten,
Und ich mich wende zu verstohlner Schau.
Nur dunkle Massen rings – wo mag ich sein?
Da über mir hört' ich die Eule schrein
Und dachte noch, ihr Nest liegt im Gestein.
Doch dort und dort und dorten, überall,
Entlang die Waldung, gellt's im Widerhall,
Ringsum die Zweige knistern wie im Brand,
Vor mir ein Mantel, drüben eine Hand,
Dann über meine Schulter es sich stemmt,
Und eine Binde hat den Blick gehemmt.
Der Boden schwindet; eh ich mich gefasst,
Ein Ross trägt schnaubend fürder seine Last.

Mir war doch schwül, als ich zum Zügel griff;
Seekranken war mir's gleich auf leckem Schiff.
Verwirrung hatte mich betäubt, zum Heil,
Sonst hätt' ich mich gefürchtet, als so steil
Pfadlosen Weg betrat des Tieres Fuß,
Wo ich nur klammernd mich erhalten muss
An seine Mähne mein Gesicht gelegt,
Dass mir des Tieres Schweiß vom Kinne rann.
Ich hörte wie, von seinem Huf geregt,
Des Weges Steine langsam rollten, dann

Von Klipp' zu Klippe sprangen, bis zuletzt
Der Schall im Nachhall schwand. ich hörte jetzt
Ob meinem Haupt die Wasser niederrauschen,
Dass zarter Regen mein Gesicht benetzt.
Oft warnte eine Stimme mich in Hast:
›Dich vorgebückt!‹ und über meinen Nacken
Strich sich ein breiter Ast mit trägem Knacken.
Entferntem Knalle glaubt' ich oft zu lauschen,
Der Boden einmal klang wie Estrich fast;
Was weiß ich, meine Phantasie war reg; –
Doch immer seltsam blieb und schlimm der Weg.
So öde war mein Hirn, gedankenleer,
Die Zügel ließ ich, oft dem Falle nah,
Dann wieder kehrte das Bewusstsein schwer.
Mit angeklemmten Gliedern saß ich da
Und log, von Sorge überschlau gemacht,
Ein heitres Angesicht der finstern Nacht.
Wie lange so, vermag ich nicht zu sagen.
Mir ist wie dem der aus dem Schlaf erwacht:
Ihm scheint's vom Abend ein Moment zum Tagen,
Doch blieb ihm das Gefühl entschwundner Zeit,
Und öfters übers Ziel ihn führend weit,
Dass er die Sonne sucht um Mitternacht.
Ja! sinn' ich, was noch all sich zugetragen
Bevor es tagte, hat die Fahrt wohl kaum
Gefüllt aufs Längste einer Stunde Raum.
Dann stand das Tier, und Arme fühlt' ich wieder;
Nun schwebt' ich in der Luft, nun ließ mich's nieder;
Und tiefer in der Brust der Atem glitt,
Als Grund, als festen Grund mein Fuß beschritt.

Voll Schwindel war ich, halb bewusstlos noch,
So griff ich nach der Binde; hastig doch

Mich fasste eine Hand, die war so stark,
Der leichte Druck mir rieselte ins Mark.
Und weiter, weiter durch betautes Kraut;
Man wandte rechts und links und sucht' zu meiden,
Was, weiß ich nicht; doch konnt' ich unterscheiden
Im Gras verstreuten Schutt – hier ward gebaut.
Dann Stufen ging's hinunter, seltsam hallend,
Und immer tiefer, eine lange Reih'.
Ich stütze mich auf Mauern, morsch, zerfallend,
Hier klang der Atemzug, ein halber Schrei;
Zur Seite hör' ich's tröpfeln, wie vom Regen –
Ich räuspre – und es schmettert mir entgegen –
Des Kleides Reibung flüstert am Gestein –
Dies musst' ein lang und tief Gewölbe sein.
Vor allem seltsam war's, als, unterm Grund
Auftauchend, Schritte rechts sich gaben kund.
Wie Schmiedehämmer pocht' es um und neben;
Die eingepresste Luft, es trog mich nicht,
Ich fühlte um Gesicht und Brust sie beben.
Doch ferner, schwächer schon der Schall sich bricht.
Nur immer weiter, wie die Wege drehn,
Und bald verschwimmt das Klirren, Rufen, Gehn
In ein Geschwirr, dem Hall des Wassers gleich,
Wenn's niederrauscht in einer Grotte Reich.

Oft sinn' ich wie mir alles noch so klar;
Ich war betäubt, drum scheint mir's sonderbar.
Ja, Angst ist fein, und schier bewusstlos doch,
Mechanisch sammeln ein die Sinne noch.
Nun stand mein Führer: Schwere Riegel klirrten,
Schnell schwand das Tuch, und schneller vors Gesicht
Schlug ich die Hand, mich blendete das Licht,
Man sprach zu mir, ich sah und hörte nicht;

Von allen Seiten bunte Flügel flirrten:
Es tat der Binde Druck, denn da's zerging,
Ein einsam Lämpchen nur im Winkel hing,
Wo einer Scheibe vieldurchlöchert Ziel
Das erste war was mir ins Auge fiel.
Und, als ich noch dem Schwindel kaum entrann,
Zu einer Wölbung zieht man mich hinan,
Bis dicht vor meinen Füßen liegt ein Mann.
Und dieser ist's? vom groben Pelz bedeckt?
So ausgespannt wie sich die Leiche streckt?
Und diesem soll ich helfen? Wenn ich kann.
Ich sah den halbentblößten Fuß, die Hand,
Kalt, totenfahl, erschlafft der Muskeln Band;
Ich sah recht um der Lunge Sitz das Tuch,
Wodurch ein Streif sich nass und dunkel wand;
Ich sah das schwarze Blut am Boden hier,
Und weiß nicht wo ich die Gedanken trug.
Gleich einer fremden Stimme sprach's aus mir:
›Bei Gott! bei Gott! bei Gott! der hat genug.‹
Ob man's vernommen hat? ich glaub' es kaum;
Mich dünkt, gemurmelt hab' ich wie im Traum.

Ein Schimmer jetzt auf den Enthüllten fällt,
Auf Züge, edel doch gefällig nicht.
Dies Auge kalt und unbezwungen bricht
Da sich dem Tod zum Kampf die Seele stellt.
Vor Grimm dies Antlitz schien mir zu erbleichen
Um einen Gegner dem es jetzt muss weichen.
Kraftsammlung, tiefes Brüten, sollt' man glauben,
Bewegung ihm und Sprache müsse rauben;
Und drüber, wahrlich, noch ein Hauch sich rührt
Von dem was Herzen anlockt und verführt.
Ich sah wohl wie es mit uns zweien stand,

Mit mir und ihm, wir beid' an Grabes Rand,
Da hab' ich auch gefühlt zu diesem Mal,
Wie Todesangst in vollem Laube tut.
Man meint, am besten sei's so kurz und gut,
Bevor uns Krankheit Zoll um Zoll verzehrt;
Glaub mir, es ist 'ne wunderliche Wahl,
So um sich, neben sich kein Fußbreit Raum,
Und überm Haupt an *einem* Haar das Schwert,
Fürwahr die Zunge klebte mir am Gaum!
Vielleicht dem Fischer mag ich mich vergleichen,
Der sonder Nahrung im verschlagnen Boot
Die Möwe streifen sieht und an dem bleichen
Gewölk aufzucken ferner Blitze Rot,
Gleich nah dem Abgrund und dem Hungertod.

Doch die Besinnung kehrte mir zum Heil,
Auch etwas Mut und eben List genug;
Ich konnte fragen in geschäft'ger Eil'
Nach jener Waffe, so die Wunde schlug.
Der Führer sprach – fürwahr, ich weiß nicht, was.
Mein Blick hing an des Kranken Muskelspiel:
Die Lippe bebt, das Auge hat kein Ziel.
Auf seinen Busen legt' ich meine Hand,
Und fühlte wie der Herzschlag kam und schwand,
In Stößen bald, dann wieder träg und lass;
Da grade ward das Eisen mir gereicht,
Ein Messer aus dem Küchenschrank vielleicht,
Mit einer Schling', es an die Wand zu hängen;
Das Ansehn einer Waffe hat's zumal,
Die man ergreift in Angst und Todesqual.
Ich fühlte wohl wie mein Gesicht erblich.
Und als der Klinge blutgefärbte Längen
Am Ärmel auf und ab der Führer strich,

Und recht als ob ihn wilde Lust beschlich,
Nun spielend zuckt und ausholt gegen mich:
Es war mir doch als dringe ein der Stich.
Verbergen wollt' ich meiner Kniee Schwanken
Und suchte nach des nächsten Schemels Halt,
Man sollte wähnen, sorglos, in Gedanken:
Da traf ich eine Hand, so feucht und kalt;
Doch jene nicht der kämpfenden Gestalt,
Nein, neben mir, dass Arm an Arm sich drücken,
Sitzt eine Frau, das Auge wie von Stein,
Auf den gewendet, der dem öden Sein,
Es scheint, mit sich zugleich sie wird entrücken.
Im Antlitz lag so tiefer Seelenschlaf
Wie nie bei Kranken ich noch Irren traf;
Die Stirn – ein Gletscher klar im Alpental,
Durchkältend uns mit dem gefrornen Strahl;
Dies Auge, seltsam regungslos und doch,
Erloschen gleich, voll toten Lichtes noch.
Nicht Wahnsinn war's, doch Schlimmres was ich sah;
Und mich bezwang's, dass ich vergaß was nah.
Zudem da dämmernd, dämmernd, halb gefühlt,
Wie Wetterleuchten die Erinnrung spielt.
Dies Antlitz ist – und doch ein andres ganz,
Ich hab's gesehn, es war im höchsten Glanz.
Und wo? Und wo? Halt an! Wie fuhr ich auf!
Mein Führer zupfte an der Binde Knoten.
Ward der gelöst und frei des Blutes Lauf,
Gewiss nichts Gutes ward mir dann geboten!
Was wär ich jetzt? Ein Schattenbild des dann
Gedenkt noch hier und dort ein alter Mann.
Und du mein Sohn? Was die Atome sind;
Sonst andrer Mann, und andren Mannes Kind. –
Ach, alles Leben ist wie Schaum und Duft!

Und doch hat jede Stunde ihre Pein.
Die Enkel treten meiner Freunde Gruft;
Wo bist du, Eduard? ich bin allein –
Ach Gott! mich quälen meine Träumerein ...«

Hier folgt ein Blatt, bekritzelt und zerpflückt,
Quer übern Raum die wilden Schnörkel fahren,
Mitunter Striche, durchs Papier gedrückt,
Gepresster Finger Zucken offenbaren.
Der Jüngling seufzt, und wendet rasch das Blatt.

Hier steht's: »Mir war nicht wohl, nun bin ich matt,
Fürwahr, fürwahr, und auch des Lebens satt.
Doch weiter – da du's wissen musst, mein Sohn –
Naphtha bekam der Kranke, sagt' ich schon;
Was soll man sonst in solcher Not verschreiben?
Noch einmal wollt' ich künstlich Feuer treiben
Durch seine Adern, ob sich mir vielleicht
Indes der Himmel weiß welch Ausweg zeigt:
So jung noch sollt' ich in der Schlinge bleiben?
Ein junges Blut ist hoffnungsreich und leicht;
Ich gab ihm Naphtha; bis die Wirkung kömmt,
Lass ich verstohlen meine Blicke streifen;
Die Dämmrung ferner nicht das Auge hemmt,
Es möchte jeden Gegenstand ergreifen.
Ich war in einem dunstigen Gemach,
Langsame Tropfen glitten von den Wänden;
Aufrecht gestellt träf' ich der Wölbung Dach;
Ob dies die Werke sind von Menschenhänden?
Zu schlecht zum Keller, und zu gut zum Stollen:
Was mögen diese langen Zapfen sollen?
Ich meinte Stalaktiten; in der Tat,
Die erste Höhle war's so ich betrat.

Und rings, wie zu gemeiner Maskerade,
Hing's überall in schmutziger Parade:
Ein Bauernkittel und ein Mönchsgewand,
Soldatenkleider, Roßkamms langer Rock,
Beim Judenbart des Älplers Hakenstock,
Und gleich am Lager mir zur rechten Hand
Hier ein Gewehr von Damaszierung falb,
Ein andres dort, beschmutzt, zertrümmert halb.
Auch nicht zu fern auf rohbehaunen Stein
Die Lampe warf den halbentschlafnen Schein
Aus einer Schale wie mich dünkte reich
Mit Wappen oder Bildern ausgeziert.
O, dass man mich an diesen Ort geführt,
Von übler Vorbedeutung schien mir's gleich!
Denn wie man die Umgebung so vergaß,
Nachlässig war es über alles Maß!

So irrend trifft mein Aug' auf jene Frau;
Sie ist verwandelt, in den schönen Bau
Kam Leben, aber erst wie Dämmerlicht
Sich mählich, mählich durch die Nebel bricht.
Sie sitzt nicht mehr, sie hat sich aufgerichtet,
Hält mit der Hand des Kranken Haupt gelichtet,
Sie blickt wie ein vom Schlaf erwachtes Reh.
Auf ihre Wange zog ein zarter Schein,
Wie Morgenhimmel wogend übern Schnee
Ihm seine lichten Spuren drückte ein.
Nun hebt den Arm sie, rückt die Locken, ja!
Da plötzlich tritt mir die Erinnrung nah,
Wien, Karneval, der Maskenball sind da.
Um diesen Nacken Perlenschnüre spielten,
In diesen dunklen Locken lag ein Kranz,
Es war als ob auf sie die Fackeln zielten,

Wenn sie vorüberglitt, ein Lichtstrom ganz.
Noch seh' ich wie der milde Kerzenschein
In Atlasfalten schlüpfte aus und ein,
Wie eine Rose sich, gelöst vom Band,
Ob ihrer Augen Bronnen schien zu bücken.
Sie war das schönste Grafenkind im Land:
Dennoch ein Etwas lag in ihren Blicken,
Als ob sie alle dulde, achte keinen,
Der schöne Mund geformt schien zum Verneinen:
Nicht Härte hab' ich's und nicht Hohn genannt,
Jedoch zu allernächst es beidem stand.
Man sagte mir, dies wunderschöne Bild,
– Vertraute Stimmen wurden drüber laut,
Für Herzensschwächen ist die Menge mild –
Man nannt' es eine unglücksel'ge Braut.
Der Mann, dem Elternwille sie versprach,
Er legte selbst den Grundstein seiner Schmach,
Als er mit ungestümer Grille Hang,
Wie Schwache gerne keck und seltsam scheinen,
Dem Fremdling auf sich zum Genossen drang,
Der sich am mindesten ihm mochte einen,
Der zehnfach schöner, tausendfach so kühn,
Mit Sitten die beleid'gen und verführen,
Genau gemacht ein starkes Herz zu rühren,
Geheim, man wusst' es, ließ die Braut erglühn;
Der folgt' sein Blick, wie dem Kometen klar
Die Seuche und das segenlose Jahr.
Von beiden Männern dort ich keinen sah,
Gefährlich war der Fremde, oder nah,
Von ihm man flüsterte; mit offnem Hohne
Den Grafen macht' zum albernen Patrone.
Parteiisch man des Weibes Fehl vergaß,
Nur Männer wurden laut dort wo ich saß.

Mir schien sie stolz, weit über Ziel und Maß,
Und minder trauernd auch als still entbrannt,
Dem Himmel zürnend, andern, ihm und sich
Dass er's gewagt, dass er den Schlüssel fand,
Zum mindesten so wirkte sie auf mich.
Doch all mein Sinnen hielt sie so gebannt,
Um sie das Fest vor meinem Auge schwand;
Und als sie zeitig ging, da ging auch ich.
Drei Jahre waren hin seit dies geschah,
Und jetzt an sie mich mahnte was ich sah,
Wie Steingebilde, übers Grab gestellt
An jenes mahnt was unter ihm zerfällt,
Wenn Seele fordernd stehn die Formen da.
– Es pickt der Fink am Auge regungslos,
Und ruhig wächst auf ihrem Haupt das Moos –
Nur wenig minder Totes war mir nah.
Im dunklen Blick, so überreich gewesen,
Doch eins noch war aus jener Zeit zu lesen:
Verhärtet Dulden – ob von Hass getrennt?
Zu tief versenkt lag's in dem tiefen Blau.
Ich sann, und dass ich's tat in *dem* Moment, –
Bezeugt wie seltsam fesselnd diese Frau.

Des Kranken Muskeln totenbleich erschlafft
Indes hat aufgespannt des Äthers Kraft;
Nicht all so stier das Auge glänzte mehr,
Den Arm sah ich ihn heben minder fahl,
Das Haupt verrücken auch nach eigner Wahl,
Und Zeichen geben wie ihn dürste sehr.
›Wird's besser?‹, sprach mein Führer, ›kömmt er auf?‹
lch nickt'. Er gähnte, dehnte sich, stand auf
Und stapfte fort; die Freude schien nur klein,
Und locker hier der Schlimmen Band zu sein.

Mir war's wie ein Gewitter das verzog,
Als er so langsam um die Ecke bog
Und träge schob die langen Glieder vor.
Ich hört' ihn rauschen durch Gerüll und Sand,
Dann seitwärts, ferner dann, dann ging ein Tor;
Ich lauschte, lauschte, lauschte – alles schwand.

Und Mut nun, Mut! der Augenblick ist mein:
Ich muss ihn halten oder gehn verloren;
Noch einmal flammt, dann lischt das Meteor!
Ich war allein, mit jener Frau allein.
Sprach ich zu ihr? Sie blickte nicht empor,
Ihr Auge will sich in den Estrich bohren,
Kaum atmet sie; mir alles deuten muss,
Auf Schweigens tief verhärteten Entschluss.
Ob sie mich sieht? Sie scheint betäubt zu sein,
Und ›Hört mich schöne Frau!‹ Sie regt sich – nein.
Und wieder ›Hört mich schöne Frau!‹ Sie schweigt.
Ganz sacht erheb' ich mich – was rauscht, was steigt
Im Winkel dort? Ein Fleck, ein Schatten, ha!
Nun rückt es vor – und nun, nun steht es da.

Ungern gedenk' ich des, den du wohl weißt,
Des Dunklen, der allnächtlich mich umkreist,
Auf meine Scheitel legt die heiße Hand,
Ungern gedenk' ich des, der vor mir stand.
Ihn zu beschreiben, unnütz wär's und kühn.
Du willst mir's hehlen, Sohn! doch sahst du ihn,
Als lang und bleich zu deinem Bett er trat;
Er rührte dich, du zucktest wie gebrannt,
Du zucktest, ja du zucktest in der Tat,
Und seufzen hört' ich dich in jener Nacht;
Mich schlafend meintest du? Ich hab' gewacht!

Ob nicht ein Sternbild seine Augen scheinen,
Das über Klippen steht und dürren Hainen?
Die Wimper schattet seiner Züge Bau,
Wie übers Leichenfeld sich senkt der Tau:
Was er verbrach, Gott mög' ihm gnädig sein!
Und *eine* Tat, der mög' er ledig sein!
In dieser Brust wohl keimte gute Saat,
Ob mir's verborgen blieb was sie zertrat.
Ich sprach zu ihm, nicht nur was ich beschloss,
Geheimes selbst mir von den Lippen floss:
Ein Pilger, der, in Räuberhand gefallen,
Hört plötzlich nahe Wanderlieder schallen,
Dünkt minder sich des Nahenden Genoss.
Seltsam gewiss, wie ich so ganz vergaß
Dass er im blut'gen Rat mit jenen saß.
Ich ward gehört, und ob kein Wort er sprach,
Nur tiefer legte seiner Wimper Hag:
Sein Schweigen selber meine Zweifel brach.

Was dann dem Kranken er geflüstert hat,
Erwidert' dieser auch mit Zeichen matt:
Nur wenig Laute kamen an mein Ohr;
Einmal der Wunde zuckte doch empor.
Die wilde Fassung, so sein Antlitz sprach,
Doch unwillkürlich sich in Schauder brach,
Und noch zu bergen sah ich ihn bedacht,
Was selbst den Wurm im Staub sich krümmen macht:
Ich wusste, dass der Tod ihm angesagt.
Den Namen jener Frau dann hört' ich nennen,
Und einen Laut sich von der Kehle trennen,
Gewaltsam zwar, so hohl und heiser doch,
Wie ihn die Woge ächzt im Klippenloch.
Mit raschem Flüstern ein der andre fällt,

Was Wildes seiner Stimme war gesellt;
›Sie folgt dir!‹ Ein dann eine Pause trat,
Und dann, und dann – hält um den Arzt man Rat.
Alsbald der Jüngre hatte sich gewandt,
Dass beider Antlitz mir in Schatten stand.

Was meinst du was durch meine Adern bebte,
Als überm Haupt des Richters Stäbchen schwebte?
Nur Lispeln hört' ich, wie die Pappel rauscht,
Doch Angst dem Lispeln selber Deutung gab;
So feinen Ohres hab' ich nie gelauscht.
Es stieg und sank, mit einem Mal brach's ab,
Und plötzlich eine Hand sich aufwärts ruckt,
Die winkt und winkt und nach der Pforte zuckt.
Dann fiel sie schlaff hinab – es war vorbei –
Gott lösche ihm die Schuld! er gab mich frei!

Der Jüngling blickte auf den toten Mann,
Wie sehr er ihn geliebt, man sah's ihm an.
Doch etwas lag im Auge offenbar,
Was dämpfen mochte allzu herbe Glut;
Mich dünkt so blickt man auf verwandtes Blut,
Des Schmach uns bittrer als die eigne war,
Wenn's endlich ruht im Sarge, schandebar.
Nur ein Moment noch wo er stand und sann,
Und einen Eid ließ er mich schwören dann,
Des Räubers Fluch, dass, sinne ich Verrat,
Geschick mich treiben soll' zu gleicher Tat,
Und diese Höhle sei mein letzter Rat;
Ich soll' den Wald mich drin zu bergen suchen,
Den Menschen nahn, damit sie mich verfluchen,
Am schrecklichsten mir sei der Heimat Licht,

Und tötend meiner Mutter Angesicht. –
Matt war sein Ton, das Ende hört' ich nicht.

Und fort nun, fort! Was ward aus jener Frau?
Sie ruhte jetzt, gleich Schlummernden genau,
Das Haupt im Schoß, mehr ist mir nicht bewusst,
Die Eil' den Atem schnürte in der Brust;
Und fort nun, fort! Geblendet wie zuvor,
Durch manche Krümmung ging's und manch ein Tor;
Voran der Jüngling zog in Hast mich nach,
Einmal nur Bretterwand uns schien zu scheiden,
Von Gläserklang und ausgelassnen Freuden.
War etwas minder tobend das Gelag,
Ich hätte wohl verstanden was man sprach.
Hier war von einem Quell der Weg durchschnitten,
Geräusch zu meiden wir behutsam schritten;
Und nun hinauf, die Hand dort angeklemmt,
Den Kopf gebückt, und hier den Fuß gestemmt.
Die Mauern bröckeln, rieseln uns entgegen;
Wir rutschen lang, oft an den Grund uns legen,
Mein letzter Griff in Kräuter war und Gras.
Nun noch ein Schwung: ich stand in freier Luft.
Noch wenig Schritt', hier wehte Fliederduft:
Auf meines Führers Ruck ich niedersaß,
Zwei Worte sprach er, die ich nicht verstand.
Dann plötzlich schwand aus meiner seine Hand,
Mir war nicht wohl zumut, ich war allein!

Vor *einer* Stunde hätt' ich nicht gedacht,
Als jedes Auge schien 'ne grimme Wacht,
Dass Einsamkeit mir peinlich könnte sein.
Ich saß am Grund wie ein verspätet Kind,
Das rispeln hört den Wolf, die böse Fee

In jedem Strauch. Wenn reger strich der Wind,
Ein Halm mich rührte, wenn in meiner Näh'
Ein Vogel ruckt' im Nest, die Brut zu decken:
Zusammen fuhr ich in geheimem Schrecken.
Doch alles ruhig, nur die Fichten rauschen,
Und eine nahe Quelle murmelt drein.
Die Zeit verrinnt, es wächst, es wächst die Pein.
Was knistert dort? Ein Hirsch vielleicht, ein Reh,
Das nächtlich Nahrung sucht, so musst' es sein.
Am Zweige hört' ich's nagen, schnauben, lauschen,
Dann sprang es fort; – gekauert saß ich da,
Denn plötzlich waren Männertritte nah.
Und vor mir im Gesträuch es knackt und bricht,
Die Zweige schlagen feucht an mein Gesicht.
›Ist's hier? Nein dort, es ist die Stelle nicht.‹
Kaum hielt ich mich, dass nicht ein Schrei entfuhr,
Ja mühsam ich des Atems Keuchen zwang.
Sie stöbern, wie der Hund auf Wildes Spur,
Um manchen Baum und das Gebüsch entlang;
Dann endlich gehn sie, schleifen etwas nach,
Das dicht vor mir im Strauch verborgen lag.
Dem Himmel Dank! mir ward die Seele wach;
Es war gewiss, sie wussten nichts von mir.
Was sie gesucht, nie hab' ich dran gedacht;
Vielleicht ein Raub hier ins Versteck gebracht.
Ich dacht' und wünschte eins, den Jüngling hier
Der mich geleitet, und er war mir nah;
Kaum sind die andern fort, so steht er da.

›Zu Pferd! zu Pferd! es ist die höchste Zeit!‹
An mir gewiss nicht lag's, ich war bereit,
Saß auf; und über Stock und Stein wir traben
Wie solche, die den Feind im Nacken haben;

Nie macht' ich gleichen Ritt. So Nebel fliehn,
Wenn Stürme über braune Heiden ziehn,
So Schwalben, wenn die Wolke murrt und droht;
Am Sattel mich zu halten tat wohl not,
Da wahrlich schlimmer als zuvor der Weg,
Wenn ich's so nennen soll, wo weder Steg,
Noch Hag uns Hemmung schien: dies Wege waren,
Die heute wohl und nimmermehr befahren.
Bald rechts, bald links; bald offen schien das Land,
Bald peitschten Zweige mir Gesicht und Hand.
Den Führer nur verriet des Hufes Ton;
Zuweilen doch, wenn stutzt das Ross im Trab,
Macht Sätze gleich dem Hirsch, und wenn's bergab
Sich kunstreich stemmend gleitet auf den Eisen,
Ist ihm ein kurzer Warnungsruf entflohn.
Der Lärm bringt alle Vögel aus den Gleisen:
Das flattert, zirpt, mich Äste blutig färben,
Fürwahr! ich dachte auf dem Tier zu sterben!
Es war ein Hexenritt. Doch lange nicht,
So stand das Ross; mein Führer sprach: ›Steig ab,
Der Mond ist auf, wir müssen Bahn uns brechen.‹
Die Binde fiel, ich sah ein sanftes Licht;
Doch jener trieb: ›Voran! voran! voran!‹
Und drängte ins Gebüsch so schwarz und dicht,
Wo Dorn und Ginster uns die Fersen stechen.
Doch endlich dämmert's, und nun kam heran
Zuerst ein Strahl, und dann durch Waldeslücke
Der ganze Mond auf seiner Wolkenbrücke.
Dann standen wir am Hange, wo ein Tal
Tief unten breitet seinen grünen Saal.
Der Jüngling sprach: ›Halt dich am Waldessaum
Und spute dich, wir beide haben Eil'.
Leb wohl! An deinen Schwur ich mahne kaum,

Du wirst verschwiegen sein zu eignem Heil.‹
Und auf mein Haupt legt' er die Hände heiß
Und blickte tief mir in die Augen ein;
Noch einmal sah ich in des Mondes Schein
Sein Angesicht, die Züge blass und rein,
Ich sah noch zucken seine Wimper leis;
Dann schnell gewendet, eh ich mich verwahrt,
Behänd umfasst er, wirbelt mich im Kreis.
Fort war er, hin. Vollendet war die Fahrt!

Ich streckte mich auf grünen Teppich nieder,
Zum Tod erschöpft, es schütterten die Glieder,
Und kann nicht sagen, wie so wohl mir war.
Der wüste Ritt, entschwundene Gefahr
Ließ doppelt noch den Augenblick empfinden,
Nachdenken konnte keine Stelle finden,
Da sich in Taumel herbe Spannung brach.
Halbschlummernd sah ich in den grünen Hag:
Die Nacht war jetzt so milde, lichtbewegt
Als sie begonnen schwarz und schauerlich.
Ein jedes Kräutchen Taugeflitter trägt,
Es schläft der Klee, die Blumen bücken sich,
Im Traume lächelnd scheint der Mond zu beben,
Wenn linde Nebelstreifen drüber schweben.
So ruhig wohl am dritten Schöpfungstag
In ihrem ersten Schlaf die Erde lag,
Wo Leben nur in Kräutern noch und Gras.
Ganz heimisch war die Scholle wo ich saß;
Denn tausend Schritt von dieser Stelle noch
Barg meine Klause jenes Klippenjoch:
Dies Wasser rauscht' an ihren Bretterwänden,
Ihr Gärtchen lag an jenes Waldes Enden,
Dies ist der Baum, wo ich im Schatten lag,

Und dies die Höhe, wo ich Kräuter brach.
Ob wohl die Quelle drunten wacht im Tal?
Ein Glitzern nur verrät das klare Nass.
So sinnend wär' entschlummert ich zumal,
Wenn nicht der Tau sich durch den Mantel stahl.
Die Kälte weckte mich, es war im Mai,
Es war wohl schön, doch frisch die Nacht dabei.
Nicht fern mehr schien der Tag: so stand ich auf
Und dämmerte gemach den Wald hinauf,
Durchaus nicht, wie du denken magst, erschüttert,
Nein, gleich dem Kranken, wenn nach Fiebers Wut
Ihm schlafend durch die Adern schleicht das Blut,
Nur vor Ermattung jede Muskel zittert.
So träumte und so schlief ich halb voran,
Folgt' einem Pfade, einem andern dann,
Sah endlich auf und stand in Waldes Bann.

Ob schon so weit ich mich bereits verirrt,
So stumpf mein Sinn in diesem Augenblick?
Genug, ich ging und ging, und immer wirrt
Der Pfad sich tiefer in den Hain zurück.
Wie lang ich so getappt die Kreuz und Quer,
Durch Dornen mich und durch Gestrippe schlug,
Bald Pfaden folgte, bald dem Ungefähr,
Und jeder Schritt mir üble Früchte trug:
Nicht meld' ich's lang, der Weg war schlimm genug,
Von oben dunkel und am Grunde wüst.
Manch Vogel strich vom Lager mit Geschwirr,
Unsichtbar aus der Luft die Eule grüßt,
Doch ließ mich träg und dämmrig das Gewirr,
Ich ging ja ungefährdet, ob auch irr.
Mich dünkt in dieser Stunde litt mein Hirn,
Brand und Gekrimmel fühlt' ich in der Stirn,

Gesumme hört' ich wie von fernen Glocken,
Und mir am Auge schossen Feuerflocken;
Einmal gefallen blieb ich liegen gar,
Ließ mich geduldig von den Ranken tragen
Und mein Gesicht Gezweig' und Blätter schlagen
Und nahm von allem dem nur wenig wahr.
Die Ranken lösten sich, ich rutschte nach,
Geblieben wär' ich sonst bis an den Tag.
Als ich zuletzt der Wildnis doch entkam,
Nichts mehr um mich den Sinn in Anspruch nahm;
Dass frei die Luft, dass moosbedeckt der Grund,
Dass süß die Ruh, dies war allein mir kund.
So lag ich nieder unter Kraut und Steinen,
Und ließ den Mond mir in den Nacken scheinen;
Noch zuckten Funken, Sterne rot und grün,
Und dann – und dann – das Auge langsam bricht.
Die Glocken läuten – bimmeln – weiterziehn –
Wie hoch es an der Zeit, ich weiß es nicht.

In Tönen kehrte das Bewusstsein mir;
So lieblich aus der Luft die Wirbel dringen,
Gewiss ich hörte eine Lerche singen,
Und dachte noch, sie muss den Morgen bringen:
Ob Traum, ob Wirklichkeit, das fragt sich hier.
War's Traum, dann trag' ich manches graue Haar
Umsonst und manche tiefe Furche gar.
Allein ich wusste wie das Haupt mir schwer,
Auch dass ich mich gewendet, rückwärts lag,
Auch dass mir dürres Laub den Nacken stach. –
Nein, nein! nicht schlief ich, doch so fest gekettet
War jede Muskel, wie im Tod gebettet;
Der kleinste Ruck versagt, so lag ich fort
Und horchte immer dem Gewirbel dort.

Mit einem Male hör' ich's seitwärts knistern,
Mir immer näher tappen, klirren, flüstern;
Ich konnte zählen, ihrer waren drei:
Sie strichen mir so dicht am Haar vorbei,
Dass jedes Mantel meine Schläfe rührt.
Dann still, wie Wild das nach dem Winde spürt,
Und dann, aus Weibes Brust ein schwacher Schrei:
›Ich mag nicht leben; doch von eurer Hand!
Nein, nicht von eurer Hand!‹ Man flüstert, steht,
Und dann, ein Laut der mir die Seele bannt;
Du ahnest wohl, mein Sohn, wen ich erkannt.
›Bet, Theodora, sammle dich und bet!‹ –
›Ich kann nicht beten!‹ – ›Deine Hand ist rein,
Versuch es nur; Gott mag dir gnädig sein!‹
Angstvoll Gemurmel glaubt' ich jetzt zu hören
Und Seufzer die das Blut im Herzen stören;
Nie wünsch' ich meinem Feinde solche Pein,
Als mir aus diesen Tönen schien zu klagen.
›Ich kann nicht sterben, schmachvoll und allein;
O bringt mich fort, nur fort, wohin es sei!‹
Und hastig flüsternd fallen ein die drei.
Was man gedroht, gefleht, ich nicht vernahm,
Doch ruhig ward's und eine Pause kam.
Gott gebe, dass sie sich zu ihm gewandt,
In dessen Huld ihr einzig Hoffen stand.
Mit einmal hört' ich's an die Klippen schlagen,
Und einen Schrei noch aus der Tiefe ragen; –
Vorüber war's, so totenstill umher,
Der Nadel Fall mir nicht entgangen wär'.
Wo blieben jene drei? Ich kann's nicht sagen,
Sie waren fort; kein Läubchen rauschte mehr!
Nun kömmt in holprigem Galopp ein Hund:
Er will vorüber, nein, er stellt sich, knurrt;

Da kriecht er ins Gebüsch, legt an den Mund
Mir seine Schnauze, schnuppert mir am Gurt;
Doch auf ein fernes Pfeifen trabt er fort,
Lässt mich in kaltem Schweiß gebadet dort
Noch immer an der Erde wie gebannt.
Du magst ermessen was ich wohl empfand,
Da all mein Trost in Traumes Hoffnung stand.
Denn wenn ich träumte, war ich mir's bewusst,
Und dass ich träume, dacht' ich halb mit Lust,
Versuchte auch zu regen meine Hand;
Vergebens anfangs: doch ein Finger ruckt,
Und plötzlich bin ich in die Höh' gezuckt.
Da saß ich aufrecht, aber wüst und schwer.
Der Wald war stumm, die Fichten starrten her,
Die Dämmrung um mich wogte wie ein Meer,
Und alles schien dem Traume zu gehören.

Da saß ich, schweißbedeckt, vor Kälte zitternd,
Ein scharfer Ost an Strauch und Halmen knitternd
Verkündete des Tages Wiederkehr.
Noch kämpfte Dämmrung, doch das Morgenrot
Aus halbgeschlossner Wolkenpforte droht'
Und spülte kleine Feuerwellchen her.
Es streckt sich, dehnt sich, gleitet in den Raum,
Die rote Welle schlägt der Berge Saum,
Allmählich zündet's, geht in Flammen auf:
Der Tag, der Tag beginnt den frischen Lauf!
Zum hohlen Stamme Nachtgevögel kehren,
Hoch oben lässt der Geier Ruf sich hören
Und tausend Kehlen stimmen jubelnd ein.
So maienhold kein andrer Tag mag sein
Wie dieser, und so mild in Waldes Hag
Noch nie ein Tal am Morgenstrahle lag;

Wie war das neugeschenkte Leben reizend!
Ich schlürfte Licht und Luft, nach allem geizend.
Und als ich sah die Herde drunten grasen,
Am Quellenrande sich die Weiden neigen,
Ein einfach Lied den Hirten hörte blasen,
Und durfte wenig Schritt nur abwärts steigen:
Da schien mir alles, alles dies mein Eigen.
Doch weiß ich auch, dass Schauer mich beschlich,
Da allgemach der Morgenstern erblich,
Als scheide etwas das mir teuer war;
Nie hab' ich später diesen Stern gesehn,
Dass jene Nacht nicht muss vorüber gehn.

Der Rausch verschwand, und mählich ward mir klar,
Vom Traume sei doch wohl die Hälfte wahr.
Ja, deutlich wird mir's wie ich nachgedacht;
Den Ruf, das Höhlennest, den Ritt bei Nacht
Muss ich mit Schauder doch dem Leben lassen.
Das Letzte nur, gewiss, das blieb ein Traum!
Wo war die Kluft, der sich der Schrei entrang?
Wo Kampfes Spuren hier am linden Hang,
Da abwärts alle Hälmchen aufrecht standen,
Da frisch wie je sich Zweig' und Ranke wanden?
Des ward ich froh. Ach Gott! ich ward es kaum,
So fiel mein Blick in einer Kuppe Raum,
Gespalten grade einen Leib zu fassen.
Nicht sieben Schritt von mir die Klippe stand;
Zuvor erschien sie ungeteilte Wand,
Doch eben traf ein Strahl den scharfen Rand.
So unversehens fällt kein Schlag im Spiel,
Als mir's wie Hammerschlag zum Herzen fiel.
Die Angst, die Angst mir schnürte alle Sinnen,
Hinanzutreten konnt' ich kaum gewinnen.

Und – höre Sohn! – das Ufer hing hinein,
Wie wenn man rutscht und nach die Scholle bricht.
Vielleicht doch, möglich, konnt' es Zufall sein:
Der Rand war schroff, und bröcklig das Gestein.
Und – höre mich! – ob Rötel in der Schicht?
Rot war die Wand, unmöglich wär' es nicht.
Und hör! – Am Grunde sah ich etwas ragen,
Das weiß und zuckend an der Scholle hing.
Mir schien's ein Tuch vom Wellenschlag getragen,
Der Himmel wolle, dass ich falsch gesehn!
Vielleicht im Spalt sich eine Taube fing:
Doch damals meint' ich ins Gericht zu gehn.
Es war ein bitter, o ein hart Geschick,
Was mich betraf in Jugendmut und Glück
Und lange, lange musst' ich heimlich tragen.
Doch Zeit ist kräftig und die Heimat lind.
Um meine Scheitel wehte mancher Wind.
Ich nahm ein Weib, ich sah mein eignes Kind.
Nicht wahr, mein Sohn? Du weißt noch, als du klein,
Dass ich gelacht und öfters fröhlich war.
Ich sah mich frisch an deinen Augen klar:
Ja, Kinder müssen unsre Engel sein!
Wenn ich mit dir getändelt, ward mir's helle,
Ich fühlte nicht am Kopf die heiße Stelle.
Das Alter kam, das Alter stellt sich ein; –
Nun vor den Augen schwebt es mir zumal,
Nun vor dem Ohre hallt es ohne Zahl:
›O bete! ringe! hilf ihm aus der Qual!‹
Ach Gott! du weißt nicht, wie voll Brand mein Hirn,
Wenn mir der Dunkle nächtlich rührt die Stirn,
Genau wie scheidend er gestreckt die Hände:
Auch jetzt! – ich fühle wie das Blut sich dämmt;
Geduld, Geduld! da kömmt er – kömmt er – kömmt –!«

Das Blatt ist leer; hier hat die Schrift ein Ende.

So mild die Landschaft und so kühn!
Aus Felsenritzen Ranken blühn,
Der wilde Dorn die Rose hegt.
In sich versenkt des Arztes Sohn
Schwand in des Waldes Spalten schon,
An seine Stirn die Hand gelegt.
Und wieder einsam tost der Fall,
Und einsam klagt die Nachtigall.
Mich dünkt es flüstre durch den Raum:
O Leben, Leben! bist du nur ein Traum?

LEDWINA

Romanfragment

Der Strom zog still seinen Weg und konnte keine der Blumen und Zweige auf seinem Spiegel mitnehmen; nur eine Gestalt, wie die einer jungen Silberlinde, schwamm langsam seine Fluten hinauf. Es war das schöne bleiche Bild Ledwinens, die von einem weiten Spaziergange an seinen Ufern heimkehrte. Wenn sie zuweilen halb ermüdet, halb sinkend still stand, dann konnte er keine Strahlen stehlen, auch keine hellen oder milderen Farbenspiele von ihrer jungen Gestalt, denn sie war so farblos wie eine Schneeblume, und selbst ihre lieben Augen waren wie ein paar verblichne Vergissmeinnicht, denen nur Treue geblieben, aber kein Glanz.

»Müde, müde«, sagte sie leise und ließ sich langsam nieder in das hohe, frischgrüne Ufergras, dass es sie nun umstand wie die grüne Einfassung ein Lilienbeet. Eine angenehme Frische zog durch alle ihre Glieder, dass sie die Augen vor Lust schloss, als ein krampfhafter Schmerz sie auftrieb. Im Nu stand sie aufrecht, die eine Hand fest auf die kranke Brust gepresst, und schüttelte unwillig ob sich das blonde Haupt, wandte sich rasch wie zum Fortgehn und kehrte dann fast wie trotzend zurück; sie trat dicht an das Ufer und schaute anfangs hell, dann träumend in den Strom.

Ein großer, aus dem Flusse ragender Stein sprühte bunte Tropfen um sich, und die Wellchen strömten und brachen sich so zierlich, dass das Wasser hier wie mit einem Netze überzogen schien und die Blätter der am Ufer neigenden Zweige im Spiegel wie grüne Schmetterlinge davonflatterten. Ledwinens Augen aber ruhten aus auf ihrer eignen Gestalt, wie die Locken von ihrem Haupte fielen und forttrieben, ihr Gewand zerriss und die weißen Finger sich ablösten und verschwammen, und wie der Krampf wieder sich leise zu lösen begann, da wurde es ihr, als ob sie wie tot sei und wie die Verwesung lösend durch ihre Glieder fresse und jedes Element das Seinige mit sich fortreiße.

»Dummes Zeug!«, sagte sie, sich schnell besinnend, und bog mit einem scharfen Zug in den milden Mienen auf die dicht am Flusse hinlaufende Heerstraße, indem sie das Auge durch das weite, leere Feld nach heitern Gegenständen aussandte. Ein wiederholtes Pfeifen vom Strome her blieb ihr unbemerkt, und als daher bald darauf ein großer schwarzer Hund mit vorgestrecktem Kopfe quer über den Anger grade auf sie einrannte, flüchtete sie, von einem Schrecken ergriffen, mit einem Schrei auf den Strom zu und, da das Tier ihr auf der Ferse folgte, mit ebnen Füßen hinein. »Pst, Sultan!«, rief es neben ihr, und zugleich fühlte sie sich von zwei unzarten Händen gefasst und ans Ufer gesetzt. Sie wandte sich noch ganz betäubt und verschreckt um. Vor ihr stand ein großer vierschrötiger Mann, den sie an einem Hammel, der ihm wie ein Palatin um den Hals hing, als einen Fleischer erkannte. Beide betrachteten sich eine Weile, indem das Gesicht des Mannes in die offenbarste, mit Verdruss gemischte Ironie überging.

»Was springt Sie denn so?«, stieß er endlich heraus.

»Ach Gott«, sagte Ledwina ganz beschämt, »ich dachte, das Tier wäre toll.«

»Wer? mein Hund?«, sagte der Kerl beleidigt, »der ist ja nicht mal bös, der hat niemals keinen gebissen.«

Ledwina sah auf den Hund, der nun ganz verständig wie ein Sphinx neben seinem Herrn saß und zuhörte.

»Ist Sie nun recht nass?«, fing der Fleischer an.

»Nicht sehr«, erwiderte Ledwina, indes der Mann mit seinem Stabe die Tiefe des Wassers neben dem großen Steine maß, auf den Ledwina bei ihrer Wasserreise geraten. »Aber ganz miserabel ist Ihr, das sehe ich wohl«, sagte er dann, »ich will nur sehen, dass ich Sie in das Haus dort bringe.«

In der Tat hatte Ledwina seines Beistandes sehr nötig, und sie erreichte nur mühsam das etwa hundert Schritte vom Flusse entlegene Bauernhaus, indes ihr Führer sie beständig von den Kennzeichen der tollen Hunde unterhielt.

Die alte Bäurin schob schnell ihren Rocken zurück, als Ledwina mit den Worten: »Macht Feuer, Lisbeth, ich habe mich erkältet und erschreckt« in die Tür trat. Der Fleischer hob sogleich die Geschichte des Abenteuers an.

»Macht Feuer!«, wiederholte Ledwina, »ich habe mir im Sandloche nasse Füße geholt.«

Der Retter wollte die Sache mit der Mamsell gefährlicher machen.

»Es ist unser gnädiges Fräulein«, sagte die Alte beruhigt, legte Holz zum Feuer, stellte einen Stuhl daneben, rückte ein Kissen darauf zurecht und ging, um in dem Keller ein Glas frischer Milch zu holen.

Der Fleischer, in seiner besten Rede verlassen, rief ihr verdrießlich nach: »Einen Schnaps, Wirtin!« – »Wir verschenken keinen Schnaps«, sagte die Frau in der Kellertür; »ein Glas Milch könnt Ihr für einmal umsonst kriegen.«

»Mamsell«, hub der Fleischer von Neuem an, »ich sage aber, sie hätte wohl vertrinken können.« Ledwina musste doch lächeln. »Wenn ich mich auf den Mund gelegt hätte«, antwortete sie vor sich hin und suchte in ihrem Körbchen nach der Börse. »Sie ist auch nicht besonders bei Kräften«, erwiderte er, und über Ledwinens Gesicht flog ein bittrer Zug, indem sie ihm ein Trinkgeld reichte.

»Gott bewahre«, erhub er seine Stimme, »einem Menschen das Leben retten, das ist nicht zu bezahlen«, wobei er beinah tat, als wollte er das Dargebotene etwas weniges abwehren. »Ihr habt mich ja auch hieher geleitet«, sprach Ledwina fast verdrießlich. »Ja, wenn Sie das meint«, sagte der Retter und fasste geschwind zu, denn da Ledwina sich nach ihrem Körbchen neigte, meinte er, sie gedächte das Gebotne wieder einzustecken.

Die Bäurin brachte die Milch. Der Fleischer brummte: »Wenn es noch ein gut Glas Bier wäre.« Er nahm jedoch vorlieb, sprach gegen die Wirtin noch allerhand von bezahlen und gut bezahlen können und zog endlich ab.

»So geht es oft den ganzen Tag«, sprach die Bäurin zu Ledwina, der es ganz behaglich am Feuer wurde, »wenn wir allerhand Leute im Hause leiden wollten, der Zulauf wäre groß genug für das beste Wirtshaus. Die Leute denken: Geld regiert die Welt. Unser Klemens muss oft des Nachts aus dem Bette und führen die Reisenden beim Grafenloche vorbei. Das ist ihm auch nicht zu gut, aber man mag die Leute doch nicht so ins Wasser stürzen lassen.« – »Jawohl«, sagte Ledwina, schon halb im Schlummer. »Die gnädige Fräulein ist schläfrig«, sprach die Alte lächelnd, »ich will noch ein Küssen holen.« – »Bewahre«, rief Ledwina schnell, aus ihrem Stuhle auffahrend, aber schon war die alte Lisbeth wieder da mit zwei Küssen, deren eines sie auf den Sims neben den Herd legte, das andre auf die Stuhllehne. Ledwine, die sich aus einer Art Krankentrotzes selten etwas zugutetat, lachte ordentlich vor Vergnügen, da es ihr so bequem wurde. »Erzählt mir etwas von vorigen Zeiten, da Ihr auf dem Schlosse wohntet«, sagte sie freundlich, und die Frau hub an zu erzählen von dem seligen Großpapa, und wie der Turm noch gestanden, der vor vielen Jahren niedergebrannt, und immer tiefer neigte sich Ledwinens Haupt, und nur deutlicher gestaltete sich, was sie noch jezuweilen von den Worten der Erzählenden vernahm, dass sie den Großvater sah wie ein kleines, graues Männchen, gar freundlich, tot war er freilich, aber er schoss doch noch mit seiner Vogelflinte nach den Raben im alten Turme, es knallte gar nicht, aber sie fielen recht gut – und nur leiser und leiser wurden die Laute der Alten, die von Zeit zu Zeit ihr Fräulein hinter dem Rocken hervor betrachtete, bis sie endlich auch ganz einschliefen. Dann stand sie sachte auf, trippelte auf den Zehen zu Ledwina und beugte sich langsam über sie, ihren Schlummer zu prüfen. Das war rührend zu sehn, wie das ernste, alte Gesicht der Bäurin, über dem jungen, bleichen der Herrin stand, das eine in stiller Traumeswehmut, das andre in den Tiefen des unabwendbaren nahen Vergehens für beide, die reife, lebenssatte Ähre über der zarten, sonnenversengten Blüte. Dann hob sie sich, holte still Flachs aus einem Wandschranke und begann ihn sehr leise zu bürsten; aber ihre Züge waren ernster wie vorhin und doch sehr weich.

So dauerte es eine Weile, als die Tür ziemlich unsanft geöffnet ward und mit den Worten: »Mutter, hier bring' ich Euch einen neuen Stuhl«, ihr Sohn mit ein'gem polternden Anstande einen im Geheimen für sie verfertigten Spinnstuhl hereinbrachte; »der andre ist Euch ja doch zu hoch«, fuhr er fort. Die Mutter winkte unwillig mit der Hand, indem sie auf Ledwina deutete, aber diese war schon erwacht und sah ganz hell und erquickt um sich. »Ja, so wollt' ich dich –!«, fuhr die Alte heraus. »Ich habe sehr sanft geschlafen bei Eurem Feuer«, sagte das Fräulein sehr freundlich, »es ist aber doch gut, dass ich geweckt bin, sonst hätt' ich nachtwandeln müssen; ich meine«, fuhr sie lächelnd fort, da die beiden sie fragend anblickten, »wenn ich bei Tage ruhe, so habe ich in der Nacht keinen Schlaf; da stehe ich dann wohl zuweilen auf und gehe in meiner Stube umher; es ist nicht zum besten, aber was soll man mit der langen Nacht machen? Es wird bald fünf sein, nun wird's meine Zeit zu gehn«, und wie sie durch die Tür ging: »Den Stuhl hat wohl Euer Sohn gemacht, der ist doch recht geschickt.« – »Auch bisweilen recht ungeschickt«, sprach die Alte, der der Ärger noch nicht aus den Gliedern wollte, aber schon war Ledwine wie eine Gazelle den Fluss hinauf, denn sie dachte nur dann an ihre arme kranke Brust, wenn heftige Schmerzen sie daran erinnerten, und dann war ihr dieses traurige Hüten, dieses erbärmliche, sorgfältige Leben, wo der Körper den Geist regiert, bis er siech und armselig wird wie er selber, so verhasst, dass sie gern diese ganze in Funken zu verglimmende Lebenskraft in einem einzigen recht lohhellen Tage hätte ausflammen lassen. Ihr frommes Gemüt behielt auch hier die Oberhand über den furchtbar durchbrennenden Geist, aber noch nie hat wohl ein Märtyrer Gott sein Leben reiner und schmerzlicher geopfert wie Ledwina den schöneren Tod in der eignen Geistesflamme.

***

Im hellen Wohnzimmer musste es etwas anders sein wie immer, da Ledwina eintrat, denn sie ward gar nicht gescholten, die gewöhnliche bittre Frucht der ihr so süßen, aber zerrüttenden Streifereien. Schwester Therese hatte freilich genug nach einer entfallenen Nähnadel zu fischen, aber auch die Mutter sagte nichts, strickte still fort und winkte stark mit den Augenlidern; das war immer ein besonderes Zeichen, dann war sie erzürnt oder gerührt oder gar verlegen, denn diese kluge Frau, der ein allgemein beachtetes und oft verwickeltes Leben eine völlige Herrschaft über alle unpassende Ausbrüche innerer Bewegungen in Handlungen und Worten gesichert hatte, wusste selbst nicht, wie dünn der Schleier ihres Antlitzes über die Seele hing, und es bedurfte für gesunde, ob auch noch ungeübte Augen nur sehr geringer Bekanntschaft, um sie oft besser zu verstehen, als sie sich selbst in ihrer vielfachen Zerstreuung durch Haus und Kinder. Ledwina hätte sich gern ganz still der Gesellschaft eingeflickt, aber ihre Arbeit lag in der Schublade des

Tisches, vor dem die Mutter saß. Das war schlimm; sie setzte sich indes ganz sachte in den Sofa, der an der Schattenseite des Zimmers stand, und sagte kein Wort. Die kleine Marie lief hinein und mit einem lauten, etwas albernen Gelächter auf Ledwina los: »Ledwine, weißt du schon die ganz berühmte Neuigkeit?« Ledwine verfärbte sich wie erschreckt in unnatürlich gespannter Erwartung, und die Mutter sagte rasch: »Marie, hol mir mein Schnupftuch, ich habe es im Garten bei den Tannen liegen lassen!« Marie drehte sich auf dem Fuße um, sagte aber noch: »Wenn ich wiederkomme, weißt du es längst, denn Theresen springt das Herz, wenn sie es nicht sagt.« Sie lachte laut auf und rannte etwas tölpisch hinaus.

»Ihr müsst euch mit dem Kinde in Acht nehmen«, sagte die Mutter ernst, »Kinderohren sind bekanntlich die schärfsten und wir Erwachsnen oft wahrhaft ruchlos in dieser Hinsicht; bei Marien ist es zum Glück nur Impertinenz, kein erwachendes vorlautes Gefühl, was im besten Falle die Seele leerbrennt. – Karl«, sie wandte sich zu Ledwinen, »hat heute Briefe erhalten, woraus unter andrem erhellt, dass einer seiner Universitätsbekannten ihn vielleicht durchreisend besuchen wird; du hast ihn wohl nennen hören, Römfeld, der sogenannte schöne Graf. Karl hat zuweilen allerhand von ihm erzählt, was ganz romantisch lautete, und ihr seid unvorsichtig genug gewesen, euch mit ihm zu necken; ich lasse so etwas passieren, obgleich es überall nicht viel heißt. Ich denke, wenn das Böse nur ausbleibt, so muss man sich zuweilen in das Unnütze in Gottes Namen schicken. Ich muss gestehn, dass ich alsdann so wenig an Marien gedacht habe wie ihr, aber vorausgesetzt, dass dergleichen dunkle Dinge ihrem noch höchst kindlichen Gemüte keinen weiteren Eindruck hinterlassen, wie soll man ihr beibringen, dass sie derlei Gespräche nicht wiederholen dürfe, ohne eben diese gleichen Eindrücke fast gewaltsam zu befördern, denn ihr wisst, sie wäre kindisch und lebhaft genug, den Grafen mit seiner eignen Biographie zu regalieren.«

»Man muss ihr sagen«, versetzte Karl, der immer die Stube auf und ab maß, »dass sie überhaupt nichts weiter bringt; das Klatschen ist an und für sich garstig genug.« – »Weißt du das einem so lebhaften Kinde ohne Arg beizubringen?«, erwiderte die Mutter scharf. »Wir haben doch nicht geklatscht, wie wir klein waren«, sagte Karl. Die Mutter stockte einen Augenblick und sagte dann mit schonender Stimme, wie ungern: »Sie ist vielleicht auch lebhafter wie ihr alle.« Karl ward rot und sagte halb vor sich hin: »Auch ziemlich unartig bisweilen.« – »Etwas unartig sind alle Kinder in dem Alter«, versetzte die Mutter streng, »und zudem gehorcht sie *mir* aufs Wort; ist es mit andren nicht so, so mag die Schuld auf beiden Seiten stehn.«

Beide schwiegen verstimmt, und eine drückende Pause entstand. »Von wem hast du Briefe?«, hub Ledwina leise und ängstlich an. »Es ist nur einer«, sagte Karl, »von Steinheim; er hat eine gute Anstellung bekommen zu Dresden und wird bei seiner Hinreise hier vorsprechen, da er über Göttingen reist, um dem Studentenleben noch einmal ein ewiges, lustiges Valet zu bringen, und Römfeld, der aus Dresden ist, eben von dort abgeht, so reisen sie zusammen. Steinheim scheint der ungebetene Gast schon auf dem Herzen zu liegen.« Dies letztere sagte er halb zu der Mutter gewandt, die mit der möglichsten und angenehmsten Gastfreiheit sich jedoch das Recht der Einladung immer völlig vorbehielt.

»Wir kennen ihn ja schon«, sagte diese und dann schnell, ehe Karl seine Antwort, dass diese Angst nicht Steinheim selbst, sondern Römfelden meine, anbringen konnte, »Ledwina, wo bist du diesen Nachmittag gewesen?«

»Am Flusse hinunter«, entgegnete Ledwina.

»Du bist lange geblieben«, versetzte die Mutter.

»Ich habe lange«, erwiderte Ledwina, »bei der alten Lisbeth zugebracht; ich bin sehr gern dort.«

»Es sind auch gute Leute«, sagte die Mutter; »etwas stolz, aber das schadet nicht in ihrem Stande, es erhält sie ehrlich in jeder Hinsicht.«

»Es hat mich recht geschmerzt«, sprach Karl, »unser altes Domestikeninventarium fast ganz zerstört zu finden.«

»Mich auch«, sagte die Mutter lebhaft, »ich wollte sie gern aus dem Grabe heben, und wenn ich stattdessen ihren Sarg mit Golde füllen müsste. Wir haben sie so oft in freilich harmlosem Spotte das Fideikommiss genannt, aber wahrlich, solche Leute sind nicht sowohl unserer Treue von Gott vertraut wie wir der ihrigen, und nächst dem Schutzengel gibt es keine frömmeren Hüter und nächst der Elternliebe keine reinere Neigung als die stille und innige Glut solcher alten Getreuen gegen den Stamm, auf den sie einmal geimpft, worin alle andren Wünsche und Neigungen, selbst die für und zu den eignen Angehörigen haben zerschmelzen müssen.«

Die Frau von Brenkfeld war gegen das Ende ihrer Worte sehr gerührt. Ihre Stimme war fest, aber das leise Spiel der schönsten Gefühle in ihren ernsten Zügen gab ihnen eine unbeschreibliche Anmut. Ledwina hatte währenddem ihre Mutter unablässig betrachtet und war bleich geworden, als Zeichen, dass ein Gedanke sie ergriff.

»Ja«, sagte sie nun sehr langsam, als würden ihre Sinne erst allmählich unter dem Reden geboren, »das ist wahr, wir sind doch Geschwister, aber ich bin leider gewiss, dass wir uns nicht mit dem raschen, unerschütterlichen Entschlusse, der keine Wahl kennt, füreinander aufzuopfern vermöchten, wie das Leben getreuer Diener uns so unzählige Beispiele gibt.«

Karl sah etwas quer nach ihr hinüber, und die liebe Therese reichte ihr versichernd die Hand, und beider Augen blickten sanft ineinander. Ledwina sagte fest: »Ja, Therese, es ist doch so, aber wir sind darum nicht schlechter; die Alten sind nur besser.«

»Dafür ist es auch Dienertreue«, hub Karl an, »und eine ganz besondere Sorte, ohngefähr wie die Liebe gegen das Königshaus, dem sich auch jeder freudig opfert, ob auch die Äste gegen den schönen, alten Stamme zuweilen recht dürr oder siech abstehen; mir sind indes alte Leute immer merkwürdig, und ich rede vor allem gern mit ihnen. Es ist mir seltsam, eine ganze in ihren Handlungen meistens unbedeutende Generation lange nach ihrem schon vergessnen Tode in ihrer oft so bedeutenden Persönlichkeit noch in diesen paar grauen verfallenden Denkmalen fortleben zu sehn, nicht zu gedenken, wenn man so glücklich ist, das lebende Monument irgendeines großen Geistes vergangener Zeit anzutreffen. Mir sind solche kleine Gemälde aus freier Hand immer lieber wie die schönste Galerie berühmter Biographien.«

»Mir scheint auch«, sagte Therese, »als ob die Lieblingsfehler der alten Leute fast wie die der Kinder zwar oft belästigend, aber doch im Grunde milder oder gleichsam oberflächlicher wären wie die der Jugend. Mangel an Rücksicht auf die Bequemlichkeit anderer ist das erste, was Alte durch allgemeine Sorgfalt und die bittre Vergleichung eigner Schwäche mit der

Jugendkraft der Umgebung verleitet, annehmen, die Wurzel alles Fatalen, eine kleine Sünde, aber ein großes Leid für andere.«

»Das letztere ist wahr«, erwiderte Karl, »ohne das erstere zu begründen. Ich hingegen habe oft manche Jugendfehler im Alter in einer Steigerung und vorzüglich wahrhaft unförmlicher Versteinerung wiedergefunden, die für mich bei dieser Nähe des Grabes eine der gräulichsten Erscheinungen bleibt.«

Die Frau von Brenkfeld, noch aus der guten Zeit, wo man nicht nur die Eltern, sondern auch das Alter ehrte, eine Zeit, jetzt von dieser Ansicht fast so spurlos verschwunden wie die antediluvianische, rückte mit dem Stuhle.

Karl fuhr arglos deklamierend fort: »Bei den Vornehmen Ehrgeiz, dem man so leicht um des Großen willen das etwa nicht Gute vergibt, als die empörendste, ruchloseste Ehrsucht, bei dem Mittelstande die halb belachte, halb belobte Sparsamkeit als der gräuliche Geiz, über dem man nicht weiß, ob man mit Demokrit lachen oder mit Heraklit weinen soll, der bei den Geringen oft angenehme Leichtsinn als die entsetzlichste Gefühllosigkeit und Nichtachtung des sonst Nächsten und Liebsten, und oft alles zusammen in allen Ständen; und wie sie überhaupt selten kindlich und gewöhnlich nur kindisch reden, so sind sie auch zuweilen kindisch und gemein vor lauter Maliziösität.«

Er fing wieder an, heftiger auf und ab zu gehen.

»Alte Leute sind gut«, sagte Marie, die wieder neben der Mutter saß und ganz ordentlich strickte, und Frau von Brenkfeld musste mitten aus ihrem gereizten Gefühle beinahe lachen, da nach der vorzeitigen Berechnungsart der Kinder diese Verteidigung ihr galt. »Ihr könnt euch freuen«, sagte sie, »nicht vor dreißig Jahren jung gewesen zu sein, da wurden die Leute im Verhältnis zu ihren Eltern nie groß. Widerspruch von der einen Seite gab es in der Ordnung gar nicht, und nur selten dargelegte Gründe von der andren.«

»Es ist schlimm genug«, sagte Karl mit weicher Stimme, »dass es nun im Durchschnitt anders ist. Der Gehorsam gegen die Eltern ist ein Naturgesetz und beinah so kostbar als das Gewissen. Ich bin überzeugt, dass die Wurzel fast aller jetzt grassierenden moralischen Übel in der Vernachlässigung desselben steht. Der Mensch ist zu vielem fähig und geneigt, sobald er es auch noch so anständig mit Füßen tritt. Es ist etwas Seltsames und Rührendes um ein Naturgesetz.«

»Und zudem«, sagte Therese, »gehorchen muss der Mensch noch irgendjemanden außer Gott, geistlich oder weltlich, das erhält ihn weich und christlich.« – »Ich glaube«, fügte Ledwina hinzu, »dass, wenn das, was Karl vorhin über die Alten sagte, einigen Grund hat, er gewiss in dem gänzlichen Mangel an einem Gegenstande des Gehorsams zu suchen ist; den gegen den Regenten üben sie, aber ohne ihn zu fühlen, da man ihnen gewöhnlich alle Geschäfte abnimmt.« – »Großenteils wahr«, versetzte Karl, »doch ist hier die Ehrsucht auszunehmen« – und dann schnell: »Nota bene, der alte Franz ist ja tot; wie ist der zu Tode gekommen?« – »An einem Brustfieber«, entgegnete Therese, und Ledwina, deren Gesicht wieder ein weißer Flor überzog, setzte mit leiser Stimme hinzu: »Er hat sich erkältet, da er mir im vorigen Winter eine Bahn durch den Schnee fegen wollte.«

Sie stand auf und trat an eine im Schatten stehende Kommode, als ob sie etwas suche, denn sie fühlte, dass die Tropfen, die so leicht in ihre Augen traten, ihnen diesmal zu schwer würden.

»Da wolltest du hundert Jahr alt werden«, lachte Marie, »denk mal, Karl, Ledwina meinte, sie wollte hundert Jahr alt werden, wenn sie alle Tage spazierenging; das hat der alte Nobst aus dem Kinderfreunde auch getan.«

Die Mutter sagte, als habe sie Ledwinens Worte nicht bemerkt: »Er war durch den Schnee nach Emdorf gewesen.«

»Er ist alt genug geworden«, sagte Karl, »ich glaube, er war schon über achtzig, so alt werd' ich nicht.«

Ledwina beugte indes tief verletzt über eine geöffnete Lade. Es war, als wolle man ihr das herzzerreißende, aber teure Geschenk dieses geopferten Lebens entreißen, und sie hielt es fest an sich gepresst. In Wahrheit ließ die tödliche Krankheit dieses treuen Mannes, des Gatten der alten Lisbeth, viele Gründe zu, wie dies bei dem Ableben sehr alter Leute fast immer der Fall, und deshalb suchte die Frau von Brenkfeld mit jener beliebten, aber falschen Schonung, die das Herz verletzt, statt es zu heilen, und empört, statt es zu rühren, jenem wahrscheinlichsten Grunde seine eigentliche Heiligkeit zu stehlen und ihm nur die Glorie des letzten Zeichens der Anhänglichkeit zu lassen.

Marie war indes zu Ledwinen hingelaufen und quälte sie durch die unter Lachen immer wiederholte Frage: »Ledwina, du bist wohl recht bange vor dem Tode? Wie alt möchtest du wohl werden, Ledwina?«

Ledwina, die sich in ihrer Rührung noch beachteter glaubte, wie sie war, wollte gern antworten, aber sie fürchtete den zitternden Laut ihrer Stimme; sie beugte sich von einer Seite zur andren, indes das unter ihren Armen durchgeschlüpfte und nun vor ihr an die Lade gepresste Kind unter ewiger Wiederholung seiner Fragen und lauten Kichern ihr immer in die Augen sah. Endlich sagte sie ziemlich gefasst und in der Anstrengung lauter wie gewöhnlich: »Ich fürchte mich etwas vor dem Tode, wie ich glaube, dass fast alle Menschen es tun; denn das Gegenteil ist gegen oder über die Natur. Im ersten Falle möcht' ich mir es nicht wünschen, und im zweiten ist es nur in einem sehr langen oder sehr frommen Leben zu erreichen.« Die Kleine kroch wieder durch und sprang lachend zu ihrem Stuhle.

Auch Ledwina hatte sich unter dem Reden ermutigt und kehrte ziemlich frei zu ihrem Sofa. Karl, für den, sobald er seine verlangte Auskunft hatte, das übrige Gespräch meistens tot war, indem er für sich fortspann, stand nun still und sagte: »Der alte Kerl war ordentlich ein Philosoph; er hätte unsren Gelehrten können zu schaffen machen. Ich habe nun drei Jahre studiert, und unsere Professoren laufen doch den ganzen Tag wie Diogenes mit der Laterne nach unnützen Fragen, aber so spitzfindige sind mir noch selten vorgekommen, wie das alte Genie aus den Ecken zu bringen wusste. Er hatte auch von sich selbst die Klarinette spielen gelernt.« – »Die hat er geblasen, da er noch jung war«, fiel Marie ein. Karl drehte die Pfeife ungeduldig in den Händen und fuhr dann schnell fort: »Was aber lächerlich war, so wusste er auch auf alles Antworten, und die waren ihm immer gut genug, obgleich der Scharfsinn der Antwort nie im Verhältnis zu dem der Frage stand. Der Hochmut legt doch seine Eier in alle Nester.«

»Der alte Franz war deinem seligen Vater sehr lieb«, sagte Frau von Brenkfeld sanft, aber ernst. Karl antwortete ganz arglos: »Ja, er ist ja, den Unterricht abgerechnet, fast mit ihm erzogen, das hat ihm auch den Schwung gegeben.« Dann fuhr er von selbst erwacht und mit einem seltnen, zarten Ausdrucke in den Mienen fort: »Wenn er so erzählte, wie sie zusammen heimlich das Rauchen trieben aus gehöhlten Kastanien und sich treulich beistanden in Schuld und Strafe, dann ist mir immer ganz wunderlich gewesen; wahrhaftig, es ist mir manche liebe Stunde in dem Manne gestorben.«

»Mir auch«, sagte die Mutter und winkte die Tränen heftig zurück, »die alte Lisbeth ist auch seitdem ganz kümmerlich geworden.«

»Es ist überhaupt etwas Kurioses und meist Unangenehmes um die Witwen«, versetzte Karl, wieder abgeleitet, »besonders, solange die Kinder minorenn sind.« – »Was ist das, minorenn?«, fiel Marie ein: »Meistens fehlt ihnen die Kraft, und auf allen Fall nehmen ihnen die Augen der Welt, denen sie immer ein Splitter sind, die Macht und die Herrlichkeit; man sieht sie die an Verbrechen grenzendsten Härten gegen Schuldner ausüben, alles per Pflicht. Das geht nun wohl nicht anders, aber es lässt gewöhnlich einige Verhärtungen. Das Regieren tut überall keinem Weibe gut.«

»Witwen sind gut«, sagte Marie beleidigt, und Karl, der die Beziehung nicht fasste, fuhr auf: »Kinder auch, wenn sie das Maul halten«, und fuhr dann mit einem Blick auf seine Mutter im doppelten Schrecken zusammen. Frau von Brenkfeld kämpfte gewaltsam gegen eine mehr wehmütige als erzürnte Empfindung, die sie für Unrecht hielt, da Karl im ganzen recht und gewiss arglos geredet hatte, aber dass sie das Grelle jenes Verhältnisses, dem sie, bei den durch die Gutmütigkeit ihres verstorbenen Gatten verwirrten Vermögensumständen, unter den härtesten äußeren und inneren Kämpfen acht Jahre ihres Lebens ihre ganze Gesundheit und oft ihre heiligste Empfindung hatte opfern müssen, eben von jenem so scharf und wie verurteilend musste auffassen hören, für den sie vor allem freudig geopfert hatte, das warf eine Wolke von Trauer und Verlassenheit in ihre Seele, die sie durch alle Strahlen des Gehorsams und der Liebe ihrer Kinder nicht zu zerstreuen vermochte. Eben ihr war der Witwenschleier aus einem Trauerflor zu einem Bleimantel geworden, der fast sogar die Ehre niedergebeugt hätte, da ihr Gatte durch unverhältnismäßige Schuldbeträge die Leute nach seinem Tode zugrunde richtete, denen er bei seinem Leben gern helfen wollte. Er hatte den Segen mit sich genommen und ließ der Vormundschaft und seiner bedrängten Witwe den Fluch. Zudem hing ihr sonst starkes Herz seit ein'ger

Zeit mit großer Schwäche an Marien, dem einzigen ihrer Kinder, dem sie alles in allem war, indes die Herzen der übrigen sich stark an die fremden Götzen zu hängen begannen. Im Verhältnis zu ihren Töchtern war dies Gefühl minder stechend gewesen, da eine vielseitige und gewandte Weltkenntnis vonseiten der Mutter und ein unbedingter Gehorsam vonseiten der Kinder ausglichen, was Ledwina an Tiefsinn und Zartheit und Therese an klarer und besonnener Auffassung voraushaben mochten, aber die Zurückkunft Karls, den ihr die Universität nach seiner persönlichen Empfänglichkeit völlig ausgebildet, aber außerdem oder vielleicht deshalb etwas überreif und überfrei wiedergab, war ihr aus einem Jubiläum der Witwenherrschaft zu der beklemmten Leichenfeier derselben geworden, obschon nur in der innren Überzeugung, da Karl jetzt aus Pflicht und Vorsatz das zu sein strebte, wozu ihn früher die scheuste Ehrfurcht gemacht hatte; aber eben dieses immer durchscheinende Streben, dies öftere Misslingen durch Missverstehn, weil die scharfe angstvolle Beachtung des Kindes fehlte, dies seitdem offenbare Zusammenhalten und Einanderaushelfen der Geschwister sagte ihr deutlich, wie locker die Krone auf ihrem Haupte stehe, nur gehalten durch ein einsicht-, aber pflichtvolles Ministerium. Karln hatte sie als eine üppige, aber zarte Treibhauspflanze unter Tränen, Sorgen und Segen in die freie Luft gesendet, und sie konnte sich nicht bergen, dass, so sie ihn jetzt ohne eins von allen entließ, er nur den letzteren vermissen würde, und auch dies nur in Überlegung und Religiosität, nicht in jenem scheuen frommen Gefühle, was sich in der Welt ohne den mütterlichen Segen wie zwischen reißenden Tieren dünkt. Marien duldete er offenbar nur in Rücksicht ihrer, und sein gereiztes Gemüt musste gerade bei einer Veranlassung hervorbrechen, wo sie ihr fast wie das einzige ihrige Kind erschien, und doch konnte sie eben hier ohne die äußerste Taktlosigkeit nichts sagen. Karl begriff ihre Gefühle auch jetzt nur so im Groben in der ersten Entstehung und folgte ihnen gar nicht; er ging auf und ab, rauchte und war noch etwas verdutzt, aber völlig ruhig. Ledwina hätte wohl alles dieses am empfindlichsten aufgefasst, aber eine früherhin schmerzlich berührte Saite klang so hell nach, dass sie noch jeden andern Laut übertönte. Sie konnte überhaupt sehr lange an einem Gedanken zehren und nahm noch oft das Frühstück ein, wenn die andern schon ein wichtiges Mittagsmahl, einen unbedeutenden Tee nebst einer Menge amüsanter Konditorwaren verzehrt hatten und sich nun zur Abendtafel setzten. Nur Therese, die immer wie der Engel mit dem flammenden Schwerte vor und mit dem Ölzweige über den Ihrigen stand, musste die ganze Last dieses Augenblicks tragen und suchte angstvoll nach einer klug beschwichtigenden Rede.

»Warum wählst du immer den verdrießlichen Weg am Flusse, Ledwina?«, begann die Frau von Brenkfeld gesammelt, da die Stille kein Ende nahm.

»Ich habe den Weg einmal sehr lieb«, versetzte Ledwina, »ich glaube, das Wasser tut viel dazu.«

»Den Fluss hast du ja auch unter deinem Fenster«, sagte die Mutter, »aber es ist so ein bequemer Gedankenschlender, deshalb geht man auch leicht weiter, wie man sollte.«

»Ich muss gestehn«, sprach Karl, »dass mir die Gegend hier besonders jetzt recht erbärmlich vorkömmt. Man spaziert wie auf dem Tische, die Gegend vor uns wie hinter uns, oder vielmehr gar keine. Der Himmel über uns und der Sand unter uns.«

»Die Gegend könnte noch viel malerisch schlechter sein, wie sie ist«, sagte Ledwina, »und mir bliebe sie doch lieb; von den Erinnerungen, die in jedem Baume wohnen, will ich gar nicht reden, denn so kann nichts mit ihr verglichen werden, aber so, wie sie da steht und überall, wär' sie mir höchst ansprechend und wert.«

»Chacun à son goût«, versetzte Karl, »nach deinen eben gemachten Ausnahmen weiß ich nicht, was dich reizt: das stachlichte Heidekraut oder die langweiligen Weidenbäume oder die goldnen Berge, die uns in einer Stunde ein zauberischer Wind schenkt.«

»Die Weiden zum Beispiel«, versetzte Ledwina, und in ihr Gesicht goss sich ein trübes, aber bewegliches Leben, »haben für mich etwas Rührendes, eine sonderbare Verwechslung in der Natur: die Zweige farbicht, die Blätter grau, sie kommen mir vor wie schöne, aber schwächliche Kinder, denen der Schrecken in einer Nacht das Haar gebleicht. Und überhaupt die tiefe Ruhe auf manchen Flächen dieser Landschaft: keine Arbeit, kein Hirt, nur allerhand größre Vögel und das einsam weidende Vieh, dass man nicht weiß, ist man in einer Wildnis oder in einem Lande ohne Trug, wo die Güter keinen Hüter kennen als Gott und das allgemeine Gewissen.«

»Es ist nicht schwer«, versetzte Karl lächelnd, »einer Sache, die so viel liebe Seiten hat, auch eine schöne abzugewinnen, aber ich versichere dich, man darf keine zwanzig Meilen reisen, sonst fallen die schönen romantischen Läppchen ab, und was nackt übrig bleibt, ist eine halbe Wüste.«

»Die Wüste«, versetzte Ledwina, gleichfalls lächelnd und wie träumend, »die Wüste mag vielleicht große und furchtbare Reize haben.«

»Kind, du rappelst«, sagte Karl und lachte laut auf.

Ledwina fuhr langsam fort: »So plötzlich hineinversetzt, ohne ähnliche und doch völlig ungleiche Umgebungen zu kennen und hauptsächlich ohne früher von ihnen gelitten zu haben, und nun weithin nichts als die gelbe glimmernde Sandfläche, keine Begrenzung als den Himmel, der niedersteigen muss, um die Unendlichkeit zu hemmen, und nun flammend über ihr steht; statt der Wolken die himmelhohen, wandelnden Glutsäulen, statt der Blumen die farbicht brennenden Schlangen, statt der grünen Bäume die furchtbaren Naturkräfte der Löwen und Tiger, die durch die rauschenden Sandwogen schießen wie die Delphine durch die schäumenden Fluten – überhaupt muss es dem Ozean gleichen.«

Karl war vor Verwundrung stillgestanden, dann sagte er mit einem närrischen Gesichte: »Und wenn nun die wandelnden Glutsäulen uns Visite machen oder die Blumen der Wüste uns umkränzen oder die furchtbaren Naturkräfte sich an uns probieren wollen?«

Ledwina fühlte sich widrig erkältet. Sie beugte, ohne zu antworten, nieder, um ein Garnknäul vom Boden aufzuheben.

»Aber mein Gott«, rief Frau von Brenkfeld, der durch diese rasche Bewegung ihre noch nicht völlig getrockneten Schuhe sichtbar geworden waren, »du bist ja ganz nass!« – »Ich bin etwas nass«, versetzte Ledwina, ganz herunter von widrigen Empfindungen. »Und das schon die ganze Zeit«, versetzte die Mutter verweisend, »leg dich augenblicklich nieder, du weißt es ja in Gottes Namen auch selbst wohl, wie wenig du vertragen kannst.« – »Ja«, sagte Ledwina kurz und stand auf, um in ihrer Empfindlichkeit allen weitern Reden zu entgehn. »Dass du dich aber ja niederlegst, und trinke Tee«, rief ihr die Mutter nach. Sie wendete sich in der Tür um und sagte mit gewaltsamer Freundlichkeit: »Ja, gewiss.« Therese folgte ihr.

***

»Du hast noch nicht getrunken«, sprach Therese sanft verweisend, da sie nach einer Viertelstunde mit einem Glase Wasser von Neuem in die Kammer trat und die weislich vor dem Fortgehn eingeschenkte Tasse noch unberührt sah; »wenn nun die Mutter käme«, fuhr sie fort, »du weißt, wie sie auf ihr Wort hält.«

»Ach Gott, ich habe noch nicht getrunken? Wenn nun die Mutter käm'!«, wiederholte Ledwina, aus tiefem Sinnen auffahrend, und im Nu reichte sie Theresen die geleerte Tasse; »mir ist so heiß«, sagte sie dann, warf unruhig die weißen Gardinen weit zurück und legte die brennenden Hände in der Schwester Schoß.

»Du trinkst zu schnell«, sagte diese. – »Ich wollte, ich dürfte das Glas Wasser trinken«, versetzte Ledwina. »Trink du deinen Tee, der bekömmt dir viel besser«, antwortete Therese mitleidig, »das kannst du deiner Gesundheit wohl opfern, es ist ja nur ein kleiner Wunsch.« – »O, er kömmt auch nur oben vom Herzen«, lächelte Ledwina, »und dann setz' dich doch recht zu mir und sprich mir etwas vor. Das Bettliegen ist so fatal; es ist noch lange nicht dunkel, und dann die lange Nacht!«

Therese setzte sich auf den Rand des Bettes und seufzte unwillkürlich recht tief. Ledwina lächelte von Neuem und sehr freundlich, fast freudig. »Der heutige Tag«, sagte Therese dann tiefsinnig, »ist äußerlich so unbedeutend gewesen und doch innerlich so reich; es ist so viel durchgedacht und auch wohl ausgesprochen worden, was in Jahren nicht hat zu der Klarheit kommen können, wie der Brennpunkt einer langen Zeit.« – »Jawohl, allerhand«, versetzte Ledwina erwartend, der in diesem Augenblicke nur eins still bewegend im Sinn lag. »Ich wollte«, sprach Therese weiter, »der Kerl säh' etwas weniger imposant aus, damit er etwas minder geehrt würde. Alles wendet sich an ihn, und die Mutter wird jedes Mal rot, wenn er mit der gefälligen Miene sagt: ›Tragt das meiner Mutter vor!‹«

Ledwina hatte, wie vorhin gesagt, den Teil des vorigen Gesprächs, auf den sich dieses bezog, völlig überhört, und auch jetzt hielt ihr Geist eine andere Richtung fest. So fasste sie es gar nicht in seinem tiefen Schmerze. »Ja«, sagte sie, noch immer still träumend, »es wurde so vielerlei gesprochen, dass man das erste über dem letzten vergaß. Mich soll wundern, ob Steinheim sich auch verändert hat.« Therese ward feuerrot. »Ich möchte es gar nicht«, fuhr sie fort, »mir scheint immer, er könnte dabei nur verlieren.« Therese schenkte etwas mühsam eine neue Tasse ein. »Mich dünkt, ich sehe ihn«, hub Ledwina wieder an, »wie er gefragt wird und dann das liebe treue Gesicht so freundlich eine Antwort weiß; es wird einem ganz ruhig, wenn man eine Zeit lang darauf weilt.« – »Das geht wohl an«, sagte Therese in der Angst. Ledwina sah hoch auf. »Meinst du nicht?«, fragte sie ernst. »O nein«, sagte Therese verwirrter und brach sehr unpassend ab. Aber Ledwina hatte sich aufgerichtet und ihre Hände krampfhaft gefasst. »Bitte, bitte«, sagte sie in strenger Angst, »schweig, aber lüg nicht«, und mit einem leisen Ton der tiefsten Wehmut lag Therese an ihrer Brust und weinte und zitterte, dass die Gardinen bebten. Ledwina hielt sie fest an sich, und ihr Gesicht war aufgegangen wie ein Mond, der leuchtend über die Schwester wachte. Beide ließen sich nach einer langen lebensreichen Pause und suchten ihre verlorene Fassung, die eine auf der seidenen Bettdecke, die andere an dem Bande des Teetopfes, was sie losknüpfte, statt es fester zu heften, denn es ist eben den besten und herrlichsten Menschen eigen, dass sie sich schämen, wenn ein unbewachter Augenblick verraten hat, wie weich sie sind, indes die Armen im Geiste von jener Art, der nicht der Himmel verheißen ist, es in Ewigkeit nicht vergessen können, wenn sie einmal einen rührenden Gedanken gefunden haben, wie das blinde Huhn die Erbse.

»Ich bin mir oft recht lächerlich und eitel vorgekommen«, fing Therese endlich an, »dir auch?« – Ledwina musste lachen und sah sie fragend an. Therese fuhr fort: »Allen dunkel und mir allein hell; es ist betrübt, Ledwina, so etwas ganz allein zu merken, man wird ganz irr. Ich habe immer innerlich glühn müssen, wenn ich diese oder jene unsrer Bekanntinnen mit geträumten Eroberungen prunken sah. Es ist so hässlich und so allgemein. Die Bescheidenheit schützt heutzutage gar nicht mehr, und für mich wär' es so traurig. Ach, Ledwina, soll ich es mir wohl nur einbilden? Ich kann ja auf nichts bauen als auf meinen innigsten Glauben.«

»Baue du dein Haus nur«, sagte Ledwina bewegt, »du hast einen guten Grund, einen verborgenen, aber festen, der nicht unter dir einsinken wird.« – »Er hat mir nie etwas Derartiges gesagt«, versetzte Therese, indes ihre Augen wie in den Boden brennen wollten. – Ledwina sagte nachsinnend und lieblich: »Für einen anderen nichts, für ihn alles. Wär's ein andrer, so hättest du auch den Glauben nicht. Ach, Therese, du wirst sehr glücklich sein; das sage ich frei und schäme mich nicht. Wir suchen doch alle einmal, wenn schon meistens inkognito, aber ich habe aufgehört, denn ich weiß, dass ich nicht finde.« – Therese entgegnete demütig: »Ich darf auch nicht so viel verlangen wie du.« – »Das heißt nun nichts«, versetzte Ledwina sanft vorwerfend, »das kannst du selbst nicht glauben; du bist Gott und Menschen angenehmer, das weiß ich wohl.« Therese erschrak ordentlich und wollte einfallen, aber Ledwina winkte ernst mit der schmalen weißen Hand und fuhr fort: »Doch mein loses törichtes Gemüt hat so viele scharfe Spitzen und dunkle Winkel, das müsste eine wunderlich gestaltete Seele sein, die da so ganz hineinpasste.« – Therese fasste erschüttert ihre beiden Hände und sagte, indem sie das Gesicht wie scheu umherwandte, um die Zeichen der höchsten Bewegung zu verbergen: »Ach Ledwina, ich mag jetzt gar nicht davon reden, wie lieb dich viele Menschen haben, aber auch du wirst finden, was dir einzig lieb bleibt. Gott wird ein so reines und leises Flehn nicht überhören.«

Ledwine, der das Gespräch zu angreifend wurde, sagte wie leichtsinnig: »Jawohl, man sagt ja, es gibt keinen so schlechten Topf, dass sich nicht ein Deckel dazu fände, aber Gott weiß, wo mein Erwählter lebt; vielleicht ist er in diesem Augenblick auf der Tigerjagd, es ist doch grade die Zeit, und dann, du meinst, Steinheims Liebe sei unbemerkt geblieben? Glaub das ja nicht! Hab' ich dir je früherhin ein Wort gesagt? Und doch ist mir alles seit einem Jahr die höchste Gewissheit, und ich kann euch gar nicht mehr in Gedanken trennen. Aber wie kannst du glauben, dass unsre Mutter auf einen bloßen, auch noch so getreuen Schein sich über eine so zarte Sache äußern sollte, oder Karl, dem die Ehre und der Anstand fast zu viel sind? Ich habe oft und heimlich lachend den Kampf beider gesehn, wenn sie weder absichtlich störend noch nachlässig erscheinen wollten. Glaub mir, könnte Steinheim dich vergessen oder übergehn, so würden beide schweigen und sich fassen, aber ihr Glaube an die Menschen wär' dahin, so gut wie der deinige.«

»Aber auch heute, wo die Entscheidung so gar nahe gestellt ist«, versetzte Therese beklemmt, »nicht das kleinste Zeichen in Miene oder Worten.«

»O Therese«, sagte Ledwina lächelnd, »ich sehe wohl, die Liebe macht die Leute dumm. Ist dir dies Vermeiden seines Namens, dies behutsame, verräterische Umgehen des ganzen Besuches, der doch bei Weitem das Hauptsächlichste im Briefe war, nichts? Ich sage dir, Therese, ich wusste von nichts, da ich in die Stube trat, aber ich bin zusammengefahren und habe in der höchsten Spannung geharrt und geglaubt, jeder Laut werde das Geheimnis gebären, besonders im Gesichte unsrer Mutter wogte ja die ganze offene See der Empfindungen.«

Therese hatte nach und nach das Haupt erhoben und sah nun peinlich hoffend auf Ledwina, wie ein Kind auf den Vater, wenn es merkt, dass er ihm etwas schenken will. »Nun, ich will es so denken, und ich kann auch nicht gut anderst«, sagte sie verschämt, »aber bitte, bitte, nun nicht mehr davon reden!« Nach ein'gen Augenblicken fuhr sie wieder trübe fort: »Man muss sich nicht so in eine Hoffnung eingraben, das Glück ist gar zu kugelrund.« Dann schwieg sie und fasste die Schale und Teetopf, als wolle sie einschenken, sagte dann: »Ich komme gleich wieder« und ging hinaus, denn sie zitterte so sehr, dass sie den Topf nicht hatte heben können.

Nach einer langen Weile trat sie wieder mit leisen Schritten herein und blickte weit vorgebeugt mit angestrengter Sehkraft nach der Schwester hinüber, weil sie gedachte, sie möchte schlummern, und es nicht wagte, ihr zu nahen um der frischen Abendluft willen, die aus ihren Kleidern duftete, denn sie war im Freien gewesen, tief, tief im Gebüsche und hatte sich einmal recht satt geweint und gesehnt, und nun war sie wieder still und sorgsam wie vorher, denn diese süße, überteure Seele lebte ein doppeltes Leben, eins für sich, eins für andre, wovon das erstere nur zum Kampf für das letztere vortrat, nur dass es statt des Schwertes die Leidenspalme führte. So stand sie eine Weile, kein Vorhang rauschte, aber ein tiefer, schwerer Atem zog hinüber und gab ihr mit der Gewissheit des Schlummers zugleich eine wehmütige Sorge. Sie setzte sich ganz still in ein Fenster. Die Sonne ging unter, und ihre letzten Strahlen standen auf einem Weidenbaum am jenseitigen Ufer. Der Abendwind regte seine Zweige, und so traten sie aus dem Glanz und erschienen in ihrer natürlichen Farbe, dann bogen sie sich wieder in die Goldglut zurück. Für Ledwinens krankes, überreiztes Gemüt hätte dies flimmernde Naturspiel leicht zu einem finstern Bilde des Gefesseltseins in der sengenden Flamme, der man immer vergeblich zu entrinnen strebt, da der Fuß in dem qualvollen Boden wurzelt, ausarten können, aber Therese war es unbeschreiblich wohl geworden in Betrachtung des reinen wallenden Himmelsgoldes und überhaupt der lieblichen gefärbten Landschaft, ihre Gedanken waren ein leises und brünstiges Gebet geworden, und ihre Augen waren scharf auf den Abendglanz gerichtet, als sei hier die Scheidewand zwischen Himmel und Erde dünner; es war ihr auch, als zögen die Strahlen ihrer Seufzer mit hinauf, und sie legte das glühende Antlitz dicht an die Scheibe, aber wie die Sonne nun ganz dahin war und auch der Abendhimmel begann, ihre Farbe zu verleugnen, da sanken auch ihre Flügel, und sie ward wieder trüber und wusste nicht, warum. Das Vieh zog langsam und brummend in den Hofraum, und zugleich stieg das Abendrot höher, und ein frischer Wind trieb die rosenfarbne Herde auch nach dem Schlosse hinüber. »Nun wird es gut«, sagte sie ziemlich laut, das Wetter meinend, und erschrak, dass sie der Schlummernden vergessen hatte, aber eine unbeschreibliche Zuversicht umfing sie gleich, und diese unwillkürlichen, ausgesprochnen Worte waren ihr wie durch Gottes Eingebung. Sie war von nun an völlig ruhig und blieb es bis zu der Stunde, die ihr Schicksal entschied.

So haben auch die klarsten, sichersten Seelen ihre Augenblicke, wo der Glaube an eine verborgene, geistige Abspiegelung aller Dinge ineinander, an das vielgeleugnete Orakel der Natur sie mächtig berührt, und wer dem widerspricht, dessen Stunde ist noch nicht gekommen, aber sie wird nicht ausbleiben, und wäre es die letzte.

Therese stand wie aus einem schönen Traum auf und schlich zum Lager Ledwinens. Unbeweglich, ja fast starr lag die Schlafende, und ihr Antlitz war bleich wie Marmor, aber in ihrer Brust arbeitete ein schweres, unruhiges Leben in tiefen Zügen. Therese sah sorgsam auf die Gegend des Herzens und legte dann sachte die Hand darauf, die sich von den heftigen Schlägen hob. Hätte sie nicht gewusst, dass plötzliches Erwecken bei der Schwester immer mit einem erschütternden Schrecken verbunden sei, sie hätte sie nicht dieser angstvollen, betäubenden Ruhe überlassen, aber nun blickte sie noch einmal sorgenvoll auf die Schlafende, segnete sie zum ersten Male in ihrem Leben, zog die Vorhänge des Bettes weit los, schloss die der Fenster und ging dann sachte und wehmütig zurückblickend hinaus mit dem Vorsatz, späterhin noch einmal nachzusehn.

***

Es war tief in der Nacht, als Ledwina aus ihrem langen Schlummer erwachte. Sie hatte äußerlich tief geruht, und Therese war unbemerkt vor ein'gen Stunden noch einmal an ihrem Lager gewesen, wo sie die Schwester, die ihr nun erleichtert schien, beruhigt verlassen hatte. Aber in Ledwinens Innrem hatte sich eine grauenvolle Traumwelt aufgeschlossen, und es war ihr, als gehe sie zu Fuße mit einer großen Gesellschaft, worunter alle die Ihrigen und eine Menge Bekannter waren, um einer theatralischen Vorstellung beizuwohnen. Es war sehr finster, und die ganze Gesellschaft trug Fackeln, was einen gelben Brandschein auf alles warf, besonders erschienen die Gesichter übel verändert. Ledwinens Führer, ein alter, aber unbedeutender Bekannter, war sehr sorgsam und warnte sie vor jedem Stein. »Jetzt sind wir auf dem Kirchhof«, sagte er, »nehmen Sie sich in acht, es sind ein'ge frische Gräber.« Zugleich flammten alle Fackeln hoch auf, und Ledwinen wurde ein großer Kirchhof mit einer zahllosen Menge weißer Leichensteine und schwarzer Grabhügel sichtbar, die nun regelmäßig eins ums andre wechselten, dass ihr das Ganze wie ein Schachbrett vorkam und sie laut lachte, als ihr plötzlich einfiel, dass hier ja ihr Liebstes auf der Welt begraben liege. Sie wusste keinen Namen und hatte keine genauere Form dafür als überhaupt die menschliche, aber es war gewiss ihr Liebstes, und sie riss sich mit einem furchtbar zerrissnen Angstgewimmer los und begann zwischen den Gräbern zu suchen und mit einem kleinen Spaden die Erde hier und dort aufzugraben. Nun war sie plötzlich die Zuschauende und sah ihre eigne Gestalt totenbleich mit wild im Winde flatternden Haaren an den Gräbern wühlen, mit einem Ausdrucke in den verstörten Zügen, der sie mit Entsetzen füllte. Nun war sie wieder die Suchende selber. Sie legte sich über die Leichensteine, um die Inschriften zu lesen, und konnte keine herausbringen, aber das sah sie, keiner war der rechte. Vor den Erdhügeln fing sie an sich zu hüten, denn der Gedanke des Einsinkens begann sich zu erzeugen; dennoch ward sie im Zwang des Traumes zu einem wie hingestoßen, und kaum betrat sie ihn, so stürzte er zusammen. Sie fühlte ordentlich den Schwung im Fallen und hörte die Bretter des Sarges krachend brechen, in dem sie jetzt neben einem Gerippe lag. Ach, es war ja ihr Liebstes, das wusste sie sogleich; sie umfasste es fester, wie wir Gedanken fassen können, dann richtete sie sich auf und suchte in dem grinsenden Totenkopfe nach Zügen, für die sie selbst keine Norm hatte. Es war aber nichts, und zudem konnte sie nicht recht sehen, denn es fielen Schneeflocken, obschon die Luft schwül war. Übrigens war es jetzt am Tage. Sie fasste eine der noch frischen Totenhände, die vom Gerippe losließ. Das schreckte sie gar nicht. Sie presste die Hand glühend an ihre Lippen, legte sie dann an die vorige Stelle und drückte das Gesicht fest ein in den modrichten Staub. Nach einer Weile sah sie auf; es war wieder Nacht, und ihr voriger Begleiter stand sehr hoch am Grabe mit einer Laterne und bat sie mitzugehn. Sie antwortete, sie werde nur hier liegen bleiben, bis sie tot sei; er möge gehn und die Laterne dalassen, was er auch sogleich tat, und sie sah wieder eine Weile nichts als das Gerippe, dem sie mit einer herzzerreißenden Zärtlichkeit liebkoste. Plötzlich stand ein Kind neben dem Grabe mit einem Korb voll Blumen und Früchten, und sie besann sich, dass es eins derer sei, die im Theater Erfrischungen umherbieten. Sie kaufte ihm seine Blumen ab, um den Toten damit zu schmücken, wobei sie ganz ordentlich und ruhig die Früchte auslas und zurückgab. Da sie den Korb umschüttete, wurden der Blumen so viele, dass sie das ganze Grab füllten. Des freute sie sich sehr, und wie ihr Blut milder floss, formte sich die Idee, als könne sie den verweseten Leib wieder aus Blumen zusammensetzen, dass er lebe und mit ihr gehe.

Über dem Aussuchen und Ordnen der Blumen erwachte sie, und, wie bei

Träumen immer nur der allerletzte Eindruck in das wache Leben übergeht, ziemlich frei, aber ihr war unerträglich heiß. Sie richtete sich auf und sah noch etwas verstört im Zimmer umher. Das Mondlicht stand auf den Vorhängen eines der Fenster, und da der Fluss unter ihm zog, schienen sie zu wallen wie das Gewässer. Der Schatten fiel auf ihr Bett und teilte der weißen Decke dieselbe Eigenschaft mit, dass sie sich wie unter Wasser vorkam.

Sie betrachtete dies eine Weile, und es wurde ihr je länger je grauenhafter; die Idee einer Ondine ward zu der einer im Fluss versunknen Leiche, die das Wasser langsam zerfrisst, während die trostlosen Eltern vergebens ihre Netze in das unzugängliche Reich des Elementes senden. Ihr ward so schauerlich, dass sie sich nach ein'gen Skrupeln wegen der Glut in ihrem Körper entschloss, aufzustehn und die Vorhänge loszuziehn. Die Nacht war überaus schön, der Mond stand klar im tiefen Blau, die Wolken lagerten dunkel am Horizont in einer schweren getürmten Masse, und der Donner hallte leise und doch mächtig herüber, wie das Gebrüll des Löwen.

Ledwina blickte lüstern durch die Scheiben, das graue Silberlicht lag wie ein feenhaftes Geheimnis auf der Landschaft, und dünne, matte Schimmer wogten über die Gräser und Kräuter wie feine Fäden, als bleichten die Elfen ihre duftigen Schleier. Am Flusse war die Luft ganz still, denn die Weiden standen wie versteint, und kein Hauch bog die gesträubten Haare, aber in der Ferne schüttelten sich die Pappeln und hielten dem Mondlicht die weißen Flächen entgegen, dass sie schimmerten wie die silbernen Alleen in Träumen und Märchen. Ledwina sah und sah, und ihr Fuß wurzelte immer fester an der lockenden Stelle, und bald stand sie, halb unwillkürlich, halb mit leisen Vorwürfen, in ein dichtes Tuch gehüllt am offenen Fenster. Sie schauderte linde zusammen vor der sehr frischen Luft und der geisterhaften Szene. Ihre Blicke fielen auf das klare Licht über sich und das sanfte Licht unter sich im Strom, dann auf den finstren lauernden Hintergrund, und das Ganze kam ihr vor wie der stolze und wilde Seegruß zwei erleuchteter Fürstengondeln, indes das Volk gepresst und wogend in der Ferne steht und sein dumpfes Gemurmel über das Wasser hallt.

Da erschien fern am Strome noch ein drittes Licht, aber ein hüpfendes, trübes Flämmchen, wie ein dunstiges Meteor, und sie wusste nicht, war es wirklich ein Irrlicht oder ward es von Menschenhänden getragen, mehr zur Gesellschaft als zum Führer in der täuschenden Nachthelle. Sie richtete die Blicke fest darauf, wie es langsam herantanzte, und sein unausgesetztes Nähern bürgte für die letztere Meinung. Sie war so verloren in fremde Reiche, dass sie sich den Wandrer als einen grauen Zaubermeister bildete, der in der Mondnacht die geheimnisvollen Kräuter in den feuchten Heidgründen sucht. Wirklich gab es viele Beschwörer, sogenannte Besprecher, in jener Gegend, wie überhaupt in allen flachen Ländern, wo Menschen die schwere neblichte Luft mit der Schwermut und eine gewisse krankhafte Tiefe, den Geisterglauben, einatmen; diese Zaubrer, meistens angesessne, geachtete alte Leute, sind mit seltnen Ausnahmen so truglos wie ihre Kinder, so wie sie auch das unheimliche Werk fast nie als Erwerb, sondern meistens als ein zufällig erobertes, aber teures Arkanum in nachbarlichen Liebesdiensten ausüben. Sie halten sonach auch vor sich selber streng auf alle die kleinen Umstände, die dergleichen Dingen selbst bei völlig Ungläubigen etwas Schauderhaftes leihn, als das starre Stillschweigen, das Pflücken der Kräuter oder Zweige im Vollmond oder in einer bestimmten Nacht des Jahres usw., und so wär' es nichts so Unmögliches gewesen, auf einer nächtlichen Wanderung dergleichen unheimlichen Gefährten zu finden, aber das Flämmchen hüpfte näher, und bald ward es Ledwinen kenntlich als der brennende Docht einer Laterne, die ein Mann trug, indes eine Gestalt zu Pferde ihm folgte. Sie besann sich, dass es wohl ein nächtlich Reisender sei, den ein Wegeskundiger an den trügerischen Buchten des Stromes vorüberleite. Das Feenreich war zerstört, aber ein menschliches Gefühl der tiefsten Wehmut ergriff sie um den Unbekannten, mit dem sie eine schöne Nacht erlebte, und der doch achtlos an ihr vorüberzog wie an den Steinen des Weges und wusste nichts von ihr, wenn er einst ihren Tod las in den Blättern der Zeitungen. Jetzt war er dem Schlosse gegenüber, wo der Fußsteig mit Steinen gepflastert war, ein langsamer Hufschlag schallte zu ihr hinauf, und sie strengte ihre Sehkraft an, um eine leichte Form festzuhalten von der flüchtigen Erscheinung.

Plötzlich zog eine Wolke, die die Verschwörung am Horizont als Herold aussandte, über den Mond; es ward ganz finster, und zugleich schlug ein schwerer, klatschender Fall an ihr Ohr, ihm folgte ein heftiges Plätschern und der laute Angstruf einer männlichen Stimme. Ledwina sprang aus einem fürchterlichen Schrecken vom Fenster zurück und wollte nach Hülfe eilen, aber ihre Knie trugen sie nur bis in die Mitte des Zimmers, wo sie zusammenbrach, doch ohne die Besinnung zu verlieren. Sie schrie nun im höchsten Entsetzen anhaltend, fast über ihre Stimme, und nach einer Minute war ihre Mutter, ihre Schwester und fast das ganze weibliche Personale um sie versammelt. Man hob sie auf, trug sie ins Bett und meinte, sie rede irre, da sie beständig und angstvoll rief: »Macht das Fenster auf! – im Flusse – er liegt im Flusse«, und sich loszureißen strebte. Marie, die vor Schrecken hell weinte, war jedoch die erste, die den Ruf vom Flusse her durch das laute Gewirr unterschied. Man riss das Fenster auf, und bald zogen die Domestiken des Schlosses, noch ganz betäubt und mit Stangen und Haken an das Ufer. Den Reisenden hatte sein rasches Pferd aus den Wellen getragen, in die er dem Irrlichte in der Hand seines Führers gefolgt war, da er sehr dicht hinter ihm trabte. Er stand triefend neben seinem schnaubenden Tiere und wollte eben in der Angst von Neuem in den Strom, das fortschwimmende Menschenleben zu retten, da ihm das fremde Land sonst keine Hülfe zu bieten wusste.

Therese stand händeringend am Fenster und horchte auf Laute der Suchenden durch den Sturm, der nun mit einer fürchterlichen Heftigkeit losgebrochen war, der Donner rollte sonder Aufhören, das Wasser tanzte in gräulicher Lust über der gefallnen Beute und warf sprühnden Schaum in die Augen derer, die sie ihm zu entreißen suchten. Der Fremde stand am Ufer, bebend vor Frost. Er wollte nicht ins Schloss, aber mit einem Kahn in die empörten Wogen. »Wollen Sie sich selbst ums Leben helfen?«, sagte der alte Verwalter. »Mich dünkt, an einem ist es genug.« – »O Gott!«, rief der Fremde schmerzlich, »ich habe ihn so beredet; er wollte nicht von seiner alten Mutter, die sich vor dem Gewitter fürchtet. Um Gottes willen, einen Kahn, einen Kahn!« – »Einen Kahn können Sie nicht kriegen, wir haben keinen«, sagte der Verwalter. Der Fremde hielt ihm eine Laterne hoch vors Gesicht, und wie er ihm in dem falschen Schein zu lachen schien, fasste er ihn wie wütend an die Brust und rief: »Einen Kahn, oder ich werfe dich auch ins Wasser.« Der Verwalter blickte ihn fest an und sagte: »Wir haben keinen.« Der Fremde sprach sehr zweifelnd und verwirrt: »Wie seid Ihr denn hergekommen?« – »Über die Brücke dort«, versetzte der Verwalter. »Eine Brücke«, sagte der Fremde wie gelähmt, ließ ihn los und gesellte sich in höchster Angst zu den Suchenden. »Hier habe ich etwas«, rief einer und warf ein weißes Ding ans Ufer, was man als die Mütze des Verlornen erkannte. Man suchte hier emsiger, aber die Haken fuhren vergebens durch das schäumende Wasser. »Wir finden ihn nicht«, rief ein andrer, ermattet in der frucht- und fast zwecklosen Arbeit, »das Wetter ist zu toll.« – »Das Wasser gibt ihn auch nicht her«, rief wieder einer, »es hat in diesem Jahr noch kein Menschenfleisch gehabt.« – »Nicht?«, versetzte ein andrer, und der Fremde sah mit Schrecken, wie nach dieser Bemerkung aller Eifer sichtbar erlosch. Er bot Geld über Geld, und man fuhr ihm zu Gefallen fort zu suchen, aber so mutlos, dass man bald nur noch zum Anschein mit den Stangen und Haken ins Wasser klatschte.

Therese hatte indessen das Fenster nicht verlassen. »Ich höre nichts«, sagte sie jammernd zu Ledwina gewandt, die sie zum Schrecken halb angekleidet und im Begriff aus dem Bette zu steigen sah. Sie schloss das Fenster schnell und drängte die zitternde Schwester in das Bett zurück, worin sich diese jedoch bald ergab mit dem Beding der schnellsten Mitteilung aller Nachrichten. Therese versprach alles und meinte mit ihrem Gewissen wohl auszukommen. Sie hatte sich mit großer Kraft gefasst und redete jetzt viel Tröstliches, geistlich und irdisch, zu Ledwina, dass diese endlich ganz stille ward und in der höchsten Ermattung wieder einschlief. Dann ging sie, um ein warmes Zimmer und Bette für den Fremden zu besorgen, der endlich nach mehrern Stunden durch und durch erfroren und innerlich bebend einzog. Dann legte sie sich selbst nieder, ob der Morgen ihr vielleicht noch ein'ge Erholung schenken wolle, da der Tag sie wieder in ihrer ganzen Kraft forderte, nachdem sie eine Zofe neben Ledwinens Gemach gebettet hatte.

***

Es hatte sieben geschlagen, als Minchen auf den Zehen in die Kammer schlich und das Fräulein ihr schon völlig gekleidet entgegentrat.

»Was gibt's, Minchen?«, sagte sie bewegt und heftete die letzte Nadel. »Der fremde Herr ist ganz munter«, antwortete das Mädchen. »Aber der Bote?«, fragte Ledwina. »Das weiß Gott«, versetzte Minchen, und beide schwiegen. »Man brauch sich nicht viel Gutes zu denken«, sagte Minchen dann und fing bitterlich an zu weinen. Ledwina sah starr vor sich nieder und fragte: »Weiß man nicht, wer es gewesen ist?« – »Freilich wohl«, versetzte das schluchzende Mädchen, »es ist ja der Klemens von der alten Lisbeth; o mein Gott, was soll sich das arme alte Mensch haben!« und weinte ganz laut. Ledwina setzte sich auf das Bett und legte das Gesicht in die weißen Kissen, dann erhob sie sich schneeweiß und sagte: »Ja, Gott muss es wissen«, nahm ihr Schnupftuch vom Tische und ging langsam hinaus. Im Wohnzimmer war alles um das Frühstück versammelt, da Ledwina hereintrat. Der fast zu blendend schöne Fremde stand auf und verbeugte sich. Karl sagte vornehm und höflich: »Das ist meine älteste Schwester«, und zu Ledwinen: »Der Graf Hollberg.« Man saß wieder um den spendenden Tisch, und das Gespräch ging etwas gedrückt fort über allerhand Göttinger Vorfälle, als einzig bekanntem Berührungspunkt der beiden.

»Fräulein Marie, nehmen Sie sich in acht«, sagte der Fremde ernst aus dem Gespräche zu Marien gewandt, die ein geöffnetes Federmesser wiederholt an den Mund hielt, um den Stahl zu prüfen. Marie ward rot und legte das Messer hin.

»Ganz recht, Marie heißt sie«, sagte die Frau von Brenkfeld höflich lächelnd.

»Ich glaube, ich werde Sie alle zu nennen wissen«, versetzte der Graf lebhaft und sandte die leuchtenden Augen durch den Kreis, »Steinheim ist ein getreuer Maler; glauben Sie wohl, dass ich Sie sämtlich sogleich wiedererkannte?«

»Sie haben Steinheim viel gesehn«, sagte Karl.

»O sehr«, versetzte Hollberg rasch, »in dem letzten Jahre täglich oder vielmehr fast den ganzen Tag. Ich habe sogar ihm zu Gefallen ein mir sonst ganz unnötiges Kollegium mitgehört.« Karl lachte ganz trocken.

»Solange Sie dort waren«, fuhr der Graf fort, »konnte man freilich nicht so recht an ihn kommen, denn sein Herz ist wohl für mehrere Abwesende, aber immer nur für einen Gegenwärtigen offen. Ich hatte keinen Vorwand, ihn zu besuchen, und auf unsern Commercen erschien er gar nicht. Aber jetzt«, fuhr er mit einem blitzenden raschen Blicke fort, »jetzt glaube ich, weder mich noch andre zu täuschen, wenn ich sage, wir haben uns beide sehr lieb.« – »Ich habe ihn gleich so liebgewonnen, seit ich ihn zuerst in der Bibliothek traf. Er saß am Fenster und las im ›Kaufmann von Venedig‹ von Shakespeare, ein Stück, was mich damals verkehrterweise nicht so ansprach wie die übrigen Werke dieses Riesen; denn«, fuhr er kindlich lachend fort, »ich muss leider immer eine kurze Weile die Livree der Zeit tragen, und so glänzte ich damals in der wildromantischen, donnergrau mit Schlangen und Dämonen gestickt; ich mag mich herrlich ausgenommen haben!«

Er blickte vergnügt umher und in das verlegne Gesicht der Frau von Brenkfeld, die durchaus keine Antwort hierauf wusste, er nickte dann freundlich und sagte: »Ja gewiss, meine gnädige Frau, in N. ist einmal eine Staatslivree gewesen, da legten die Leute den Kopf beiseite, zogen herdeweis in die Wälder und suchten statt der Pilze Offenbarungen aus der Geisterwelt, da bin ich mit beigewesen, und deshalb stand mir auch der ›Kaufmann von Venedig‹ nicht an, da gibt's nicht den mindesten Schauer. Ich machte mich also an den Lesenden und wollte recht mit meinem Urteile glänzen, aber ein spanisches Sprichwort sagt: Mancher geht aus zu scheren und kommt selber kahl wieder; nun sagen Sie mir, meine beste gnädige Frau, wie kann man bei sonst unbestechlichem Verstande von Zeit zu Zeit so komplett irrsinnig sein?«

Karl suchte sich mit Lachen auszuhelfen und sagte: »Steinheim schreibt recht fleißig von Ihnen. »Wissen Sie auch, wie ich heiße?«, sagte die Frau von Brenkfeld in Verlegenheit, das Ungehörige ihrer Frage nicht bedenkend. Der Fremde ward rot und sagte: »Sie meinen, gnädige Frau?« Dann sah er nieder und sagte mit bescheidener Stimme: »Feiern Sie nicht Ihr Namensfest am 19. November?« – »Ganz recht«, versetzte Frau von Brenkfeld, »ich heiße Elisabeth.« – »Die drei Fräulein«, fuhr der Graf fort, »werden sich Fräulein Therese und Marie nennen. Der Name der dritten ist nur schwer zu behalten, und ich fürchte, ihn zu verfehlen; es muss beinah wie Lidwina oder Ledwina klingen.« – »Völlig wie das letztere«, sagte die Mutter und blickte auf Ledwina, und der Graf neigte lächelnd und freundlich gegen sie, die es jedoch nicht bemerkte, da sie eben an die Freude Theresens dachte, der sie so gern diesen milden Öl in die, wie sie meinte, noch wogende See gegönnt hätte.

»Können Sie mir nicht sagen«, sagte Karl, »wann Steinheim hieher kommen wird?« – »Gewiss so bald wie möglich«, versetzte der Graf mit einem langen, sprechenden Blicke. Karl zog die Lippen und sagte: »Ich habe eine kleine Reise vor, so möchten wir uns verfehlen, aber ich schiebe oder gebe sie auf, nachdem es fällt.« – »Eine Reise, wohin?«, fragte Ledwina verwundert, und Karl versetzte kurz und verdrießlich: »Auf den Harz vielleicht«, und dann zum Grafen: »Wir hofften Sie zugleich hier zu sehn.« Der Graf sagte freundlich, indem er die schwarzen Locken aus der breiten Stirne schüttelte: »Sehn Sie, wie gut Steinheim es mit mir meint; aber ich muss selbst wissen, was ich wagen darf. Wenn Sie mir nun den Stuhl vor die Tür gesetzt hätten –« Die Frau von Brenkfeld wollte höflich einfallen, aber der Graf fuhr fort: »Mir ist eine liebe Freude verdorben: Ich wollte meine Schwester zu ihrem Geburtstage überraschen; daher der unglückliche Gedanke, die schöne Nacht zu Hülfe zu nehmen.« Dann wurde er plötzlich finster, stand auf und ging hinaus.

»Wie gefällt dir der?«, sagte Frau von Brenkfeld, wie aus tiefer Beklemmung aufschauend, zu Ledwina. Diese schüttelte seltsam lächelnd das Haupt und sagte: »Ich weiß noch nicht, aber ganz eigen.« »Er hat etwas Kindisches«, fiel Karl ein, »aber das bringt seine Krankheit mit sich.« – »Ist er krank?«, sprach Ledwina gespannt, »er sieht ja ganz frisch aus, beinah zu frisch.« – »Ach Gott, was wollte er frisch aussehn«, versetzte Karl, »es hat mich recht erschreckt, wie ich ihn sah. Bei meinem Aufenthalt zu Göttingen war er immer leichenblass; er hat deshalb lange Pallidus geheißen, bis die Sache sich endlich nicht mehr für den Scherz eignete, aber jetzt –« Karl schwieg ernst und fuhr dann fort: »Ich denke, wie wir einmal einen guten Commerce in Ulrichs Garten hatten und, da mehrere aus uns Sträuße wilder Blumen im Gehn pflückten, einer endlich die Frage aufwarf, was eigentlich die sogenannte Totenblume sei, da viele die dunkelrote Klatschrose, andere den hellroten Widerstorz und noch andre nur gelbe, hohe Blumen so nennen; wie er da so wehmütig sagte: ›Mir scheint die hellrote diesen Namen vor allen zu verdienen, das Hellrot ist doch die rechte Totenfarbe. Lieber Gott, wie schön können die Totenblumen blühen, so kurz vor dem Abfallen!‹ Dann blieb er zurück und war den ganzen Abend still, denn sein Vater hat mit der schönen, geistreichen Mutter, gegen den Willen aller Verwandten, die Auszehrung in die Familie geschleppt.«

»Das finde ich wahrhaft schlecht, du wählst harte Ausdrücke, Karl«, sagte Therese, die seit den letzten Minuten wieder gegenwärtig war, »es ist wahrhaft genug Schlechtes in der Welt, man brauch mit dem Worte nicht so zu wuchern.« Karl sagte beleidigt und deshalb kalt: »Vielleicht kann ich es nach seiner Persönlichkeit auch verrückt nennen; ich müsste dann annehmen, dass er in einer fixen Idee sie für gesund hielt. Mich mindestens würde die heftigste Leidenschaft nicht verleiten, mein ganzes Geschlecht wissentlich zu vergiften.« Therese, die Hollberg aus begreiflichen Gründen sehr wohlwollte, sagte diesmal rasch und ganz unüberlegt: »Wenn er aber nun außerdem gar nicht lieben und deshalb auch nicht heiraten kann?« Karl blieb stehen, sah sie spöttisch an, klopfte dann mit dem Finger sacht an ihre Stirn und sagte mit Nachdruck: »O, du blinde Welt, wie stolperst du im Dunkeln!« Therese bog die Stirn unwillig zurück, aber sie sagte nichts, denn es ärgerte sie unglaublich, grade jetzt etwas Albernes gesagt zu haben, noch mehr Ledwina, die im Grunde die Schwester nicht allein an Herz und Gemüt reicher, sondern auch in ihrer klaren Umsicht im ganzen für klüger hielt als den kenntnisreichen, kräftigen, aber in seinem oft übertriebenen Selbstgefühl beschränkten Bruder. »Dem sei, wie ihm wolle«, fuhr Karl ernst fort, »genug, die ganze Familie ist vor lauter Geist und Schwächlichkeit ausgebrannt wie ein Meteor, bis auf ihn und eine Schwester, denen die Totenblumen auch bereits auf den Wangen stehn. Der arme Junge hat feine Bemerkungen genug machen können. Ihm ist der Tod schon oft recht hart ans Herz gefallen, und jetzt sitzt er ihm gar mittendrin.«

Es pochte an die Tür, und ein Ackerknecht trat auf den Socken herein. »Ihr Gnaden«, hub er an, »der fremde Herr frägt nach Leuten im Dorfe, die ihm für Geld und gute Worte den Klemens suchen sollen. Wenn das so sein soll, dann muss das geschehn, aber finden tun sie ihn nicht, das Wasser ist zu lang, der mag schon wohl zehn Stunden weit sein.« – »Ich will mit dem fremden Herrn sprechen«, sagte die Frau von Brenkfeld, »geht nur«, und wie der Knecht hinaus war, sah sie ihre Kinder schweigend an und sagte dann: »Die entsetzliche Unruhe! Ich glaube, wir vertragen uns nicht lange.« Dann ging sie hinaus, dem Grafen Vorstellungen zu machen.

Karl sah ihr nach und sagte dann peinlich lachend: »Es freut mich nur, dass dieser Aufenthalt nicht mir gilt, ich habe das alles gefürchtet. Hollberg ist doch sein ganzes Leben verwöhnt worden. Es waren wohl unsrer viere, denen er gefiel. Wir hatten uns vorgenommen, einen ordentlichen flotten Suitier aus ihm zu machen. Er gab sich auch recht gut zu allem, aber mitten im besten Commerce konnte ihn plötzlich etwas meistens ganz Unbedeutendes so tief und seltsam ergreifen, dass er uns die ganze Lust verdarb mit seiner wunderlichen Stimmung; das ist zuweilen interessant, aber immer ungeheuer unbequem, zudem konnte er nie einen rechten Begriff vom Studentenleben fassen und blieb bei Zusammenkünften fein wie unter Philistern, bei Ehrenpunkten arglos und zutraulich wie unter Brüdern und hätte können die ärgsten Händel haben, aber jeder kannte und schonte ihn.« – »So ward er wohl sehr geliebt?«, fragte Therese. »O doch«, versetzte Karl, indem er seinen verlegten Tabaksbeutel in der Stube umsonst suchte, »zudem ist zugleich arglos und nobel sein wohl der sicherste Weg zu allgemeiner Berücksichtigung, es gibt so etwas Prinzenhaftes.«

Therese wandte sich zu Ledwine: »Es ist doch etwas Eigenes um das angeborene Vornehme.« – »Es darf viel wagen«, versetzte Ledwina, »solange es nur an äußeren Formen, die das innre Ehrgefühl gar nicht nennt, und auch die nur arglos verletzt.« – »Jawohl«, sagte Therese, »dann ist es mir aber auch lieber als Schönheit; – nicht allein beim Manne«, fuhr sie freundlich sinnend fort, »auch für mich selber würde es meine Wahl treffen.« – »O, freilich«, versetzte Ledwina, und Karl, der wieder zu ihnen trat, sagte: »Ich möchte mich indessen nicht so berücksichtigt sehen; es erinnert doch immer etwas an die Achtung für die Frauen.« Therese sah unwillig auf; dann begann sie erst leise, dann immer herzlicher zu lachen. »Es ist doch hässlich«, sagte sie, sich vergebens zu bezwingen suchend, »dass man so albern lachen muss.«

Die Mutter trat mit dem Grafen herein. »Sie sehn das wohl ein«, sagte sie eben. – »Ganz gewiss«, versetzte derselbe und sah glühend um sich, »die gnädige Frau haben zu befehlen, es ist mir nur um der Mutter willen.« – »Die Mutter«, sagte Frau von Brenkfeld, »wird den Anblick der Leiche nach einigen Tagen vielleicht besser ertragen wie jetzt, wenigstens hoffe ich es.« – »Ich glaube es nicht«, erwiderte der Graf bewegt, »sie kann sich nicht trösten, sie hat ja nichts gehabt wie den Sohn.« Frau von Brenkfeld sprach ernst: »Sie irren; wir alle dürfen nicht bestimmen, wie viel ein wahrhaft christliches und starkes Gemüt aus den niedern Ständen, vor allem eine Frau, zu tragen vermag, so wenig wir die ununterbrochne Kette von Sorgen und Entsagungen ahnden, aus denen ihr Leben fast immer besteht; glauben Sie mir, was man so sieht, ist nichts.« Der Graf hob das brennende Antlitz und sagte: »Wie, meine gnädige Frau? Ach, verzeihn Sie!« Er schwieg ein'ge Sekunden wie betrübt, dann fuhr er fort: »Denken Sie, wie ihn das Wasser zurichten wird. Die alte Frau geht gewiss immer an den Strom, bis er ihn ausgespien hat, und dann kennt sie ihn nicht.« Er stand hastig auf, sagte nochmals »Verzeihn Sie« und ging hinaus.

Die Frau von Brenkfeld sah ihm verwundert nach und sagte dann: »Ist das Krankheit oder Eigensinn?« – »Beides«, entgegnete Karl phlegmatisch, und so ging das Gespräch fort zwischen Menschen, die man gut nennen musste, in scharfen Strichen, oft ungerecht, immer verfehlt, über ein Gemüt, das man nicht leise genug hätte berühren können und das bei der durchsichtigsten Klarheit dennoch an ewig missverstandenen Gefühlen verglühen musste.

Frau von Brenkfeld sagte eben: »Ich sehe täglich mehr ein, wie dankbar ich Gott dafür sein muss, dass ich zwischen sieben Schwestern geboren bin, und zwar so recht mitten in, weder die älteste noch die jüngeste«, als Marie angstvoll hereineilend rief: »O Mutter, der Graf sitzt auf den Altan und ist schneeweiß.« – »Mein Gott«, sagte Frau von Brenkfeld, »sollte ihm unwohl werden?« – »Jawohl«, versetzte Marie, »er hat den Kopf auf den steinernen Tisch gelegt und sah mich gar nicht.«

Man eilte hinaus, der Graf wollte noch mit einigen mühsamen, verwirrten Worten seine offenbare Schwäche verleugnen, aber die Sinne schienen ihn immer mehr zu verlassen, und bald ließ er sich geduldig und unter Anstrengung seiner letzten Besinnung, noch etwas Beruhigendes zu sagen, zu seiner Stube mehr tragen als führen. Nach einer halben Stunde zeigte sich entschieden ein heftiges Fieber, und der Vormittag verging unter angstvoller Erwartung des Hausarztes, nach dem man sofort geschickt hatte.

***

»Was sagen Sie zu dem Kranken?«, fragte Frau von Brenkfeld den wieder Hereintretenden. Der Doktor Toppmann langte langsam seinen Hut vom Spiegeltische neben den Blumentöpfen und putzte bedächtlich ein wenig Blütenstaub mit dem Ärmel herab. Dazu sagte er: »Nicht viel; ich kenne seine Konstitution zu wenig, und ich kann nicht mit ihm sprechen, da er ganz irre ist.« – »Mein Gott, seit wann?«, rief Frau von Brenkfeld; »davon weiß ich ja nichts.« – »Es soll auch früher nicht gewesen sein«, entgegnete der Doktor, »erst seit er jetzt erwacht ist.« – »Das ist ja höchst traurig«, versetzte Frau von Brenkfeld heftig, »er wird doch, um Gottes willen, nicht gar sterben können?« Der Doktor Toppmann schnitt seine seltsamsten Gesichter und sagte: »Wir können alle sterben; übrigens muss man so etwas nicht eher denken, bis das Gegenteil unmöglich ist.« – »Keineswegs«, fiel Therese ein, »ich bitte sehr, täuschen Sie uns hierin nicht.« Toppmann kniff das linke Auge zu und fragte: »Warum denn das?« – »Man ist doch sorgsamer«, versetzte Therese; »man weiß doch auf jeden Fall, was man zu tun hat.« – »Was hat man denn zu tun?«, fragte Toppmann. »Ach Gott«, entgegnete Therese, »wir haben noch tausend andre Gründe, bleiben Sie doch bei der Sache!« Toppmann schwieg ein Weilchen, dann sagte er ernst und zu allen Anwesenden gewandt: »Ich weiß, Sie werden nichts versäumen, was in Ihren Kräften und Wissen steht; deshalb halten Sie die Stube kühl, aber vor allem ohne Zugwind, und sorgen Sie ja, dass die Arznei ordentlich genommen wird; auch darf der Patient vorerst nicht allein gelassen werden. Morgen früh komme ich wieder, wenn nichts Besonderes früherhin vorfällt.« Er machte eine Verbeugung und wollte fortgehn, dann wandte er sich um und sagte: »Notabene, nähern Sie sich ihm nicht mehr als unumgänglich nötig, die Sache könnte leicht nervös sein.« Er verbeugte sich nochmals und ging hinaus.

Karl sagte: »Ich glaube, ich kann mich gelegentlich noch jedes Worts erinnern, was ich den Toppmann mein lebelang habe reden hören, das macht das unvergessliche Mienenspiel, dem die Worte wie angegossen sind, oder vielmehr umgekehrt.« – »Er redet wohl auch überall sehr wenig«, versetzte die Mutter, »heute war er nach seiner Art recht los.« – »Therese hat ihn auch ehrlich geschraubt«, entgegnete Karl und sah nach Theresen, die eben mit den Zeichen der äußersten Unruhe das Zimmer verließ. Karl fuhr fort: »Ich habe mir mal eine Sammlung von den verschiedenen Abarten seines Grundgesichts machen wollen, vorzeiten, eh ich nach Göttingen ging, und machte deshalb einen Strich auf ein dazu bestimmtes Papier, sooft ich etwas Neues zu entdecken glaubte, verwirrte mich jedoch dermaßen, dass ich es nur bis auf etwa vierzig bringen konnte, und ich muss gestehn, dass dies scharfe Merken auf allerhand Verzerrungen in Phantasie und Wirklichkeit, dem ich mich hiedurch nach und nach mit wahrer Leidenschaft ergab, mir endlich anfing eine Schwäche und solche dumpfe Zersteutheit zuzuziehn, dass ich dies für eine der gefährlichsten Beschäftigungen halte. Ich begreife nur nicht, wie die Karikaturmaler vor dem Tollhause vorbeikommen.«

»Es ist eine alte Erfahrung«, versetzte Frau von Brenkfeld, »dass dergleichen Künstler, die Satiriker in Literatur und Leben und die berühmtesten Buffonen der Theater mit eingerechnet, gewöhnlich mindestens sehr hypochondrisch sind.«

Ledwina hatte sich unter diesen Gesprächen leise hinaus und ins Freie geschlichen, um einen sie überwältigenden so körperlichen als geistigen Druck zu verhehlen, vielleicht zu lindern. Es zog sie gewaltsam zu dem Ufer des Flusses, als sei noch etwas zu retten, und tausend wunderbare Möglichkeiten, die nur für sie so heißen konnten, tanzten in gräulichen Bildern um ihr brennendes Haupt. Bald sah sie den Verlornen, wie ein Dornstrauch das blasse Gesicht noch an einem Teile seines Haares über dem Wasser erhielt, während der andere vom Haupte gerissen an den schwankenden Zweigen des Strauchs wehte; seine blutenden Glieder wurden in grausamem Takte von den Wellen an das steinichte Ufer geschleudert. Er lebte noch, aber seine Kräfte waren hin, und er musste harren in grässlicher Todesangst, bis der Wellenstoß das letzte Haar zerrissen. Bald ein anderes gleich grässliches und angstvolles Gesicht. Sie schmiegte sich leise an der Mauer her unter dem Fenster, wo ihre Mutter saß, aber die sah weder auf noch um sich, sondern redete rasch und angelegentlich mit Karin über allerhand Dinge, die ihr durchaus gleichgültig waren, um die Verstimmung zu verbergen, die sich ihrer seit der Ankunft des Grafen unwiderstehlich bemächtigt hatte und durch den Bericht des Arztes auf einen Grad gestiegen war, den sie selber als Unrecht fühlen musste. Der arme Klemens war gewiss der Grund dessen, was in dieser Stimmung von wahrem Kummer lag; außerdem gehörte zu der festen Ordnung ihres Hauses eine übertriebne Angst und fast kindisches Hüten vor aller Ansteckung, und in der Frau von Brenkfeld nahm demnach eine leise Abneigung und feststehende Ungerechtigkeit gegen den Grafen Platz, der ihr zu aller Sorge und Not ihr reines Haus zu verpesten drohte, und auf den sein freilich schuldloser Anteil am Tode des guten Burschen schon gleich einen leisen Schatten geworfen hatte, den sie damals nicht in seinem Grunde oder überhaupt nicht genug fühlte, um ihn zu verwischen. Sie war jedoch auch jetzt billig genug, etwas Ungerechtes in sich zu beachten, und hätte nach ihrer tiefen, verborgenen Güte jetzt um keinen Preis über ihn urteilen oder auch nur von ihm reden mögen. Mit Karln stand es ebenso, nur aus andren Gründen, und es hätte für einen Beobachter höchst unterhaltend sein müssen, ein beiden Teilen so völlig langweiliges Zwiegespräch dennoch mit so großer Lebhaftigkeit und oft so anziehenden Bemerkungen sich bewegen zu hören.

***

Eine Kutsche rasselte über die Zugbrücke, und sechs langgespannte Goldfüchse trabten auf den Vorhof.

»Bendraets!«, sagte Karl. »Ich desertiere«, versetzte seine Mutter, über und über rot vor Unmut, und ging, diese jederzeit unwillkommenen Gäste zu empfangen. Die beiden kleinen geschminkten Fräulein waren schon am Arme des langen Referendarius, wie der junge semper freundliche Herr von Türk überall in der Gegend genannt wurde, ins Haus gestrichen, um, wie sie sich ausdrückten, Ledwinchen und Thereschen ein bisschen mobil zu machen, als ihre Mutter, langsam aus dem Wagen steigend, den Gruß der Frau von Brenkfeld erwiderte.

Die Frauen nahmen den Sofa ein, und das Auge der Hausfrau ruhte immer gemilderter auf den welken, wehmütigen Zügen der Nachbarin, die auf ihre Nachfrage mit verlegener Leichtigkeit erzählte, dass ihr Mann und ihre Söhne zu einer kleinen Jagdpartie nebst dem jungen Warneck ausgezogen, jedoch gegen Mittag in diese Gegend kommen und alsdann vorsprechen würden. Mitleiden mit der immer Gedrückten ließ die Frau von Brenkfeld sehr gütig antworten, und ein sanftes, leises Gespräch begann zwischen den beiden Frauen, die sich so gern gegenseitig getraut hätten und es doch nie konnten, da vielfach drückende Familienverhältnisse eine gute arglose Seele zwingen, ihr Heil in der Intrige zu suchen. Die Rede fiel auf den Baron Warneck, den seit einigen Monden von mehrjährigen Reisen zurückgekehrten Besitzer der benachbarten Güter.

»Es ist ein Mann von vielem Verstande«, sagte die Frau von Brenkfeld. »Gewiss, von ganz vorzüglichen Gaben«, versetzte die Bendraet, »und sehr brav.« – »Meinst du damit mutig oder rechtlich?« – »Eigentlich das letztere«, lächelte die Bendraet, »doch glaube ich es in beidem Sinne.« – »Wir kennen ihn wenig«, versetzte die Brenkfeld, »doch denke ich gern alles Gute von ihm. Mein Karl ist neulich herübergeritten wegen kleiner Jagdverstöße und rühmt seine Billigkeit und nachbarlichen Sinn. Die Besitzer von Schnellenfort sind immer sehr interessant für uns; unsre beiderseitigen Besitzungen und Rechte durchkreuzen sich auf eine unangenehme Weise. Gott gebe ihm eine gute friedliche Frau«, fügte sie bedeutend hinzu. »Was meinst du«, sagte die Bendraet fixierend, »man spricht von der Claudine Triest.« – »So?«, versetzte Frau von Brenkfeld lächelnd, »ich denke, man spricht von der Julie Bendraet.« – »Er hat uns doch keinen Grund gegeben, das zu glauben«, versetzte die Bendraet errötend, »im Gegenteile scheint er eher ein kleine Vorliebe für Elisen zu verraten, aber auf jeden Fall« – sie stockte und fasste die

Hand der Freundin – »es ist eigentlich lächerlich, in solchen Dingen abzusprechen, eh man um seine Meinung gefragt wird, aber in jedem Falle würde sich Elise auch schwerlich für Warneck bestimmen. Der Baron hat sich zu gern und viel herumgetrieben, um je ruhig zu werden. Er muss eine lebhafte und lebenslustige Frau haben, die die Mühe und die Begeisterung seiner Liebhabereien mit ihm teilt. Das wär' nichts für mein Hausmütterchen. Der gebe Gott«, fügte sie weich hinzu, »ein stilles, häusliches Los, wo sie es nicht empfindet, dass sie weniger hübsch und lebhaft ist als Julie.« Frau von Brenkfeld drückte sanft die Hand der Redenden, und diese fuhr lebhafter fort: »Aber dass ich dir mit gleicher Münze bezahle, den guten Türk habe ich wohl recht glücklich mit der kleinen Tour hieher gemacht. Sein volles Herz ergießt sich täglich in den schönsten Gedichten zu Ehren Ledwinens.« – »So, dichtet der?«, lachte die Brenkfeld. »O doch«, versetzte die Frau von Bendraet, »sehr artig, und ich glaube wirklich, er zieht jetzt auf der Freite umher.« – »Aber für Ledwinen passt er nicht; die ist zu sanft für ihn. Solange Türk nicht besser zu leben hat, passt er für keine seinesgleichen.« – »Er hat doch ein Gut«, sagte Frau von Bendraet. »Ach liebes Kind, nenne es doch lieber einen Bauernhof. Die kleinen ritterlichen Freiheiten werden es nicht sehr verbessern.« – »Er wird gut angestellt werden«, sagte die Nachbarin. »Wir wollen es hoffen, aber er hat noch Zeit bis dahin; der Referendariusposten ist noch nicht bedeutend.« Die Bendraet errötete sehr und sprach: »Er ist munter und artig, er kann gefallen. Soll denn eine Mutter ihrer Kinder Glück und Fortkommen verhindern und der Familie ein Haus voll unversorgter Töchter hinterlassen? – zwar«, unterbrach sie sich, »deine Töchter sind präbendiert, allein den Vorteil hat nicht jede Familie.« – »Auch in dem entgegengesetzten Falle«, versetzte die Brenkfeld, »ist der Entschluss, eine Tochter zu unterhalten, besser, als die Wahrscheinlichkeit, dereinst auf mehrere Generationen an den trostlosen Umständen ihrer Nachkommen vergebens zu flicken. Sie ist ja auch nicht gesund«, sagte die Frau von Brenkfeld mit kämpfendem Tone. »O doch«, versetzte die Bendraet rasch und ängstlich; »ich denke, sie bessert sich sehr und sieht viel wohler aus.«

Beide schwiegen eine kleine Weile, dann sagte die Frau von Brenkfeld: »Du hast sie ja kürzlich nicht gesehn.« – »Ich habe es aber gehört«, versetzte die Bendraet, »von dem schwarzen Musikmeister zu Erlenburg; der sagte neulich, sie sähe schöner und wohler aus wie je.« – »So, der Wildmeister?«, sagte die Frau von Brenkfeld und ward noch trüber; dann fuhr sie rasch und gefasst fort.

Der lange Referendarius und Julie unterbrachen dieses Gespräch. Der Lange erzählte, Fräulein Therese sei so eifrig am Kochen und Braten für den Unglücklichen, dass ihr keine Rede abzugewinnen gewesen sei, und Fräulein Elise habe der Freundin ihre schönen Pflichten erleichtern wollen und sei deshalb bei ihr zurückgeblieben.

Die Frau von Brenkfeld erzählte jetzt die Geschichte der vorigen Nacht. Die Bendraet wunderte sich, dass sie ihrer noch nicht erwähnt.

»Ich unterhalte meine Gäste nicht gern mit unangenehmen Dingen«, versetzte die Hausfrau. »Herr von Türk«, rief Julie von Theresens Stickrahmen, bei dem sie sich gesetzt, »Sie müssen der Frau von Brenkfeld Fehde ankündigen, sie nennt einen jungen schönen Mann ein unangenehmes Ding.« Frau von Brenkfeld sah ernst aus, und Türk wusste sich nicht zu nehmen. »Verdirb nur nichts, liebes Kind«, rief die Mutter. »Gott bewahre«, versetzte Julie, »ich werde mich nicht daran wagen.«

Nun stand sie auf und begann, den armen Türk mit oft fadem, oft treffendem Witze aufs Unbarmherzigste zu schrauben, wobei sie öfters auf leichtsinnig unehrerbietige Art die beiden Frauen hineinzog und dadurch den Langen, der es gern mit der ganzen Welt gut stehen hatte, sehr ängstigte.

Therese stand indes wie auf Kohlen vor der Tür des Kranken, dem sie eben ein Glas Limonade hineingesandt, und suchte leise mit den besten Worten Elisen fortzubringen, die von einer Türritze zur andren trat, um eine Ansicht des Fremden zu erlauschen.

»Elise«, sagte Therese, »der Bediente wird heraustreten und dir die Tür vor die Stirn stoßen.« – »Ich bitte dich«, flüsterte Elise, »suche einen Vorwand, mich hereinzubringen.« – »Mein Gott, wie kann es dergleichen Vorwand geben«, versetzte Therese und vertröstete sie auf Karln, der drinnen sei und ihr alles erzählen solle.

Nun wollte Elise aufpassen, wann Karl herauskomme. Therese ward ungeduldig und ließ Karln durch einen Bedienten herausrufen. Er erschien verstimmt und eilig, grüßte Elisen flüchtig, gab schnellen, kurzen Bericht und trat in das Krankenzimmer zurück. Elise schien beleidigt oder verlegen, verließ die Tür mit Theresen, und sie gingen zur Gesellschaft.

Elise setzte sich sogleich an Theresens Stickrahmen und arbeitete eifrig. Türk machte ihr die schuldigen Komplimente über ihren Fleiß und musste für jedes eine Spötterei von Julien einstecken. So verging der Morgen. Man vermisste plötzlich Ledwinen und tröstete sich, da man wusste, sie sei spazieren. »Unsre Herrn bleiben aus«, sagte die Frau von Bendraet eben, da rief Marie: »Sieh, Mutter, ein Reuter!« – »Das ist mein Mann«, sagte die Bendraet. »Und noch einer«, rief Marie, »und *noch einer*«, sagte sie mit Nachdruck. »Es wird noch einer kommen, liebes Kind«, sagte die Bendraet und wandte sich entschuldigend zur Hausfrau.

Die Ankommenden stiegen von den Pferden. Herr von Bendraet küsste der Hausdame mit vielen höflichen Reden die Hand. Baron Warneck brachte noch auf dem Hofe etwas an seinen Stiefeln in Ordnung, wobei Junker Klemens Bendraet nicht unterließ, ihm die Sporen unter die Sohlen zu drehen.

»Mach kein dummes Zeug«, sagte sein Bruder, aber Warneck lachte, brachte alles in Ordnung, und man trat ein. Jagdgeschichten und Politik kamen zur Sprache, und der Mittag war da, ersehnt und doch unerwartet.

Therese hatte schon die Tür des Speisesaals, in dem die Gesellschaft bereits die englischen Kupferstiche an den Wänden musterte, geöffnet, als sie umschaute, weil sie Ledwinens Tritte auf der Treppe vernahm. Sie wollte hastig umkehren, denn glühend und erschöpft ließ sich soeben die Schwester auf eine der Stufen nieder, aber jene winkte rasch bittend mit der Hand, und Therese trat in die geöffnete Tür. Nicht lange, so erschien auch Ledwina, und man setzte sich zu Tisch. Elise wollte sich durchaus neben Ledwinchen setzen, aber Therese zog sie zu sich hinüber.

»Du sollst mir vorlegen helfen«, sagte sie, und dies war Elisen auch sehr recht.

Tischgespräche begannen und stockten wieder. Herr von Bendraet sprach von einer Reise, die er vorhabe.

»Wenn ich einmal das große Los gewinne«, rief Julie, »so will ich immer reisen; ich kann mir kein größeres Glück denken.« – »Ich glaube«, versetzte Elise, »dass das gar zu viele Reisen Frauenzimmern nicht guttut und sie unstet und unzufrieden im Hause macht; ich will lieber zu Hause bleiben und lasse mir andrer Leute Reisen erzählen. Ach, wie schön hat uns Baron Warneck nicht gestern unterhalten! Sie müssen auch vieles erzählen können, Herr von Brenkfeld.« – »Hat Ihnen Warneck öfters erzählt?«, fragte Karl. »Ich mag nicht daran denken, wie oft wir oder eigentlich ich den Herrn von Warneck schon belästigt haben. Wirklich, je weniger ich selbst zu sehn hoffe und wünsche, je weniger kann ich mir den Ersatz einer lebhaften Beschreibung versagen.« – »Der Warneck ist ein gequälter Mann«, lachte Julie, »ich fürchte immer, er bleibt noch ganz fort, denn was der für Anfechtungen von der Elise zu erleiden hat!«

Elise sah scharf aus, und Karl sagte: »Wenn Ihnen Warneck viel erzählt hat, so sind meine kleinen Erfahrungen brotlos; denn er hat dieselben Gegenden beachtet und durchsucht, die nur an mir vorübergeflogen sind wie in der Laterna magica.«

Er neigte sich zu Warneck, der aus dem Gespräche mit Louis Bendraet auflauschte, da er seinen Namen nennen hörte. »Ich sage, Sie haben nicht nur viel mehreres, sondern auch alles jene gesehn, wovon ich erzählen könnte.« – »Auf die Weise«, versetzte Warneck, »würden uns die vielen Reisebeschreibungen eben von jenen Gegenden gewiss nichts übriggelassen haben. Es sind die verschiedenartigen Ansichten und Empfindungen, die kleinen Unfälle und Begebenheiten der Reise, die eine Reiseerzählung aus dem hundertsten Munde so merkwürdig machen wie aus dem zweiten, und zudem in der Schweiz, wo die ergreifendsten Naturbilder so gemein wie das tägliche Brot sind; wer kann da glauben, alles gesehn zu haben? Gesetzt, ich habe den Schaffhauser Wasserfall in der Sonne schimmern gesehn, Sie aber sahn ihn beim Sturm oder im Nebel, welches verschiedenartige und doch gleich wunderbare Schauspiel! Und von den herrlichen Schluchten und Höhlen hab' ich nur wenig gesehn, da ich sehr zum Schwindel geneigt bin.« – »In den Höhlen bin ich tüchtig umhergestiegen«, sagte Karl. »Es muss ein seltsam angenehmes Gefühl sein«, fiel Louis Bendraet ein, »so in voller Lebenskraft unter der Erde zu wandeln, wie begraben, in dem feuchten, modrichten Gesteine. Ich möchte es mitmachen.« – »Du bist mir der rechte Held«, rief sein Bruder, »willst halsbrechende Klettereien unternehmen und bist so schwindlicht wie eine Eule; ich müsste dich wie eine Kuh am Stricke führen und nötigenfalls über die Schulter hängen.« – »Was meinst du, Louis«, lachte Warneck, »das würde doch unpoetisch aussehn, und zudem bedenk mal die Höhlenfrauen und Bergmännchen und Erdmännchen und die Gnomen, die den Leuten einen Buckel anzaubern. Ich fürchte, das würde keinen guten Effekt in deiner Figur machen.«

Man lachte, Türk und Louis mit.

»Einmal«, sagte Karl, »hätte ich doch beinahe geglaubt, ein Höhlengespenst zu sehn. Wir waren zu sechsen in eine Kluft am *** gestiegen. Die beiden Briehls, die beiden Herdrings, Rolling und ich. Die Übrigen hatten sich müde gelaufen und lagen in einer schäbichten Bergkneipe. Der Eingang war niedrig und schmal, und sehr hoher Schwarzwald machte ihn noch dunkler. Wir waren kaum einige Schritte gegangen, als wir in dichter Finsternis standen. Unser Führer wollte also die mitgebrachten Fackeln anzünden. Das zögerte etwas.« – »Das war Unvorsichtigkeit von dem guten Mann«, rief Klemens Bendraet dazwischen, »das hätte er vor der Höhle tun sollen.« Seine Mutter winkte ihm unwillig, und Karl fuhr fort: »Ich habe zu sagen vergessen, dass es etwas regnete; also, indem der Mann sich mit Feuerschlagen quält, höre ich durch das Rufen meiner Begleiter, die den Schall versuchten, etwas über den Boden rutschen, und plötzlich schlingt es sich um die Knie und grunzt und zupft mir an den Kleidern und sucht mich niederzureißen. Ich gesteh', dass ich zusammenschauderte. ›Guter Freund‹, rief ich, ›macht, dass Ihr Licht bekommt! Hier ist etwas, aber ich will es halten.‹ Dabei griff ich nach nieder in einen struppichten Haarbusch oder Pelz, ich wusste nicht, was. Da fing es an zu grunzen und um sich zu schlagen und brummte: ›Ich rufe den Apostel Petrus.‹ – ›Wie, bist du da?‹ rief unser Führer; ›sein Sie nicht furchtsam, meine Herren, das ist nur so ein armes Blut, der tut Ihnen nichts.‹

Indem brannte die Fackel an, und ich erblickte einen zerlumpten, abgezehrten Kerl von etwa vierzig Jahren, der vor mir auf den Knien lag und mich fest umklammert hatte. Ich hielt sein Haupt am Haar zurückgebogen, und das ockergelbe, entstellte Gesicht starrte mich grunzend an. Der Führer sagte: ›Sei doch ruhig, Seppi, das sind ja die lieben Apostel‹; dann zeigte er auf den jüngsten Herdring mit den langen Locken und sagte: ›Sieh, das ist Marie Magdalene.‹ Der arme Kerl ließ mich gleich los und kroch bis in einen Winkel der Höhle, wo, wie wir nun sahn, etwas Stroh lag. Der Führer entschuldigte sich nachher, dass er uns nicht von diesem Wahnsinnigen gesagt. Er hielt sich für den Engel Gabriel und diese Höhle für das Grab Christi, das er bewache; er ließ niemand hinein als die Apostel und heiligen Frauen; dafür könnte sich aber jeder ausgeben. Er war krank gewesen, und unser Wirt hatte ihn noch nicht wieder in der Höhle geglaubt.«

»Der arme Kerl hatte eine höllisch langweilige Arbeit«, sagte Klemens.

»Dabei«, sagte Karl, »glaubte er als Engel nichts genießen zu dürfen als Kräuter und Früchte – anfangs roh – und was er im Gebirge fand, nachher hatte man ihn unter dieser Rubrik an alle Arten von Gemüse und Obst gewöhnt, außer Äpfel, die er für die Früchte vom Baum der Erkenntnis hielt, und Erbsen; warum diese nicht, kann ich nicht sagen.«

»Wahrscheinlich«, rief Klemens, »um der unschuldigen Erbsenläuse willen, die sich zuweilen drin finden.«

»Gingen Sie auch noch weiter in die Höhle?«, sagte Julie.

»Ja, Fräulein«, versetzte Karl, »wir schämten uns, umzukehrn, was im Grunde wohl jeder von uns lieber getan hätte, denn wir waren alle erschüttert von dem Anblick des Schrecklichsten, was die Natur hat. Aber wie denn – ich weiß nicht, soll ich gottlob oder leider sagen –, wie sich denn solche traurige Eindrücke, die unser eignes Schicksal nicht berühren, so leicht verwischen, so dachten wir in ein paar Tagen nicht ferner daran, als um den Fritz Herdring ›Marie Magdalene‹ zu nennen, und so blieb von der ganzen gräulichen Geschichte nichts übrig als ein fader Scherz.«

Eine kurze Stille entstand. Dann begann Warneck: »Der Wahnsinn ist eine Sache, worüber geistliche und weltliche Gesetze verbieten sollten, nicht gar zu scharf zu grübeln und untersuchen. Ich glaube, dass nichts leichter zur Freigeisterei führt.« – »Ich sollte eher meinen«, fiel Türk ein, »ins Tollhaus.« Warneck versetzte: »Eins von beiden, und sehr leicht beides zugleich.«

Wieder eine Stille, dann sagte Warneck: »Ich habe in dieser Art auch manche gräuliche Erfahrung gemacht, aber nichts ist mir lebhafter als das Bild einer alten Frau in Westfalen, die ich in Begleitung eines schon nicht mehr jüngsten, düstern, grämlichen Mädchens an der Tür des Gasthofs, in dem ich wohnte, fand. Die verkümmerte Physiognomie der Alten, irr, aber ohne eine Spur von Wildheit, machte mein Mitleid rege, und ich hielt mich einen Augenblick bei ihr auf. Sie benagte langsam eine harte, trockne Brotkruste; dann hielt sie wie erschrocken inne, steckte die Finger in den Mund und hielt die Trümmer eines ihr eben ausgefallenen Zahns in ihrer Hand. Nun zog sie ein schmutziges Papier aus der Tasche, wickelte es auf und legte den Zahn zu ein'gen andren alten Stücken von Zähnen. Das Mädchen sagte auf meine Nachfrage, die Base hebe alle ihre Zähne auf, wie sie ihr von nach und nach ausfielen, um – hier zog die Kreatur das Gesicht zum Lachen, mir wurde ganz schlimm dabei – nun also – um, wenn sie dereinst hinkäme, wo Heulen und Zähneklappern sei, sie doch auch nicht immer zu heulen brauche, sondern zuweilen zähneklappern könne. Mein Wirt sagte mir späterhin, sie sei immer eine sehr brave Frau gewesen, aber da ihr Mann, ein kleiner Krämer, einen einigermaßen verschuldeten Banquerout gemacht und da einige dabei zu Schaden gekommene Familien sie in der ersten Wut mit Verwünschungen überhäuft, sei sie wahnsinnig geworden und meine nun, für den Banquerout verdammt zu sein. Nur im Frühling, wenn die Himmelsschlüssel blühn, sei sie fröhlich und trage Tag und Nacht große Sträuße davon bei sich, weil sie meint, wenn sie in dieser Zeit stürbe, könne sie damit den Himmel aufschließen. Wenn die Blumen anfangen abzunehmen, werde sie immer ängstlicher und suche zuletzt mit der größten Anstrengung nach den letzten Blumen, auch wenn zuletzt die Blütezeit schon vorüber; nachher müsse sie immer lange liegen, so habe sie sich abgequält.«

Warneck schwieg, und ein allgemeines Gespräch über Wahnsinn, menschliche Geisteskräfte usw. entstand und verlor sich bald in andre Gegenstände. –

Der Nachmittag verging unter Spaziergängen, Ballschlagen, Schaukeln und überhaupt den unruhigstem Umhertreiben. Herr von Bendraet spielte Pikett mit Warneck, und Julie hetzte sich mit Türk, der bald verliebt, bald gänzlich ermattet schien und in den kurzen Zwischenpausen vergebens mit Ledwinen anzuknüpfen suchte.

Elise saß am Rahmen und zeigte ihr einen neuen Stich, den Ledwine sogleich versuchte. »Fräulein Ledwine«, sagte Türk, »können doch alles nachmachen.« – »Und Herr von Türk«, versetzte Julie, »über alles etwas sagen, aber es steht ihm nicht so gut.«

Karl und Louis traten herein und fragten nach Klemens.

»Ich dachte, er sei bei Ihnen«, sagte Elise. »Nicht doch«, entgegnete Karl, »wir sprachen von den Kunstwerken Italiens. Da sagte er, wenn wir die schönen Künste vorreiten wollten, so gehe er zum Henker. Nachher kam er noch einmal wieder, brachte ein paar ausgefallne Gänsefedern und etwas Birkenrinde und bat, unsren schönen Gedanken die Ewigkeit zu schenken. Gleich werde eine Hirtin vorüberwandeln, noch obendrein mit den Attributen der Künste und Weisheit, wir möchten nur gut aufpassen, er wolle indessen mit den Schnitterinnen dort auf dem Felde idyllisieren. Darauf lief er fort.«

»Und ein altes schmutziges Baurenweib schleppte ihren Milcheimer vorüber«, sagte Louis lachend, »der Henker weiß, wie sie aussah. Sie hatte ihren Rock wohl mit zwanzig Lappen von verschiednen Farben dekoriert. Unter den Attributen verstand er wahrscheinlich einen alten verdorrten Gänseflügel, den sie draußen irgendwo aufgelesen hatte.«

»So ist er wohl jetzt auf dem Felde«, sagte Therese.

»Ich habe von der Mauer das ganze Feld übersehn und kann ihn nicht bemerken.«

Das Pikettspiel war geendigt; Bendraet hatte verloren und stand missmutig auf. Da trat Klemens herein, die blonden Locken verwirrt um das glühende Gesicht.

»Marie Magdalene«, rief Julie, »wo bist du so lange gewesen?«, fragte Elise. »In meinem Rocke«, antwortete er. »Aber, mein Gott, wie ist dir, hast du Lust zu lachen oder zu weinen?« – »Ich habe Lust, dir die Haut über die Ohren zu ziehn«, versetzte er noch halb unwirsch und brach nun je mehr und mehr in ein unaufhaltsames Gelächter aus. Er rettete sich in das Fenster zu den übrigen jungen Leuten, redete leise und lebhaft zu ihnen. Die lustige Stimmung nahm auch dort überhand, und man sah, dass er geneckt wurde. Die Schlossuhr schlug fünf. Warneck wollte Abschied nehmen und nach Schnellenfort kehren, aber Frau von Bendraet bat ihn, zuvor mit ihnen zu Abend zu essen.

»Wenn Sie nicht zu Nacht bleiben«, versetzte er. »Es ist doch nur ein halbes Stündchen von Lünden bis Schnellenfort, und der Mond scheint ja hell.« – »Sie müssen uns auch noch allerlei erzählen von Ihren Reisen«, fiel Elise ein. »Ach, das meiste wissen Sie«, versetzte Warneck, »doch«, setzte er lachend hinzu, »die merkwürdigste mir auf meinen Reisen vorgekommene Erscheinung habe ich noch nicht erwähnt. Ich habe sie in den südlichsten Gegenden Frankreichs beobachtet, wo sie sich noch seltsamer ausnahm, wie wenn es sich hier fände.« – »Nun?«, sagte Julie.

Warneck stockte lächelnd ein Weilchen, dann sagte er: »Eine Frau, die ihrem Manne nie widersprochen hat.« – »Führen Sie die Leute nicht an«, sagte Julie getäuscht lachend, und Türk rief: »Hören Sie wohl, Warneck? Fräulein Julie hält Ihre Seltenheit für erdichtet.« – »Ich glaube es auch nicht«, sagte Klemens, »oder hatte ihr der Mann einen Maulkorb angehängt?« – »Nicht viel besser«, sagte Warneck; »sie war taubstumm und zwar von ihrer Geburt an.« – »Und doch verheiratet!«, sprach Therese. »Das, mein Fräulein«, versetzte Warneck, »ist eigentlich das Merkwürdige und zugleich Abscheuliche an der Sache. Sie war nicht viel besser als ein Tier, aber sie hatte ein paar hundert Gulden.« – »Das ist ganz recht«, rief Klemens, »es ist unmöglich, sich eine bequemere Frau zu denken.« – »Klemens, Klemens«, sagte Frau von Bendraet, »wie redest du wieder in den Tag hinein!« – »Er hat sich nur verredet, gnädige Frau«, entgegnete Warneck, »sehn Sie nur, wie rot er wird.« Dabei legte er seine Hand an die Wange des jungen Bendraet. Klemens schlug ihm halb verlegen, halb scherzend auf die Finger.

»Übrigens«, hub Karl an, »gibt es in hiesiger Gegend in allem Ernste eine Bäurin, die aus Vorsatz, um mit ihrem Manne in Frieden zu leben, vierzehn Jahre lang keine Silbe geredet hat.« – »Das ist richtig«, sprach Frau von Brenkfeld, »wir kennen diese Frau sehr wohl. Sie hatte lange und viel durch den zänkischen Geist ihres Mannes gelitten. Auf einmal hört sie auf zu reden; man hält sie erst für aufgebracht, dann für wahnsinnig, dann für stumm. So währt es vierzehn Jahre. Der Mann stirbt. Auf seinem Begräbnistage fängt sie wieder an zu reden und versichert, es werde sie noch in ihrer Todesstunde trösten, ihren Vorsatz durchgehalten zu haben. Sie könne nun ohne Unruhe und Reue an ihren seligen Mann denken, denn seit vierzehn Jahren sei keine Uneinigkeit zwischen ihnen gewesen.« – »Das ist viel«, sagte Warneck. »Lebt die Frau noch?«, fragte Louis. »Jawohl«, entgegnete Frau von Brenkfeld, »nahe bei Emdorf in dem kleinen roten Häuschen an der Heerstraße.« – »Die Frau kenne ich wohl«, sagte Klemens. »Ich nicht«, versetzte Louis, »aber ich möchte sie wohl kennen.« Klemens beugte zu ihm und sagte halbleise: »Strapazier dich nicht, mein Söhnchen, es ist eine alte Hexe, und an hübsche Töchter ist auch gar nicht zu denken.« – »Geh!«, sagte Louis. Warneck lachte und drohte ihm mit dem Finger. »Nun, was ist es denn weiter?«, sagte Klemens laut, »ich sagte eben, die Frau hat keine Kinder, aber so ein Dutzend Schreihälse würden ihr die Worte schon von der Zunge gebracht haben.« Warneck versetzte neckend: »Es kam mir beinahe vor, als hätte, was du sagtest, anderst geklungen; aber ich will dich nicht noch röter machen; du blühst doch schon wie eine Rose.« – »Beinahe, als wenn man ihn zu Claudinens Füßen ertappte«, rief Julie. »Hm«, brummte Klemens halbleise vor sich hin, »die Blankenau gefällt mir in kurzem vielleicht besser als die Triest. Man wird des ewigen Silbenstechens doch endlich hundemüde.« – »Vorzüglich«, versetzte Julie, »wenn ein bisschen Handwerksneid dazukömmt.« – »Ich merke wohl«, rief Klemens, »du arbeitest darauf, dass ich widernecken soll, aber ich wüsste wahrhaftig nicht, womit, ich müsste denn deine unglückliche Liebe zu dem Wohlgeflickten ans Licht ziehn.« – »Darüber brauchst du nichts zu sagen«, entgegnete Julie lachend, »hätte der arme Schelm besser zu leben, so würde er gewiss die alten Röcke nicht so lange flicken lassen.« – »Es ist Schande genug, dass die Kunst so nach Brot gehn muss«, rief Louis dazwischen. »Und eigentlich«, sagte Julie, »ist er Louis' Ideal und nicht das meinige.« – »Ideal will viel sagen«, antwortete Louis, »ich kann, gottlob! noch höher hinauf denken, aber dass ich Anteil an dem Wengenberg nehme, das finde ich sehr natürlich und nur wunderbar, dass ich der Einzige in unsrem Hause bin; die Musik ist doch sonst eine Sprache, die sogar Kinder und Wilde verstehn.« – »Für welches von beiden hältst du mich denn?«, fragte Julie. Louis neigte zu ihr und sagte leise: »Für ein Kind und wild dazu.«

Julie sprang rasch auf und griff ihn mit großer Schnelligkeit an. Louis wollte sich verteidigen, aber die Schläge fielen wie Schneeflocken auf Wangen und Schultern und Rücken, dass Louis, den Kopf zwischen die Schultern gedrückt, bald diesen, bald jenen der Gesellschaft vergebens vorschob und nur endlich am Sofa neben den Frauen Ruhe fand. Dabei rief sie: »Nach Erlenburg solltest du ziehn, dahin gehörst du, du Troubadour, du Mondhase!«

Der kleine Krieg war geendigt. Louis schöpfte Atem. Julie sah auf ihre rotgewordenen Händchen und trat vor den Baron Warneck: »Sein Sie nicht böse, ich habe Sie tüchtig gestoßen. Warum machen Sie sich zur Mauer? Die muss nieder, wenn der Feind dahintersteckt.«

Warneck sah in das zarte, glühende Antlitz, und eine leise Bewegung zuckte über sein Gesicht. Er senkte seine scharfen Blicke in ihre Augen und sagte: »Sollte Fräulein Julie sich selbst so wenig kennen?«

Dann wandte er sich rasch zu den Übrigen.

Der Wagen fuhr vor, und die schönen, reichgezäumten Reitpferde scharrten ungeduldig auf dem Pflaster. Die Reuter ließen sie die schönsten Fensterparaden machen, und der Besuch war zu Ende.

***

»Der Klemens kann doch seine eigne Schande nicht verschweigen«, hub Karl an zu seinen Schwestern, indem sie dem Zuge durch die Scheiben nachblickten. »Wisst ihr, was das Necken mit seiner Röte bedeutet? Er hat sich auf dem Felde von einem hübschen Bauernmädchen eine tüchtige Maulschelle geholt, und wie er es recht betrachtet, da wird es ihm so lächerlich, dass er es nicht verschweigen kann. So macht er's immer. Er ist eigentlich nicht schlimmer als andre Leute, aber er sagt immer alles Üble, was er von sich selber weiß, und noch ein'ges und andre dazu, woran er nicht denkt.«

»Mir ist er sehr fatal«, versetzte Therese.

Die Mutter saß indes an dem andern Fenster und dachte an die arme, gedrückte Nachbarin, Mutter und Gattin und doch verwaist, und sah sie im Geiste schleichen, alt und verkümmert, in dem dürren, rasselnden Laube ihrer liebsten, letzten Hoffnungen. Sie dachte an ihre eignen Kinder, an ihre Zucht, ihren Gehorsam, ihre kindliche Sorgfalt, und ihr Herz ward vor Rührung durch und durch weich in Wehmut und Reue. Sie nahm ein Gebetbuch aus der Lade des Tisches und ging hinaus in ihre Kammer.

Karl unterhielt indessen Theresen von dem Zustande des Patienten, der ihm sehr beruhigend schien. Der Kranke war völlig bei Sinnen und hatte mehrere Stunden sehr ruhig geschlummert. »Ich bitte dich«, sagte Therese, »nimm dich seiner doch recht an; wir können es nicht.«

Karl entgegnete noch manches, und Therese wurde zerstreut, denn sie hatte Ledwinen soeben über den Vorhof in den Garten wandeln sehn, und ihr langsamer matter Gang, die feine, sanft gebeugte Gestalt, der wie dem blühenden Schneeballe das farblose, reich umflochtne Haupt zu schwer zu werden schien, hatte sich mit wehmütiger Angst auf ihr Herz gelegt. Karl sagte eben: »Ich will wieder hinauf zu dem Kranken gehn.« – »Das tu«, versetzte sie rasch und schritt dann gedankenvoll und unruhig hinaus in den weiten, schön angelegten Garten des Schlosses. Sie sah Ledwinen von fern, wie sie am Rande des Parks unter der alten Linde saß, die Arme übereinander auf den steinernen Tisch gelegt und das Gesicht fest darauf gedrückt. Da fiel ihr ein, wie sie den Grafen Hollberg am Morgen in ähnlicher Lage gesehn, bleich in der Ohnmacht, und alles, was Karl über seine Krankheit gesagt, und sie erschrak vor der Ähnlichkeit, denn wie hätte sie sich je bei Ledwina das eingestehn sollen, was sie bei dem Grafen sogleich als unleugbar anerkannte! Es ist ja ein schönes Wahrzeichen liebender Herzen, so, wie ohne Not für das Geliebte zu sorgen, so auch mit glühender, herzzerreißender Blindheit die Hoffnung zu umklammern, wenn sie für einen jeden andern längst dahin ist. Eine Stimmung der Angst überfiel sie, in der sie nicht vor Ledwina treten mochte. Sie wollte sich eben umwenden, als die Schwester aufsah und nach ihr hinüber. Sie suchte sich nun zu ermannen, nahte sich der Linde und saß nieder neben ihr.

Ledwina sah auf und sagte ganz matt: »Mein Gott, wenn Lünden so nah wäre wie Erlenburg!« – »Es ist aber, gottlob!«, versetzte Therese, »mehr als noch einmal so weit bis dahin; wir haben doch jetzt gewiss für ein paar Monate Ruh.« – »Zum Beispiel der Klemens«, sagte Ledwina, »und ich glaube wahrlich, die Adolfine Dobronn könnte ihn nehmen.« – »O, ungezweifelt«, entgegnete Therese. Ledwina versetzte: »Und die Linchen Blankenau vielleicht auch – mein Gott, wenn ich des Menschen Frau werden müsste, ich könnte unmöglich lange leben.« Sie lehnte das Haupt, wie ermüdet von dem Gedanken, an Theresens Schulter und fuhr fort: »Nein, sterben würde ich wohl vielleicht nicht, aber verkrüppeln an jeder Kraft des Geistes, alle Gedanken verlieren, die mir lieb sind, halb wahnsinnig, eigentlich stumpfsinnig würde ich werden.« Sie sann ein Weilchen, dann sagte sie: »Überhaupt, Therese, ich bin so ungenügsam und habe so wenig Sinn für fremde Ansichten, das ist einer meiner größten Fehler. Gott weiß, welche Schule mir vielleicht noch vorbehalten ist. Ich gestehe, dass ich mich sehr vor einer Schwägerin fürchte. Vielleicht wird sie kein Herz für mich haben.« Dann sagte sie mit einem raschen Blitze in den matten Augen: »Nein, so ist es nicht, aber ich fürchte, ich habe keins für sie. Es wird wie eine Mauer zwischen uns stehn, dass sie mir die Mutter und dich ersetzen soll und nicht kann, denn du bist dann längst fort und glücklich.«

Therese legte sanft ihren Arm um die seltsam Bewegte und ward selbst trüber: »Liebe Ledwina, verkümmere dir doch dein Leben nicht mit der Zukunft; sie kömmt von selbst, ohne dass wir sie in Angst und Sorgen herbeischleppen.« – »Eben darum«, antwortete Ledwina lebhaft, »müssen wir uns im Voraus mit dem Gedanken vertraun, damit es nachher nicht zu schwer fällt. Weißt du wohl, dass es sündlich ist, aus eigener Schuld einem Geschicke unterliegen, das so allgemein getragen wird? Aber«, fuhr sie dann langsamer fort, »wenn ich mir das so denke, dass eine andre hier regiert an der Mutter Stelle und in dem Bette schläft, vor dem wir so oft gestanden und ihr eine gute Nacht gewünscht ...« Sie wandte sich unruhig nach allen Seiten umher. »So wird es aber gar nicht kommen«, sagte Therese, »die Mutter wird wahrscheinlich hier bleiben. Karl ist ja so vernünftig; seine Wahl wird nicht leicht so schlimm ausfallen, dass die Mutter fortziehn müsste.« – »Aber wenn die Mutter nun tot ist?«, versetzte Ledwina. »Die Mutter«, sagte Therese wehmütig, »kann, gottlob, wohl länger leben wie wir.« – »Aber die Zeit kommt doch endlich«, unterbrach sie Ledwina. Dann legte sie sanft ihren Arm um Theresens Nacken und fuhr, nah an ihrer Schulter gelehnt, leise und beklemmt fort: »Sieh, Therese, auf unsrem Boden stehn so viele alte Bilder aus der Familie, aber wir wissen doch fast von keinem recht, wen es vorstellt, und es sind doch alles unsre Voreltern und haben hier gewohnt, Gott weiß, in welchen Zimmern, und haben Geschwister und Kinder gehabt, die diese Bilder mit Freude und Verehrung betrachtet und bewahrt und vielleicht späterhin mit der teuersten, rührendsten Erinnerung, und nun? Wie sehn sie aus! Der alten Frau, du weißt wohl, mit der schwarzen Kappe, sind jetzt auch die Nase und die Augen ausgestoßen. Das ist gewiss absichtlich geschehn, weil sie eigentlich so hässlich aussieht.« Sie fuhr tief atmend fort: »Die Vergangenheit, die liebsten, teuersten Überbleibsel werden endlich mit Füßen getreten. Denk, wenn Mutter ihr Bild –« Sie fing heftig an zu weinen und klammerte sich fest um ihre Schwester. Therese musste sich gewaltsam innehalten; denn alle Fasern ihres Herzens schmerzten, aber sie hielt sich fest und sagte: »Ledwine, sei ruhig, schade dir nicht selber. Warum suchst du gewaltsam Gegenstände auf, die dich erschüttern und krank machen müssen? Nun bitte ich dich, wenn du mich lieb hast, so nimm dich zusammen und sprich und denk etwas andres.«

Beide schwiegen. Ledwine stand auf und wandelte ein paarmal den Garten auf und nieder. Dann setzte sie sich wieder zu Theresen, die über allerlei Dinge zu reden begann. Sie antwortete so, dass Therese sowohl ihren guten Willen als seine gänzliche Schwäche sehn musste. Die Sonne begann sich zu neigen, und ihre milden Lichter tanzten durch die Zweige der Linde auf den Gewändern der Mädchen und Ledwinens leise bebendem Antlitz.

»Wie schön der Abend wird!«, sagte Therese. »Gestern um diese Stunde lebte der arme Klemens noch«, seufzte Ledwine. »Suchst du wieder das Trübe?«, sagte Therese sanft. »Ist denn«, versetzte Ledwine beklemmt, »ein Tag Andenken zu viel für seiner Mutter einzigsten Trost? Hör mich an!«

Nun erzählte sie, wie sie an dem Flusse gewandelt, immer hinauf, kämpfend mit gräulichen, sinnlosen Bildern, wie sie sich fast besiegt und umkehren wollen, nur noch diese eine Bucht vorüber, – und ein matter, flimmernder Schein sah durch dichte Brombeerranken aus dem Gewässer zu ihr hinüber. Heimlich schaudernd nannte sie es den Widerschein der Sonne. Da wehten leichte Wolken herauf, das Sonnengold schwand vom Strome, und heller flammte das heimliche Licht durch die dunklen Blätter.

»Begreifst du wohl, Therese«, sagte sie, »dass ich an die Sagen dachte von Lichtern, die über den Versunknen wachen? Indes ergab ich mich nicht und schritt rasch darauf zu; da flammte es hoch auf und schwand, und wie ich an das Gestrippe trat, da war es die Laterne des armen Klemens, die, ausgebrannt und in die Ranken verschlungen, auf dem Wasser schwankte. Ich kniete an das Ufer und löste sie aus den Dornen, aber wie ich sie so kalt und nass und erloschen in der Hand hielt, da war es mir, als sei sie ein toter, erstarrter Teil des Verlornen. Ich habe sie am Ufer stehen lassen.« Sie drückte sich leise schaudernd an Theresen. »Aber was ist denn das?«, sagte sie und deutete auf den Boden. »Was meinst du?«, versetzte Therese. »Mich dünkt, ich sehe mehr als die Schatten der Bäume.« – »Auch die unsrigen«, sagte Therese. – »Es wird nichts sein; hör zu, und wie ich zurückgehe und an das Sandloch komme, da seh ich von Weitem die alte Lisbeth aus ihrem Hause gehn. O Therese, sie ist so klein geworden, ich hätte sie fast nicht erkannt. Sie ging lange vor mir, ohne mich zu sehn, sondern immer starr in das Wasser. Du weißt, sie ist immer so ordentlich. O Gott, sie sah so verstört aus. Die Hälfte ihrer grauen Haare hing unter der Mütze hervor. Ich konnte es nicht mehr aushalten und ging vorüber. Da schlug es Mittag im Dorfe, und die Betglocke begann zu läuten. Ich sagte im Vorübergehn: ›Gelobt sei Jesus Christus!‹ Sie sah nicht auf, sondern presste die Hände zusammen und sagte: ›In alle Ewigkeit, in alle Ewigkeit, Amen‹ laut und oft nacheinander. Ich hörte es noch, wie ich schon eine Strecke von ihr war.«

»Gott wird sie trösten«, sagte Therese und sah bewegt vor sich nieder. Da war es ihr selber, als sehe sie durch den Schlagschatten der Bäume noch eine andre Gestalt lauschen. Sie sah rasch um sich, aber es war nichts.

»Es wird zu kühl für dich, Ledwine«, sagte sie aufstehend, und die von heimlichen Fieberschauern Durchbebte folgte ihr willig. Auf dem Hofe begegnete ihnen Karl. Therese ließ die Schwester vorangehn und teilte ihm ihre Bemerkung mit, und er schritt sogleich in den Garten, dann eilte sie der trauernd Wandelnden nach.

DIE JUDENBUCHE

Ein Sittengemälde aus dem gebirgichten Westfalen

Wo ist die Hand so zart, dass ohne Irren
Sie sondern mag beschränkten Hirnes Wirren,
So fest, dass ohne Zittern sie den Stein
Mag schleudern auf ein arm verkümmert Sein?
Wer wagt es, eitlen Blutes Drang zu messen,
Zu wägen jedes Wort, das unvergessen
In junge Brust die zähen Wurzeln trieb,
Des Vorurteils geheimen Seelendieb?
Du Glücklicher, geboren und gehegt
Im lichten Raum, von frommer Hand gepflegt,
Leg hin die Waagschal', nimmer dir erlaubt!
Lass ruhn den Stein – er trifft dein eignes Haupt! –

Friedrich Mergel, geboren 1738, war der einzige Sohn eines sogenannten Halbmeiers oder Grundeigentümers geringerer Klasse im Dorfe B., das, so schlecht gebaut und rauchig es sein mag, doch das Auge jedes Reisenden fesselt durch die überaus malerische Schönheit seiner Lage in der grünen Waldschlucht eines bedeutenden und geschichtlich merkwürdigen Gebirges. Das Ländchen, dem es angehörte, war damals einer jener abgeschlossenen Erdwinkel ohne Fabriken und Handel, ohne Heerstraßen, wo noch ein fremdes Gesicht Aufsehen erregte, und eine Reise von dreißig Meilen selbst den Vornehmeren zum Ulysses seiner Gegend machte – kurz, ein Fleck, wie es deren sonst so viele in Deutschland gab, mit all den Mängeln und Tugenden, all der Originalität und Beschränktheit, wie sie nur in solchen Zuständen gedeihen. Unter höchst einfachen und häufig unzulänglichen Gesetzen waren die Begriffe der Einwohner von Recht und Unrecht einigermaßen in Verwirrung geraten, oder vielmehr, es hatte sich neben dem gesetzlichen ein zweites Recht gebildet, ein Recht der öffentlichen Meinung, der Gewohnheit und der durch Vernachlässigung entstandenen Verjährung. Die Gutsbesitzer, denen die niedere Gerichtsbarkeit zustand, straften und belohnten nach ihrer in den meisten Fällen redlichen Einsicht; der Untergebene tat, was ihm ausführbar und mit einem etwas weiten Gewissen verträglich schien, und nur dem Verlierenden fiel es zuweilen ein, in alten staubichten Urkunden nachzuschlagen. Es ist schwer, jene Zeit unparteiisch ins Auge zu fassen; sie ist seit ihrem Verschwinden entweder hochmütig getadelt oder albern gelobt worden, da den, der sie erlebte, zu viel teure Erinnerungen blenden und der Spätergeborene sie nicht begreift. Soviel darf man indessen behaupten, dass die Form schwächer, der Kern fester, Vergehen häufiger, Gewissenlosigkeit seltener waren. Denn wer nach seiner Überzeugung handelt, und sei sie noch so mangelhaft, kann nie ganz zugrunde gehen, wogegen nichts seelentötender wirkt, als gegen das innere Rechtsgefühl das äußere Recht in Anspruch nehmen.

Ein Menschenschlag, unruhiger und unternehmender als alle seine Nachbarn, ließ in dem kleinen Staate, von dem wir reden, manches weit greller hervortreten als anderswo unter gleichen Umständen. Holz- und Jagdfrevel waren an der Tagesordnung, und bei den häufig vorfallenden Schlägereien hatte sich jeder selbst seines zerschlagenen Kopfes zu trösten. Da jedoch große und ergiebige Waldungen den Hauptreichtum des Landes ausmachten, ward allerdings scharf über die Forsten gewacht, aber weniger auf gesetzlichem Wege, als in stets erneuten Versuchen, Gewalt und List mit gleichen Waffen zu überbieten.

Das Dorf B. galt für die hochmütigste, schlauste und kühnste Gemeinde des ganzen Fürstentums. Seine Lage inmitten tiefer und stolzer Waldeinsamkeit mochte schon früh den angeborenen Starrsinn der Gemüter nähren; die Nähe eines Flusses, der in die See mündete und bedeckte Fahrzeuge trug, groß genug, um Schiffbauholz bequem und sicher außer Land zu führen, trug sehr dazu bei, die natürliche Kühnheit der Holzfrevler zu ermutigen, und der Umstand, dass alles umher von Förstern wimmelte, konnte hier nur aufregend wirken, da bei den häufig vorkommenden Scharmützeln der Vorteil meist aufseiten der Bauern blieb. Dreißig, vierzig Wagen zogen zugleich aus in den schönen Mondnächten, mit ungefähr doppelt so viel Mannschaft jedes Alters, vom halbwüchsigen Knaben bis zum siebzigjährigen Ortsvorsteher, der als erfahrener Leitbock den Zug mit gleich stolzem Bewusstsein anführte, als er seinen Sitz in der Gerichtsstube einnahm. Die Zurückgebliebenen horchten sorglos dem allmähligen Verhallen des Knarrens und Stoßens der Räder in den Hohlwegen und schliefen sacht weiter. Ein gelegentlicher Schuss, ein schwacher Schrei ließen wohl einmal eine junge Frau oder Braut auffahren; kein anderer achtete darauf. Beim ersten Morgengrau kehrte der Zug ebenso schweigend heim, die Gesichter glühend wie Erz, hier und dort einer mit verbundenem Kopf, was weiter nicht in Betracht kam, und nach ein paar Stunden war die Umgegend voll von dem Missgeschick eines oder mehrerer Forstbeamten, die aus dem Walde getragen wurden, zerschlagen, mit Schnupftabak geblendet und für einige Zeit unfähig, ihrem Berufe nachzukommen.

In diesen Umgebungen ward Friedrich Mergel geboren, in einem Hause, das durch die stolze Zugabe eines Rauchfangs und minder kleiner Glasscheiben die Ansprüche seines Erbauers, sowie durch seine gegenwärtige Verkommenheit die kümmerlichen Umstände des jetzigen Besitzers bezeugte. Das frühere Geländer um Hof und Garten war einem vernachlässigten Zaune gewichen, das Dach schadhaft, fremdes Vieh weidete auf den Triften, fremdes Korn wuchs auf dem Acker zunächst am Hofe, und der Garten enthielt, außer ein paar holzichten Rosenstöcken aus besserer Zeit, mehr Unkraut als Kraut. Freilich hatten Unglücksfälle manches hiervon herbeigeführt; doch war auch viel Unordnung und böse Wirtschaft im Spiel. Friedrichs Vater, der alte Hermann Mergel, war in seinem Junggesellenstande ein sogenannter ordentlicher Säufer, d. h. einer, der nur an Sonn- und Festtagen in der Rinne lag und die Woche hindurch so manierlich war wie ein anderer. So war denn auch seine Bewerbung um ein recht hübsches und wohlhabendes Mädchen ihm nicht erschwert. Auf der Hochzeit ging's lustig zu. Mergel war gar nicht zu arg betrunken, und die Eltern der Braut gingen abends vergnügt heim; aber am nächsten Sonntage sah man die junge Frau schreiend und blutrünstig durchs Dorf zu den Ihrigen rennen, alle ihre guten Kleider und neues Hausgerät im Stich lassend. Das war freilich ein großer Skandal und Ärger für Mergel, der allerdings Trostes bedurfte. So war denn auch am Nachmittage keine Scheibe an seinem Hause mehr ganz, und man sah ihn noch bis spät in die Nacht vor der Türschwelle liegen, einen abgebrochenen Flaschenhals von Zeit zu Zeit zum Munde führend und sich Gesicht und Hände jämmerlich zerschneidend. Die junge Frau blieb bei ihren Eltern, wo sie bald verkümmerte und starb. Ob nun den Mergel Reue quälte oder Scham, genug, er schien der Trostmittel immer bedürftiger und fing bald an, den gänzlich verkommenen Subjekten zugezählt zu werden.

Die Wirtschaft verfiel; fremde Mägde brachten Schimpf und Schaden; so verging Jahr auf Jahr. Mergel war und blieb ein verlegener und zuletzt ziemlich armseliger Witwer, bis er mit einemmale wieder als Bräutigam auftrat. War die Sache an und für sich unerwartet, so trug die Persönlichkeit der Braut noch dazu bei, die Verwunderung zu erhöhen. Margareth Semmler war eine brave, anständige Person, so in den Vierzigen, in ihrer Jugend eine Dorfschönheit und noch jetzt als sehr klug und wirtlich geachtet, dabei nicht unvermögend; und so musste es jedem unbegreiflich sein, was sie zu diesem Schritte getrieben. Wir glauben den Grund eben in dieser ihrer selbstbewussten Vollkommenheit zu finden. Am Abend vor der Hochzeit soll sie gesagt haben: »Eine Frau, die von ihrem Manne übel behandelt wird, ist dumm oder taugt nicht: Wenn's mir schlecht geht, so sagt, es liege an mir.« Der Erfolg zeigte leider, dass sie ihre Kräfte überschätzt hatte. Anfangs imponierte sie ihrem Manne; er kam nicht nach Haus oder kroch in die Scheune, wenn er sich übernommen hatte; aber das Joch war zu drückend, um lange getragen zu werden, und bald sah man ihn oft genug quer über die Gasse ins Haus taumeln, hörte drinnen sein wüstes Lärmen und sah Margreth eilends Tür und Fenster schließen. An einem solchen Tage – keinem Sonntage mehr – sah man sie abends aus dem Hause stürzen, ohne Haube und Halstuch, das Haar wild um den Kopf hängend, sich im Garten neben ein Krautbeet niederwerfen und die Erde mit den Händen aufwühlen, dann ängstlich um sich schauen, rasch ein Bündel Kräuter brechen und damit langsam wieder dem Hause zugehen, aber nicht hinein, sondern in die Scheune. Es hieß, an diesem Tage habe Mergel zuerst Hand an sie gelegt, obwohl das Bekenntnis nie über ihre Lippen kam.

Das zweite Jahr dieser unglücklichen Ehe ward mit einem Sohne, man kann nicht sagen erfreut, denn Margreth soll sehr geweint haben, als man ihr das Kind reichte. Dennoch, obwohl unter einem Herzen voll Gram getragen, war Friedrich ein gesundes, hübsches Kind, das in der frischen Luft kräftig gedieh. Der Vater hatte ihn sehr lieb, kam nie nach Hause, ohne ihm ein Stückchen Wecken oder dergleichen mitzubringen, und man meinte sogar, er sei seit der Geburt des Knaben ordentlicher geworden; wenigstens ward der Lärmen im Hause geringer.

Friedrich stand in seinem neunten Jahre. Es war um das Fest der heiligen drei Könige, eine harte, stürmische Winternacht. Hermann war zu einer Hochzeit gegangen und hatte sich schon beizeiten auf den Weg gemacht, da das Brauthaus Dreiviertelmeilen entfernt lag. Obgleich er versprochen hatte, abends wiederzukommen, rechnete Frau Mergel doch umso weniger darauf, da sich nach Sonnenuntergang dichtes Schneegestöber eingestellt hatte. Gegen zehn Uhr schürte sie die Asche am Herde zusammen und machte sich zum Schlafengehen bereit. Friedrich stand neben ihr, schon halb entkleidet und horchte auf das Geheul des Windes und das Klappen der Bodenfenster.

»Mutter, kommt der Vater heute nicht?«, fragte er. – »Nein, Kind, morgen.« – »Aber warum nicht, Mutter? Er hat's doch versprochen.« – »Ach Gott, wenn der alles hielte, was er verspricht! Mach, mach voran, dass du fertig wirst.«

Sie hatten sich kaum niedergelegt, so erhob sich eine Windsbraut, als ob sie das Haus mitnehmen wollte. Die Bettstatt bebte und im Schornstein rasselte es wie ein Kobold. – »Mutter – es pocht draußen!« – »Still, Fritzchen, das ist das lockere Brett im Giebel, das der Wind jagt.« – »Nein, Mutter, an der Tür!« – »Sie schließt nicht; die Klinke ist zerbrochen. Gott, schlaf doch! Bring mich nicht um das armselige bisschen Nachtruhe.« – »Aber wenn nun der Vater kommt?« – Die Mutter drehte sich heftig im Bett um. – »Den hält der Teufel fest genug!« – »Wo ist der Teufel, Mutter?« – »Wart du Unrast! Er steht vor der Tür und will dich holen, wenn du nicht ruhig bist!«

Friedrich ward still; er horchte noch ein Weilchen und schlief dann ein. Nach einigen Stunden erwachte er. Der Wind hatte sich gewendet und zischte jetzt wie eine Schlange durch die Fensterritze an seinem Ohr. Seine Schulter war erstarrt; er kroch tief unters Deckbett und lag aus Furcht ganz still. Nach einer Weile bemerkte er, dass die Mutter auch nicht schlief. Er hörte sie weinen und mitunter: »Gegrüßt seist du, Maria!« und: »Bitte für uns arme Sünder!« Die Kügelchen des Rosenkranzes glitten an seinem Gesicht hin. – Ein unwillkürlicher Seufzer entfuhr ihm. – »Friedrich, bist du wach?« – »Ja, Mutter.« – »Kind, bete ein wenig – du kannst ja schon das halbe Vaterunser – dass Gott uns bewahre vor Wasser- und Feuersnot.«

Friedrich dachte an den Teufel, wie der wohl aussehen möge. Das mannigfache Geräusch und Getöse im Hause kam ihm wunderlich vor. Er meinte, es müsse etwas Lebendiges drinnen sein und draußen auch. »Hör, Mutter, gewiss, da sind Leute, die pochen.« – »Ach nein, Kind; aber es ist kein altes Brett im Hause, das nicht klappert.« – »Hör! Hörst du nicht? Es ruft! Hör doch!«

Die Mutter richtete sich auf; das Toben des Sturms ließ einen Augenblick nach. Man hörte deutlich an den Fensterläden pochen und mehrere Stimmen: »Margreth! Frau Margreth, heda, aufgemacht!« – Margreth stieß einen heftigen Laut aus: »Da bringen sie mir das Schwein wieder!«

Der Rosenkranz flog klappernd auf den Brettstuhl, die Kleider wurden herbeigerissen. Sie fuhr zum Herde und bald darauf hörte Friedrich sie mit trotzigen Schritten über die Tenne gehen. Margreth kam gar nicht wieder; aber in der Küche war viel Gemurmel und fremde Stimmen. Zweimal kam ein fremder Mann in die Kammer und schien ängstlich etwas zu suchen. Mit einem Male ward eine Lampe hereingebracht. Zwei Männer führten die Mutter. Sie war weiß wie Kreide und hatte die Augen geschlossen. Friedrich meinte, sie sei tot; er erhob ein fürchterliches Geschrei, worauf ihm jemand eine Ohrfeige gab, was ihn zur Ruhe brachte, und nun begriff er nach und nach aus den Reden der Umstehenden, dass der Vater vom Ohm Franz Semmler und dem Hülsmeyer tot im Holze gefunden sei und jetzt in der Küche liege.

Sobald Margreth wieder zur Besinnung kam, suchte sie die fremden Leute loszuwerden. Der Bruder blieb bei ihr und Friedrich, dem bei strenger Strafe im Bett zu bleiben geboten war, hörte die ganze Nacht hindurch das Feuer in der Küche knistern und ein Geräusch wie von Hin- und Herrutschen und Bürsten. Gesprochen ward wenig und leise, aber zuweilen drangen Seufzer herüber, die dem Knaben, so jung er war, durch Mark und Bein gingen. Einmal verstand er, dass der Oheim sagte: »Margreth, zieh dir das nicht zu Gemüt; wir wollen jeder drei Messen lesen lassen, und um Ostern gehen wir zusammen eine Bittfahrt zur Muttergottes von Werl.«

Als nach zwei Tagen die Leiche fortgetragen wurde, saß Margreth am Herde, das Gesicht mit der Schürze verhüllend. Nach einigen Minuten, als alles still geworden war, sagte sie in sich hinein: »Zehn Jahre, zehn Kreuze. Wir haben sie doch zusammen getragen, und jetzt bin ich allein!«, dann lauter: »Fritzchen, komm her!« – Friedrich kam scheu heran; die Mutter war ihm ganz unheimlich geworden mit den schwarzen Bändern und den verstörten Zügen. »Fritzchen«, sagte sie, »willst du jetzt auch fromm sein, dass ich Freude an dir habe, oder willst du unartig sein und lügen, oder saufen und stehlen?« – »Mutter, Hülsmeyer stiehlt.« – »Hülsmeyer? Gott bewahre! Soll ich dir auf den Rücken kommen? Wer sagt dir so schlechtes Zeug?« – »Er hat neulich den Aaron geprügelt und ihm sechs Groschen genommen.« – »Hat er dem Aaron Geld genommen, so hat ihn der verfluchte Jude gewiss zuvor darum betrogen. Hülsmeyer ist ein ordentlicher, angesessener Mann, und die Juden sind alle Schelme.« – »Aber, Mutter, Brandis sagt auch, dass er Holz und Rehe stiehlt.« – »Kind, Brandis ist ein Förster.« – »Mutter, lügen die Förster?«

Margreth schwieg eine Weile; dann sagte sie: »Höre, Fritz, das Holz lässt unser Herrgott frei wachsen und das Wild wechselt aus eines Herren Lande in das andere; die können niemand angehören. Doch das verstehst du noch nicht; jetzt geh in den Schoppen und hole mir Reisig.«

Friedrich hatte seinen Vater auf dem Stroh gesehen, wo er, wie man sagt, blau und fürchterlich ausgesehen haben soll. Aber davon erzählte er nie und schien ungern daran zu denken. Überhaupt hatte die Erinnerung an seinen Vater eine mit Grausen gemischte Zärtlichkeit in ihm zurückgelassen, wie denn nichts so fesselt, wie die Liebe und Sorgfalt eines Wesens, das gegen alles Übrige verhärtet scheint, und bei Friedrich wuchs dieses Gefühl mit den Jahren, durch das Gefühl mancher Zurücksetzung vonseiten anderer.

Es war ihm äußerst empfindlich, wenn, solange er Kind war, jemand des Verstorbenen nicht allzu löblich gedachte; ein Kummer, den ihm das Zartgefühl der Nachbarn nicht ersparte. Es ist gewöhnlich in jenen Gegenden, den Verunglückten die Ruhe im Grabe abzusprechen. Der alte Mergel war das Gespenst des Brederholzes geworden; einen Betrunkenen führte er als Irrlicht bei einem Haar in den Zellerkolk (Teich); die Hirtenknaben, wenn sie nachts bei ihren Feuern kauerten und die Eulen in den Gründen schrien, hörten zuweilen in abgebrochenen Tönen ganz deutlich dazwischen sein: »Hör mal an, feins Lieseken«, und ein unprivilegierter Holzhauer, der unter der breiten Eiche eingeschlafen und dem es darüber Nacht geworden war, hatte beim Erwachen sein geschwollenes blaues Gesicht durch die Zweige lauschen sehen. Friedrich musste von andern Knaben vieles darüber hören; dann heulte er, schlug um sich, stach auch einmal mit seinem Messerchen und wurde bei dieser Gelegenheit jämmerlich geprügelt. Seitdem trieb er seiner Mutter Kühe allein an das andere Ende des Tales, wo man ihn oft stundenlang in derselben Stellung im Grase liegen und den Thymian aus dem Boden rupfen sah.

Er war zwölf Jahre alt, als seine Mutter einen Besuch von ihrem jüngern Bruder erhielt, der in Brede wohnte und seit der törichten Heirat seiner Schwester ihre Schwelle nicht betreten hatte. Simon Semmler war ein kleiner, unruhiger, magerer Mann mit vor dem Kopf liegenden Fischaugen und überhaupt einem Gesicht wie ein Hecht, ein unheimlicher Geselle, bei dem dicktuende Verschlossenheit oft mit ebenso gesuchter Treuherzigkeit wechselte, der gern einen aufgeklärten Kopf vorgestellt hätte und stattdessen für einen fatalen, Händel suchenden Kerl galt, dem jeder umso lieber aus dem Wege ging, je mehr er in das Alter trat, wo ohnehin beschränkte Menschen leicht an Ansprüchen gewinnen, was sie an Brauchbarkeit verlieren. Dennoch freute sich die arme Margreth, die sonst keinen der Ihrigen mehr am Leben hatte.

»Simon, bist du da?«, sagte sie, und zitterte, dass sie sich am Stuhle halten musste. »Willst du sehen, wie es mir geht und meinem schmutzigen Jungen?« – Simon betrachtete sie ernst und reichte ihr die Hand: »Du bist alt geworden, Margreth!« – Margreth seufzte: »Es ist mir derweil oft bitterlich gegangen mit allerlei Schicksalen.« – »Ja, Mädchen, zu spät gefreit, hat immer gereut! Jetzt bist du alt und das Kind ist klein. Jedes Ding hat seine Zeit. Aber wenn ein altes Haus brennt, dann hilft kein Löschen.« – Über Margreths vergrämtes Gesicht flog eine Flamme so rot wie Blut.

»Aber ich höre, dein Junge ist schlau und gewichst«, fuhr Simon fort. – »Ei nun so ziemlich, und dabei fromm.« – »Hum, 's hat mal einer eine Kuh gestohlen, der hieß auch Fromm. Aber er ist still und nachdenklich, nicht wahr? Er läuft nicht mit den andern Buben?« – »Er ist ein eigenes Kind«, sagte Margreth wie für sich; »es ist nicht gut.« – Simon lachte hell auf: »Dein Junge ist scheu, weil ihn die andern ein paarmal gut durchgedroschen haben. Das wird ihnen der Bursche schon wieder bezahlen. Hülsmeyer war neulich bei mir; der sagte, es ist ein Junge wie 'n Reh.«

Welcher Mutter geht das Herz nicht auf, wenn sie ihr Kind loben hört? Der armen Margreth ward selten so wohl, jedermann nannte ihren Jungen tückisch und verschlossen. Die Tränen traten ihr in die Augen. »Ja, gottlob, er hat gerade Glieder.« – »Wie sieht er aus?«, fuhr Simon fort. – »Er hat viel von dir, Simon, viel.«

Simon lachte: »Ei, das muss ein rarer Kerl sein, ich werde alle Tage schöner. An der Schule soll er sich wohl nicht verbrennen. Du lässt ihn die Kühe hüten? Ebenso gut. Es ist doch nicht halb wahr, was der Magister sagt. Aber wo hütet er? Im Telgengrund? Im Roderholze? Im Teutoburger Wald? Auch des Nachts und früh?« – »Die ganzen Nächte durch; aber wie meinst du das?«

Simon schien dies zu überhören; er reckte den Hals zur Türe hinaus. »Ei, da kommt der Gesell! Vaterssohn! Er schlenkert gerade so mit den Armen wie dein seliger Mann. Und schau mal an! Wahrhaftig, der Junge hat meine blonden Haare!«

In der Mutter Züge kam ein heimliches, stolzes Lächeln; ihres Friedrichs blonde Locken und Simons rötliche Bürsten! Ohne zu antworten, brach sie einen Zweig von der nächsten Hecke und ging ihrem Sohne entgegen, scheinbar, eine träge Kuh anzutreiben, im Grunde aber, ihm einige rasche, halbdrohende Worte zuzuraunen; denn sie kannte seine störrische Natur, und Simons Weise war ihr heute einschüchternder vorgekommen als je.

Doch ging alles über Erwarten gut; Friedrich zeigte sich weder verstockt, noch frech, vielmehr etwas blöde und sehr bemüht, dem Ohm zu gefallen. So kam es denn dahin, dass nach einer halbstündigen Unterredung Simon eine Art Adoption des Knaben in Vorschlag brachte, vermöge deren er denselben zwar nicht gänzlich seiner Mutter entziehen, aber doch über den größten Teil seiner Zeit verfügen wollte, wofür ihm dann am Ende des alten Junggesellen Erbe zufallen solle, das ihm freilich ohnedies nicht entgehen konnte. Margreth ließ sich geduldig auseinandersetzen, wie groß der Vorteil, wie gering die Entbehrung ihrerseits bei dem Handel sei. Sie wusste am besten, was eine kränkliche Witwe an der Hülfe eines zwölfjährigen Knaben entbehrt, den sie bereits gewöhnt hat, die Stelle einer Tochter zu ersetzen. Doch sie schwieg und gab sich in alles. Nur bat sie den Bruder, streng, doch nicht hart gegen den Knaben zu sein.

»Er ist gut«, sagte sie, »aber ich bin eine einsame Frau; mein Kind ist nicht, wie einer, über den Vaterhand regiert hat.« Simon nickte schlau mit dem Kopf: »Lass mich nur gewähren, wir wollen uns schon vertragen, und weißt du was? Gib mir den Jungen gleich mit, ich habe zwei Säcke aus der Mühle zu holen; der kleinste ist ihm grad recht, und so lernt er mir zur Hand gehen. Komm, Fritzchen, zieh deine Holzschuh' an!« – Und bald sah Margreth den beiden nach, wie sie fortschritten, Simon voran, mit seinem Gesicht die Luft durchschneidend, während ihm die Schöße des roten Rocks wie Feuerflammen nachzogen. So hatte er ziemlich das Ansehen eines feurigen Mannes, der unter dem gestohlenen Sacke büßt; Friedrich ihm nach, fein und schlank für sein Alter, mit zarten, fast edlen Zügen und langen blonden Locken, die besser gepflegt waren, als sein übriges Äußere erwarten ließ; übrigens zerlumpt, sonneverbrannt und mit dem Ausdruck der Vernachlässigung und einer gewissen rohen Melancholie in den Zügen. Dennoch war eine große Familienähnlichkeit beider nicht zu verkennen, und wie Friedrich so langsam seinem Führer nachtrat, die Blicke fest auf denselben geheftet, der ihn gerade durch das Seltsame seiner Erscheinung anzog, erinnerte er unwillkürlich an jemand, der in einem Zauberspiegel das Bild seiner Zukunft mit verstörter Aufmerksamkeit betrachtet.

Jetzt nahten die beiden sich der Stelle des Teutoburger Waldes, wo das

Brederholz den Abhang des Gebirges niedersteigt und einen sehr dunkeln Grund ausfüllt. Bis jetzt war wenig gesprochen worden. Simon schien nachdenkend, der Knabe zerstreut, und beide keuchten unter ihren Säcken. Plötzlich fragte Simon: »Trinkst du gern Branntwein?« – Der Knabe antwortete nicht. »Ich frage, trinkst du gern Branntwein? Gibt dir die Mutter zuweilen welchen?« – »Die Mutter hat selbst keinen«, sagte Friedrich. – »So, so, desto besser! – Kennst du das Holz da vor uns?« – »Das ist das Brederholz.« – »Weißt du auch, was darin vorgefallen ist?« – Friedrich schwieg. Indessen kamen sie der düstern Schlucht immer näher. »Betet die Mutter noch so viel?«, hob Simon wieder an. – »Ja, jeden Abend zwei Rosenkränze.« – »So? Und du betest mit?« – Der Knabe lachte halb verlegen mit einem durchtriebenen Seitenblick. – »Die Mutter betet in der Dämmerung vor dem Essen den einen Rosenkranz, dann bin ich meist noch nicht wieder da mit den Kühen, und den andern im Bette, dann schlaf' ich gewöhnlich ein.« – »So, so, Geselle!«

Diese letzten Worte wurden unter dem Schirme einer weiten Buche gesprochen, die den Eingang der Schlucht überwölbte. Es war jetzt ganz finster; das erste Mondviertel stand am Himmel, aber seine schwachen Schimmer dienten nur dazu, den Gegenständen, die sie zuweilen durch eine Lücke der Zweige berührten, ein fremdartiges Ansehen zu geben. Friedrich hielt sich dicht hinter seinem Ohm; sein Odem ging schnell, und wer seine Züge hätte unterscheiden können, würde den Ausdruck einer ungeheuren, doch mehr phantastischen als furchtsamen Spannung darin wahrgenommen haben. So schritten beide rüstig voran, Simon mit dem festen Schritt des abgehärteten Wanderers, Friedrich schwankend und wie im Traum. Es kam ihm vor, als ob alles sich bewegte und die Bäume in den einzelnen Mondstrahlen bald zusammen, bald voneinander schwankten. Baumwurzeln und schlüpfrige Stellen, wo sich das Wegwasser gesammelt, machten seinen Schritt unsicher; er war einige Male nahe daran, zu fallen. Jetzt schien sich in einiger Entfernung das Dunkel zu brechen, und bald traten beide in eine ziemlich große Lichtung. Der Mond schien klar hinein und zeigte, dass hier noch vor Kurzem die Axt unbarmherzig gewütet hatte. Überall ragten Baumstümpfe hervor, manche mehrere Fuß über der Erde, wie sie gerade in der Eile am bequemsten zu durchschneiden gewesen waren; die verpönte Arbeit musste unversehens unterbrochen worden sein, denn eine Buche lag quer über dem Pfad, in vollem Laube, ihre Zweige hoch über sich streckend und im Nachtwinde mit den noch frischen Blättern zitternd. Simon blieb einen Augenblick stehen und betrachtete den gefällten Stamm mit Aufmerksamkeit. In der Mitte der Lichtung stand eine alte Eiche, mehr breit als hoch; ein blasser Strahl, der durch die Zweige auf ihren Stamm fiel, zeigte, dass er hohl sei, was ihn wahrscheinlich vor der allgemeinen Zerstörung geschützt hatte. Hier ergriff Simon plötzlich des Knaben Arm.

»Friedrich, kennst du den Baum? Das ist die breite Eiche.« – Friedrich fuhr zusammen und klammerte sich mit kalten Händen an seinen Ohm. – »Sieh«, fuhr Simon fort, »hier haben Ohm Franz und der Hülsmeyer deinen Vater gefunden, als er in der Betrunkenheit ohne Buße und Ölung zum Teufel gefahren war.« – »Ohm, Ohm!«, keuchte Friedrich. – »Was fällt dir ein? Du wirst dich doch nicht fürchten? Satan von einem Jungen, du kneipst mir den Arm! Lass los, los!« – Er suchte den Knaben abzuschütteln. – »Dein Vater war übrigens eine gute Seele; Gott wird's nicht so genau mit ihm nehmen. Ich hatt' ihn so lieb wie meinen eigenen Bruder.« – Friedrich ließ den Arm seines Ohms los; beide legten schweigend den übrigen Teil des Waldes zurück und das Dorf Brede lag vor ihnen, mit seinen Lehmhütten und den einzelnen bessern Wohnungen von Ziegelsteinen, zu denen auch Simons Haus gehörte.

Am nächsten Abend saß Margreth schon seit einer Stunde mit ihrem Rocken vor der Tür und wartete auf ihren Knaben. Es war die erste Nacht, die sie zugebracht hatte, ohne den Atem ihres Kindes neben sich zu hören, und Friedrich kam noch immer nicht. Sie war ärgerlich und ängstlich und wusste, dass sie beides ohne Grund war. Die Uhr im Turm schlug sieben, das Vieh kehrte heim; er war noch immer nicht da und sie musste aufstehen, um nach den Kühen zu schauen. Als sie wieder in die dunkle Küche trat, stand Friedrich am Herde; er hatte sich vornübergebeugt und wärmte die Hände an den Kohlen. Der Schein spielte auf seinen Zügen und gab ihnen ein widriges Ansehen von Magerkeit und ängstlichem Zucken. Margreth blieb in der Tennentür stehen, so seltsam verändert kam ihr das Kind vor.

»Friedrich, wie geht's dem Ohm?« – Der Knabe murmelte einige unverständliche Worte und drängte sich dicht an die Feuermauer. – »Friedrich, hast du das Reden verlernt! Junge, tu das Maul auf! Du weißt ja doch, dass ich auf dem rechten Ohr nicht gut höre.« – Das Kind erhob seine Stimme und geriet dermaßen ins Stammeln, dass Margreth es um nichts mehr begriff. – »Was sagst du? Einen Gruß von Meister Semmler? Wieder fort? Wohin? Die Kühe sind schon zu Hause. Verfluchter Junge, ich kann dich nicht verstehen. Wart, ich muss einmal sehen, ob du keine Zunge im Munde hast!« – Sie trat heftig einige Schritte vor. Das Kind sah zu ihr auf, mit dem Jammerblick eines armen, halbwüchsigen Hundes, der Schildwacht stehen lernt, und begann in der Angst mit den Füßen zu stampfen und den Rücken an der Feuermauer zu reiben.

Margreth stand still; ihre Blicke wurden ängstlich. Der Knabe erschien ihr wie zusammengeschrumpft, auch seine Kleider waren nicht dieselben, nein, das war ihr Kind nicht! Und dennoch – »Friedrich, Friedrich!«, rief sie.

In der Schlafkammer klappte eine Schranktür und der Gerufene trat hervor, in der einen Hand eine sogenannte Holzschenvioline, d. h. einen alten Holzschuh, mit drei bis vier zerschabten Geigensaiten überspannt, in der andern einen Bogen, ganz des Instruments würdig. So ging er gerade auf sein verkümmertes Spiegelbild zu, seinerseits mit einer Haltung bewusster Würde und Selbständigkeit, die in diesem Augenblicke den Unterschied zwischen beiden sonst merkwürdig ähnlichen Knaben stark hervortreten ließ.

»Da, Johannes!«, sagte er und reichte ihm mit einer Gönnermiene das Kunstwerk; »da ist die Violine, die ich dir versprochen habe. Mein Spielen ist vorbei, ich muss jetzt Geld verdienen.« – Johannes warf noch einmal einen scheuen Blick auf Margreth, streckte dann langsam seine Hand aus, bis er das Dargebotene fest ergriffen hatte, und brachte es wie verstohlen unter die Flügel seines armseligen Jäckchens.

Margreth stand ganz still und ließ die Kinder gewähren. Ihre Gedanken hatten eine andere, sehr ernste Richtung genommen, und sie blickte mit unruhigem Auge von einem auf den andern. Der fremde Knabe hatte sich wieder über die Kohlen gebeugt mit einem Ausdruck augenblicklichen

Wohlbehagens, der an Albernheit grenzte, während in Friedrichs Zügen der Wechsel eines offenbar mehr selbstischen als gutmütigen Mitgefühls spielte und sein Auge in fast glasartiger Klarheit zum ersten Male bestimmt den Ausdruck jenes ungebändigten Ehrgeizes und Hanges zum Großtun zeigte, der nachher als so starkes Motiv seiner meisten Handlungen hervortrat. Der Ruf seiner Mutter störte ihn aus Gedanken, die ihm ebenso neu als angenehm waren. Sie saß wieder am Spinnrade.

»Friedrich«, sagte sie zögernd, »sag einmal –« und schwieg dann. Friedrich sah auf und wandte sich, da er nichts weiter vernahm, wieder zu seinem Schützling. »Nein, höre –«, und dann leiser: »Was ist das für ein Junge? Wie heißt er?« – Friedrich antwortete ebenso leise: »Das ist des Ohms Simon Schweinehirt, der eine Botschaft an den Hülsmeyer hat. Der Ohm hat mir ein Paar Schuhe und eine Weste von Drillich gegeben; die hat mir der Junge unterwegs getragen; dafür hab' ich ihm meine Violine versprochen; er ist ja doch ein armes Kind; Johannes heißt er.« – »Nun –?«, sagte Margreth. – »Was willst du, Mutter?« – »Wie heißt er weiter?« – »Ja – weiter nicht – oder, warte – doch: Niemand, Johannes Niemand heißt er. – Er hat keinen Vater«, fügte er leiser hinzu.

Margreth stand auf und ging in die Kammer. Nach einer Weile kam sie heraus, mit einem harten, finstern Ausdruck in den Mienen. – »So, Friedrich«, sagte sie, »lass den Jungen gehen, dass er seine Bestellung machen kann. – Junge, was liegst du da in der Asche? Hast du zu Hause nichts zu tun?« – Der Knabe raffte sich mit der Miene eines Verfolgten so eilfertig auf, dass ihm alle Glieder im Wege standen und die Holschenvioline bei einem Haar ins Feuer gefallen wäre.

»Warte, Johannes«, sagte Friedrich stolz, »ich will dir mein halbes Butterbrot geben, es ist mir doch zu groß, die Mutter schneidet allemal übers ganze Brot.« – »Lass doch«, sagte Margreth, »er geht ja nach Hause.« – »Ja, aber er bekommt nichts mehr; Ohm Simon isst um sieben Uhr.« Margreth wandte sich zu dem Knaben: »Hebt man dir nichts auf? Sprich, wer sorgt für dich?« – »Niemand«, stotterte das Kind. – »Niemand?«, wiederholte sie; »da nimm, nimm!«, fügte sie heftig hinzu; »du heißt Niemand und Niemand sorgt für dich! Das sei Gott geklagt! Und nun mach dich fort! Friedrich, geh nicht mit ihm, hörst du, geht nicht zusammen durchs Dorf.« – »Ich will ja nur Holz holen aus dem Schuppen«, antwortete Friedrich. – Als beide Knaben fort waren, warf sich Margreth auf einen Stuhl und schlug die Hände mit dem Ausdruck des tiefsten Jammers zusammen. Ihr Gesicht war bleich wie ein Tuch. »Ein falscher Eid, ein falscher Eid!«, stöhnte sie. »Simon, Simon, wie willst du vor Gott bestehen!«

So saß sie eine Weile, starr mit geklemmten Lippen, wie in völliger Geistesabwesenheit. Friedrich stand vor ihr und hatte sie schon zweimal angeredet. »Was ist's? Was willst du?«, rief sie auffahrend. – »Ich bringe Euch Geld«, sagte er, mehr erstaunt als erschreckt. – »Geld? Wo?« Sie regte sich und die kleine Münze fiel klingend auf den Boden. Friedrich hob sie auf. »Geld vom Ohm Simon, weil ich ihm habe arbeiten helfen. Ich kann mir nun selber was verdienen.« – »Geld vom Simon? Wirf's fort, fort! – Nein, gib's den Armen. Doch, nein, behalt's«, flüsterte sie kaum hörbar; »wir sind selber arm. Wer weiß, ob wir bei dem Betteln vorbeikommen!« – »Ich soll Montag wieder zum Ohm und ihm bei der Einsaat helfen.« – »Du wieder zu ihm? Nein, nein, nimmermehr!« – Sie umfasste ihr Kind mit Heftigkeit. – »Doch«, fügte sie hinzu, und ein Tränenstrom stürzte ihr plötzlich über die eingefallenen Wangen; »geh, er ist mein einziger Bruder, und die Verleumdung ist groß! Aber halt Gott vor Augen und vergiss das tägliche Gebet nicht!«

Margreth legte das Gesicht an die Mauer und weinte laut. Sie hatte manche harte Last getragen, ihres Mannes üble Behandlung, noch schwerer seinen Tod, und es war eine bittere Stunde, als die Witwe das letzte Stück Ackerland einem Gläubiger zur Nutznießung überlassen musste und der Pflug vor ihrem Hause stillestand. Aber so war ihr nie zumute gewesen; dennoch, nachdem sie einen Abend durchgeweint, eine Nacht durchwacht hatte, war sie dahin gekommen, zu denken, ihr Bruder Simon könne so gottlos nicht sein, der Knabe gehöre gewiss nicht ihm, Ähnlichkeiten wollen nichts beweisen. Hatte sie doch selbst vor vierzig Jahren ein Schwesterchen verloren, das genau dem fremden Hechelkrämer glich. Was glaubt man nicht gern, wenn man so wenig hat und durch Unglauben dies wenige verlieren soll!

Von dieser Zeit an war Friedrich selten mehr zu Hause. Simon schien alle wärmern Gefühle, deren er fähig war, dem Schwestersohn zugewendet zu haben; wenigstens vermisste er ihn sehr und ließ nicht nach mit Botschaften, wenn ein häusliches Geschäft ihn auf einige Zeit bei der Mutter hielt. Der Knabe war seitdem wie verwandelt, das träumerische Wesen gänzlich von ihm gewichen, er trat fest auf, fing an, sein Äußeres zu beachten und bald in den Ruf eines hübschen, gewandten Burschen zu kommen. Sein Ohm, der nicht wohl ohne Projekte leben konnte, unternahm mitunter ziemlich bedeutende öffentliche Arbeiten, z. B. beim Wegbau, wobei Friedrich für einen seiner besten Arbeiter und überall als seine rechte Hand galt; denn obgleich dessen Körperkräfte noch nicht ihr volles Maß erreicht hatten, kam ihm doch nicht leicht jemand an Ausdauer gleich. Margreth hatte bisher ihren Sohn nur geliebt, jetzt fing sie an, stolz auf ihn zu werden und sogar eine Art Hochachtung vor ihm zu fühlen, da sie den jungen Menschen so ganz ohne ihr Zutun sich entwickeln sah, sogar ohne ihren Rat, den sie, wie die meisten Menschen, für unschätzbar hielt und deshalb die Fähigkeiten nicht hoch genug anzuschlagen wusste, die eines so kostbaren Förderungsmittels entbehren konnten.

In seinem achtzehnten Jahre hatte Friedrich sich bereits einen bedeutenden Ruf in der jungen Dorfwelt gesichert, durch den Ausgang einer Wette, infolge deren er einen erlegten Eber über zwei Meilen weit auf seinem Rücken trug, ohne abzusetzen. Indessen war der Mitgenuss des Ruhms auch so ziemlich der einzige Vorteil, den Margreth aus diesen günstigen Umständen zog, da Friedrich immer mehr auf sein Äußeres verwandte und allmählich anfing, es schwer zu verdauen, wenn Geldmangel ihn zwang, irgendjemand im Dorf darin nachzustehen. Zudem waren alle seine Kräfte auf den auswärtigen Erwerb gerichtet; zu Hause schien ihm, ganz im Widerspiel mit seinem sonstigen Rufe, jede anhaltende Beschäftigung lästig, und er unterzog sich lieber einer harten, aber kurzen Anstrengung, die ihm bald erlaubte, seinem frühern Hirtenamte wieder nachzugehen, was bereits begann, seinem Alter unpassend zu werden, und ihm gelegentlichen Spott zuzog, vor dem er sich aber durch ein paar derbe Zurechtweisungen mit der Faust Ruhe verschaffte. So gewöhnte man sich daran, ihn bald geputzt und fröhlich als anerkannten Dorfelegant an der Spitze des jungen Volks zu sehen, bald wieder als zerlumpten Hirtenbuben einsam und träumerisch hinter den Kühen herschleichend, oder in einer Waldlichtung liegend, scheinbar gedankenlos und das Moos von den Bäumen rupfend.

Um diese Zeit wurden die schlummernden Gesetze doch einigermaßen aufgerüttelt durch eine Bande von Holzfrevlern, die unter dem Namen der Blaukittel alle ihre Vorgänger so weit an List und Frechheit übertraf, dass es dem Langmütigsten zu viel werden musste. Ganz gegen den gewöhnlichen Stand der Dinge, wo man die stärksten Böcke der Herde mit dem Finger bezeichnen konnte, war es hier trotz aller Wachsamkeit bisher nicht möglich gewesen, auch nur ein Individuum namhaft zu machen. Ihre Benennung erhielten sie von der ganz gleichförmigen Tracht, durch die sie das Erkennen erschwerten, wenn etwa ein Förster noch einzelne Nachzügler im Dickicht verschwinden sah. Sie verheerten alles wie die Wanderraupe, ganze Waldstrecken wurden in einer Nacht gefällt und auf der Stelle fortgeschafft, sodass man am andern Morgen nichts fand, als Späne und wüste Haufen von Topholz, und der Umstand, dass nie Wagenspuren einem Dorfe zuführten, sondern immer vom Flusse her und dorthin zurück, bewies, dass man unter dem Schutz und vielleicht mit dem Beistande der Schiffeigentümer handelte. In der Bande mussten sehr gewandte Spione sein, denn die Förster konnten wochenlang umsonst wachen; in der ersten Nacht, gleichviel, ob stürmisch oder mondhell, wo sie vor Übermüdung nachließen, brach die Zerstörung ein. Seltsam war es, dass das Landvolk umher ebenso unwissend und gespannt schien, als die Förster selber. Von einigen Dörfern ward mit Bestimmtheit gesagt, dass sie nicht zu den Blaukitteln gehörten, aber keines konnte als dringend verdächtig bezeichnet werden, seit man das verdächtigste von allen, das Dorf B., freisprechen musste. Ein Zufall hatte dies bewirkt, eine Hochzeit, auf der fast alle Bewohner dieses Dorfes notorisch die Nacht zugebracht hatten, während zu eben dieser Zeit die Blaukittel eine ihrer stärksten Expeditionen ausführten.

Der Schaden in den Forsten war indes allzu groß, deshalb wurden die Maßregeln dagegen auf eine bisher unerhörte Weise gesteigert; Tag und Nacht wurde patroulliert, Ackerknechte, Hausbediente mit Gewehren versehen und den Forstbeamten zugesellt. Dennoch war der Erfolg nur gering und die Wächter hatten oft kaum das eine Ende des Forstes verlassen, wenn die Blaukittel schon zum andern einzogen. Das währte länger als ein volles Jahr, Wächter und Blaukittel, Blaukittel und Wächter, wie Sonne und Mond, immer abwechselnd im Besitz des Terrains und nie zusammentreffend.

Es war im Juli 1756 früh um drei; der Mond stand klar am Himmel, aber sein Glanz fing an zu ermatten und im Osten zeigte sich bereits ein schmaler gelber Streif, der den Horizont besäumte und den Eingang einer engen Talschlucht wie mit einem Goldbande schloss. Friedrich lag im Grase, nach seiner gewohnten Weise, und schnitzelte an einem Weidenstabe, dessen knotigem Ende er die Gestalt eines ungeschlachten Tieres zu geben versuchte. Er sah übermüdet aus, gähnte, ließ mitunter seinen Kopf an einem verwitterten Stammknorren ruhen und Blicke, dämmeriger als der Horizont, über den mit Gestrüpp und Aufschlag fast verwachsenen Eingang des Grundes streifen. Ein paarmal belebten sich seine Augen und nahmen den ihnen eigentümlichen glasartigen Glanz an, aber gleich nachher schloss er sie wieder halb und gähnte und dehnte sich, wie es nur faulen Hirten erlaubt ist. Sein Hund lag in einiger Entfernung nah bei den Kühen, die unbekümmert um die Forstgesetze ebenso oft den jungen Baumspitzen als dem Grase zusprachen und in die frische Morgenluft schnaubten. Aus dem Walde drang von Zeit zu Zeit ein dumpfer, krachender Schall; der Ton hielt nur einige Sekunden an, begleitet von einem langen Echo an den Bergwänden und wiederholte sich etwa alle fünf bis acht Minuten. Friedrich achtete nicht darauf; nur zuweilen, wenn das Getöse ungewöhnlich stark oder anhaltend war, hob er den Kopf und ließ seine Blicke langsam über die verschiedenen Pfade gleiten, die ihren Ausgang in dem Talgrunde fanden.

Es fing bereits stark zu dämmern an; die Vögel begannen leise zu zwitschern und der Tau stieg fühlbar aus dem Grunde. Friedrich war an dem Stamm hinabgeglitten und starrte, die Arme über den Kopf verschlungen in das leise einschleichende Morgenrot. Plötzlich fuhr er auf: Über sein Gesicht fuhr ein Blitz, er horchte einige Sekunden mit vorgebeugtem Oberleib wie ein Jagdhund, dem die Luft Witterung zuträgt. Dann schob er schnell zwei Finger in den Mund und pfiff gellend und anhaltend. – »Fidel, du verfluchtes Tier!« – Ein Steinwurf traf die Seite des unbesorgten Hundes, der, vom Schlafe aufgeschreckt, zuerst um sich biss und dann heulend auf drei Beinen dort Trost suchte, von wo das Übel ausgegangen war. In demselben Augenblicke wurden die Zweige eines nahen Gebüsches fast ohne Geräusch zurückgeschoben und ein Mann trat heraus, im grünen Jagdrock, den silbernen Wappenschild am Arm, die gespannte Büchse in der Hand. Er ließ schnell seine Blicke über die Schlucht fahren und sie dann mit besonderer Schärfe auf dem Knaben verweilen, trat dann vor, winkte nach dem Gebüsch, und allmählich wurden sieben bis acht Männer sichtbar, alle in ähnlicher Kleidung, Weidmesser im Gürtel und die gespannten Gewehre in der Hand.

»Friedrich, was war das?«, fragte der zuerst Erschienene. – »Ich wollte, dass der Racker auf der Stelle krepierte. Seinetwegen können die Kühe mir die Ohren vom Kopf fressen.« – »Die Kanaille hat uns gesehen«, sagte ein anderer. – »Morgen sollst du auf die Reise mit einem Stein am Halse«, fuhr Friedrich fort und stieß nach dem Hunde. – »Friedrich, stell dich nicht an wie ein Narr! Du kennst mich und du verstehst mich auch!« – Ein Blick begleitete diese Worte, der schnell wirkte. – »Herr Brandis, denkt an meine Mutter!« – »Das tu ich. Hast du nichts im Walde gehört?« – »Im Walde?« – Der Knabe warf einen raschen Blick auf des Försters Gesicht. – »Eure Holzfäller, sonst nichts.« – »Meine Holzfäller!«

Die ohnehin dunkle Gesichtsfarbe des Försters ging in tiefes Braunrot über. »Wie viele sind ihrer, und wo treiben sie ihr Wesen?« – »Wohin Ihr sie geschickt habt; ich weiß es nicht.« – Brandis wandte sich zu seinen Gefährten: »Geht voran; ich komme gleich nach.«

Als einer nach dem andern im Dickicht verschwunden war, trat Brandis dicht vor den Knaben: »Friedrich«, sagte er mit dem Ton unterdrückter Wut, »meine Geduld ist zu Ende; ich möchte dich prügeln wie einen Hund, und mehr seid ihr auch nicht wert. Ihr Lumpenpack, dem kein Ziegel auf dem Dach gehört! Bis zum Betteln habt ihr es, gottlob, bald gebracht, und an meiner Tür soll deine Mutter, die alte Hexe, keine verschimmelte Brotrinde bekommen. Aber vorher sollt ihr mir noch beide ins Hundeloch!«

Friedrich griff krampfhaft nach einem Aste. Er war totenbleich und seine Augen schienen wie Kristallkugeln aus dem Kopfe schießen zu wollen. Doch nur einen Augenblick. Dann kehrte die größte, an Erschlaffung grenzende Ruhe zurück. – »Herr«, sagte er fest, mit fast sanfter Stimme; »Ihr habt gesagt, was Ihr nicht verantworten könnt, und ich vielleicht auch. Wir wollen es gegeneinander aufgehen lassen, und nun will ich Euch sagen, was Ihr verlangt. Wenn Ihr die Holzfäller nicht selbst bestellt habt, so müssen es die Blaukittel sein; denn aus dem Dorfe ist kein Wagen gekommen; ich habe den Weg ja vor mir, und vier Wagen sind es. Ich habe sie nicht gesehen, aber den Hohlweg hinauffahren hören.« – Er stockte einen Augenblick. – »Könnt Ihr sagen, dass ich je einen Baum in Eurem Revier gefällt habe? Überhaupt, dass ich je anderwärts gehauen habe, als auf Bestellung? Denkt nach, ob Ihr das sagen könnt?«

Ein verlegenes Murmeln war die ganze Antwort des Försters, der nach Art der meisten rauen Menschen leicht bereute. Er wandte sich unwirsch und schritt dem Gebüsche zu. – »Nein, Herr«, rief Friedrich, »wenn Ihr zu den andern Förstern wollt, die sind dort an der Buche hinaufgegangen.« – »An der Buche?«, sagte Brandis zweifelhaft, »nein, dort hinüber, nach dem Mastergrunde.« – »Ich sage Euch, an der Buche; des langen Heinrich Flintenriemen blieb noch am krummen Ast dort hängen; ich hab's ja gesehen!«

Der Förster schlug den bezeichneten Weg ein. Friedrich hatte die ganze Zeit hindurch seine Stellung nicht verlassen, halb liegend, den Arm um einen dürren Ast geschlungen, sah er dem Fortgehenden unverrückt nach, wie er durch den halbverwachsenen Steig glitt, mit den vorsichtigen weiten Schritten seines Metiers, so geräuschlos wie ein Fuchs die Hühnerstiege erklimmt. Hier sank ein Zweig hinter ihm, dort einer; die Umrisse seiner Gestalt schwanden immer mehr. Da blitzte es noch einmal durchs Laub. Es war ein Stahlknopf seines Jagdrocks; nun war er fort. Friedrichs Gesicht hatte während dieses allmähligen Verschwindens den Ausdruck seiner Kälte verloren und seine Züge schienen zuletzt unruhig bewegt. Gereute es ihn vielleicht, den Förster nicht um Verschweigung seiner Angaben gebeten zu haben? Er ging einige Schritte voran, blieb dann stehen. »Es ist zu spät«, sagte er vor sich hin und griff nach seinem Hute. Ein leises Picken im Gebüsche, nicht zwanzig Schritte von ihm. Es war der Förster, der den Flintenstein schärfte. Friedrich horchte. – »Nein!«, sagte er dann mit entschlossenem Tone, raffte seine Siebensachen zusammen und trieb das Vieh eilfertig die Schlucht entlang.

Um Mittag saß Frau Margreth am Herd und kochte Tee. – Friedrich war krank heimgekommen, er klagte über heftige Kopfschmerzen und hatte auf ihre besorgte Nachfrage erzählt, wie er sich schwer geärgert über den Förster; kurz den ganzen eben beschriebenen Vorgang, mit Ausnahme einiger Kleinigkeiten, die er besser fand, für sich zu behalten. Margreth sah schweigend und trübe in das siedende Wasser. Sie war es wohl gewohnt, ihren Sohn mitunter klagen zu hören, aber heute kam er ihr so angegriffen vor, wie sonst nie. Sollte wohl eine Krankheit im Anzuge sein? Sie seufzte tief und ließ einen eben ergriffenen Holzblock fallen.

»Mutter!«, rief Friedrich aus der Kammer. – »Was willst du?« – »War das ein Schuss?« – »Ach nein, ich weiß nicht, was du meinst.« – »Es pocht mir wohl nur so im Kopfe«, versetzte er.

Die Nachbarin trat herein und erzählte mit leisem Flüstern irgendeine unbedeutende Klatscherei, die Margreth ohne Teilnahme anhörte. Dann ging sie. – »Mutter!«, rief Friedrich. Margreth ging zu ihm hinein. »Was erzählte die Hülsmeyer?« – »Ach gar nichts, Lügen, Wind!« – Friedrich richtete sich auf. – »Von der Gretchen Siemers; du weißt ja wohl die alte Geschichte; und ist doch nichts Wahres dran.« – Friedrich legte sich wieder hin. »Ich will sehen, ob ich schlafen kann«, sagte er.

Margreth saß am Herde; sie spann und dachte wenig Erfreuliches. Im Dorfe schlug es halb zwölf; die Türe klinkte und der Gerichtsschreiber Kapp trat herein. – »Guten Tag, Frau Mergel«, sagte er; »könnt Ihr mir einen Trunk Milch geben? Ich komme von M.« – Als Frau Mergel das Verlangte brachte, fragte er: »Wo ist Friedrich?« Sie war gerade beschäftigt, einen Teller hervorzulangen und überhörte die Frage. Er trank zögernd und in kurzen Absätzen. »Wisst Ihr wohl«, sagte er dann, »dass die Blaukittel in dieser Nacht wieder im Masterholze eine ganze Strecke so kahl gefegt haben, wie meine Hand?« – »Ei, du frommer Gott!«, versetzte sie gleichgültig. »Die Schandbuben«, fuhr der Schreiber fort, »ruinieren alles; wenn sie noch

Rücksicht nähmen auf das junge Holz, aber Eichenstämmchen wie mein Arm dick, wo nicht einmal eine Ruderstange drin steckt! Es ist, als ob ihnen andrer Leute Schaden ebenso lieb wäre wie ihr Profit!« – »Es ist schade!«, sagte Margreth.

Der Amtsschreiber hatte getrunken und ging noch immer nicht. Er schien etwas auf dem Herzen zu haben. »Habt Ihr nichts von Brandis gehört?«, fragte er plötzlich. – »Nichts; er kommt niemals hier ins Haus.« – »So wisst Ihr nicht, was ihm begegnet ist?« – »Was denn?«, fragte Margreth gespannt. – »Er ist tot!« – »Tot!«, rief sie, »was, tot? Um Gotteswillen! Er ging ja noch heute Morgen ganz gesund hier vorüber mit der Flinte auf dem Rücken!« – »Er ist tot«, wiederholte der Schreiber, sie scharf fixierend; »von den Blaukitteln erschlagen. Vor einer Viertelstunde wurde die Leiche ins Dorf gebracht.«

Margreth schlug die Hände zusammen. – »Gott im Himmel, geh nicht mit ihm ins Gericht! Er wusste nicht, was er tat!« – »Mit ihm!«, rief der Amtsschreiber, »mit dem verfluchten Mörder, meint Ihr?« Aus der Kammer drang ein schweres Stöhnen. Margreth eilte hin und der Schreiber folgte ihr. Friedrich saß aufrecht im Bette, das Gesicht in die Hände gedrückt und ächzte wie ein Sterbender. – »Friedrich, wie ist dir?«, sagte die Mutter. – »Wie ist dir?«, wiederholte der Amtsschreiber. – »O mein Leib, mein Kopf!«, jammerte er. – »Was fehlt ihm?« – »Ach, Gott weiß es«, versetzte sie; »er ist schon um vier mit den Kühen heimgekommen, weil ihm so übel war. – Friedrich – Friedrich, antworte doch, soll ich zum Doktor?« – »Nein, nein«, ächzte er, »es ist nur Kolik, es wird schon besser.«

Er legte sich zurück; sein Gesicht zuckte krampfhaft vor Schmerz; dann kehrte die Farbe wieder. – »Geht«, sagte er matt; »ich muss schlafen, dann geht's vorüber.« – »Frau Mergel«, sagte der Amtsschreiber ernst, »ist es gewiss, dass Friedrich um vier zu Hause kam und nicht wieder fortging?« – Sie sah ihn starr an. »Fragt jedes Kind auf der Straße. Und fortgehen? – wollte Gott, er könnt' es!« – »Hat er Euch nichts von Brandis erzählt?« – »In Gottes Namen, ja, dass er ihn im Walde geschimpft und unsere Armut vorgeworfen hat, der Lump! – Doch Gott verzeih mir, er ist tot! – Geht!«, fuhr sie heftig fort; »seid Ihr gekommen, um ehrliche Leute zu beschimpfen? Geht!« – Sie wandte sich wieder zu ihrem Sohne; der Schreiber ging. – »Friedrich, wie ist dir?«, sagte die Mutter; »hast du wohl gehört? Schrecklich, schrecklich! Ohne Beichte und Absolution!« – »Mutter, Mutter, um Gottes willen lass mich schlafen; ich kann nicht mehr!«

In diesem Augenblick trat Johannes Niemand in die Kammer; dünn und lang wie eine Hopfenstange, aber zerlumpt und scheu wie wir ihn vor fünf Jahren gesehen. Sein Gesicht war noch bleicher als gewöhnlich. »Friedrich«, stotterte er, »du sollst sogleich zum Ohm kommen; er hat Arbeit für dich; aber sogleich.« – Friedrich drehte sich gegen die Wand. – »Ich komme nicht«, sagte er barsch, »ich bin krank.« – »Du musst aber kommen«, keuchte Johannes; »er hat gesagt, ich müsste dich mitbringen.« – Friedrich lachte höhnisch auf: »Das will ich doch sehen!« – »Lass ihn in Ruhe, er kann nicht«, seufzte Margreth, »du siehst ja, wie es steht.« – Sie ging auf einige Minuten hinaus; als sie zurückkam, war Friedrich bereits angekleidet. – »Was fällt dir ein?«, rief sie, »du kannst, du sollst nicht gehen!« – »Was sein muss, schickt sich wohl«, versetzte er und war schon zur Türe hinaus mit Johannes. – »Ach Gott«, seufzte die Mutter, »wenn die Kinder klein sind, treten sie uns in den Schoß, und wenn sie groß sind, ins Herz!«

Die gerichtliche Untersuchung hatte ihren Anfang genommen, die Tat lag klar am Tage; über den Täter aber waren die Anzeigen so schwach, dass, obschon alle Umstände die Blaukittel dringend verdächtigten, man doch nicht mehr als Mutmaßungen wagen konnte. *Eine* Spur schien Licht geben wollen: Doch rechnete man aus Gründen wenig darauf. Die Abwesenheit des Gutsherrn hatte den Gerichtschreiber genötigt, auf eigene Hand die Sache einzuleiten. Er saß am Tische; die Stube war gedrängt voll von Bauern, teils neugierigen, teils solchen, von denen man in Ermangelung eigentlicher Zeugen einigen Aufschluss zu erhalten hoffte. Hirten, die in derselben Nacht gehütet, Knechte, die den Acker in der Nähe bestellt, alle standen stramm und fest, die Hände in den Taschen, gleichsam als stillschweigende Erklärung, dass sie nicht einzuschreiten gesonnen seien. Acht Forstbeamte wurden vernommen. Ihre Aussagen waren völlig gleichlautend: Brandis habe sie am zehnten abends zur Runde bestellt, da ihm von einem Vorhaben der Blaukittel müsse Kunde zugekommen sein; doch habe er sich nur unbestimmt darüber geäußert. Um zwei Uhr in der Nacht seien sie ausgezogen und auf manche Spuren der Zerstörung gestoßen, die den Oberförster sehr übel gestimmt; sonst sei alles still gewesen. Gegen vier Uhr habe Brandis gesagt: »Wir sind angeführt, lasst uns heimgehen.« – Als sie nun um den Bremerberg gewendet und zugleich der Wind umgeschlagen, habe man deutlich im Masterholz fällen gehört und aus der schnellen Folge der Schläge geschlossen, dass die Blaukittel am Werk seien. Man habe nun eine Weile beratschlagt, ob es tunlich sei, mit so geringer Macht die kühne Bande anzugreifen, und sich dann ohne bestimmten Entschluss dem Schalle langsam genähert. Nun folgte der Auftritt mit Friedrich. Ferner: Nachdem Brandis sie ohne Weisung fortgeschickt, seien sie eine Weile vorangeschritten und dann, als sie bemerkt, dass das Getöse im noch ziemlich weit entfernten Walde gänzlich aufgehört, stille gestanden, um den Oberförster zu erwarten. Die Zögerung habe sie verdrossen, und nach etwa zehn Minuten seien sie weitergegangen und so bis an den Ort der Verwüstung. Alles sei vorüber gewesen, kein Laut mehr im Walde, von zwanzig gefällten Stämmen noch acht vorhanden, die übrigen bereits fortgeschafft. Es sei ihnen unbegreiflich, wie man dieses ins Werk gestellt, da keine Wagenspuren zu finden gewesen. Auch habe die Dürre der Jahreszeit und der mit Fichtennadeln bestreute Boden keine Fußstapfen unterscheiden lassen, obgleich der Grund ringsumher wie festgestampft war. Da man nun überlegt, dass es zu nichts nützen könne, den Oberförster zu erwarten, sei man rasch der andern Seite des Waldes zugeschritten, in der Hoffnung, vielleicht noch einen Blick von den Frevlern zu erhaschen. Hier habe sich einem von ihnen beim Ausgange des Waldes die Flaschenschnur in Brombeerranken verstrickt, und als er umgeschaut, habe er etwas im Gestrüpp blitzen sehen; es war die Gurtschnalle des Oberförsters, den man nun hinter den Ranken liegend fand, grad ausgestreckt, die rechte Hand um den Flintenlauf geklemmt, die andere geballt und die Stirn von einer Axt gespalten.

Dies waren die Aussagen der Förster; nun kamen die Bauern an die Reihe, aus denen jedoch nichts zu bringen war. Manche behaupteten, um vier Uhr noch zu Hause oder anderswo beschäftigt gewesen zu sein, und keiner wollte etwas bemerkt haben. Was war zu machen? Sie waren sämtlich angesessene, unverdächtige Leute. Man musste sich mit ihren negativen Zeugnissen begnügen.

Friedrich ward hereingerufen. Er trat ein mit einem Wesen, das sich durchaus nicht von seinem gewöhnlichen unterschied, weder gespannt noch keck. Das Verhör währte ziemlich lange und die Fragen waren mitunter ziemlich schlau gestellt; er beantwortete sie jedoch alle offen und bestimmt und erzählte den Vorgang zwischen ihm und dem Oberförster ziemlich der Wahrheit gemäß, bis auf das Ende, das er geratener fand, für sich zu behalten. Sein Alibi zurzeit des Mordes war leicht erwiesen. Der Förster lag am Ausgange des Masterholzes; über dreiviertel Stunden Weges von der Schlucht, in der er Friedrich um vier Uhr angeredet und aus der dieser seine Herde schon zehn Minuten später ins Dorf getrieben. Jedermann hatte dies gesehen; alle anwesenden Bauern beeiferten sich, es zu bezeugen; mit diesem hatte er geredet, jenem zugenickt.

Der Gerichtsschreiber saß unmutig und verlegen da. Plötzlich fuhr er mit der Hand hinter sich und brachte etwas Blinkendes vor Friedrichs Auge. »Wem gehört dies?« – Friedrich sprang drei Schritt zurück. »Herr Jesus! Ich dachte Ihr wolltet mir den Schädel einschlagen.« Seine Augen waren rasch über das tödliche Werkzeug gefahren und schienen momentan auf einem ausgebrochenen Splitter am Stiele zu haften. »Ich weiß es nicht«, sagte er fest. – Es war die Axt, die man in dem Schädel des Oberförsters eingeklammert gefunden hatte. – »Sieh sie genau an«, fuhr der Gerichtschreiber fort. Friedrich fasste sie mit der Hand, besah sie oben, unten, wandte sie um. »Es ist eine Axt wie andere«, sagte er dann und legte sie gleichgültig auf den Tisch. Ein Blutfleck ward sichtbar; er schien zu schaudern, aber er wiederholte noch einmal sehr bestimmt: »Ich kenne sie nicht.« Der Gerichtschreiber seufzte vor Unmut. Er selbst wusste um nichts mehr, und hatte nur einen Versuch zu möglicher Entdeckung durch Überraschung machen wollen. Es blieb nichts übrig, als das Verhör zu schließen.

Denjenigen, die vielleicht auf den Ausgang dieser Begebenheit gespannt sind, muss ich sagen, dass diese Geschichte nie aufgeklärt wurde, obwohl noch viel dafür geschah und diesem Verhöre mehrere folgten. Den Blaukitteln schien durch das Aufsehen, das der Vorgang gemacht und die darauf folgenden geschärften Maßregeln der Mut genommen; sie waren von nun an wie verschwunden, und obgleich späterhin noch mancher Holzfrevler erwischt wurde, fand man doch nie Anlass, ihn der berüchtigten Bande zuzuschreiben. Die Axt lag zwanzig Jahre nachher als unnützes Corpus Delicti im Gerichtsarchiv, wo sie wohl noch jetzt ruhen mag mit ihren Rostflecken. Es würde in einer erdichteten Geschichte unrecht sein, die Neugier des Lesers so zu täuschen. Aber dies alles hat sich wirklich zugetragen; ich kann nichts davon oder dazutun.

Am nächsten Sonntage stand Friedrich sehr früh auf, um zur Beichte zu gehen. Es war Mariä Himmelfahrt und die Pfarrgeistlichen schon vor Tagesanbruch im Beichtstuhle. Nachdem er sich im Finstern angekleidet, verließ er so geräuschlos wie möglich den engen Verschlag, der ihm in Simons Hause eingeräumt war. In der Küche musste sein Gebetbuch auf dem Sims liegen und er hoffte, es mit Hülfe des schwachen Mondlichts zu finden; es war nicht da. Er warf die Augen suchend umher und fuhr zusammen; in der Kammertür stand Simon, fast unbekleidet, seine dürre Gestalt, sein ungekämmtes, wirres Haar und die vom Mondschein verursachte Blässe des Gesichts gaben ihm ein schauerlich verändertes Ansehen. »Sollte er nachtwandeln?«, dachte Friedrich, und verhielt sich ganz still. – »Friedrich, wohin?«, flüsterte der Alte. – »Ohm, seid Ihr's? Ich will beichten gehen.« – »Das dacht' ich mir; geh in Gottes Namen, aber beichte wie ein guter Christ.« – »Das will ich«, sagte Friedrich. – »Denk an die zehn Gebote: Du sollst kein Zeugnis ablegen gegen deinen Nächsten.« – »Kein falsches!« – »Nein, gar keines; du bist schlecht unterrichtet; wer einen andern in der Beichte anklagt, der empfängt das Sakrament unwürdig.«

Beide schwiegen. – »Ohm, wie kommt Ihr darauf?«, sagte Friedrich dann; »Eur Gewissen ist nicht rein; Ihr habt mich belogen.« – »Ich? So?« – »Wo ist Eure Axt?« – »Meine Axt? Auf der Tenne.« – »Habt Ihr einen neuen Stiel hineingemacht? Wo ist der alte?« – »Den kannst du heute bei Tag im Holzschuppen finden. Geh«, fuhr er verächtlich fort, »ich dachte du seist ein Mann; aber du bist ein altes Weib, das gleich meint, das Haus brennt, wenn ihr Feuertopf raucht. Sieh«, fuhr er fort, »wenn ich mehr von der Geschichte weiß, als der Türpfosten da, so will ich ewig nicht selig werden. – Längst war ich zu Haus«, fügte er hinzu. – Friedrich stand beklemmt und zweifelnd. Er hätte viel darum gegeben, seines Ohms Gesicht sehen zu können. Aber während sie flüsterten, hatte der Himmel sich bewölkt.

»Ich habe schwere Schuld«, seufzte Friedrich, »dass ich ihn den unrechten Weg geschickt – obgleich – doch, dies hab' ich nicht gedacht, nein, gewiss nicht. Ohm, ich habe Euch ein schweres Gewissen zu danken.« – »So geh, beicht!«, flüsterte Simon mit bebender Stimme; »verunehre das Sakrament durch Angeberei und setze armen Leuten einen Spion auf den Hals, der schon Wege finden wird, ihnen das Stückchen Brot aus den Zähnen zu reißen, wenn er gleich nicht reden darf – geh!« – Friedrich stand unschlüssig; er hörte ein leises Geräusch; die Wolken verzogen sich, das Mondlicht fiel wieder auf die Kammertür: Sie war geschlossen. Friedrich ging an diesem Morgen nicht zur Beichte. –

Der Eindruck, den dieser Vorfall auf Friedrich gemacht, erlosch leider nur zu bald. Wer zweifelt daran, dass Simon alles tat, seinen Adoptivsohn dieselben Wege zu leiten, die er selber ging? Und in Friedrich lagen Eigenschaften, die dies nur zu sehr erleichterten: Leichtsinn, Erregbarkeit, und vor allem ein grenzenloser Hochmut, der nicht immer den Schein verschmähte, und dann alles daran setzte, durch Wahrmachung des Usurpierten möglicher Beschämung zu entgehen. Seine Natur war nicht unedel, aber er gewöhnte sich, die innere Schande der äußern vorzuziehen. Man darf nur sagen, er gewöhnte sich zu prunken, während seine Mutter darbte.

Diese unglückliche Wendung seines Charakters war indessen das Werk mehrerer Jahre, in denen man bemerkte, dass Margreth immer stiller über ihren Sohn ward und allmählich in einen Zustand der Verkommenheit versank, den man früher bei ihr für unmöglich gehalten hätte. Sie wurde scheu, saumselig, sogar unordentlich, und manche meinten, ihr Kopf habe gelitten. Friedrich ward desto lauter; er versäumte keine Kirchweih oder Hochzeit, und da ein sehr empfindliches Ehrgefühl ihn die geheime Missbilligung mancher nicht übersehen ließ, war er gleichsam immer unter Waffen, der öffentlichen Meinung nicht sowohl Trotz zu bieten, als sie den Weg zu leiten, der ihm gefiel. Er war äußerlich ordentlich, nüchtern, anscheinend treuherzig, aber listig, prahlerisch und oft roh, ein Mensch, an dem niemand

Freude haben konnte, am wenigsten seine Mutter, und der dennoch durch seine gefürchtete Kühnheit und noch mehr gefürchtete Tücke ein gewisses Übergewicht im Dorfe erlangt hatte, das umso mehr anerkannt wurde, je mehr man sich bewusst war, ihn nicht zu kennen und nicht berechnen zu können, wessen er am Ende fähig sei. Nur ein Bursch im Dorfe, Wilm Hülsmeyer, wagte im Bewusstsein seiner Kraft und guter Verhältnisse ihm die Spitze zu bieten; und da er gewandter in Worten war, als Friedrich, und immer, wenn der Stachel saß, einen Scherz daraus zu machen wusste, so war dies der einzige, mit dem Friedrich ungern zusammentraf.

———————

Vier Jahre waren verflossen; es war im Oktober; der milde Herbst von 1760, der alle Scheunen mit Korn und alle Keller mit Wein füllte, hatte seinen Reichtum auch über diesen Erdwinkel strömen lassen, und man sah mehr Betrunkene, hörte von mehr Schlägereien und dummen Streichen, als je. Überall gab's Lustbarkeiten; der blaue Montag kam in Aufnahme, und wer ein paar Taler erübrigt hatte, wollte gleich eine Frau dazu, die ihm heute essen und morgen hungern helfen könne. Da gab es im Dorfe eine tüchtige, solide Hochzeit, und die Gäste durften mehr erwarten, als eine verstimmte Geige, ein Glas Branntwein und was sie an guter Laune selber mitbrachten. Seit früh war alles auf den Beinen; vor jeder Tür wurden Kleider gelüftet, und B. glich den ganzen Tag einer Trödelbude. Da viele Auswärtige erwartet wurden, wollte jeder gern die Ehre des Dorfes oben halten.

Es war sieben Uhr abends und alles in vollem Gange; Jubel und Gelächter an allen Enden, die niedern Stuben zum Ersticken angefüllt mit blauen, roten und gelben Gestalten, gleich Pfandställen, in denen eine zu große Herde eingepfercht ist. Auf der Tenne ward getanzt, das heißt, wer zwei Fuß Raum erobert hatte, drehte sich darauf immer rundum und suchte durch Jauchzen zu ersetzen, was an Bewegung fehlte. Das Orchester war glänzend, die erste Geige als anerkannte Künstlerin prädominierend, die zweite und eine große Bassviole mit drei Saiten von Dilettanten ad libitum gestrichen; Branntwein und Kaffee im Überfluss, alle Gäste von Schweiß triefend; kurz, es war ein köstliches Fest. Friedrich stolzierte umher wie ein Hahn, im neuen himmelblauen Rock, und machte sein Recht als erster Elegant geltend. Als auch die Gutsherrschaft anlangte, saß er gerade hinter der Bassgeige und strich die tiefste Saite mit großer Kraft und vielem Anstand.

»Johannes!«, rief er gebieterisch, und heran trat sein Schützling von dem Tanzplatze, wo er auch seine ungelenken Beine zu schlenkern und eins zu jauchzen versucht hatte. Friedrich reichte ihm den Bogen, gab durch eine stolze Kopfbewegung seinen Willen zu erkennen und trat zu den Tanzenden. »Nun lustig, Musikanten: den Papen van Istrup!« – Der beliebte Tanz ward gespielt und Friedrich machte Sätze vor den Augen seiner Herrschaft, dass die Kühe an der Tenne die Hörner zurückzogen und Kettengeklirr und Gebrumm an ihren Ständern herlief. Fußhoch über die andern tauchte sein blonder Kopf auf und nieder, wie ein Hecht, der sich im Wasser überschlägt; an allen Enden schrien Mädchen auf, denen er zum Zeichen der Huldigung mit einer raschen Kopfbewegung sein langes Flachshaar ins Gesicht schleuderte.

»Jetzt ist es gut!«, sagte er endlich und trat schweißtriefend an den Kredenztisch; »die gnädigen Herrschaften sollen leben und alle die hochadeligen Prinzen und Prinzessinnen, und wer's nicht mittrinkt, den will ich an die Ohren schlagen, dass er die Engel singen hört!« – Ein lautes Vivat beantwortete den galanten Toast. – Friedrich machte seinen Bückling. – »Nichts für ungut, gnädige Herrschaften; wir sind nur ungelehrte Bauersleute!« In diesem Augenblick erhob sich ein Getümmel am Ende der Tenne, Geschrei, Schelten, Gelächter, alles durcheinander. »Butterdieb, Butterdieb!«, riefen ein paar Kinder, und heran drängte sich, oder vielmehr ward geschoben, Johannes Niemand, den Kopf zwischen die Schultern ziehend und mit aller Macht nach dem Ausgange strebend. – »Was ist's? Was habt ihr mit unserem Johannes?«, rief Friedrich gebieterisch.

»Das sollt Ihr früh genug gewahr werden«, keuchte ein altes Weib mit der Küchenschürze und einem Wischhader in der Hand. – Schande! Johannes, der arme Teufel, dem zu Hause das Schlechteste gut genug sein musste, hatte versucht, sich ein halbes Pfündchen Butter für die kommende Dürre zu sichern, und ohne daran zu denken, dass er es, sauber in sein Schnupftuch gewickelt, in der Tasche geborgen, war er ans Küchenfeuer getreten und nun rann das Fett schmählich die Rockschöße entlang. Allgemeiner Aufruhr; die Mädchen sprangen zurück, aus Furcht, sich zu beschmutzen, oder stießen den Delinquenten vorwärts. Andere machten Platz, sowohl aus Mitleid als Vorsicht. Aber Friedrich trat vor: »Lumpenhund!«, rief er; ein paar derbe Maulschellen trafen den geduldigen Schützling; dann stieß er ihn an die Tür und gab ihm einen tüchtigen Fußtritt mit auf den Weg.

Er kehrte niedergeschlagen zurück; seine Würde war verletzt, das allgemeine Gelächter schnitt ihm durch die Seele, ob er sich gleich durch einen tapfern Juchheschrei wieder in den Gang zu bringen suchte – es wollte nicht mehr recht gehen. Er war im Begriff, sich wieder hinter die Bassviole zu flüchten; doch zuvor noch ein Knalleffekt: Er zog seine silberne Taschenuhr hervor, zu jener Zeit ein seltener und kostbarer Schmuck. »Es ist bald zehn«, sagte er. »Jetzt den Brautmenuett! Ich will Musik machen.«

»Eine prächtige Uhr!«, sagte der Schweinehirt und schob sein Gesicht in ehrfurchtsvoller Neugier vor. – »Was hat sie gekostet?«, rief Wilm Hülsmeyer, Friedrichs Nebenbuhler. – »Willst du sie bezahlen?«, fragte Friedrich. – »Hast *du* sie bezahlt?«, antwortete Wilm. Friedrich warf einen stolzen Blick auf ihn und griff in schweigender Majestät zum Fidelbogen. – »Nun, nun«, sagte Hülsmeyer, »dergleichen hat man schon erlebt. Du weißt wohl, der Franz Ebel hatte auch eine schöne Uhr, bis der Jude Aaron sie ihm wieder abnahm.« Friedrich antwortete nicht, sondern winkte stolz der ersten Violine, und sie begannen aus Leibeskräften zu streichen.

Die Gutsherrschaft war indessen in die Kammer getreten, wo der Braut von den Nachbarfrauen das Zeichen ihres neuen Standes, die weiße Stirnbinde, umgelegt wurde. Das junge Blut weinte sehr, teils weil es die Sitte so wollte, teils aus wahrer Beklemmung. Sie sollte einem verworrenen Haushalt vorstehen, unter den Augen eines mürrischen alten Mannes, den sie noch obendrein lieben sollte. Er stand neben ihr, durchaus nicht wie der Bräutigam des Hohen Liedes, der »in die Kammer tritt wie die Morgensonne.« – »Du hast nun genug geweint«, sagte er verdrießlich; »bedenk, du bist es nicht, die mich glücklich macht, ich mache dich glücklich!« – Sie sah demütig zu ihm auf und schien zu fühlen, dass er recht habe. – Das

Geschäft war beendigt; die junge Frau hatte ihrem Manne zugetrunken, junge Spaßvögel hatten durch den Dreifuß geschaut, ob die Binde gerade sitze, und man drängte sich wieder der Tenne zu, von wo unauslöschliches Gelächter und Lärm herüberschallte. Friedrich war nicht mehr dort. Eine große, unerträgliche Schmach hatte ihn getroffen, da der Jude Aaron, ein Schlächter und gelegentlicher Althändler aus dem nächsten Städtchen, plötzlich erschienen war, und nach einem kurzen, unbefriedigenden Zwiegespräch ihn laut vor allen Leuten um den Betrag von zehn Talern für eine schon um Ostern gelieferte Uhr gemahnt hatte. Friedrich war wie vernichtet fortgegangen und der Jude ihm gefolgt, immer schreiend: »O weh mir! Warum hab' ich nicht gehört auf vernünftige Leute! Haben sie mir nicht hundertmal gesagt, Ihr hättet all Eur Gut am Leibe und kein Brot im Schranke!« – Die Tenne tobte von Gelächter; manche hatten sich auf den Hof nachgedrängt. – »Packt den Juden! Wiegt ihn gegen ein Schwein!«, riefen einige; andere waren ernst geworden. – »Der Friedrich sah so blass aus wie ein Tuch«, sagte eine alte Frau, und die Menge teilte sich, wie der Wagen des Gutsherrn in den Hof lenkte.

Herr von S. war auf dem Heimwege verstimmt, die jedesmalige Folge, wenn der Wunsch, seine Popularität aufrechtzuerhalten, ihn bewog, solchen Festen beizuwohnen. Er sah schweigend aus dem Wagen. »Was sind denn das für ein paar Figuren?« – Er deutete auf zwei dunkle Gestalten, die vor dem Wagen rannten wie Strauße. Nun schlüpften sie ins Schloss. – »Auch ein paar selige Schweine aus unserm eigenen Stall!«, seufzte Herr von S. Zu Hause angekommen, fand er die Hausflur vom ganzen Dienstpersonal eingenommen, das zwei Kleinknechte umstand, welche sich blass und atemlos auf der Stiege niedergelassen hatten. Sie behaupteten, von des alten Mergels Geist verfolgt worden zu sein, als sie durchs Brederholz heimkehrten. Zuerst hatte es über ihnen an der Höhe gerauscht und geknistert; darauf hoch in der Luft ein Geklapper wie von aneinandergeschlagenen Stöcken; plötzlich ein gellender Schrei und ganz deutlich die Worte: »O weh, meine arme Seele!« hoch von oben herab. Der eine wollte auch glühende Augen durch die Zweige funkeln gesehen haben, und beide waren gelaufen, was ihre Beine vermochten.

»Dummes Zeug!«, sagte der Gutsherr verdrießlich und trat in die Kammer, sich umzukleiden. Am andern Morgen wollte die Fontäne im Garten nicht springen, und es fand sich, dass jemand eine Röhre verrückt hatte, augenscheinlich um nach dem Kopfe eines vor vielen Jahren hier verscharrten Pferdegerippes zu suchen, der für ein bewährtes Mittel wider allen Hexen- und Geisterspuk gilt. »Hm«, sagte der Gutsherr, »was die Schelme nicht stehlen, das verderben die Narren.«

Drei Tage später tobte ein furchtbarer Sturm. Es war Mitternacht, aber alles im Schlosse außer dem Bett. Der Gutsherr stand am Fenster und sah besorgt ins Dunkle, nach seinen Feldern hinüber. An den Scheiben flogen Blätter und Zweige her; mitunter fuhr ein Ziegel hinab und schmetterte auf das Pflaster des Hofes. – »Furchtbares Wetter!«, sagte Herr von S. Seine Frau sah ängstlich aus. »Ist das Feuer auch gewiss gut verwahrt?«, sagte sie; »Gretchen, sieh noch einmal nach, gieß es lieber ganz aus! – Kommt, wir wollen das Evangelium Johannis beten.« Alles kniete nieder und die Hausfrau begann: »Im Anfang war das Wort und das Wort war bei Gott und Gott war das Wort.« Ein furchtbarer Donnerschlag. Alle fuhren zusammen; dann furchtbares Geschrei und Getümmel die Treppe heran. – »Um Gottes willen! Brennt es?«, rief Frau von S. und sank mit dem Gesichte auf den Stuhl. Die Türe ward aufgerissen und herein stürzte die Frau des Juden Aaron, bleich wie der Tod, das Haar wild um den Kopf, von Regen triefend. Sie warf sich vor dem Gutsherrn auf die Knie. »Gerechtigkeit!«, rief sie, »Gerechtigkeit! Mein Mann ist erschlagen!«, und sank ohnmächtig zusammen.

Es war nur zu wahr, und die nachfolgende Untersuchung bewies, dass der Jude Aaron durch einen Schlag an die Schläfe mit einem stumpfen Instrumente, wahrscheinlich einem Stabe, sein Leben verloren hatte, durch einen einzigen Schlag. An der linken Schläfe war der blaue Fleck, sonst keine Verletzung zu finden. Die Aussagen der Jüdin und ihres Knechtes Samuel lauteten so: Aaron war vor drei Tagen am Nachmittage ausgegangen, um Vieh zu kaufen, und hatte dabei gesagt, er werde wohl über Nacht ausbleiben, da noch einige böse Schuldner in B. und S. zu mahnen seien. In diesem Falle werde er in B. beim Schlächter Salomon übernachten. Als er am folgenden

Tage nicht heimkehrte, war seine Frau sehr besorgt geworden und hatte sich endlich heute um drei nachmittags in Begleitung ihres Knechtes und des großen Schlächterhundes auf den Weg gemacht. Beim Juden Salomon wusste man nichts von Aaron; er war gar nicht da gewesen. Nun waren sie zu allen Bauern gegangen, von denen sie wussten, dass Aaron einen Handel mit ihnen im Auge hatte. Nur zwei hatten ihn gesehen, und zwar an demselben Tage, an welchem er ausgegangen. Es war darüber sehr spät geworden. Die große Angst trieb das Weib nach Haus, wo sie ihren Mann wiederzufinden eine schwache Hoffnung nährte. So waren sie im Brederholz vom Gewitter überfallen worden und hatten unter einer großen, am Berghange stehenden Buche Schutz gesucht; der Hund hatte unterdessen auf eine auffallende Weise umhergestöbert und sich endlich, trotz allem Locken, im Walde verlaufen. Mit einem Male sieht die Frau beim Leuchten des Blitzes etwas Weißes neben sich im Moose. Es ist der Stab ihres Mannes, und fast im selben Augenblicke bricht der Hund durchs Gebüsch und trägt etwas im Maule: Es ist der Schuh ihres Mannes. Nicht lange, so ist in einem mit dürrem Laube gefüllten Graben der Leichnam des Juden gefunden. – Dies war die Angabe des Knechtes, von der Frau nur im Allgemeinen unterstützt; ihre übergroße Spannung hatte nachgelassen und sie schien jetzt halb verwirrt oder vielmehr stumpfsinnig. – »Aug' um Auge, Zahn um Zahn!«, dies waren die einzigen Worte, die sie zuweilen hervorstieß.

In derselben Nacht noch wurden die Schützen aufgeboten, um Friedrich zu verhaften. Der Anklage bedurfte es nicht, da Herr von S. selbst Zeuge eines Auftritts gewesen war, der den dringendsten Verdacht auf ihn werfen musste; zudem die Gespenstergeschichte von jenem Abende, das Aneinanderschlagen der Stäbe im Brederholz, der Schrei aus der Höhe. Da der Amtsschreiber gerade abwesend war, so betrieb Herr von S. selbst alles rascher, als sonst geschehen wäre. Dennoch begann die Dämmerung bereits anzubrechen, bevor die Schützen so geräuschlos wie möglich das Haus der armen Margreth umstellt hatten. Der Gutsherr selber pochte an; es währte kaum eine Minute, bis geöffnet ward und Margreth völlig gekleidet in der Türe erschien. Herr von S. fuhr zurück; er hätte sie fast nicht erkannt, so blass und steinern sah sie aus.

»Wo ist Friedrich?«, fragte er mit unsicherer Stimme. – »Sucht ihn«, antwortete sie und setzte sich auf einen Stuhl. Der Gutsherr zögerte noch einen Augenblick. »Herein, herein!«, sagte er dann barsch; »worauf warten wir?« Man trat in Friedrichs Kammer. Er war nicht da, aber das Bett noch warm. Man stieg auf den Söller, in den Keller, stieß ins Stroh, schaute hinter jedes Fass, sogar in den Backofen; er war nicht da. Einige gingen in den Garten, sahen hinter den Zaun und in die Apfelbäume hinauf; er war nicht zu finden. – »Entwischt!«, sagte der Gutsherr mit sehr gemischten Gefühlen: Der Anblick der alten Frau wirkte gewaltig auf ihn. »Gebt den Schlüssel zu jenem Koffer.« – Margreth antwortete nicht. – »Gebt den Schlüssel!«, wiederholte der Gutsherr, und merkte jetzt erst, dass der Schlüssel steckte. Der Inhalt des Koffers kam zum Vorschein: des Entflohenen gute Sonntagskleider und seiner Mutter ärmlicher Staat; dann zwei Leichenhemden mit schwarzen Bändern, das eine für einen Mann, das andere für eine Frau gemacht. Herr von S. war tief erschüttert. Ganz zuunterst auf dem Boden des Koffers lag die silberne Uhr und einige Schriften von sehr leserlicher Hand, eine derselben von einem Manne unterzeichnet, den man in starkem Verdacht der Verbindung mit den Holzfrevlern hatte. Herr von S. nahm sie mit zur Durchsicht, und man verließ das Haus, ohne dass Margreth ein anderes Lebenszeichen von sich gegeben hätte, als dass sie unaufhörlich die Lippen nagte und mit den Augen zwinkerte.

Im Schlosse angelangt, fand der Gutsherr den Amtsschreiber, der schon am vorigen Abend heimgekommen war und behauptete, die ganze Geschichte verschlafen zu haben, da der gnädige Herr nicht nach ihm geschickt. – »Sie kommen immer zu spät«, sagte Herr von S. verdrießlich. »War denn nicht irgendein altes Weib im Dorfe, das Ihrer Magd die Sache erzählte? Und warum weckte man Sie dann nicht?« – »Gnädiger Herr«, versetzte Kapp, »allerdings hat meine Anne Marie den Handel um eine Stunde früher erfahren als ich; aber sie wusste, dass Ihre Gnaden die Sache selbst leiteten, und dann«, fügte er mit klagender Miene hinzu, »dass ich so todmüde war.« – »Schöne Polizei!«, murmelte der Gutsherr, »jede alte Schachtel im Dorf weiß Bescheid, wenn es recht geheim zugehen soll.« Dann fuhr er heftig fort: »Das müsste wahrhaftig ein dummer Teufel von Delinquenten sein, der sich packen ließe!«

Beide schwiegen eine Weile. – »Mein Fuhrmann hatte sich in der Nacht verirrt«, hob der Amtsschreiber wieder an; »über eine Stunde lang hielten wir im Walde; es war ein Mordwetter; ich dachte, der Wind werde den Wagen umreißen. Endlich, als der Regen nachließ, fahren wir in Gottes Namen darauf los, immer in das Zellerfeld hinein, ohne eine Hand vor den Augen zu sehen. Da sagte der Kutscher: Wenn wir nur nicht den Steinbrüchen zu nahe kommen! Mir war selbst bange; ich ließ halten und schlug Feuer, um wenigstens etwas Unterhaltung an meiner Pfeife zu haben. Mit einem Male hörten wir ganz nah, perpendikulär unter uns die Glocke schlagen. Ew. Gnaden mögen glauben, dass mir fatal zumut wurde. Ich sprang aus dem Wagen, denn seinen eigenen Beinen kann man trauen, aber denen der Pferde nicht. So stand ich, in Kot und Regen, ohne mich zu rühren, bis es gottlob sehr bald anfing zu dämmern. Und wo hielten wir? Dicht an der Heerser Tiefe und den Turm von Heerse gerade unter uns. Wären wir noch zwanzig Schritt weiter gefahren, wir wären alle Kinder des Todes gewesen.« – »Das war in der Tat kein Spaß«, versetzte der Gutsherr, halb versöhnt.

Er hatte unterdessen die mitgenommenen Papiere durchgesehen. Es waren Mahnbriefe um geliehene Gelder, die meisten von Wucherern. – »Ich hätte nicht gedacht«, murmelte er, »dass die Mergels so tief drinsteckten.« – »Ja, und dass es so an den Tag kommen muss«, versetzte Kapp; »das wird kein kleiner Ärger für Frau Margreth sein.« – »Ach Gott, die denkt jetzt daran nicht!« – Mit diesen Worten stand der Gutsherr auf und verließ das Zimmer, um mit Herrn Kapp die gerichtliche Leichenschau vorzunehmen. – Die Untersuchung war kurz, gewaltsamer Tod erwiesen, der vermutliche Täter entflohen, die Anzeigen gegen ihn zwar gravierend, doch ohne persönliches Geständnis nicht beweisend, seine Flucht allerdings sehr verdächtig. So musste die gerichtliche Verhandlung ohne genügenden Erfolg geschlossen werden.

Die Juden der Umgegend hatten großen Anteil gezeigt. Das Haus der Witwe ward nie leer von Jammernden und Ratenden. Seit Menschengedenken waren nicht so viel Juden beisammen in L. gesehen worden. Durch den Mord ihres Glaubensgenossen aufs Äußerste erbittert, hatten sie weder

Mühe noch Geld gespart, dem Täter auf die Spur zu kommen. Man weiß sogar, dass einer derselben, gemeinhin der Wucherjoel genannt, einem seiner Kunden, der ihm mehrere Hunderte schuldete und den er für einen besonders listigen Kerl hielt, Erlass der ganzen Summe angeboten hatte, falls er ihm zur Verhaftung des Mergel verhelfen wolle; denn der Glaube war allgemein unter den Juden, dass der Täter nur mit guter Beihülfe entwischt und wahrscheinlich noch in der Umgegend sei. Als dennoch alles nichts half und die gerichtliche Verhandlung für beendet erklärt worden war, erschien am nächsten Morgen eine Anzahl der angesehensten Israeliten im Schlosse, um dem gnädigen Herrn einen Handel anzutragen. Der Gegenstand war die Buche, unter der Aarons Stab gefunden und wo der Mord wahrscheinlich verübt worden war. – »Wollt ihr sie fällen? So mitten im vollen Laube?«, fragte der Gutsherr. – »Nein, Ihro Gnaden, sie muss stehen bleiben im Winter und Sommer, solange ein Span daran ist.« – »Aber wenn ich nun den Wald hauen lasse, so schadet es dem jungen Aufschlag.« – »Wollen wir sie doch nicht um gewöhnlichen Preis.« – Sie boten 200 Taler. Der Handel ward geschlossen und allen Förstern streng eingeschärft, die Judenbuche auf keine Weise zu schädigen. Darauf sah man an einem Abende wohl gegen sechzig Juden, ihren Rabbiner an der Spitze, in das Brederholz ziehen, alle schweigend und mit gesenkten Augen. Sie blieben über eine Stunde im Walde und kehrten dann ebenso ernst und feierlich zurück, durch das Dorf B. bis in das Zellerfeld, wo sie sich zerstreuten und jeder seines Weges ging. Am nächsten Morgen stand an der Buche mit dem Beil eingehauen:

אם תעבור במקום הזה יפגע בך כאשר אתה עשית לי

Und wo war Friedrich? Ohne Zweifel fort, weit genug, um die kurzen Arme einer so schwachen Polizei nicht mehr fürchten zu dürfen. Er war bald verschollen, vergessen. Ohm Simon redete selten von ihm, und dann schlecht; die Judenfrau tröstete sich am Ende und nahm einen andern Mann. Nur die arme Margreth blieb ungetröstet.

Etwa ein halbes Jahr nachher las der Gutsherr einige eben erhaltene Briefe in Gegenwart des Amtsschreibers. – »Sonderbar, sonderbar!«, sagte er. »Denken Sie sich, Kapp, der Mergel ist vielleicht unschuldig an dem Morde. Soeben schreibt mir der Präsident des Gerichtes zu P.: ›Le vrai n'est pas toujours vraisemblable; das erfahre ich oft in meinem Berufe und jetzt neuerdings. Wissen Sie wohl, dass Ihr lieber Getreuer, Friedrich Mergel, den Juden mag ebenso wenig erschlagen haben, als ich oder Sie? Leider fehlen die Beweise, aber die Wahrscheinlichkeit ist groß. Ein Mitglied der Schlemmingschen Bande (die wir jetzt, nebenbei gesagt, größtenteils unter Schloss und Riegel haben), Lumpenmoises genannt, hat im letzten Verhöre ausgesagt, dass ihn nichts so sehr gereue, als der Mord eines Glaubensgenossen, Aaron, den er im Walde erschlagen und doch nur sechs Groschen bei ihm gefunden habe. Leider ward das Verhör durch die Mittagsstunde unterbrochen, und während wir tafelten, hat sich der Hund von einem Juden an seinem Strumpfband erhängt. Was sagen Sie dazu? Aaron ist zwar ein verbreiteter Name usw.‹ – Was sagen Sie dazu?«, wiederholte der Gutsherr; »und weshalb wäre der Esel von einem Burschen denn gelaufen?« – Der Amtsschreiber dachte nach. – »Nun, vielleicht der Holzfrevel wegen, mit denen wir ja gerade in Untersuchung waren. Heißt es nicht: Der Böse läuft vor seinem eigenen Schatten? Mergels Gewissen war schmutzig genug auch ohne diesen Flecken.«

Dabei beruhigte man sich. Friedrich war hin, verschwunden und – Johannes Niemand, der arme, unbeachtete Johannes, am gleichen Tage mit ihm.

Eine schöne, lange Zeit war verflossen, achtundzwanzig Jahre, fast die Hälfte eines Menschenlebens; der Gutsherr war sehr alt und grau geworden, sein gutmütiger Gehülfe Kapp längst begraben. Menschen, Tiere und Pflanzen waren entstanden, gereift, vergangen, nur Schloss B. sah immer gleich grau und vornehm auf die Hütten herab, die wie alte hektische Leute immer fallen zu wollen schienen und immer standen. Es war am Vorabende des Weihnachtfestes, den 24sten Dezember 1788. Tiefer Schnee lag in den Hohlwegen, wohl an zwölf Fuß hoch, und eine durchdringende Frostluft machte die Fensterscheiben in der geheizten Stube gefrieren. Mitternacht war nahe, dennoch flimmerten überall matte Lichtchen aus den Schneehügeln, und in jedem Hause lagen die Einwohner auf den Knien, um den Eintritt des heiligen Christfestes mit Gebet zu erwarten, wie dies in katholischen Ländern Sitte ist, oder wenigstens damals allgemein war. Da bewegte sich von der Breder Höhe herab eine Gestalt langsam gegen das Dorf; der Wanderer schien sehr matt oder krank; er stöhnte schwer und schleppte sich äußerst mühsam durch den Schnee.

An der Mitte des Hanges stand er still, lehnte sich auf seinen Krückenstab und starrte unverwandt auf die Lichtpunkte. Es war so still überall, so tot und kalt; man musste an Irrlichter auf Kirchhöfen denken. Nun schlug es zwölf im Turm; der letzte Schlag verdröhnte langsam und im nächsten Hause erhob sich ein leiser Gesang, der, von Hause zu Hause schwellend, sich über das ganze Dorf zog:

Ein Kindelein so löbelich
Ist uns geboren heute,
Von einer Jungfrau säuberlich,
Des freun sich alle Leute;
Und wär' das Kindelein nicht geborn,
So wären wir alle zusammen verlorn:
Das Heil ist unser aller.
O du mein liebster Jesu Christ,
Der du als Mensch geboren bist,
Erlös uns von der Hölle!

Der Mann am Hange war in die Knie gesunken und versuchte mit zitternder Stimme einzufallen; es ward nur ein lautes Schluchzen daraus, und schwere, heiße Tropfen fielen in den Schnee. Die zweite Strophe begann; er betete leise mit; dann die dritte und vierte. Das Lied war geendigt und die Lichter in den Häusern begannen sich zu bewegen. Da richtete der Mann sich mühselig auf und schlich langsam hinab in das Dorf. An mehreren Häusern keuchte er vorüber, dann stand er vor einem still und pochte leise an.

»Was ist denn das?«, sagte drinnen eine Frauenstimme; »die Türe klappert und der Wind geht doch nicht.« – Er pochte stärker: »Um Gottes willen, lasst einen halberfrorenen Menschen ein, der aus der türkischen Sklaverei kommt!« – Geflüster in der Küche. »Geht ins Wirtshaus«, antwortete eine andere Stimme, »das fünfte Haus von hier!« – »Um Gottes Barmherzigkeit willen, lasst mich ein! Ich habe kein Geld.« – Nach einigem Zögern ward die Tür geöffnet und ein Mann leuchtete mit der Lampe hinaus. – »Kommt nur herein!«, sagte er dann, »Ihr werdet uns den Hals nicht abschneiden.«

In der Küche befanden sich außer dem Manne eine Frau in den mittlern Jahren, eine alte Mutter und fünf Kinder. Alle drängten sich um den Eintretenden her und musterten ihn mit scheuer Neugier. Eine armselige Figur! Mit schiefem Halse, gekrümmtem Rücken, die ganze Gestalt gebrochen und kraftlos; langes, schneeweißes Haar hing um sein Gesicht, das den verzogenen Ausdruck langen Leidens trug. Die Frau ging schweigend an den Herd und legte frisches Reisig zu. – »Ein Bett können wir Euch nicht geben«, sagte sie; »aber ich will hier eine gute Streu machen; Ihr müsst Euch schon so behelfen.« – »Gott's Lohn!«, versetzte der Fremde; »ich bin's wohl schlechter gewohnt.« – Der Heimgekehrte ward als Johannes Niemand erkannt, und er selbst bestätigte, dass er derselbe sei, der einst mit Friedrich Mergel entflohen.

Das Dorf war am folgenden Tage voll von den Abenteuern des so lange Verschollenen. Jeder wollte den Mann aus der Türkei sehen, und man wunderte sich beinahe, dass er noch aussehe wie andere Menschen. Das junge Volk hatte zwar keine Erinnerungen von ihm, aber die Alten fanden seine Züge noch ganz wohl heraus, so erbärmlich entstellt er auch war. »Johannes, Johannes, was seid Ihr grau geworden!«, sagte eine alte Frau. »Und woher habt Ihr den schiefen Hals?« – »Vom Holz- und Wassertragen in der Sklaverei«, versetzte er. – »Und was ist aus Mergel geworden? Ihr seid doch zusammen fortgelaufen?« – »Freilich wohl; aber ich weiß nicht, wo er ist, wir sind voneinander gekommen. Wenn Ihr an ihn denkt, betet für ihn«, fügte er hinzu, »er wird es wohl nötig haben.«

Man fragte ihn, warum Friedrich sich denn aus dem Staube gemacht, da er den Juden doch nicht erschlagen? – »Nicht?«, sagte Johannes und horchte gespannt auf, als man ihm erzählte, was der Gutsherr geflissentlich verbreitet hatte, um den Fleck von Mergels Namen zu löschen. »Also ganz umsonst«, sagte er nachdenkend, »ganz umsonst so viel ausgestanden!« Er seufzte tief und fragte nun seinerseits nach manchem. Simon war lange tot, aber zuvor noch ganz verarmt, durch Prozesse und böse Schuldner, die er nicht gerichtlich belangen durfte, weil es, wie man sagte, zwischen ihnen keine reine Sache war. Er hatte zuletzt Bettelbrot gegessen und war in einem fremden Schuppen auf dem Stroh gestorben. Margreth hatte länger gelebt, aber in völliger Geistesdumpfheit. Die Leute im Dorf waren es bald müde geworden, ihr beizustehen, da sie alles verkommen ließ, was man ihr gab, wie es denn die Art der Menschen ist, gerade die Hülflosesten zu verlassen, solche, bei denen der Beistand nicht nachhaltig wirkt und die der Hülfe immer gleich bedürftig bleiben. Dennoch hatte sie nicht eigentlich Not gelitten; die Gutsherrschaft sorgte sehr für sie, schickte ihr täglich das Essen und ließ ihr auch ärztliche Behandlung zukommen, als ihr kümmerlicher Zustand in völlige Abzehrung übergegangen war. In ihrem Hause wohnte jetzt der Sohn des ehemaligen Schweinehirten, der an jenem unglücklichen Abende Friedrichs Uhr so sehr bewundert hatte. – »Alles hin, alles tot!«, seufzte Johannes.

Am Abend, als es dunkel geworden war und der Mond schien, sah man ihn im Schnee auf dem Kirchhofe umherhumpeln; er betete bei keinem Grabe, ging auch an keines dicht hinan, aber auf einige schien er aus der Ferne starre Blicke zu heften. So fand ihn der Förster Brandis, der Sohn des Erschlagenen, den die Gutsherrschaft abgeschickt hatte, ihn ins Schloss zu holen.

Beim Eintritt in das Wohnzimmer sah er scheu umher, wie vom Licht geblendet, und dann auf den Baron, der sehr zusammengefallen in seinem Lehnstuhl saß, aber noch immer mit den hellen Augen und dem roten Käppchen auf dem Kopfe wie vor achtundzwanzig Jahren; neben ihm die gnädige Frau, auch alt, sehr alt geworden.

»Nun, Johannes«, sagte der Gutsherr, »erzähl mir einmal recht ordentlich von deinen Abenteuern. Aber«, er musterte ihn durch die Brille, »du bist ja erbärmlich mitgenommen in der Türkei!« Johannes begann: wie Mergel ihn nachts von der Herde abgerufen und gesagt, er müsse mit ihm fort. – »Aber warum lief der dumme Junge denn? Du weißt doch, dass er unschuldig war?« – Johannes sah vor sich nieder: »Ich weiß nicht recht, mich dünkt, es war wegen Holzgeschichten. Simon hatte so allerlei Geschäfte; mir sagte man nichts davon, aber ich glaube nicht, dass alles war, wie es sein sollte.« –

»Was hat denn Friedrich dir gesagt?« – »Nichts, als dass wir laufen müssten, sie wären hinter uns her. So liefen wir bis Heerse; da war es noch dunkel und wir versteckten uns hinter das große Kreuz am Kirchhofe, bis es etwas heller würde, weil wir uns vor den Steinbrüchen am Zellerfelde fürchteten; und wie wir eine Weile gesessen hatten, hörten wir mit einem Male über uns schnauben und stampfen und sahen lange Feuerstrahlen in der Luft gerade über dem Heerser Kirchturm. Wir sprangen auf und liefen, was wir konnten in Gottes Namen gerade aus, und wie es dämmerte, waren wir wirklich auf dem rechten Wege nach P.«

Johannes schien noch vor der Erinnerung zu schaudern, und der Gutsherr dachte an seinen seligen Kapp und dessen Abenteuer am Heerser Hange. – »Sonderbar!«, lachte er, »so nah wart ihr einander! Aber fahr fort.« – Johannes erzählte nun, wie sie glücklich durch P. und über die Grenze gekommen. Von da an hatten sie sich als wandernde Handwerksbursche durchgebettelt bis Freiburg im Breisgau. »Ich hatte meinen Brotsack bei mir«, sagte er, »und Friedrich ein Bündelchen; so glaubte man uns.« – In Freiburg hatten sie sich von den Österreichern anwerben lassen; ihn hatte man nicht gewollt, aber Friedrich bestand darauf. So kam er unter den Train. »Den Winter über blieben wir in Freiburg«, fuhr er fort, »und es ging uns ziemlich gut; mir auch, weil Friedrich mich oft erinnerte und mir half, wenn ich etwas verkehrt machte. Im Frühling mussten wir marschieren, nach Ungarn, und im Herbst ging der Krieg mit den Türken los. Ich kann nicht viel davon nachsagen, denn ich wurde gleich in der ersten Affaire gefangen und bin seitdem sechsundzwanzig Jahre in der türkischen Sklaverei gewesen!« – »Gott im Himmel! Das ist doch schrecklich!«, sagte Frau von S. – »Schlimm genug; die Türken halten uns Christen nicht besser als Hunde; das Schlimmste war, dass meine Kräfte unter der harten Arbeit vergingen; ich ward auch älter und sollte noch immer tun wie vor Jahren.«

Er schwieg eine Weile. »Ja«, sagte er dann, »es ging über Menschenkräfte und Menschengeduld; ich hielt es auch nicht aus. – Von da kam ich auf ein holländisches Schiff.« – »Wie kamst du denn dahin?«, fragte der Gutsherr. – »Sie fischten mich auf, aus dem Bosporus«, versetzte Johannes. Der Baron sah ihn befremdet an und hob den Finger warnend auf; aber Johannes erzählte weiter. Auf dem Schiffe war es ihm nicht viel besser gegangen. »Der Skorbut riss ein; wer nicht ganz elend war, musste über Macht arbeiten, und das Schiffstau regierte ebenso streng wie die türkische Peitsche. Endlich«, schloss er, »als wir nach Holland kamen, nach Amsterdam, ließ man mich frei, weil ich unbrauchbar war, und der Kaufmann, dem das Schiff gehörte, hatte auch Mitleiden mit mir und wollte mich zu seinem Pförtner machen. Aber« – er schüttelte den Kopf – »ich bettelte mich lieber durch bis hieher.« – »Das war dumm genug«, sagte der Gutsherr. – Johannes seufzte tief: »O Herr, ich habe mein Leben zwischen Türken und Ketzern zubringen müssen, soll ich nicht wenigstens auf einem katholischen Kirchhofe liegen?« Der Gutsherr hatte seine Börse gezogen: »Da, Johannes, nun geh und komm bald wieder. Du musst mir das alles noch ausführlicher erzählen; heute ging es etwas konfus durcheinander. Du bist wohl noch sehr müde?« – »Sehr müde«, versetzte Johannes; »und«, er deutete auf seine Stirn, »meine Gedanken sind zuweilen so kurios, ich kann nicht recht sagen, wie es so ist.« – »Ich weiß schon«, sagte der Baron, »von alter Zeit her. Jetzt geh. Hülsmeyers behalten dich wohl noch die Nacht über, morgen komm wieder.«

Herr von S. hatte das innigste Mitleiden mit dem armen Schelm; bis zum folgenden Tage war überlegt worden, wo man ihn einmieten könne; essen sollte er täglich im Schlosse, und für Kleidung fand sich auch wohl Rat. »Herr«, sagte Johannes, »ich kann auch noch wohl etwas tun; ich kann hölzerne Löffel machen, und Ihr könnt mich auch als Boten schicken.« Herr von S. schüttelte mitleidig den Kopf: »Das würde doch nicht sonderlich ausfallen.« – »O doch Herr, wenn ich erst im Gange bin – es geht nicht schnell, aber hin komme ich doch, und es wird mir auch nicht so sauer, wie man denken sollte.« – »Nun«, sagte der Baron zweifelnd, »willst du's versuchen? Hier ist ein Brief nach P. Es hat keine sonderliche Eile.«

Am folgenden Tage bezog Johannes sein Kämmerchen bei einer Witwe im Dorfe. Er schnitzelte Löffel, aß auf dem Schlosse und machte Botengänge für den gnädigen Herrn. Im Ganzen ging's ihm leidlich; die Herrschaft war sehr gütig, und Herr von S. unterhielt sich oft lange mit ihm über die Türkei, den österreichischen Dienst und die See. – »Der Johannes könnte viel erzählen«, sagte er zu seiner Frau, »wenn er nicht so grundeinfältig wäre.« – »Mehr tiefsinnig als einfältig«, versetzte sie; »ich fürchte immer, er schnappt noch über.« – »Ei bewahre!«, antwortete der Baron, »er war sein Leben lang ein Simpel; simple Leute werden nie verrückt.«

Nach einiger Zeit blieb Johannes auf einem Botengange über Gebühr lange aus. Die gute Frau von S. war sehr besorgt um ihn und wollte schon Leute aussenden, als man ihn die Treppe heraufstelzen hörte. – »Du bist lange ausgeblieben, Johannes«, sagte sie; »ich dachte schon, du hättest dich im Brederholz verirrt.« – »Ich bin durch den Föhrengrund gegangen.« – »Das ist ja ein weiter Umweg; warum gingst du nicht durchs Brederholz?« – Er sah trübe zu ihr auf: »Die Leute sagten mir, der Wald sei gefällt, und jetzt seien so viele Kreuz- und Querwege darin, da fürchtete ich, nicht wieder hinauszukommen. Ich werde alt und duselig«, fügte er langsam hinzu. – »Sahst du wohl«, sagte Frau von S. nachher zu ihrem Manne, »wie wunderlich und quer er aus den Augen sah? Ich sage dir, Ernst, das nimmt noch ein schlimmes Ende.«

Indessen nahte der September heran. Die Felder waren leer, das Laub begann abzufallen und mancher Hektische fühlte die Schere an seinem Lebensfaden. Auch Johannes schien unter dem Einflusse des nahen Äquinoktiums zu leiden; die ihn in diesen Tagen sahen, sagen, er habe auffallend verstört ausgesehen und unaufhörlich leise mit sich selber geredet, was er auch sonst mitunter tat, aber selten. Endlich kam er eines Abends nicht nach Hause. Man dachte, die Herrschaft habe ihn verschickt, am zweiten auch nicht, am dritten Tage ward seine Hausfrau ängstlich. Sie ging ins Schloss und fragte nach. – »Gott bewahre«, sagte der Gutsherr, »ich weiß nichts von ihm; aber geschwind den Jäger gerufen und Försters Wilhelm! Wenn der armselige Krüppel«, setzte er bewegt hinzu, »auch nur in einen trockenen Graben gefallen ist, so kann er nicht wieder heraus. Wer weiß, ob er nicht gar eines von seinen schiefen Beinen gebrochen hat! – Nehmt die Hunde mit«, rief er den abziehenden Jägern nach, »und sucht vor allem in den Gräben; seht in die Steinbrüche!«, rief er lauter.

Die Jäger kehrten nach einigen Stunden heim; sie hatten keine Spur gefunden. Herr von S. war in großer Unruhe: »Wenn ich mir denke, dass einer so liegen muss wie ein Stein, und kann sich nicht helfen! Aber er kann noch leben; drei Tage hält's ein Mensch wohl ohne Nahrung aus.« – Er machte sich selbst auf den Weg; in allen Häusern wurde nachgefragt, überall in die Hörner geblasen, gerufen, die Hunde zum Suchen angehetzt – umsonst! – Ein Kind hatte ihn gesehen, wie er am Rande des Brederholzes saß und an einem Löffel schnitzelte; »er schnitt ihn aber ganz entzwei«, sagte das kleine Mädchen. Das war vor zwei Tagen gewesen. Nachmittags fand sich wieder eine Spur: abermals ein Kind, das ihn an der andern Seite des Waldes bemerkt hatte, wo er im Gebüsch gesessen, das Gesicht auf den Knien, als ob er schliefe. Das war noch am vorigen Tage. Es schien, er hatte sich immer um das Brederholz herumgetrieben.

»Wenn nur das verdammte Buschwerk nicht so dicht wäre! Da kann keine Seele hindurch«, sagte der Gutsherr. Man trieb die Hunde in den jungen Schlag; man blies und hallote und kehrte endlich missvergnügt heim, als man sich überzeugt, dass die Tiere den ganzen Wald abgesucht hatten. – »Lasst nicht nach! Lasst nicht nach!«, bat Frau von S.; »besser ein paar Schritte umsonst, als dass etwas versäumt wird.« – Der Baron war fast ebenso beängstigt wie sie. Seine Unruhe trieb ihn sogar nach Johannes' Wohnung, obwohl er sicher war, ihn dort nicht zu finden. Er ließ sich die Kammer des Verschollenen aufschließen. Da stand sein Bett noch ungemacht, wie er es verlassen hatte; dort hing sein guter Rock, den ihm die gnädige Frau aus dem alten Jagdkleide des Herrn hatte machen lassen; auf dem Tische ein Napf, sechs neue hölzerne Löffel und eine Schachtel. Der Gutsherr öffnete sie; fünf Groschen lagen darin, sauber in Papier gewickelt, und vier silberne Westenknöpfe; der Gutsherr betrachtete sie aufmerksam. »Ein Andenken von Mergel«, murmelte er und trat hinaus, denn ihm ward ganz beengt in dem dumpfen, engen Kämmerchen. Die Nachsuchungen wurden fortgesetzt, bis man sich überzeugt hatte, Johannes sei nicht mehr in der Gegend, wenigstens nicht lebendig. So war er denn zum zweiten Mal verschwunden; ob man ihn wiederfinden würde – vielleicht einmal nach Jahren seine Knochen in einem trockenen Graben? Ihn lebend wiederzusehen, dazu war wenig Hoffnung, und jedenfalls nach achtundzwanzig Jahren gewiss nicht.

Vierzehn Tage später kehrte der junge Brandis morgens von einer Besichtigung seines Reviers durch das Brederholz heim. Es war ein für die Jahreszeit ungewöhnlich heißer Tag; die Luft zitterte, kein Vogel sang, nur die Raben krächzten langweilig aus den Ästen und hielten ihre offenen Schnäbel der Luft entgegen. Brandis war sehr ermüdet. Bald nahm er seine von der Sonne durchglühte Kappe ab, bald setzte er sie wieder auf. Es war alles gleich unerträglich, das Arbeiten durch den kniehohen Schlag sehr beschwerlich. Ringsumher kein Baum außer der Judenbuche. Dahin strebte er denn auch aus allen Kräften und ließ sich todmatt auf das beschattete Moos darunter nieder. Die Kühle zog so angenehm durch seine Glieder, dass er die Augen schloss. »Schändliche Pilze!«, murmelte er halb im Schlaf. Es gibt nämlich in jener Gegend eine Art sehr saftiger Pilze, die nur ein paar Tage stehen, dann einfallen und einen unerträglichen Geruch verbreiten. Brandis glaubte solche unangenehmen Nachbarn zu spüren, er wandte sich ein paarmal hin und her, mochte aber doch nicht aufstehen; sein Hund sprang unterdessen umher, kratzte am Stamm der Buche und bellte hinauf. – »Was hast du da, Bello? Eine Katze?«, murmelte Brandis. Er öffnete die Wimper halb und die Judenschrift fiel ihm ins Auge, sehr ausgewachsen, aber doch noch ganz kenntlich. Er schloss die Augen wieder; der Hund fuhr fort zu bellen und legte endlich seinem Herrn die kalte Schnauze ans Gesicht. – »Lass mich in Ruh'! Was hast du denn?« Hiebei sah Brandis, wie er so auf dem Rücken lag, in die Höhe, sprang dann mit einem Satze auf und wie besessen ins Gestrüpp hinein. Totenbleich kam er auf dem Schlosse an: In der Judenbuche hänge ein Mensch; er habe die Beine gerade über seinem Gesichte hängen sehen. – »Und du hast ihn nicht abgeschnitten, Esel?«, rief der Baron. – »Herr«, keuchte Brandis, »wenn Ew. Gnaden dagewesen wären, so wüssten Sie wohl, dass der Mensch nicht mehr lebt. Ich glaubte anfangs, es seien die Pilze.« Dennoch trieb der Gutsherr zur größten Eile und zog selbst mit hinaus.

Sie waren unter der Buche angelangt. »Ich sehe nichts«, sagte Herr von S. – »Hierher müssen Sie treten, hierher, an diese Stelle!« – Wirklich, dem war so: Der Gutsherr erkannte seine eigenen abgetragenen Schuhe. – »Gott, es ist Johannes! – Setzt die Leiter an! – So – nun herunter! – Sacht, sacht! Lasst ihn nicht fallen! – Lieber Himmel, die Würmer sind schon daran! Macht dennoch die Schlinge auf und die Halsbinde.« – Eine breite

Narbe ward sichtbar; der Gutsherr fuhr zurück. – »Mein Gott!«, sagte er; er beugte sich wieder über die Leiche, betrachtete die Narbe mit großer Aufmerksamkeit und schwieg eine Weile in tiefer Erschütterung. Dann wandte er sich zu den Förstern: »Es ist nicht recht, dass der Unschuldige für den Schuldigen leide; sagt es nur allen Leuten: der da« – er deutete auf den Toten – »war Friedrich Mergel.« – Die Leiche ward auf dem Schindanger verscharrt.

Dies hat sich nach allen Hauptumständen wirklich so begeben im September des Jahrs 1788. – Die hebräische Schrift an dem Baume heißt:

»Wenn du dich diesem Orte nahest, so wird es dir ergehen, wie du mir getan hast.«

BEI UNS ZULANDE AUF DEM LANDE

Nach der Handschrift eines Edelmannes aus der Lausitz

Einleitung des Herausgebers

Ich bin ein Westfale, und zwar ein Stockwestfale, nämlich ein Münsterländer, – Gott sei Dank! füge ich hinzu und denke gut genug von jedem Fremden, wer er auch sei, um ihm zuzutrauen, dass er gleich mir den Boden, wo »seine Lebenden wandeln und seine Toten ruhen«, mit keinem andern auf Erden vertauschen würde, obwohl seit etwa zwei Jahrzehnten, d. h. seit der Dampf sein Bestes tut, das Landeskind in einen Weltbürger umzublasen, die Furcht, beschränkt und eingerostet zu erscheinen, es fast zur Sitte gemacht hat, die Schwächen der Alma Mater, welche man sonst Vaterland nannte und bald nur als den zufälligen Ort der Geburt bezeichnen wird, mit möglichst schonungsloser Hand aufzudecken und so einen glänzenden Beweis seiner Vielseitigkeit zu geben. Es ist bekanntlich ja unendlich trostloser, für albern als für schlimm zu gelten. Möge die zivilisierte Welt also getröstet sein, denn ihre Fortschritte zu der alles nivellierenden Unbefangenheit der wandernden Schauspieler, Scherenschleifer und vazierenden Musikanten sind schnell und unwidersprechlich. – Dennoch bleiben Erbübel immer schwer auszurotten, und ich glaube bemerkt zu haben, dass, sobald man auf die Redeweisen dieser grandiosen Parteilosen fein kräftig eingeht und etwa hier und dort noch den rechten Drücker aufsetzt, sie geradeso vergnügt lächeln als ein Bauer, der Zahnweh hat.

Gott besser's, sage ich und überlasse die beliebige Auslegung jedem. – Was mich anbelangt, so bin ich, wie gesagt, ein Mensch nullius iudicii, nämlich ein Münsterländer, sonst guter Leute Kind, habe studiert in Bonn, in Heidelberg, auch auf einer Ferienreise vom Rigi geschaut und die Welt nicht nur weitläufig, sondern sogar überaus schön gefunden – ein in der Tat wunderbar köstlicher Moment, und für den armen Studenten, der um jeden zu diesem Zwecke heimgelegten Taler irgendeine andere Freude hat totschlagen müssen, ein tief, fast heilig bewegender – dennoch nichts gegen das erste Knistern des

Heidekrauts unter den Rädern, nichts gegen das mutwillige Andringen der ersten Blütenstaubwolke, die die erste Nusshecke uns in den Wagen wirbelte, nach drei langen auswärts verlebten Jahren. Da habe ich mich mal weit aus dem Schlage gelehnt und mich gelb einpudern lassen, wie ein Römer aus den Zeiten Augusts, und so wie berauscht die erstickenden Küsse meiner Heimat eingesogen. Dann kamen meine klaren, stillen Weiher mit den gelben Wasserlilien, meine Schwärme von Libellen, die wie glänzende Zäpfchen sich überall anhängen, meine blauen, goldenen, getigerten Schmetterlinge, die wie flatternde Miniaturen aufstiegen. Wie gern wäre ich ausgestiegen und ein Weilchen nebenhergetrabt, aber es kam mir vor, als müsste ich mich schämen vor den Leuten im Schnellwagen und vor allen machte mir ein bleicher, winddürrer Herr not, der ganz aussah wie ein Genie, was auf Menschenkenntnis reist, denn ich bin ehrlicher Leute Kind und möchte nicht gern als empfindsame Heidschnucke in einem Journale figurieren. Deshalb will ich denn auch hier abbrechen und nur noch sagen, dass ich seit zwölf Jahren wieder bei uns zulande bin und mein friedliches Brot habe, als Rentmeister meines guten gnädigen Herrn, der keine Schwalbe an seinem Dache belästigen mag, wie viel weniger seine Leute überladet, sodass ich meine Arbeit in der Tat ganz wohl zwingen kann und um vieles an gutem, ich meine gesundem Aussehen gewonnen habe, sonderlich in den letzten fünf Jahren, seit ich das obere Turmzimmer bewohne, was das gesundeste im Hause ist und mir noch allerlei kleine Ergötzlichkeiten, als aus dem Fenster zu angeln und die Reiher über dem Schlossweiher wegzuschießen, bietet. – Die Zeitungen werden mir auch gebracht, wenn der Herr sie gelesen, und die Bücher aus der Leihbibliothek; so füllt sich mein Überschuss an Zeit ganz behaglich aus, und ich bleibe hinlänglich in Rapport mit der politischen und belletristischen Außenwelt. – Sehr wunderlich war mir zumute, als ich vor etwa zehn Jahren zum ersten Mal mein gutes Ländchen in van der Veldens Roman unverhofft begegnete, es war mir fast, als sei ich nun ein Lion geworden und könne fortan nicht mehr in meinem ordinären Rocke ausgehen. In den letzten Jahren habe ich mich indessen dagegen verhärtet, seit wir Westfalen in der Literatur wie Ameisen umherwimmeln. Ich will nichts gegen diese Schriften sagen, da ich wohl weiß, wie es mir ergehen würde, wenn ich z. B. einen Russen oder Kalmücken in die Szene setzen sollte, aber so viel ist gewiss, dass ich in den Figuren, die dort unsere Straßen durchwandeln, höchstens meine Nebenmenschen erkannt habe. Mir fiel dabei ein, wie ich in den Gymnasialjahren bei einer stillen honetten Familie wohnte, wo jeden Abend Walter Scotts Romane, einer nach dem andern, andächtig vorgenommen wurden; mein Wirt war Forstmann, sein Bruder Militär, und seiner Frauen Bruder, der sich pünktlich um sieben mit der langen Pfeife und einem starken Salbenduft einstellte, Wundarzt – Gott, wie haben wir uns an dem Schottländer ergötzt, aber nur ich ganz rein, weil ich von allem, was er verhandelte, eben kaum oberflächliche Kenntnisse hatte, die andern hingegen fanden alles unübertrefflich, bis auf die gräulichen Schnitzer in jedes eignem Fach, und lagen sich oft in den Haaren, dass sie im Eifer das Licht ausdampften und mir in Rauch und Angst der Atem ausging, denn mein Held lag derweil hart verwundet am Boden, und mir war, als müsse er sich verbluten, oder er hing über einem schaudernden Abgrund, und mir war, als sähe ich ein Steinchen nach dem andern unter seinen Füßen wegbröckeln; daraus habe ich mir denn den Schluss gezogen, nicht damals, sondern nachträglich, dass man sowohl aus Billigkeit als um sich nicht unnötig zu verstimmen, zuweilen eine Krähe für einen Raben muss gelten lassen, und es ist nicht zu genau zu nehmen mit Leuten, die vielleicht aus Not als gute Familienväter sich mit Gegenständen befasst haben, zu deren Durchdringen ihnen nun einmal die Gelegenheit nicht ist gegeben worden. Dennoch war es mir, sooft ich las, als rufe alles Totgeschlagene um Hülfe und fordere sein Leben von mir. Ich hatte seitdem keine Ruhe, weniger vor dem, was besteht, als vor dem, was für immer hin ist. Alte, nebelhafte Erinnerungen aus meinen frühsten Jahren tauchten auf, glitten mir tages über die Rechnungen und kamen nachts in einer lebendigen Verkörperung wieder; ich war wieder ein Kind und kniete neugierig und andächtig auf dem grünen Stiftsanger, während die Prozession an mir vorüberzog, die Kirchenfahnen, die breite Sodalitätsfahne; ich sah genau die seit dreißig Jahren vergessenen Zieraten des Reliquienkastens, und Fräulein, die ich schon so lange als alt und verkümmert kannte, dass es mir war, als könnten sie nie jung und selbständig gewesen sein, traten in ihrer weißen Ordenstracht so stattlich und sittsam hinter dem hochwürdigen Gute her, wie es christlichen Herrschaften geziemt. Seltsam genug war in diesen Träumen auch alle Scheu und Beschränktheit eines Kindes wieder über mich gekommen; ich fürchtete mich etwas weniges vor den Bärten der Kapuziner, nahm nur zögernd und doch begierig das Heiligenbild, was sie mir mit resolutem Nicken aus ihren Ärmel hervorsuchten, sah verstört hinter mich, wenn meine Tritte in den Kreuzgängen widerhallten, und horchte mit offenem Munde auf die eintönigen Responsorien der Domherren, die aus dem geschlossenen Chore mir wie eine Wirkung ohne Ursache hervorzudröhnen schienen. Wachte ich dann auf, so war mir zumute wie einem Geplünderten, verarmt und tiefbetrübt, dass alles dieses und auch so viel anderes Landesgetreue, was so reich und wahrhaftig gelebt, fortan kein anderes Dasein haben sollte als in dem Gedächtnisse weniger Alternder, die auch nach und nach abfallen wie das Laub vom Baume, bis der kalte Zugwind der Ereignisse auch kein Blatt mehr zu verwehen findet. Träumen macht närrisch, pflegt man zu sagen; mich hat es närrisch genug gemacht (soll ich's gestehen? Und warum nicht, irren ist kein Schade). An einem schönen Tage, wo blöder Sonnenschein mir gute Courage machte, schnitt ich entschlossen ein Dutzend Federn, nahm mich gewissermaßen selber bei den Ohren und dachte: Schreib auf, was du weißt, wäre es auch nur für die Kinder des Herrn, Karl und Klärchen – besser ein halbes Ei als eine leere Schale; angefangen habe ich denn auch, aber wenn ich sagte, es sei gut geworden, so hätte ich mich selber zum Narren. Solange ich schrieb, kam es mir schon leidlich vor, und ich hatte mitunter Freude an eignen netten Einfällen und, wie mich dünkte, ganz poetischen Gedanken, aber wenn ich es mir nun vor anderer Augen oder gar gedruckt dachte, dann schoss es mit einem Male zum Herzen, als sei ich doch ganz und gar kein Genie und, obwohl gleichsam mit der Feder hinterm Ohre geboren, doch wohl nur, um Register zu führen und Rechnungen auszuschreiben. In meinem Leben habe ich mich nicht so geschämt, als wenn ich dann, wie dies ein paarmal geschah, die Tischglocke überhörte und der Bediente mich überraschte, der, gottlob, kein Geschriebenes lesen kann. Aller Augen sahen auf mich, ich schluckte meine Suppe nachträglich hinunter wie ein Reiher, und es war mir, als ob alle mit dem Finger auf mich wiesen, die doch nichts von meiner Heimlichkeit wussten, sonderlich die beiden Kinder. Bei Gott! es muss ein angstvolles Metier sein, das Schriftstellern, und ich gönne es keinem Hunde. – Darum bin ich auch so herzlich froh, dass ich dieses Manuskript gefunden, was alles und weit mehr enthält, als ich zu sagen gewusst hätte, dabei in einem netten Stile, wie er mir schwerlich würde gelungen sein. Das Heft lag im Archive unter dem Lagerbuche, und ich habe dies wohl hundertmal daran hinein- und hinausgeschoben, ohne es je zu beachten, aber an jenem Tage – morgen werden es drei Wochen her sein – polterte es einem Bündel Papiere nach auf den Boden, und eine glückliche Neugier trieb mich an hineinzusehen. Der Verfasser ist ein Edelmann aus der Lausitz, Lehnsvetter einer angesehenen, seit zwanzig Jahren erloschenen Familie, deren Güter meinem Herrn zugekommen sind – das Hauptgut als Allodium durch Erbschaft, da des Herrn Mutter eine Tochter jenes Hauses war, die geringern Besitzungen durch Kauf vom Bruder dieses Lausitzers im Zeitpunkt der Aufhebung des Lehnsrechts durch Napoleon. Wie das Manuskript hierhergekommen, weiß ich nicht, und der Herr, dem ich's vorgelegt, wusste ebenfalls nichts darüber; vielleicht hat es mein Vorgänger im Amte, der aufgeweckten, wissbegierigen Geistes gewesen sein soll, von einer seiner Inspektionsreisen mitgebracht. Es lagen noch zwei vergilbte Briefe darin, woraus erhellt, dass jener Edelmann unerwartet abreisen musste, weil sein Bruder am Nervenfieber schwer erkrankt war, dass er, in der Heimat angekommen, über der Pflege desselben gleichfalls erkrankte und starb, während der andere aufkam; so mag er wohl sein Manuskript in der Angst und Eil' vergessen haben. Er scheint ein munterer und wohlmeinender Mann gewesen zu sein, billig genug für einen Ausländer, mit der so seltenen Gabe, eine fremde Nationalität rein aufzufassen, freilich nur halb fremd, denn das westfälische Blut dringt noch bis ins hundertste Glied, und ich würde bedauern, dass er so früh sterben musste, wenn ich nicht bedächte, dass er jetzt doch schwerlich noch im Leben sein könnte – sechsundfünfzig Jahre sind eine lange Zeit, wenn man schon vorher in den Dreißigen war. – Die angesehene und fromme Familie, bei der er den einen Sommer zugebracht, hat auch, man möchte sagen, unzeitig verlöschen müssen: zuerst der alte Herr, der sich beim Botanisieren erkältete und, so glatt und wohlerhalten für seine Jahre er aussah, sich doch als sehr schwach erwies, denn er schwand hin an der leichten Erkältung wie ein Hauch; dann der junge Herr Baron, den man bis zu seiner Majorennität auf Reisen schickte, und der in Wien ein trauriges, vorzeitiges Ende fand, im Duell, um einer eingebildeten Beleidigung willen, die das freundliche Gemüt des jungen Mannes nicht beabsichtigte; Fräulein Sophie starb ihnen bald nach, sie war nie recht gesund gewesen und diese beiden Stöße zu hart für sie; meines Herrn Mutter musste die Geburt ihres Kindes mit dem Leben bezahlen; aber wer sie alle überlebte, war die Frau Großmutter, die nach dem Verluste der Ihrigen hierher zog und sich mit großer Elastizität an dem Gedeihen ihres Enkels wieder aufrichtete; ich habe sie noch gekannt als eine steinalte Frau, aber lebendig, heftig und aller ihrer Geisteskräfte mächtig bis zum letzten Atemzuge; man hätte fast denken sollen, sie werde nimmer sterben, und doch war es am Ende ein leichtes Magenübel, was sie hinnahm – ihr Andenken ist in Ehren und Segen und der gnädige Herr noch immer still und nachdenklich an ihrem Todestage. Als ich ihm das Manuskript gab, war er sehr bewegt, und ich glaubte nicht, dass er dessen Veröffentlichung zugeben werde; nachdem es aber vierzehn Tage auf seinem Nachttische gelegen und er in dieser Zeit kein Wort zu mir darüber geredet hatte, gab er es mir am verwichenen Sonnabend, den 29. Mai, zurück mit dem Zusatze, von einem Westfalen geschrieben, würde es weniger bedeutend sein, aus dem Munde eines Fremden sei es ein klares und starkes Zeugnis, was im Familienarchive nicht unterdrückt werden dürfe. So mag es denn sein! Und ich gebe es dem Publikum zum Gefallen oder Missfallen; es ist kein Roman, es ist unser Land, unser Glaube, und was diesen trifft an Lob oder Tadel, was die Lebenden tragen müssen, das möge auch über diese toten Blätter kommen.

Erstes Kapitel

Der Edelmann aus der Lausitz und das Land seiner Vorfahren

Soeben hat die Schlossglocke halb zehn geschlagen – es ist eigentlich noch gar nicht Nacht – ein schmaler Lichtstreifen steht im Westen, und zuweilen fährt noch ein Vogel im Gebüsche drüben aus seinem Halbschlafe auf und träumt halbe Kadenzen seines Gesanges nach – dennoch ist's hier fast schon Nacht – soeben hat man mir eine schöne neue Talgkerze gebracht – Holz ans Kamin gelegt, um einen Ochsen zu braten, und nun soll ich ohne Gnade in die Daunen. – Unmöglich, ich emanzipiere mich, heimlich, aber desto sicherer, und niemand sieht es mir morgens an, dass ich allnächtlich den stillen Wohltäter des Hauses mache und auf Wasser und Feuer zwar nicht achte, aber doch achten würde, wenn dergleichen Dinge hierzulande nicht unschädlich wären, wie ich wohl schließen muss, wenn ich jeden Abend Knecht und Magd mit flackernden Lampen in Heuböden und Ställen umherwirtschaften sehe. Diese alten Mauern, die doch wenigstens ihre drei Jahrhunderte auf dem Rücken zu tragen scheinen! seltsames, schlummerndes Land! so sachte Elemente! so leiser, seufzender Strichwind, so träumende Gewässer! so kleine friedliche Donnerwetterchen ohne Widerhall! und so stille, blonde Leutchen, die niemals fluchen, selten singen oder pfeifen, aber denen der Mund immer zu einem behaglichen Lächeln steht, wenn sie unter der Arbeit nach jeder fünften Minute die Wolken studieren und aus ihrem kurzen Stummelchen gen Himmel schmöken, mit dem sie sich im besten Einverständnisse fühlen. Vor einer Viertelstunde hörte ich die Zugbrücke aufknarren, ein Zeichen, dass alles ab und tot ist und das Haus fortan unter dem Schutze Gottes und des breiten Schlossteiches steht, der, nebenbei gesagt, an einigen Stellen nur knietiefe Furten hat; das macht aber nichts, es ist doch blankes Wasser, was darüber steht, und man könnte nicht durchwaten, ohne bedeutend nass zu werden: Schutz genug gegen Diebe und Gespenster! – Die Nacht wird sehr sternhell werden, ich sehe zahllose milchichte Punkte allmählich hervordämmern; drei Hühnerhunde und zwei Dachse lagern auf dem Estrich unter meinem Fenster und schnappen nach den Mücken, die die dekretierte Nacht noch nicht wollen gelten lassen; aus den Ställen dröhnt zuweilen das leise Murren einer schlaftrunkenen Kuh oder der Hufschlag eines Pferdes, das mit Fliegen kämpft; im Zimmer meines guten Vetters von Noahs Arche her brennt das einzige Nachtlicht; was soll ein ehrlicher Lausitzer machen, der um elf seine letzte Pikettpartie anzufangen gewöhnt ist? Um mich liegen zwar die Schätze der Bibliothek: Hochbergs »Adliges Landleben«, Kerßenbrocks »Geschichte der Wiedertäufer«, Werner Rolewinks

»De moribus Westphalorum« und meines Wirtes nicht genug zu preisendes »Liber mirabilis« – aber mir geht es wie den Israeliten, die sich bei dem blanken Manna nach den Fleischtöpfen Egyptis sehnten; o Dresdener Staatszeitung, o Frankfurter Postreiter, die ihr mich so manches Mal in den Schlaf gewiegt habt, wann werden meine Augen euch wiedersehen? Können die Heringe und Schellfische des Münsterschen Intelligenzblattes meine politischen Stockfische ersetzen? Aber warum schreibe ich nicht oder vielmehr, warum habe ich nicht geschrieben diese zwei Monate lang? Bin ich nicht im Lande meiner Vorfahren? Das Land, was mein Ahn Hans Everwin so betrübten Herzens verließ und in sauberm Mönchslatein besang wie eine Nachtigall in der Perücke? O angulus ridens! o prata fontesque susurro etc. etc. – Ich weiß es, wie mich einst freuen wird, diese Blätter zu lesen, wenn dieses fremdartige Intermezzo meines Lebens weit hinter mir liegt, vielleicht mehr, als ich jetzt noch glaube, denn es ist mir zuweilen, als wolle das zwanzigfach verdünnte westfälische Blut sich noch geltend in mir machen. Gott bewahre! ich bin ein echter Lausitzer – vive la Lusace! und nun! das hat Mühe gekostet, bis ich an diesen Kamin gelangt bin – schlechte, schlechte Wege habe ich durchackert und Gefahren ausgestanden zu Wasser und Lande. Dreimal habe ich den Wagen zerbrochen und einmal dabei auf dem Kopfe gestanden, was weder angenehm noch malerisch war. Mit einem Spitzgespann (so nennt man hier ein Dreigespann) von langhaarigen Bauernpferden habe ich mich durch den Sand gewühlt und mit einem Male den vordern Renner in einer sogenannten Welle versinken sehen, einer tückischen, wandernden Rasse von Quellen, die ich sonst nirgends angetroffen und die hier manchen Fahrwegen Annex ist, sich das ganze Jahr stille hält, um im Frühlinge irgendeine gute münsterische Seele zu packen, zur Strafe der Sünde, die sie nicht begangen hat. Ich bin aus dem Wagen gesprungen wie ein Pfeil, denn – bei Gott – mir war so konfus, dass ich an die Nordsee und Unterspülen dachte; von meinem Pferdchen war nur noch ein Stück Nase und die Ohren sichtbar, mit denen es erbärmlich zwinkerte; zum Glück waren Bauern in der Nähe, die Heidrasen stachen und geschickt genug Hand anlegten: »He! Hans! up! up!« Ja – Hans konnte nicht auf und spartelte sich immer tiefer hinein; endlich ward er doch herausgegabelt und zog niedergeschlagen und kläglich triefend weiter voran, wie der bei der Serenade übel begossene Philister. – Ich fand vorläufig den Boden unter meinen Füßen sicherer und stapfte nebenher durch das feuchte Heidekraut, immer an unsern Ahn denkend und sein horazisches »o angulus ridens!« und was denn hier wohl lachen möge? Der Sand? oder das kotige Pferd? oder mein Fuhrmann in seinem bespritzten Kittel, der das Ave-Maria pfiff, dass die Heidschnucken davon melancholisch werden sollten? oder vollends ich, der wie ein Storch von einem Maulwurfshügel zum andern stelzte? – Doch – ich war es, der am Ende lachend in den Wagen stieg, dreimal selig, schon vor Jahrhunderten im kleinsten Keime diesem glückseligen Arabien entflohen zu sein, was sich mir in diesem Augenblicke von dem klassischen durch nichts zu unterscheiden schien, als nur durch den Mangel an Sträußen und Überfluss an Pfützen. O Gott! dachte ich, wie mag die Halle deiner Väter beschaffen sein, du guter Everwin! – Eine halbe Tagereise weiter, und die Gegend klärte sich allmählich auf; die Heiden wurden kleiner, blumicht und beinahe frisch und fingen an, sich mit ihren auffallend bunten Viehherden und unter Baumgruppen zerstreuten Wohnungen fast idyllisch auszunehmen; rechts und links Gehölz und, soweit ich es unterscheiden konnte, frischer, kräftiger Baumschlag, aber überall traten dem Blick mannshohe Erdwälle entgegen, die, vom Gebüsch überschattet, jeden Fahrweg unerlässlich einengten – wozu? wahrscheinlich um den Kot desto länger zu konservieren; ich befragte meinen Fuhrmann, einen gereisten Mann, der sogar einmal Düsseldorf gesehen hatte und mich mindestens immer um mein drittes Wort verstand: »O Herr«, sagte er, »wenn wir keine Wallhecken hätten, was würden wir dann für schelmhaftige Wege haben?« Vivat Westphalia, dachte ich! – Wir ackerten voran – aus allen Häusern belferten uns Kläffer an, die ich allemal, die langhaarigen »Rüden«, die glatten ohne Ausnahme »Teckel« locken hörte; vor den Eingängen einzelner größerer Höfe zerwüteten sich gräuliche Zerberusse an ihrer Kette und es schien mir unmöglich, unzerrissen hinein- oder hinauszukommen. – Was man nicht alles bemerkt auf einer Tagfahrt zwischen Wallhecken, den Himmel über, die Pfütze unter sich! Der Wagen hielt einen Augenblick an, vier kleine Buben, sämtlich in Troddelmützen und drei Kamisöler übereinander, rot wie Äpfelchen, stolperten eilig herzu und langten mit der Hand nach dem Schlage; ich suchte nach ein paar Stübern und

Matieren, die man mir auf der letzten Station zugewechselt, und rief, indem ich sie aus dem Schlage warf: »Habt acht, ihr Buben!« Da aber nahmen sie Reißaus, und wie verscheuchte Hasen krabbelten sie den Erdwall hinan. Gotts Wunder, was mochte das für ein Krabat oder Slowak sein, der kein Deutsch konnte und sein Geld in den Dreck warf? Ich sah sie noch lange aus ihrem Hafen meinem Wagen nachstarren, wie, sans comparaison, einem abziehenden Kamele. Einem war beim Ansatz zur Flucht sein Holzschuh abhandengekommen, und ich hörte ihn unter dem Rade ein unzeitiges Ende nehmen; mein Trost waren die herrenlosen Stüber und Matiere, mit denen sich das dicke Henrichjännchen oder Jannberndchen (so heißt hier nämlich immer der dritte Mann) bezahlt machen konnte, wenn dieses nicht außer seinem Gedankenkreise lag. Jetzt weiß ich, dass die armen Dinger mir nur eine Kusshand geben, und schon damals begriff ich, dass sie mindestens nicht betteln wollten. Überhaupt sah ich keine Straßenbettler am Wege, und das Land meiner Vorfahren fing an, mir mindestens ganz nährend und behaglich vorzukommen, obwohl meine Augen noch immer vergeblich nach dem »Fette der Erde« ausschauten, bei dem die Leute so vollständige runde Köpfe und stämmige Schultern ansetzen konnten, bis ich durch die Lücken der Wallhecken über die schweren Schlagbäume weg in das Geheimnis der Kämpe und Wiesengründe drang, wo ich die eigentliche Elite der Ställe erblickte: schönes schweres Vieh ostfriesischer Rasse, was übersatt und schnaubend in dem wie von einem Goldregen überzitterten Grasewalde lag. – Schau mir einer die pfiffigen Münsterländer, die ihr eure dicken Taler auf vier Beinen hinter Erdhaufen und Dornen versteckt, damit kein reisender Diplomat in der Seele seines gnädigsten Herrn etwa Appetit dazu bekomme! Ich bin zu sehr Landwirt, als dass dieser Anblick mich unbewegt gelassen hätte; ich dachte an mein liebes Dobbritz und meine krauslockigen Lämmerchen und fühlte das Blut meines Ahns den Urenkeln seiner Ställe entgegenrollen – seltsam! ich kann dies niederschreiben, als dächte ich noch heute so, und doch ist mir so gar anders zumute. Nun weiter – zum Ziele! wenn die Lehmchausseen meiner so müde sind als ich ihrer, so werden sie sich freuen, dass wir auseinander kommen, und ich fühle mich noch innerlich zerschlagen von der Erinnerung und schmachte dem Ziele entgegen.

Doch zuvor noch ein Reiseabenteuer – kein kleines für meinen Fuhrmann – und was mir den ersten dämmernden Begriff von dem Charakter dieses Volkes gab. Wir hatten einen derben Schock überstanden – unsere Pferde verschnauften in der Heide und dampften aus Nüstern und Flanken. Mein Bauer schlug Feuer an einer Art Lunte in messingener Scheide, die er seinen »perfekt guten Tüntelpott« nannte, – in der Ferne bewegte sich etwas grell Rotes zwischen den Kühen – es kam näher – es war ein Mensch in Scharlachlivree von grauschwarzer Gesichtsfarbe. Ich sagte nichts und beobachtete meinen Bauern; der nahm langsam die Pfeife aus dem Munde, zog langsam einen Rosenkranz aus seiner Tasche, griff nach seinem Hute zweimal, ohne ihn zu lüften, und sah noch nicht auf, als das Unding ihm fast parallel war – es stand – es redete ihn an in fremdartigem Dialekt: »Wo führt der Weg nach Lasbeck?« Mein Bauer winkte mit der Hand einen breidünnen Fahrweg entlang, der Schwarze schüttelte den Kopf und sah auf seine Stiefeln, die schon Schlimmeres überstanden hatten. – »Kann ich denn nicht dort herunter?« auf einen Fußweg deutend, der dieselbe Richtung direkter nahm. »Das möchte nicht gut sein«, sagte der Fuhrmann bedächtig. »Warum nicht?« mein Schwarzer kurz angebundenen, cholerischen Temperaments. Nie werde ich den Ausdruck von, ich möchte sagen, ruhigem Schauder und tiefem Mitleid vergessen, mit dem mein Bauer erwiderte: »Da steht ein Kruzifix.« Der Mohr stieß ein paar Sacredieus und Coquins hervor, und fort trabte er mit seinem Briefbündel unterm Arm. Ist das nun lächerlich oder rührend? Es kommt darauf an, wie man es auffasst – ich gestehe, dass ich meinem Weißkittel gern irgendeine Güte angetan hätte in diesem Augenblick, und seine religiöse Scheu ohne Furcht und Hass, seine tiefe, überschwängliche Gutmütigkeit, die selbst den Teufel nicht ins Labyrinth führen mochte, lag so rührend vor mir, dass ich seinem breiten Rücken, wie er so langsam, den Rosenkranz abzählend, neben den Pferden herschritt, die ersten Liebesblicke in diesem Lande zugewendet habe. Möge Gott dich behüten, du gutes, patriarchalisches Ländchen, Land meiner Vorfahren, wie ich dich gern nenne, wenn man mir mein Anteil Lausitzer Blut ungekränkt lässt. Mit der Ironie ist's ab und tot; ich fahre durch die lange, weite Eichenhalle, wo die schlanken Stämme ihre noch schwachbelaubten Wipfel über mich breiten; ich sah zwischen den Lücken der Bäume einen weiten Wasserspiegel, graue Türme vortreten, – bei Gott! es war mir doch seltsam zumut, als ich über die Zugbrücke rollte und über dem Tore den steinernen Kreuzritter mit seinem Hunde sah, dessen der alte Everwin so wohlredend gedenkt: »Eques vexillum crucis sublevans, cum molosso ad aquam hiante« – alter Hans Heinrich! schwenkst du deine Fahne auch schützend über deinen verarteten Zweig, dem dein Glaube und Land fremd geworden sind? Im Schlosse war ich so halbwege erwartet, d. h. so in Bausch und Bogen, wo es auf eine Handvoll Wochen nicht ankommt; ein schlau aussehender, schwärzlicher Bursche in himmelblau und gelber Livree, streng nach dem Wappenbuch, öffnete den Schlag und erkannte mich sofort für den fremden Vetter, als ich vom »Schlosse« redete und nach dem »Baron« fragte. »Der Herr sind auf dem Vogelfang, aber die gnädige Frau sind zu Hause« – zugleich hörte ich drinnen: »Ihro Gnaden, he ist do, he ist do, de Herr ut de Lauswick!« und sah beim Eintritt noch zwei dicke, passablement schiefe, himmelblaue Beine. – Das war also der Eintritt in die Halle meiner Väter; ja, hört, wie es erging, ihr Wände, meine ich, und du, jammernder Scheit im Kamin – denn auf die drei Spione und zwei Dachse kann ich nicht rechnen, da das Fenster geschlossen ist. Die gnädige Frau empfing mich stattlich, aber verlegen, das Bäschen stumm verlegen, der junge Vetter neugierig verlegen, der eigentliche Herr, der fast mit mir zugleich eintrat und bei unserer ersten Bewillkommnung einen piependen und flatternden Vogel in der Hand hielt, war auch verlegen, aber auf eine überaus teilnehmende Weise. Verlegen waren alle, und so blieb mir nichts übrig, als es am Ende mit zu werden; man sah, wie in allen eine unterdrückte Herzlichkeit kämpfte mit einem Etwas, das ich nicht ergründen konnte, und mich verstohlen vom Kopfe bis zu den Füßen musterte. Meine Augen hatten den rechten Weg eingeschlagen – der galonierte Rock – die Ringe an den Fingern, so tragen sich hierzulande die Windbeutel, und womit ich, unter uns gesagt, diesen Leuten an der Welt Ende zu imponieren glaubte und auf der letzten Station wenigstens eine gute Stunde verwendet hatte, das gab mir hier das Ansehen eines, der nächstens zum Bankerott umkippen will und Kredit auf seine Tressen sucht; hier ist alles so feststehend, man weiß so genau, was jeder gilt, dass dergleichen Nachhülfe und Augenverblendung immer nur wie Notschüsse herauskommen, und ich bin jetzt überzeugt, dass mein guter Vetter, unter seinen Grüßen und Verbeugungen, alle seine Gefälle und Zehnten überzählte, und wie viel davon wohl zur Aushülfe eines verlorenen Sohnes im 20sten Gliede möchte ritterlich, christlich und doch ohne Unverstand zu verwenden sein. Jetzt weiß ich dieses, und es demütigt mich nicht; hätte ich es damals gewusst, so würde es mich allerdings in einen kläglichen, innern Zustand von Scham und Zorn versetzt haben, – dennoch ging der erste Tag mühsam hin, obwohl der Vetter mich in alle seine Freuden und Schätze einweihte: seine nie gesehenen Blumenarten eigener Fabrik, seine Rüstkammer, seine landwirtschaftlichen Reichtümer, sogar den Augapfel seines Geistes, sein unschätzbares Liber mirabilis – ich dachte zu meiner Unterhaltung, jetzt weiß ich aber, dass es ein schlauer Streich vom alten Herrn war, der mir so heimlich auf den Zahn fühlte, wie es mit adligen Künsten bei mir beschaffen sei – nämlich Latein, Öconomia und Ritterschaftsverhältnissen. Mir ging's wie dem Nachtwandler, und ich trat umso blinder, desto sicherer auf. Acht Tage kann ich auf mein Noviziat rechnen, wo täglich eine neue Schleuse des Wohlwollens sich zögernd öffnete, das ganz eigentümliche milde Lächeln des Herrn täglich milder, die scharfen Augen seiner Frau täglich strahlender und offener wurden, und als mich am achten Tage der junge Herr Everwin auf seine Stube geführt und Fräulein Sophie abends aus freien Stücken ein schönes, etwas altmodiges Lied zum Klaviere gesungen hatte, da war ich absolviert und fortan ein Kind und Bruder des Hauses. Ich fühlte dieses, als ich am nächsten Morgen von Abreise sprach, um meinem Bleiben einen festen Boden zu geben, der auch sogleich unter mir aufstieg. »Mich dünkt«, sagte der alte Herr (»der Herr« sagt man hier kurzweg, »Baron« ist ausländisch und windbeutelig) mit einem triumphierenden Lächeln, »mich dünkt, Sie blieben nett hier in Numero Sicher, bis Sie Ihr Recht in der Tasche haben. Der Hund des alten Hans Heinrich hat uns so manchen Prozess weggebellt, der wird Ihnen auch keinen durchs Tor lassen.« – Ich dachte an meine Gedanken, als ich unter dem Steinbilde einfuhr, und der alte Herr musste mir etwas dergleichen ansehen, denn er schüttelte meine Hand und sagte: »Lieber Herr Vetter!« So bin ich denn nun seit zwei Monaten hier – Boten gehen und kommen, und meine Geschäfte ziehen sich in die Länge; ich helfe dem Herrn botanisieren, Vögel fangen und sein Liber mirabilis auslegen, wobei ich schlecht genug bestehe und manche Eselsbrücke schlage, die der Vetter gütig unbemerkt lässt; besser komme ich fort in den gelegentlichen Gesprächen über ernste Gegenstände und Klassische Wissenschaften, in denen der alte Herr vortrefflich beschlagen ist und ich eben auch kein Hund bin – was mich aber zumeist ergötzt, ist die lebendige, frische Teilnahme, die kräftige Phantasie, mit der alles meinen Erzählungen von Städten, Ländern und vor allem den Wundern des grünen Gewölbes horcht. Diese stillen Leute sitzen unbewusst auf dem Pegasus, ich will sagen, sie leben in einer innern Poesie, die ihnen im Traume mehr von dem gibt, was ihre leiblichen Augen nie sehen werden, als wir andern übersättigten Menschen mit unsern Händen davon ergreifen können. Ich bin gern hier, es wäre Fadheit, es zu leugnen, und Undank zugleich; auch langweile ich mich keineswegs, man treibt hier allerlei Gutes, etwas altfränkisch und beengt, aber gründlich. Auch gibt es hier von den seltsamsten Originalen, und zwar rein naturwüchsigen, sich völlig unbewussten; wenn ich bedenke, was ich noch alles nachzuholen und zu erläutern habe, ehe ich wieder bis zu diesem Abende, diesem Kamin und diesen Mücken gelange, die mich unbarmherzig molestieren, so scheinen mir alle Gänseflügel auf dem Hofe in Gefahr, – aber jetzt ist's spät – meine Kerze hat sich mehr schön als dauerhaft bewiesen; sie ist mehr verlaufen als verbrannt, und auf dem Tische schwimmt's von Talge, den ich noch vor Schlafengehen mit eigenen Händen reinigen muss, um nicht morgen von meinem Freunde Dirk als der schmierige Herr aus der Lauswick bezeichnet zu werden. – Das Licht im Zimmer des Vetters brennt dämmerig wie ein Traum – die Sterne sind desto klarer, welch schöne Nacht! –

Zweites Kapitel

Der Herr und seine Familie

Honneur aux dames! Ich fange an mit der gnädigen Frau, einem fremden Gewächs auf diesem Boden, wo sie sich mit ihrer südlichen Färbung, dunkeln Haaren, dunkeln Augen ausnimmt wie eine Burgundertraube, die in einen Pfirsichkorb geraten ist, – sie stammt aus einer der reichen rheinländischen Familien, die man hier für ebenbürtig gelten lässt, und der Vetter, der vor zwanzig Jahren nach Düsseldorf landtagen ging und von einer plötzlichen Lust, die Welt zu sehen, befallen wurde, lernte sie in Köln vor dem Schreine der Heiligen Drei Könige kennen und fühlte dort zuerst den vorläufig noch äußerst embryonischen Wunsch, sie zur Königin seines Hauses zu machen. Das ist sie denn auch im vollen Sinn des Wortes: eine kluge, rasche, tüchtige Hausregentin, die dem Kühnsten wohl zu imponieren versteht und, was ihr zur Ehre gereicht, eine so warme, bis zur Begeistrung anerkennende Freundin des Mannes, der eigentlich keinen Willen hat als den ihrigen, dass alle Frauen, die Hosen tragen, sich wohl daran spiegeln möchten. Es ist höchst angenehm, dieses Verhältnis zu beobachten; ohne Frage steht diese Frau geistig höher als ihr Mann, aber selten ist das Gemüt so vom Verstande hochgeachtet worden; sie verbirgt ihre Obergewalt nicht, wie schlaue Frauen wohl tun, sondern sie ehrt den Herrn wirklich aus Herzensgrunde, weiß jede klarere Seite seines Verstandes, jede festere seines Charakters mit dem Scharfsinn der Liebe aufzufassen und hält die Zügel nur, weil der Herr eben zu gut sei, um mit der schlimmen Welt auszukommen. Nie habe ich bemerkt, dass ein Mangel an Welterfahrung seinerseits sie verlegen gemacht hätte, dagegen strahlten ihre schwarzen Augen wie Sterne, wenn er seine guten Kenntnisse entwickelt, Latein spricht wie Deutsch, und sich in alten Tröstern bewandert zeigt wie ein Cicerone. Die gnädige Frau hat südliches Blut, sie ist heftig, ich habe sie sogar schon sehr heftig gesehen, wenn sie bösen Willen voraussetzt, aber sie fasst sich schnell und trägt nie nach. Sehr stattlich und vornehm sieht sie aus, muss sehr schön gewesen sein und wäre dies vielleicht noch, wenn ihre bewegten Gefühle sie etwas mehr Embonpoint ansetzen ließen; so sieht sie aus wie ein edles, arabisches Pferd. Ihr neues Vaterland hat sie liebgewonnen und macht gern dessen Vorzüge geltend, nur mit der Art Überschätzung, die oft gescheiten Leuten von starker Phantasie eigen ist: So hat sie alle alten, mitunter verwunderlichen Gewohnheiten und Rechte des Hauses bestehen lassen und wacht nur über Ordnung und ein billiges Gleichgewicht; ich werde noch auf die respektablen Müßiggänger kommen, über die man hier bei jedem Schritte fällt, und die ich bei mir zu Hause würde mit dem Ochsenziemer bedienen lassen; hier möchte ich sie selbst nicht gekränkt sehen. Bettler in dem Sinne wie anderwärts gibt es hier keine, aber arme Leute, alte oder schwache Personen, denen wöchentlich und öfter eine Kost so gut wie den Dienstboten gereicht wird; ich sehe sie täglich zu dreien oder mehren auf der Stufe der steinernen Flurtreppe gelagert, ärmlich, aber ehrbar, und keinen vorübergehen, ohne sie zu grüßen. Die gnädige Frau tut mehr, sie geht hinunter und macht die schönste Konversation mit ihnen über Welthändel, Witterung, die ehrbare Verwandtschaft und wovon man sich sonst nachbarlich unterhält; darum gilt sie denn auch für eine brave, gemeine Frau, was so viel gilt als populär, und sie ist immer mit gutem Rat zur Hand, wo sie denn auch, wie billig, der Ausführung nachhilft. Sehr habe ich ihre Geduld bewundern müssen mit einem Verrückten, dem Sohn des Müllerhauses, dessen Licht ich eben durch die Mauerluke herüberscheinen sehe. Der arme Mensch ist irre geworden über eine Heiratsgeschichte, obwohl nicht eben aus Liebe. Er war einziger Sohn, sie einzige Tochter, und beide Eltern am Leben; so zog die Aussicht sich ins Blaue, da jedes die Seinigen mitbringen musste und für vier alte Leute in keinem der Häuser Raum war; dennoch hatten die Eltern sie unter der Hand verlobt mit dem ruhigen Zusatze, dass, wenn zweie von ihnen gestorben seien, was bei ihrem Alter wohl nicht lange ausbleiben werde, die Heirat vor sich gehen könne. So lebten alle friedlich und ohne Ungeduld voran, bis der Brautvater, ein Tischler, sehr kränklich, zugleich etwas schwach im Kopfe, anfing, sich lebhaft nach einem Gehülfen zu sehnen. Sein Geselle, ein schlauer Sauerländer, machte sich dieses zunutze, so viel vom Verfall der Kundschaft und dem übermäßigen Wohlbefinden des Müllerpaares zu reden, denen er wenigstens Methusalems Alter prophezeite, wobei er schlau die Verpflichtung gegen Kind und Gutsherrn auf das geängstigte Gemüt des alten Mannes wirken ließ, bis er diesen ganz konfus über Recht und Unrecht gemacht hatte. Die Folge war eine zweite und dieses Mal rechtskräftige Verlobung mit Stempelpapier und Siegel zwischen dem betrübten, eingeschüchterten Mädchen und dem Sauerländer. Zwei Tage später, und der alte Mann lag tot am Schlagflusse, und fast mit ihm zugleich starb der Vater des Bräutigams an einer leichten Erkältung, was wahrlich kein zähes Leben bewies. In der ersten Trauerzeit hielt jedes sich still zu Hause, dann aber trieb die Müllerin ihren Sohn an, mit der Braut jetzt das Nähere zu bereden; als er hinkam, stand sie im Garten, und er sah sie schon von Weitem die Schürze vors Gesicht schlagen und ins Haus gehen; darauf kam die Mutter heraus und erzählte ihm mit vielem Stottern die ganze Bescherung, worauf er stille wieder nach Hause ging. Seitdem konnte er aber den Schimpf nicht verwinden; zugleich drängte ihn die Mutter, deren Kräfte schnell abnahmen, zum Heiraten. Zwei neue Pläne, die übereilt angelegt waren, schlugen fehl. Franz hatte einen tiefen, heimlichen Hochmut auf seine ehrenwerte Familie, die seit vielen Generationen des Herrn Mühle mit Lob versehen hatte, und noch mehr, weil er als älterer Spielkamerad und halber Aufseher der Herrschaft aufgewachsen war und noch jetzt zu den Auserwählten gehörte, die auf Hochzeiten mit den Fräuleins einen Tanz machten. Die Scham quälte ihn, das Drängen seiner Mutter und die Furcht, eine schlimme Wahl zu treffen oder gar mit einem neuen Korbe aufzuziehen, ließen ihm Tag und Nacht keine Ruhe; seine Augen bekamen nach und nach etwas Stieres im Blick, und mit einem Male fing er an, allerlei wirres Zeug zu reden – jetzt ist er ganz irre, obwohl voll Höflichkeit und, wenn man ihn auf ganz fremde Gegenstände lenkt, von recht verständigem Urteile; aber dazu kommt es selten, seine fixen Ideen halten ihn wie mit eisernen Klammern und fahren in jedes beruhigende Gespräch wie Sporenstiche hinein. Jetzt ist seine größte Not eine Prinzessin von England, die man ihm zufreien will, was ihn als guten Katholiken ängstigt, er hält sich ihr ganz ebenbürtig, doch hat er ein halbes Bewusstsein von ihrer hohen Stellung, und dass sie ihn, wenn er sich sperrt, könnte wohl einstecken oder auf die Tortur bringen lassen, und er bereitet sich durch Lesen in der Bibel auf sein einstiges Martyrium vor, dem er doch womöglich noch entschlüpfen möchte, und täglich mit der gnädigen Frau lange Beratungen darüber hält, die mit himmlischer Geduld ihm schlaue Ausflüchte erfinden hilft und wirklich, wie ich glaube, allein bis dahin ihn vor völliger Raserei gerettet hat. Mich durchrieselt jedes Mal ein Schauder, wenn ich dieses Angstbild sehe; hier erregt es nur tiefe, ruhige Teilnahme. – Aber ich bin von meinem Thema abgekommen, also der junge Herr: Everwin heißt er, in getreuer Reihenfolge wie die Heinriche von Reuß, steckt noch ein wenig in der Schale. Neunzehn Jahr ist er alt und lang aufgeschossen wie eine Erle, blond, mit hellblauen Augen, durch die man glaubt, bis ins Gehirn sehen zu können. Ich höre ihn oft im Nebenzimmer gefährlich stöhnen und räuspern über den Klassikern und alten Geschichtswerken, an denen er eine Mühe hat, dass ihm mittags zuweilen die Haare davon zu Berge stehen. Ich profitiere auch zur vollen Genüge von seinem Geigenspiel, zuweilen, wenn ich gerade gutgelaunt und recht im Dolcefarniente bin, nicht ohne Vergnügen: Er streicht seinen Viotti so sanft und reinlich ab und an manchen Stellen mit so kindlich mildem Ausdruck, dass ich oft denke: er ist doch der Papa en herbe, der nur noch nicht zum Durchbruch kommen kann – dieses geringe, leider täglich an Wert verlierende Vergnügen wird mir aber reichlich versalzen durch die Übungsstunden, wo absichtlich zu Schwieriges vorgenommen wird; von all dem Wasser, was mir diese Doppelpassagen, bei denen immer ein falscher Ton nebenher läuft, schon um die Zähne getrieben haben, könnten wenigstens zwei Mühlen gehen; zuweilen gibt Karo, des Vetter sehr geliebter Spion, noch die dritte Stimme dazu, und dann ist der Moment da, wo ein spleeniger Engländer sich ohne Gnade erhängen würde. Mein Zimmer ist indessen der Ehrenplatz im Hause, und Hoffart will Not leiden; zudem kann mir nicht entgehen, dass Everwin, wo es ohrengefährlich wird, den Bogen so leise ansetzt wie ein menschlicher Wundarzt die Sonde, und sogar zuweilen mir zuliebe seinem Karo einen Fußtritt gibt, der ihm gewiss selber wie ein Pfahl durchs Herz geht; er ist überhaupt ein bescheidener, jüngferlicher Nachbar, der morgens auf den Zehen umherschleicht und sich abends gleichsam ins Bette stiehlt, dass ich kaum die Decken rispeln höre. Sein Freund und Gefährte in allem ist der Neffe des Rentmeisters, Wilhelm Friese, ein wunderlich begabter junger Mann, an dem Everwin sich festgesogen hat wie die Auster an der Koralle; ich sehe sie beide oft morgens um sechs nach dem Dohnenstrich ziehen in knappen Jagdröckchen und Lederkäppchen, fröhlich und mädchenhaft wie ein paar Klosternovizen in den Freistunden. – Vor Frauen hat er noch eine wahre Josephsscheu und würde einen unchristlichen Hass auf die Unglückliche werfen, mit der man ihn neckte; zwei Münstersche Schilling gebe ich drum, ihn dereinst auf Freiersfüßen zu sehen; ohne Zweifel muss da sein Wilhelm voran, und der wird sich ebenfalls alle zehn Nägel abkauen vor Angst, obgleich er gegen ihn gerechnet für einen Schalk gelten kann. Neulich frühe saß ich am Ausgange der neuen Anlagen, die diesen Landsitz umgeben wie Nester mit jungen Vögeln eine graue Warte. Everwin kam über Feld, Wilhelm hinterdrein, ich hörte, dass sie sprachen, aber Everwin sah nicht zurück. »Ich sage es dir nochmals«, rief Wilhelm, »wenn du dir keinen bessern Rock anschaffst, so bekömmst du dein Lebtag keine Frau!« – »Ach, bah!«, brummte Everwin und rannte wie ein Kurier und war bereits dicht neben mir, ohne mich zu sehen. »Lauf doch nicht so, lass uns das Ding überlegen, du kömmst doch nicht vorbei, was scheint dir blau mit Tressen, das steht gut zu blonden Haaren.« – »Wilhelm!«, drohte Everwin zurück und trat bis über die Knöchel in eine Lache. – »Guten Morgen, Vetter!«, sagte ich. – »Sieh, sind Sie da? Ich habe ins Wasser getreten!« – »Das sehe ich« – und fort trabten beide wie begossene Hunde, Wilhelm am betroffensten; er hatte aber auch gottlose Reden geführt! Fräulein Sophie gleicht ihrem Bruder aufs Haar, ist aber mit ihren achtzehn Jahren bedeutend ausgebildeter und könnte interessant sein, wenn sie den Entschluss dazu fasste. Ob ich sie hübsch nenne? Sie ist es zwanzigmal im Tage und ebensooft wieder fast das Gegenteil; ihre schlanke, immer etwas gebückte Gestalt gleicht einer überschossenen Pflanze, die im Winde schwankt, ihre nicht regelmäßigen, aber scharf geschnittenen Züge haben allerdings etwas höchst Adliges und können sich, wenn sie meinen Erzählungen von blauen Wundern lauscht, bis zum Ausdruck einer Seherin steigern, aber das geht vorüber, und dann bleibt nur etwas Gutmütiges und fast peinlich Sittsames zurück; einen eignen Reiz und gelegentlichen Nichtreiz gibt ihr die Art ihres Teints, was, für gewöhnlich bleich bis zur Entfärbung der Lippen, ganz vergessen macht, dass man ein junges Mädchen vor sich hat – aber bei der kleinsten Erregung, geistiger sowie körperlicher, fliegt eine leichte Röte über ihr ganzes Gesicht, die unglaublich schnell kömmt, geht und wiederkehrt wie das Aufzucken eines Nordlichts über den Winterhimmel; dies ist vorzüglich der Fall, wenn sie singt, was jeden Nachmittag zur Ergötzung des Papas geschieht. Ich bin kein natürlicher Verehrer der Musik, sondern ein künstlicher – mein Geschmack ist, ich gestehe es, ein im Opernhause mühsam eingelernter, dennoch meine ich, das Fräulein singt schön – über ihre Stimme bin ich sicher, dass sie voll, biegsam, aber von geringem Umfange ist, da lässt sich ein Maßstab anlegen, – aber dieses seltsame Modulieren, diese kleinen, nach der Schule verbotenen Vorschläge, dieser tieftraurige Ton, der, eher heiser als klar, eher matt als kräftig, schwerlich Gnade auswärts fände, können vielleicht nur einem geborenen Laien wie mir den Eindruck von gewaltsam Bewegenden machen; die Stimme ist schwach, aber schwach wie ein fernes Gewitter, dessen verhaltene Kraft man fühlt – tief, zitternd wie eine sterbende Löwin: Es liegt etwas Außernatürliches in diesem Ton, sonderlich im Verhältnis zu dem zarten Körper. Ich bin kein Arzt, aber wäre ich der Vetter, ich ließe das Fräulein nicht singen; unter jeder Pause stößt ein leiser Husten sie an, und ihre Farbe wechselt, bis sie sich in roten, kleinen Fleckchen festsetzt, die bis in die Halskrause laufen – mir wird todangst dabei, und ich suche dem Gesange oft vorzubeugen.

Fräulein Anna, in die man mich etwas verliebt glaubt, darf sich wohl sehen lassen; sie ist ein schönes, braunes Rheinkind mit brennenden Augen, blitzenden Zähnen, Elfenfüßchen, zitternd von verhaltenem Mutwillen wie eine Granate, über der die Lunte brennt; sie möchte gern immer reden und schweigt doch zumeist, weil sie den rechten Ton auf der hiesigen Skala nicht finden kann; wenn wir abends unsere stillen, ehrbaren Gespräche führen, sitzt sie gewöhnlich am Fenster und seufzt ungeduldig Wolken und Winde an, die nach den Rebhügeln ziehen, wo ihre jungen Gefährten sich's wohl und lustig sein lassen, während sie hier bei der Tante die Klosterjungfer spielen muss. Wozu? Sie begreift es nicht und klagt den Himmel und das Geschick an; ich denke, man hat einen Dämpfer für diese üppige Wasserorgel nötig gefunden. Den Onkel ehrt sie, weiß ihn aber nicht zu schätzen, der Tante wendet sie eine zornige Liebe zu, da sie das verwandte Element fühlt und vor Ungeduld überschäumt, es so beengt zu sehen; dabei hat sie eine Regung von Empfindsamkeit, liebt den Wald und schält alle Bäume, um ihre Klagen darauf auszuhauchen. Mir ist eine dergleichen formlose Ergießung neulich zu Händen gekommen, wo in sechzehn Zeilen dreimal »Sehnsucht«, zweimal »unverstanden« und viermal »der Friede« vorkam. Sophie ist ihr fast fatal, und Everwin, den sie »unsre Mamsell« oder Langewin (lang, schmal) oder Gradewein nennt, der ewige unfreiwillige Tröster ihrer Langenweile; sie gibt ihm Salz mit auf die Jagd, macht, dass seine Leintücher eingeschlagen werden, sodass er nachts wie in einem kurzen Sacke steckt, oder nimmt seine Dohnen aus und hängt Maulwürfe oder schwarze Hadern hinein, was ihm allemal wirklich nahgeht und empfindlicher ist als die schlaflose Nacht. Da ihm zur Revanche Geschick und Kühnheit fehlen, ist's ein einseitiger Spaß, der in Everwins Herzen allmählich einen Sauerteig von verkniffener Schadenfreude ansetzt: Ich sehe allemal etwas wie einen falschen Sonnenstrahl über sein Gesicht zucken, wenn sie mit ihrer halbbewussten Koketterie bei einem Kameraden abfährt oder Karo, nach einem Wasserbade, sich zunächst bei ihr abschüttelt, und ich habe ihn in Verdacht, ihn vorzugsweise auf ihrer Seite apportieren zu lassen. Dem Wilhelm scheint sie gewogener, nennt ihn einen gebildeten, jungen Mann, und es kommt mir vor, als ob sie seinetwegen zuweilen ein Schleifchen mehr ansteckte, was er leider nicht zu bemerken scheint. Ich glaube überhaupt, dass zwei Drittel ihrer Seufzer dem Verkanntsein gelten; ist's z. B. nicht hart, dass sie, die Französisch spricht wie Deutsch und den Gellert zitieren kann, hier noch Rechnenstunde nehmen muss bei einem invaliden Unteroffizier, der am Ausgange des Parks wohnt? – Wäre seine fuchsige Perücke nicht und sein schönes Französisch, in dem er sich nach ihrem »ton père« erkundigt, sie führe aus ihrer Sammethaut – nun aber hat sie an ihm wenigstens einen Souffre-douleur, ein schlechtes Äpfelchen gegen den Durst, und mag ihm Zeug sagen und tun, dass der Onkel den Kopf schüttelt und doch lachen muss. – Es ist unerquicklich, hier jemanden zu sehen, der die Landesweise nicht aufzufassen versteht, der Spott ärgert einen, und doch wird man sich dadurch des Entbehrten bewusst und fühlt die Einförmigkeit wie einen schläfernden Hauch an sich streifen.

Ich bemerke eben, dass ich den Fehler habe, mich in Stimmungen hinein- und hinauszuschreiben, so hat mich der Paragraph Anna fast rebellisch gemacht gegen das Haus meines guten Vetters, den ich mir, als einen Bissen pour la bonne bouche, in diesem Abschnitt zuletzt aufgehoben habe. – Gott segne ihn alle Stunden seines Lebens; ein Unglück kann ihn nur zur Läuterung treffen, verdient hat er es nie und nimmer. Ich halte es für unmöglich, diesen Mann nicht liebzuhaben; seine Schwächen selbst sind liebenswürdig. – Denkt euch einen großen stattlichen Mann, gegen dessen breite Schultern und Brust fast weibliche Hände und der kleinste Fuß seltsam abstechen, ferner eine sehr hohe, freie Stirn, überaus lichte Augen, eine starke Adlernase und darunter Mund und Kinn eines Kindes, die weißeste Haut, die je ein Männergesicht entstellte, und der ganze Kopf voll Kinderlöckchen, aber grauen, und das Ganze von einem Strome von Milde und gutem Glauben überwallt, dass es schon einen Viertelschelm reizen müsste, ihn zu betrügen, und doch einem doppelten es fast unmöglich macht; gar adlig sieht der Herr dabei aus, gnädig und lehnsherrlich, trotz seines grauen Landrocks, von dem er sich selten trennt, und hat Mut für drei: Ich habe ihn bei einem Spaziergange, wo man auf verbotene Wege geraten war, fast fünf Minuten lang einen wütenden Stier mit seinem Bambusrohr parieren sehen, bis alle sich hinter Wall und Graben gesichert hatten, und da sah, wie Wilhelm sagt, der mit seinem Spazierstöckchen zur Hülfe herbeirannte, was er vermochte, der Herr aus wie ein Leonidas bei Thermopilae; er ist ein leidenschaftlicher Zeitungsleser und Geschichtsfreund und liebt das gedruckte Blutvergießen – Eugen und Marlborough sind Namen, die seine Augen wie Laternen leuchten lassen; dennoch bin ich zweifelhaft, ob im vorkommenden Falle der Herr den Feind tapferlich erschlagen oder sich lieber selbst gefangengeben würde, um keinen Mord auf seine Seele zu laden. Von Räubern und Mordbrennern träumt er gern, und wenn die Hofhunde nachts ungewöhnlich anschlagen und gegen irgendeinen dunkeln Winkel vor- und rückwärts fahren, hat man ihn wohl schon unbegleitet im Schlafrock mit blankem Degen in das verdächtige Verlies dringen sehen, mit wahrhaft acharnierter Wut, den Schelm zu packen und einzuspunden, den er dann freilich am andern Morgen hätte laufen lassen. Den Verstand des Herrn habe ich anfangs zu gering angeschlagen, er hat sein reichliches Anteil an der stillnährenden Poesie dieses Landes, der den Mangel an eigentlichem Geiste fast ersetzt, dabei ein klares Judizium und jenes haarfeine Ahnen des Verdächtigen, was aus eigner Reinheit entspringt: Sein erstes Urteil ist immer überraschend richtig, sein zweites schon bedeutend vom Mantel der christlichen Liebe verdunkelt, und wer ihn heute als erklärter Filou anschauert, ist morgen vielleicht ein gewandter Mann, den man etwas weniger schlau wünschen möchte. Der Herr liest viel, täglich mehre Stunden, und immer Belehrendes, Sprachliches, Geschichtliches, zur Abwechselung Reisebeschreibungen, wo seine naive Phantasie immer den Autor überflügelt und er heimlich auf jedem Blatte ein neues Eldorado oder die Entdeckung des Paradiesgartens erwartet – überhaupt kommt mir diese Familie vor wie die Scholastiker des Mittelalters mit ihrem rastlosen, gründlichen Fleiße und bodenlosen Dämmerungen. Alles bildet an sich und lernt zu bis in die grauen Haare hinein, und alles glaubt an Hexen, Gespenster und den Ewigen Juden. – Ich habe schon gesagt, wie stark die Musik hier getrieben wird; die Anregung geht zumeist von der gnädigen Frau aus, die gern aus den Leuten alles holen möchte, was irgend darin steckt, das Talent aber vom Herrn, und es ist nichts lieblicher, als ihn abends in der Dämmerung auf dem Klaviere phantasieren zu hören: ein wahres adliges Idyll, denn eine gewisse Grandezza fährt immer in diese unschuldige, reizende Musik hinein und Stöße ritterlicher Courage in Marschtempo – es wird mir nie zu lang zuzuhören, und allerlei Bilder steigen in mir auf aus Thomsons »Jahreszeiten«, aus den Kreuzzügen. Sonst hat der Herr noch viele Liebhabereien, alle von der kindlichsten Originalität, zuerst eine lebende Ornithologie (denn der Herr greift alles wissenschaftlich an); neben seiner Studierstube ist ein Zimmer mit fußhohem Sand und grünen Tannenbäumchen, die von Zeit zu Zeit erneuert werden. Die immer offenen Fenster sind mit Draht verwahrt, und darin piept und schwirrt das ganze Sängervolk des Landes, von jeder Art ein Exemplar, von der Nachtigall bis zur Meise; es ist dem Herrn eine Sache von Wichtigkeit, die Reihe vollständig zu erhalten: Der Tod eines Hänflings ist ihm wie der Verlust eines Blattes aus einem naturhistorischen Werke. Er hat ein wahres Spionieren nach jedem seltenen Durchzügler: Früh um fünf sehe ich ihn schon über die Brücken schreiten nach seinen Weidenklippen und Leimstangen, und wieder in der brennenden Mittagshitze, sieben- bis achtmal in einem Tage; möchte ich ihm zuweilen die Mühe abnehmen und verspreche, die Klippe wohlgeschlossen zu lassen oder den Vogel mitsamt der Leimstange in mein Schnupftuch gewickelt fein sauber herzutragen, so gibt er mir wohl nach, um mir keine Schmach anzutun, aber er trabt nebenher, und es ist, als ob er meinte, meine profane Gegenwart allein könne schon den erwischten Vogel echappieren machen. Dann ist der Herr ein gründlicher Botanikus und hat manche schöne Tulpe und Schwertlilie in seinem Garten; das ist ihm aber nicht genug, seine reiche, innere Poesie verlangt nach dem Wunderbaren, Unerhörten – er möchte gern eine Art unschuldigen Hexenmeister spielen und ist auf die seltsamsten Einfälle geraten, die sich mitunter glücklich genug bewähren und für die Wissenschaft nicht ohne Wert sein möchten: So trägt er mit einem feinen Sammetbürstchen den Blumenstaub sauber von der blauen Lilie zu der gelben, von der braunen zur rötlichen, und die hieraus entspringenden Spielarten sind sein höchster Stolz, die er mit einem wahren Prometheus-Ansehen zeigt; die wilden Blumen, seine geliebten Landsleute, deren Verkanntsein er bejammert, pflegt er nach allen Verschiedenheiten in netten Beetchen, wie Reihen kleiner Grenadiere. Manchen Schweißtropfen hat der gute Herr vergossen, wenn er mit seinem kleinen Spaten halbe Tage lang nach einer seltenen Orchis suchte, und manches in seiner Domäne ist ihm dabei sichtbar geworden, was er sonst nie weder gesucht noch gefunden hätte; darum lieben die Bauern auch nichts weniger als des Herrn botanische Exkursionen, bei denen er immer heimlich auf Unerhörtes hofft, z. B. ein scharlachrotes Vergissmeinnicht oder blaues Maßliebchen, obwohl er als ein verständiger Mann dies nicht eigentlich glaubt, aber man kann nicht wissen! Die Natur ist wunderbar! Nichts zeigt die reiche, kindlich frische Phantasie des Herrn deutlicher als sein schon oft genanntes Liber mirabilis, eine mühsam zusammengetragene Sammlung alter prophetischer Träume und Gesichte, von denen dieses Land wie mit einem Flor überzogen ist: Fast der zehnte Mann ist hier ein Prophet – ein Vorkieker (Vorschauer, wie man es nennt); wie ich fürchte, einer oder der andre dem Herrn zulieb. – Seltsam ist's, dass diese Menschen alle eine körperliche Ähnlichkeit haben: ein lichtblaues, geisterhaftes Auge, was fast ängstlich zu ertragen ist; ich meine, so müsse Swedenborg ausgesehen haben; sonst sind sie einfach, häufig beschränkt, des Betrugs unfähig, in keiner Weise von andern Bauern unterschieden; ich habe mit manchen von ihnen geredet, und sie gaben mir verständigen Bescheid über Wirtschaft und Witterung, aber sobald meine Fragen übers Alltägliche hinausgingen, waren sie ihnen unverständlich, und doch verraten manche dieser sogenannten Prophezeiungen und Gesichte eine großartige Einbildungskraft, streifen an die Allegorie und gehen überall weit über das Gewöhnliche, sodass ich gezwungen bin, eine momentane geistige Steigerung anzunehmen – wie Mesmer sie jetzt in seiner neuen Theorie aufstellt. Der Vetter nun hat alle diese in der Tat merkwürdigen Träumereien gesammelt und teils aus scholastischem Triebe, teils um sie für alle Zeiten verständlich zu erhalten, in sehr fließendes Latein übersetzt und sauber in einer buchförmigen Kapsel verwahrt, und »Liber mirabilis« steht breit auf dem Rücken mit goldenen Lettern; dies ist sein Schatz und Orakel, bei dem er anfrägt, wenn es in den Welthändeln konfus aussieht, und was nicht damit übereinstimmt, wird vorläufig mit Kopfschütteln abgefertigt. Guter Vetter, du hast mir deinen Schatz anvertraut, obwohl ich weiß, dass du lieber ein Mal auf deinem Gesicht als einen Flecken auf den Blättern erträgst; da liegt er, rot, golden und stattlich wie ein englischer Stabsoffizier, und ich sitze hier wie ein schlechter Spion und nehme eine geheime Karte von deiner Person. Gute Nacht! würde ich sagen, aber du hast immer gute Nächte, denn du bist gesund und reinen Herzens; ich muss früh auf – wir haben sieben Meisenkästen abzusuchen. –

Drittes Kapitel

Der Morgen war so schön! Nachtigallen rechts und links antworteten sich so schmetternd aus dem blühenden Gesträuch und Hagen, dass ich um fünf Uhr im engsten Sinne des Wortes davon geweckt worden bin und es mir unmöglich war, wieder einzuschlafen; so habe ich denn bis zum Frühstück mich in den Anlagen umhergetrieben und die erste Blüte an des Herrn neuster Iris mit meinem profanen Auge eher erblickt als der gute Prometheus selbst. Es war in diesen Tagen viel Rede und Erwartung wegen dieser Blume aus des Herrn Fabrik, die mir nur etwas tiefer blau scheint als die gewöhnliche Schwertlilie – ich denke aber, er wird sie »atropurpurea« oder »mirabilissima« taufen; jedenfalls sah die Blume in ihrem Tauperlenschleier reizend genug aus, und überall hatten die Anlagen in ihrem jungen, von der Sonne vergoldeten Grün, ihrem Tau und Blütenstaat eine solche beauté du diable, dass ich glaubte, nie etwas Lieblicheres gesehen zu haben. Der feuchte Boden ist dem Blumenwuchs und den Singvögeln so zuträglich, dass man in der schönen Jahreszeit von Düften, Farbe und Gesang berauscht vergisst, dass alles fehlt, was man sonst von schöner Gegend zu fordern pflegt – Gebirg, Strom, Felsen. Ich muss der Seltsamkeit wegen anmerken, dass mir ganz poetisch zumute ward und ich mich beinah auf den nassen Rasen gesetzt hätte, wirklich mich auf eine Bank hingoss und, sehr dazu gestimmt, ein paar Gedichte von Wilhelm hervorzog, die Fräulein Anna mir gestern Abend mit verschmitztem Lächeln und ein wenig Erröten zugesteckt hatte. Irre ich nicht, so ruhen ihre dunkeln Augen zuweilen mit einer Teilnahme auf dem jungen Dichter, wie Langeweile und etwas Empfindsamkeit sie leicht auf dem Lande erzeugen. Der schüchterne Junge scheint indessen nichts hiervon zu ahnen, und ich bin ungewiss, ob eine etwaige Entdeckung dem Fräulein zum Schaden oder Vorteil gereichen würde, da seine blauen, jungfräulichen Augen ganz anderes zu suchen scheinen als so rheinisches Blut. Also ein Dichter ist der Wilhelm! Ich hätte es mir denken können nach seinen verklärten Blicken, wenn wir am Weiher stehen, und die Schwäne durch den glitzernden Sonnenspiegel segeln, wo er dann wirklich schön aussieht, die übrige Zeit aber unbehülflich und verschüchtert, wie es einem jungen Schreiber zukömmt, den die Güte des Herrn höchst überflüssig seinem Onkel zugesellt hat, nur um das arme Blut in freie Kost und Wohnung zu bringen. Die Verse sind auf schlechtes Konzeptpapier geschrieben, häufig durchstrichen und gewiss nicht für das Auge des Fräuleins bestimmt; das eine schien sie mir mit einiger Ziererei vorenthalten zu wollen – dieses wird zuerst gelesen:

(Hier folgt »Das Mädchen am Bache«.)

Ei, ei, Wilhelmus, was sind das für gefährliche Gedanken, passt sich dergleichen für einen armen Studenten, der erst in zehn Jahren *vielleicht* lieben darf? Nun zum zweiten:

(»Der Knabe im Rohr«.)

Der junge Mensch hat wirklich Talent, und in einer günstigern Umgebung … doch nein – bleib in deiner Heide, lass deine Phantasie ihre Fasern tief in deine Weiher senken und wie eine geheimnisvolle Wasserlilie darüber schaukeln, – sei ein Ganzes, ob nur ein Traum, ein halbverstandenes Märchen – es ist immer mehr wert als die nüchterne Frucht vom Baum der Erkenntnis. – Beim Heimzuge fand ich seinen Onkel, den Rentmeister Friese, in Hemdärmeln am Brunnen vor dem Nebengebäude, eifrig bemüht, seine Stubenfenster mit Hülfe eines Strohwisches und endloser Wassergüsse zu säubern; seine Glatze glänzte wie frischer Speck, und ich hörte ihn schon auf dreißig Schritt stöhnen wie ein dämpfiges Pferd. Er sah mich nicht, und so konnte ich den wunderlichen Mann mit Muße in seinem Negligé betrachten, das an allen Stellen, die der Rock sonst in Verborgenheit bringt, mit den vielfarbigsten Lappen verziert war und ihm das Ansehen einer Musterkarte gab; es ist mir selten ein harpagonähnlicheres Gesicht vorgekommen! Spitz wie ein Schermesser, mit Lippen wie Zwirnfäden, die fast immer geschlossen sind, als fürchteten sie, etwas Brauchbares entwischen zu lassen, und nur, wenn er gereizt wird, Witzfunken sprühen wie ein Kater, den man gegen den Strich streichelt. Dennoch ist Friese ein redlicher Mann, dem jeder Groschen aus seines Herrn Tasche wie ein Blutstropfen vom Herzen fällt, aber ein Spekulant sondergleichen, der mit allem, was als unbrauchbar verdammt ist: Lumpen, Knochen, verlöschten Kohlen, rostigen Nägeln, den weißen Blättern an verworfenen Briefen, Handel treibt und sich im Verlauf von dreißig Jahren ein hübsches, rundes Sümmchen aus dem Kehricht gewühlt haben soll. Seine Kammer ist niemanden zugänglich als seinen Handelsfreunden und dem Wilhelm; er fegt sie selber, macht sein Bett selber, die reine Wäsche muss ihm ans Türschloss gehängt werden. – Nitimur in vetitum, ich wagte einen Sturm, nahte mich höflich und bat um ein paar geschnittene Federn, – er wurde doch blutrot und zog sich wie ein Krebs der Tür zu, um seine Hinterseite zu verbergen, – ich ihm nach und ließ ihm nur so weit den Vortritt, dass ihm gelingen konnte, in seinen grauen Flaus zu fahren, dann stand ich vor ihm, er sah mich an mit einem Blick des Entsetzens, wie weiland der Hohepriester ihn auf den Tempelschänder, der ins Allerheiligste drang, mag geschleudert haben, deckte hastig eine baumwollene Schlafmütze über ein Etwas in der babylonischen Verwirrung seines Tisches, suchte nach einem Federbunde, dann, in verdrießlicher Eile, nach einem Federmesser – es war nicht da – er musste sich entschließen, in einen

Alkoven zu treten, ich warf schnell meine Augen umher – das ganze, weite Zimmer war wie mit Maulwurfshügeln bedeckt, durch die ein Labyrinth von Pfaden führte, – saubere Knöchelchen für die Drechsler, Lumpen für die Papiermühle, altes Eisen, auf dem Tische leere Nadelbriefe, schon zur Hälfte wieder gefüllt mit Stecknadeln, denen man es ansah, dass sie gradegebogen und neu angeschliffen wurden; ich hörte ihn einen Schrank öffnen und hob leise den Zipfel der blauen Mütze, – beschriebene Hefte in den verschiedensten Formaten, offenbar Memoiren: »Heute hat der lutherische Herr wieder eine ganze Flasche Franzwein getrunken, das Fass à 48 Taler ist fast leer.« Ich stand steif wie eine Schildwacht, denn Herr Friese trat herein, und machte mich dann bald davon, so triumphierend wie ein begossener Hund, – guter Vetter, wird dir deine Freundlichkeit so schändlich kontrolliert! Ich habe den Friese nie leiden können, obendrein, ist er ein alter Narr, der sich von der Zofe Katharina, einem schlauen, lustigen Mädchen und der gnädigen Frau Liebling, aufs Albernste hänseln lässt. Diese junge Rheinländerin stiftet überhaupt einen gräulichen Brand im Schlosse: Drei westfälische Herzen seufzen ihretwegen wie Öfen; zuerst des Herrn geliebter Johann (von ihm nur Jan Fiedel genannt), der mit ihm eigens zu seinem Kammerdiener erzogen worden ist, recht artig die Geige mit dem Herrn Everwin streicht und in seinen graumelierten, mit Talg glattgestrichenen Haarresten, die in einem ausgemergelten Zöpfchen enden, einem geschundenen Hasen gleicht, dann ein paderbornischer Schlingel, derselbe, der mich zuerst am Wagen begrüßte, ein nichtsnutziger Bursch, der sich durch tausend Foppereien an seinen Gesellen für die Langeweile, die sie ihm machen, schadlos hält. Den Herrn beschwätzt er zu allem, wie er will, und ist ihm erst vor Kurzem etwas fatal geworden, seit er der Köchin, einer armen, gichtischen Person, drei bunte Seidenfäden als sympathetisches Mittel gab mit dem Zusatze, es wirke nur, wenn sie täglich einen Korb voll Holz vor des Herrn Zimmer trage (bis dahin sein Amt). Der Spaß kam aus, und der Herr war sehr ungehalten über diese Grausamkeit seines Johanns; doch meine ich, dass er ihn seitdem auch sonst mit misstrauischen Blicken betrachtet, »denn«, wie der Herr sagt, »dergleichen Dinge sind nicht ganz zu leugnen, man trifft im Paderbörnischen seltsame Beispiele an […«] *(unvollendet)*

WESTFÄLISCHE SCHILDERUNGEN

I

Wenn wir von Westfalen reden, so begreifen wir darunter einen großen, sehr verschiedenen Landstrich, verschieden nicht nur den weit auseinanderliegenden Stammwurzeln seiner Bevölkerung nach, sondern auch in allem, was die Physiognomie des Landes bildet, oder wesentlich darauf zurückwirkt, in Klima, Naturform, Erwerbsquellen, und, als Folge dessen, in Kultur, Sitten, Charakter, und selbst Körperbildung seiner Bewohner: Daher möchten wohl wenige Teile unsers Deutschlands einer so vielseitigen Beleuchtung bedürfen.

Zwar gibt es ein Element, das dem Ganzen, mit Ausnahme einiger kleinen Grenzprovinzen, für den oberflächlichen Beobachter einen Anhauch von Gleichförmigkeit verleiht, ich meine das des gleichen (katholischen) Religionskultus, und des gleichen früheren Lebens unter den Krummstäben, was, in seiner festen Form und gänzlicher Beschränkung auf die nächsten Zustände, immer dem Volkscharakter und selbst der Natur einen Charakter von bald beschaulicher, bald in sich selbst arbeitender Abgeschlossenheit gibt, den wohl erst eine lange Reihe von Jahren, und die Folge mehrerer, unter fremden Einflüssen herangebildeter Generationen völlig verwischen dürften. Das schärfere Auge wird indessen sehr bald von Abstufungen angezogen, die in ihren Endpunkten sich fast zum Kontraste steigern, und, bei der noch großenteils erhaltenen Volkstümlichkeit, dem Lande ein Interesse zuwenden, was ein vielleicht besserer, aber zerflossener Zustand nicht erregen könnte. – Gebirg und Fläche scheinen auch hier, wie überall, die schärferen Grenzlinien bezeichnen zu wollen; doch haben, was das Volk betrifft, Umstände die gewöhnliche Folgenreihe gestört, und statt aus dem flachen, heidigen Münsterlande, durch die hügelige Grafschaft Mark und das Bistum Paderborn, bis in die, dem Hochgebirge nahestehenden Bergkegel des Sauerlandes (Herzogtum Westfalen) sich der Natur nachzumetamorphosieren, bildet hier vielmehr der Sauerländer den Übergang vom friedlichen Heidebewohner zum wilden, fast südlich durchglühten, Insassen des Teutoburger Waldes. – Doch lassen wir dieses beiläufig beiseite, und fassen die Landschaft ins Auge, unabhängig von ihren Bewohnern, insofern die Einwirkung derselben (durch Kultur etc.) auf deren äußere Form dieses erlaubt.

Wir haben bei Wesel die Ufer des Niederrheins verlassen, und nähern uns durch das, auf der Karte mit Unrecht Westfalen zugezählte, noch echt rheinische Herzogtum Kleve, den Grenzen jenes Landes. Das allmählige Verlöschen des Grüns und der Betriebsamkeit; das Zunehmen der glänzenden Sanddünen und einer gewissen lauen, träumerischen Atmosphäre, sowie die aus den seltenen Hütten immer blonder und weicher hervorschauenden Kindergesichter sagen uns, dass wir sie überschritten haben, – wir sind in den Grenzstrichen des Bistums Münster. – Eine trostlose Gegend! Unabsehbare Sandflächen, nur am Horizonte hier und dort von kleinen Waldungen und einzelnen Baumgruppen unterbrochen. – Die von Seewinden geschwängerte Luft scheint nur im Schlafe aufzuzucken. – Bei jedem Hauche geht ein zartes, dem Rauschen der Fichten ähnliches Geriesel über die Fläche, und säet den Sandkies in glühenden Streifen bis an die nächste Düne, wo der Hirt in halb somnambüler Beschaulichkeit seine Socken strickt, und sich so wenig um uns kümmert, als sein gleichfalls somnambüler Hund und seine Heidschnucken. – Schwärme badender Krähen liegen quer über den Pfad, und flattern erst auf, wenn wir sie fast greifen könnten, um einige Schritte seitwärts wieder niederzufallen, und uns im Vorübergehen mit einem weissagenden Auge, »oculo torvo sinistroque« zu betrachten. – Aus den einzelnen Wacholderbüschen dringt das klagende, möwenartige Geschrill der jungen Kiebitze, die wie Tauchervögel im Schilf in ihrem stachligen Asyle umschlüpfen, und bald hier bald drüben ihre Federbüschel hervorstrecken. – Dann noch etwa jede Meile eine Hütte, vor deren Tür ein paar Kinder sich im Sande wälzen und Käfer fangen, und allenfalls ein wandernder Naturforscher, der neben seinem überfüllten Tornister kniet, und lächelnd die zierlich versteinerten Muscheln und Seeigel betrachtet, die wie Modelle einer frühern Schöpfung hier überall verstreut liegen, – und wir haben alles genannt, was eine lange Tagereise hindurch eine Gegend belebt, die keine andere Poesie aufzuweisen hat, als die einer fast jungfräulichen Einsamkeit, und einer weichen, traumhaften Beleuchtung, in der sich die Flügel der Phantasie unwillkürlich entfalten. – Allmählich bereiten sich indessen freundlichere Bilder vor, – zerstreute Grasflächen in den Niederungen, häufigere und frischere Baumgruppen begrüßen uns als Vorposten nahender Fruchtbarkeit, und bald befinden wir uns in dem Herzen des Münsterlandes, in einer Gegend, die so anmutig ist, wie der gänzliche Mangel an Gebirgen, Felsen und belebten Strömen dieses nur immer gestattet, und die wie eine große Oase, in dem sie von allen Seiten, nach Holland, Oldenburg, Kleve zu, umstäubenden Sandmeer liegt. – In hohem Grade friedlich, hat sie doch nichts von dem Charakter der Einöde, vielmehr mögen wenige Landschaften so voll Grün, Nachtigallenschlag und Blumenflor angetroffen werden, und der aus minder feuchten Gegenden Einwandernde wird fast betäubt vom Geschmetter der zahllosen Singvögel, die ihre Nahrung in dem weichen Kleiboden finden. – Die wüsten Steppen haben sich in mäßige, mit einer Heidenblumendecke farbig überhauchte Weidestrecken zusammengezogen, aus denen jeder Schritt Schwärme blauer, gelber und milchweißer Schmetterlinge aufstäuben lässt. – Fast jeder dieser Weidegründe enthält einen Wasserspiegel, von Schwertlilien umkränzt, an denen Tausende kleiner Libellen wie bunte Stäbchen hängen, während die der größeren Art bis auf die Mitte des Weihers schnurren, wo sie in die Blätter der gelben Nymphäen, wie goldene Schmucknadeln in emaillierte Schalen niederfallen, und dort auf die Wasserinsekten lauern, von denen sie sich nähren. – Das Ganze umgrenzen kleine, aber zahlreiche Waldungen. – Alles Laubholz, und namentlich ein Eichenbestand von tadelloser Schönheit, der die holländische Marine mit Masten versieht – in jedem Baume ein Nest, auf jedem Aste ein lustiger Vogel, und überall eine Frische des Grüns und ein Blätterduft, wie dieses anderwärts nur nach einem Frühlingsregen der Fall ist. – Unter den Zweigen lauschen die Wohnungen hervor, die langgestreckt, mit tief niederragendem Dache, im Schatten Mittagsruhe zu halten und mit halbgeschlossenem Auge nach den Rindern zu schauen scheinen, welche hellfarbig und gescheckt wie eine Damwildherde sich gegen das Grün des Waldbodens oder den blassen Horizont abzeichnen, und in wechselnden

Gruppen durcheinander schieben, da diese Heiden immer Allmenden sind, und jede wenigstens sechzig Stück Hornvieh und darüber enthält. – Was nicht Wald und Heide ist, ist *Kamp*, d.h. Privateigentum, zu Acker und Wiesengrund benützt, und, um die Beschwerde des Hütens zu vermeiden, je nach dem Umfange des Besitzes oder der Bestimmung, mit einem hohen, von Laubholz überflatterten Erdwalle umhegt. – Dieses begreift die fruchtbarsten Grundstrecken der Gemeinde, und man trifft gewöhnlich lange Reihen solcher Kämpe nach- und nebeneinander, durch Stege und Pförtchen verbunden, die man mit jener angenehmen Neugier betritt, mit der man die Zimmer eines dachlosen Hauses durchwandelt. Wirklich geben auch vorzüglich die Wiesen einen äußerst heitern Anblick durch die Fülle und Mannigfaltigkeit der Blumen und Kräuter, in denen die Elite der Viehzucht, schwerer ostfriesischer Rasse, übersättigt wiederkaut, und den Vorübergehenden so träge und hochmütig anschnaubt, wie es nur der Wohlhäbigkeit auf vier Beinen erlaubt ist. Gräben und Teiche durchschneiden auch hier, wie überall, das Terrain, und würden, wie alles stehende Gewässer, widrig sein, wenn nicht eine weiße, von Vergissmeinnicht umwucherte Blütendecke und der aromatische Duft des Münzkrautes dem überwiegend entgegenwirkten; auch die Ufer der träg schleichenden Flüsse sind mit dieser Zierde versehen, und mildern so das Unbehagen, das ein schläfriger Fluss immer erzeugt. – Kurz diese Gegend bietet eine lebhafte Einsamkeit, ein fröhliches Alleinsein mit der Natur, wie wir es anderwärts noch nicht angetroffen. – Dörfer trifft man alle Stunde Weges höchstens eines, und die zerstreuten Pachthöfe liegen so versteckt hinter Wallhecken und Bäumen, dass nur ein ferner Hahnenschrei, oder ein aus seiner Laubperücke winkender Heiligenschein sie dir andeutet, und du dich allein glaubst mit Gras und Vögeln, wie am vierten Tage der Schöpfung, bis ein langsames »Hott« oder »Haar« hinter der nächsten Hecke dich aus dem Traume weckt, oder ein grell anschlagender Hofhund dich auf den Dachstreifen aufmerksam macht, der sich gerade neben dir, wie ein liegender Balken durch das Gestripp des Erdwalls zeichnet. – So war die Physiognomie des Landes bis heute, und so wird es nach vierzig Jahren nimmer sein. – Bevölkerung und Luxus wachsen sichtlich, mit ihnen Bedürfnisse und Industrie. Die kleinern malerischen Heiden werden geteilt; die Kultur des langsam wachsenden Laubwaldes wird vernachlässigt, um sich im Nadelholze einen schnellern Ertrag zu sichern, und bald werden auch hier Fichtenwälder und endlose Getreidseen den Charakter der Landschaft teilweise umgestaltet haben, wie auch ihre Bewohner von den uralten Sitten und Gebräuchen mehr und mehr ablassen; fassen wir deshalb das Vorhandene noch zuletzt in seiner Eigentümlichkeit auf, ehe die schlüpferige Decke, die allmählich Europa überfließt, auch diesen stillen Erdwinkel überleimt hat.

Wir haben diesen Raum des Münsterlandes eine Oase genannt, so sind es auch wieder Steppen, Sand- und Fichtenöden, die uns durch Paderborn, die ehemalige Residenz- und Grenzstadt, in das Bistum gleichen Namens führen, wo die Ebene allmählich zu Hügeln anschwillt, von denen jedoch die höchsten – der jenseitigen Grenze zu – die Höhe eines mäßigen Berges nicht übersteigen. – Hier ist die Physiognomie des Landes bei weitem nicht so anziehend, wie die seiner Bewohner, sondern ein ziemlich reizloser Übergang von der Fläche zum Gebirge, ohne die Milde der ersten oder die Großartigkeit des letzteren, – unabsehbare Getreidfelder, sich über Tal und Höhe ziehend, welche die Fruchtbarkeit des Bodens bezeugen, aber das Auge ermüden, – Quellen und kleine Flüsse, die recht munter laufen, aber gänzlich ohne Geräusch und die phantastischen Sprünge der Bergwässer, – steinichter Grund, der, wo man nur den Spaden einstößt, treffliches Baumaterial liefert, aber nirgends eine Klippenwand vorstreckt, außer der künstlichen des Steinbruchs, – niedere Berge von gewöhnlicher Form, unter denen nur die bewaldeten auf einige Anmut Anspruch machen können, bilden zusammen ein wenig hervorstechendes Ganze. – Selbst der klassische Teutoburger Wald, das einzige zwar nicht durch Höhe, aber durch seine Ausdehnung und mitunter malerischen Formen imposante Waldgebirge, ist in neueren Zeiten so durchlichtet, und nach der Schnur beforstet worden, dass wir nur mit Hülfe der roten (eisenhaltigen) Erde, die fortwährend unter unsern Tritten knistert, sowie der unzähligen fliegenden Leuchtwürmchen, die hier in Sommernächten an jeden Zweig ihr Laternchen hängen, und einer regen Phantasie von »Stein, Gras und Grein« träumen können. – Doch fehlt es dem Lande nicht an einzelnen Punkten, wo das Zusammentreffen vieler kleinen Schönheiten wirklich reizende Partien hervorbringt, an hübschen grünen Talschluchten z. B., von Quellen durchrieselt, wo es sich recht anmutig, und sogar ein wenig schwindelnd, durch die schlanken Stämme bergauf schauen lässt; liegt nun etwa noch ein Schlösschen droben, und gegenüber ein Steinbruch, der fürs Auge so ziemlich die Klippen ersetzt, so wird der wandernde Maler gewiss sein Album hervorlangen, und der benachbarte Flachländer kehrt von seiner Ferienreise mit Stoff zu langen Erzählungen und Nachentzückungen heim; – ein Dorf am Fuße des Berges kann übrigens das Bild nur verderben, da das Bistum Paderborn hiervon ausgemacht die elendesten und rauchigsten Exemplare Westfalens aufzuweisen hat, ein Umstand, zu dem Übervölkerung und Leichtsinn der Einwohner zu gleichen Teilen beitragen.

Haben wir die paderbornsche Grenze – gleichviel ob zur Rechten oder zur Linken – überschritten, so beginnt der hochromantische Teil Westfalens, rechts das geistliche Fürstentum Corvey, links die Grafschaft Mark; ersteres die mit Recht berühmten Weserlandschaften, das andere die gleich schönen Ruhr- und Lenne-Ufer umschließend. – Diese beiden Provinzen zeigen, obwohl der Lage nach getrennt, eine große Verwandtschaft der Natur, nur dass die eine durch segelnde Fahrzeuge, die andere durch das Pochen der Hämmer und Gewerke belebt wird; beide sind gleich lachend und fruchtbar, mit gleich wellenförmigen, üppig belaubten Bergrücken geschmückt, in die sich nach und nach kühnere Formen und Klippenwände drängen, bis die Weserlandschaft wie eine Schönheit, die ihren Scheitelpunkt erreicht hat, allmählich wieder einsinkt und gleichsam abwelkt, während von der Ruhr aus immer kühnere Gebirgsformen in das Herz des Sauerlandes dringen, und sich durch die höchste romantische Wildheit bis zur Öde steigern. Dass die vielbesprochene Porta Westfalica nur einen geringen Beitrag zu jener Bilderreihe steuert, und nur den letzten zweifelhaften beau jour der bereits verblichenen Weserschönheit ausmacht, ist schon öfters gesagt worden; desto reizender ist der Strombord in seinem Knospen, Erblühen und Reifen das Corveyer Ländchen und die anschließenden Striche entlang bis zur kurhessischen Grenze: so sanfte Berghänge und verschwimmende Gründe, wo Wasser und Land sich zu haschen und einander mit ihrer Frische anzuhauchen scheinen; so angenehme Kornfluren im Wechsel mit Wiese und Wald; so kokette Windungen des Stroms, dass wir in einem Garten zu wandeln glauben. – Immer mannigfaltiger wird die Landschaft, immer reicher schattiert von Laub- und Nadelholz, scharfen und wellenschlagenden Linien. – Hinter dem alten Schlosse Wehern und der Türkenruine hebt der Wildberg aus lustigen Hügeln, die ihn wie vom Spiel ermüdete Kinder umlagern, seinen stachligen Sargrücken, und scheint nur den Kathagenberg gegenüber, der ihn wie das Knochengebäude eines vorweltlichen Ungeheuers aus roten Augenhöhlen anstarrt, seiner Beachtung wert zu halten. – Von hier an beginnen die Ufer steil zu werden, mit jeder Viertelstunde steiler, hohler und felsiger, und bald sehen wir von einer stundenlangen, mit Mauern und Geländern eingehegten Klippe die Schiffe unter uns gleiten, klein wie Kinderspielzeug, und hören den Ruf der Schiffer, dünn wie Möwenschrei, während hoch über uns von der Felsterrasse junge Laubzweige niederwinken, wie die Hände schöner Frauen von Burgzinnen. – Bei dem neuantiken Schlosse Herstelle hat die Landschaft ihren Höhepunkt erreicht, und geht, nach einer reichen Aussicht, die Weser entlang, und einem schwindelnden Niederblicke auf das hessische Grenzstädtchen Karlshafen, der Verflachung und überall dem Verfall entgegen.

Diesen ähnliche Bilder bietet die Grafschaft Mark, von gleicher teils sanften, teils kräftiger auftretenden Romantik, und durch die gleichen Mittel. – Doch ist die Landschaft hier belebter, reicher an Quellengeräusch und Echo, die Flüsse kleiner und rascher, und statt Segel bei uns vorbeigleiten zu lassen, schreiten wir selbst an schäumenden Wehren und Mühlrädern vorüber, und hören schon weither das Pochen der Gewerke, denn wir sind in einem Fabriklande. – Auch ist die Gegend anfangs, von der Nähe des Münsterlandes angehaucht, noch milder, die Täler träumerischer, und tritt dagegen, wo sie sich dem eigentlichen Sauerlande nähert, schon kühner auf als die Weser. – Das »*Felsenmeer*« unweit Menden z. B. – ein Tal, wo Riesen mit wüsten Felswürfeln gespielt zu haben scheinen – und die Bergschlucht unter der Schlossruine und der bekannten Tropfsteinhöhle Klusenstein dürfen ungezweifelt einen ehrenvollen Platz im Gebiete des Wildromantischen ansprechen, sonderlich das letzte, und eben diese starr gegeneinander rückenden

Felswände, an denen sich der kaum fußbreite Ziegenpfad windet – oben das alte Gemäuer, in der Mitte der schwarze Höllenschlund, unten im Kessel das Getöse und Geschäum der Mühle, zu der man nur vermittelst Planken und Stege gelangt, und wo es immer dämmert – sollen dem weiland vielgelesenen Spies den Rahmen zu einem seiner schlimmsten Schauerromane (ich glaube die Teufelsmühle im Höllental) geliefert haben. – Doch sind dieses Ausnahmen, die Landschaften durchgängig sanft, und würden, ohne die industrielle Regsamkeit ihrer Bewohner, entschieden träumerisch sein. – Sobald wir die Fläche überschritten, verliert sich indessen das Milde mehr und mehr, und bald begegnet es uns nur noch in einzelnen, gleichsam verirrten Partien, die uns jetzt durch ihre Seltenheit so überraschend anregen, wie früher die kühneren Formen, von denen wir fortan, durch tagelange Wanderungen, fast übersättigt werden. – Der Sauerländer rühmt sich eines glorreichen Ursprungs seiner Benennung – »dieses ist mir ein saures Land geworden«, soll Karl der Große gesagt haben – und wirklich, wenn wir uns durch die, mit Felsblöcken halb verrammelten Schluchten des Binnenlandes winden, unter Wänden her, deren Unersteiglichkeit wir mit schwindelndem Auge messen, und aus denen sich kolossale Balkone strecken, breit und fest genug, eine wilde Berghorde zu tragen, so zweifeln wir nicht an der Wahrheit dieses Worts, mag es nun gesagt sein oder nicht. – Das Gebirge ist wasserreich, und in den Talschlünden das Getöse der niederrauschenden und brodelnden Quellen fast betäubend, wogegen der Vogelgesang in den überhandnehmenden Fichtenwaldungen mehr und mehr erstirbt, bis wir zuletzt nur Geier und Habichte die Felszacken umkreisen sehen, und ihre grellen Diebspfeifen sich hoch in der Luft antworten hören. – Überall starren uns die schwarzen Eingänge der Stollen, Spalten und Stalaktitenhöhlen entgegen, deren Senkungen noch zum Teil nicht ergründet sind, und an die sich Sagen von Wegelagerern, Berggeistern und verhungerten Verirrten knüpfen. – Das Ganze steht den wildesten Gegenden des Schwarzwaldes nicht nach – sonderlich wenn es zu dunkeln beginnt, gehört viel kaltes Blut dazu, um sich eines mindestens poetischen Schauers zu erwehren, wenn das Volk der Eulen und Schuhue in den Spalten lebendig wird, und das Echo ihr Gewimmer von Wand zu Wand laufen lässt, und wenn die hohen Öfen wie glühende Rachen aus den Schluchten gähnen, wirre Funkensäulen über sich aufblasen, und Baum und Gestein umher mit rotem Brandscheine überzittern. – In diesem Stile nimmt die Landschaft immer an Wildheit zu, zuletzt Klippen bietend, auf denen man schon verirrte Ziegen hat tagelang umherschwanken sehen, bis die Zackenform der Berge allmählich kahlen Kegeln weicht, an denen noch wohl im hohen Mai Schneeflecke lagern, der Baumwuchs fast gänzlich eingeht, und endlich bei »Winterberge« die Gegend nur noch das Bild trostloser Öde beut, – kahle Zuckerhutformen, an denen hier und dort ein Fleckchen magerer Hafersaat mehr gilbt als grünt.

II

Wir haben im vorhergehenden den Charakter der Eingebornen bereits flüchtig angedeutet, und gesagt, dass dem gewöhnlichen Einflusse der Natur auf ihre Zöglinge entgegen, am, verhältnismäßig in einem zahmen Lande aufgenährten, Paderbörner der Stempel des Bergbewohners, sowohl moralisch als körperlich, weit entschiedener hervortritt, als an dem, durch seine Umgebungen weit mehr dazu berechtigten Sauerländer. – Der Grund liegt nahe; in den Handelsverhältnissen des letzteren, die seine Heimat den Fremden öffnen, und ihn selbst der Fremde zutreiben, wo unter kaufmännischer Kultur die Sitten, durch auswärtige Heiraten das Blut seines Stammes sich täglich mehr verdünnen, und wir müssen uns eher über die Kraft einer Ader wundern, die, von so vielen Quellen verwässert, doch noch durchgängig einen scharfen, festen Strich zeichnet, wie der Rhein durch den Bodensee. – Der Sauerländer ist ungemein groß und wohlgebaut, vielleicht der größte Menschenschlag in Deutschland, aber von wenig geschmeidigen Formen; kolossale Körperkraft ist bei ihm gewöhnlicher, als Behändigkeit anzutreffen. Seine Züge, obwohl etwas breit und verflacht, sind sehr angenehm, und bei vorherrschend lichtbraunem oder blondem Haare haben doch seine langbewimperten blauen Augen alle den Glanz und den dunkeln Blick der schwarzen. – Seine Physiognomie ist kühn und offen, sein Anstand ungezwungen, sodass man geneigt ist, ihn für ein argloseres Naturkind zu halten, als irgendeinen seiner Mitwestfalen; dennoch ist nicht leicht ein Sauerländer ohne einen starken Zusatz von Schlauheit, Verschlossenheit und praktischer Verstandesschärfe, und selbst der sonst Beschränkteste unter ihnen wird gegen den gescheutesten Münsterländer fast immer praktisch im Vorteil stehen. – Er ist sehr entschlossen, stößt sich dann nicht an Kleinigkeiten, und scheint eher zum Handel und guten Fortkommen geboren, als dadurch und dazu herangebildet. – Seine Neigungen sind heftig aber wechselnd, und so wenig er sie jemands Wunsch zuliebe aufgibt, so leicht entschließt er sich, aus eigener Einsicht oder Grille hierzu. – Er ist ein rastloser und zumeist glücklicher Spekulant, vom reichen Fabrikherrn, der mit vieren fährt, bis zum abgerissenen Herumstreifer, der »Kirschen für Lumpen« ausbietet; und hier findet sich der einzige Adel Westfalens, der sich durch Eisenhämmer, Papiermühlen und Salzwerke dem Kaufmannsstande anschließt. – Obwohl der Konfession nach katholisch, ist das Fabrikvolk doch an vielen Orten bis zur Gleichgültigkeit lau, und lacht nur zu oft über die Scharen frommer Wallfahrter, die vor seinen Gnadenbildern bestäubt und keuchend ihre Litaneien absingen, und an denen ihm der Klang des Geldes, das sie einführen, bei weitem die verdienstvollste Musik scheint. – Übrigens besitzt der Sauerländer manche anziehende Seite; er ist mutig, besonnen, von scharfem aber kühlem Verstande, obwohl im Allgemeinen berechnend, doch aus Ehrgefühl bedeutender Aufopferungen fähig; und selbst der Geringste besitzt einen Anflug ritterlicher Galanterie und einen naiven Humor, der seine Unterhaltung äußerst angenehm für denjenigen macht, dessen Ohren nicht allzu zart sind. – Dass in einem Lande, wo drei Viertel der Bevölkerung, Mann, Weib und Kind, ihren Tag unter fremdem Dache (in den Fabrikstuben) zubringen, oder auf Handelsfüßen das Land durchziehen, die häuslichen Verhältnisse sehr locker, gewissermaßen unbedeutend sind, begreift sich wohl; so wie aus dem Gesagten hervorgeht, dass nicht hier der Hort der Träume und Märchen, der charakteristischen Sitten und Gebräuche zu suchen ist; denn obwohl die Sage manche Kluft und unheimliche Höhle mit Berggeistern, und den Gespenstern Ermordeter, oder in den Irrgängen Verschmachteter bevölkert hat, so lacht doch jedes Kind darüber, und nur der minder beherzte oder phantasiereichere Reisende fährt zusammen, wenn ihm in dem schwarzen Schlunde etwa eine Eule entgegenwimmert, oder ein kalter Tropfen von den Steinzapfen in seinen Nacken rieselt. – Kurz, der Sohn der Industrie besitzt vom Bergbewohner nur die eiserne Gesundheit, Körperkraft und Entschlossenheit, aber ohne den romantischen Anflug und die Phantasie, welche sich an großartigen Umgebungen zu entwickeln pflegen, – er liebt sein Land, ohne dessen Charakter herauszufühlen; er liebt seine Berge, weil sie Eisen und freien Atemzug; seine Felsen, weil sie vortreffliches Material und Fernsichten; seine rauschenden Wasserfälle, weil sie den Fabrikrädern rascheren Umschwung geben, und das Ganze endlich, weil es eben seine Heimat und in dessen Luft ihm am wohlsten ist. – Seine Festlichkeiten sind, nach den Umständen des Gastgebers, den städtischen möglichst nachgebildet; seine Trachten desgleichen. – Alles wie anderwärts, – staubende Chausseen mit Frachtwagen und Einspännern bedeckt, – Wirtshäuser mit Kellnern und gedruckten Speisezetteln, – einzelne Dörfer im tiefsten Gebirge sind noch strohdachig und verfallen genug, die meisten jedoch, nett wie alle Fabrikorte, erhalten allein durch die schwarze Schieferbekleidung und die mit Steinplatten beschwerten Dächer, die man hier der Rauigkeit des Klimas entgegensetzen muss, einen schwachen Anstrich von Ländlichkeit, und nur die Kohlenbrenner in den Waldungen, die bleichen Hammerschmiede vor ihren Höllenfeuern, und die an den Stollen, mit Lederschurz und blitzendem Bleierz auf ihrem Kärrchen aus- und einfahrenden Bergknappen geben der Landschaft hier und dort eine passende Staffage.

Anders ist's im Hochstifte Paderborn, wo der Mensch eine Art wilder Poesie in die sonst ziemlich nüchterne Umgebung bringt, und uns in die Abruzzen versetzen würde, wenn wir Phantasie genug hätten, jene Gewitterwolke für ein mächtiges Gebirge, jenen Steinbruch für eine Klippe zu halten. – Nicht groß von Gestalt, hager und sehnig, mit scharfen, schlauen, tiefgebräunten, und vor der Zeit von Mühsal und Leidenschaft durchfurchten Zügen fehlt dem Paderbörner nur das brandschwarze Haar zu einem entschieden südlichen Aussehen. – Die Männer sind oft hübsch und immer malerisch, die Frauen haben das Schicksal der Südländerinnen, eine frühe, üppige Blüte und ein frühes, zigeunerhaftes Alter. – Nirgends gibt es so rauchige Dörfer, so dachlückige Hüttchen, als hier, wo ein ungestümes Temperament einen starken Teil der Bevölkerung übereilten Heiraten zuführt, ohne ein anderes Kapital, als vier Arme und ein Dutzend zusammengebettelter und zusammengesuchter Balken, aus denen dann eine Art von Koben zusammengesetzt wird, eben groß genug für die Herdstelle, das Ehebett, und allenfalls einen Verschlag, der den stolzen Namen Stube führt, in der Tat aber nur ein ungewöhnlich breiter und hoher Kasten mit einem oder zwei Fensterlöchern ist. – Besitzt das junge Paar Fleiß und Ausdauer, so mögen nach und nach einige Verschläge angezimmert werden; hat es ungewöhnlichen Fleiß und Glück zugleich, so dürfte endlich eine bescheidene Menschenwohnung entstehen, häufig aber lassen Armut und Nachlässigkeit es nicht hierzu kommen, und wir selbst sahen einen bejahrten Mann, dessen Palast zu kurz war, um ausgestreckt darin zu schlafen, seine Beine ein gutes Ende weit in die Straße recken. – Selbst der Roheste ist schlau und zu allen Dingen geschickt, weiß jedoch selten nachhaltigen Vorteil daraus zu ziehen, da er sein Talent gar oft in kleinen Pfiffigkeiten, deren Ertrag er sofort vergeudet, erschöpft, und sich dem Einflusse von Winkeladvokaten hingibt, die ihm über jeden Zaunpfahl einen Prozess einfädeln, der ihn völlig aussaugt, fast immer zur Auspfändung, und häufig von Hof und Haus bringt. – Große Not treibt ihn zu großen Anstrengungen, aber nur bis das dringendste Bedürfnis gestillt ist, – jeder erübrigte Groschen, den der Münsterländer sorglich zurücklegen, der Sauerländer in irgendein Geschäft stecken würde, wird hier am liebsten von dem Kind der Armut sofort dem Wirte und Kleinhändler zugetragen, und die Schenken sind meist gefüllt mit Glückseligen, die sich einen oder ein paar blaue Montage machen, um nachher wieder auf die alte Weise fort zu hungern und taglöhnern. – So verleben leider viele, obwohl in einem fruchtbaren Lande, und mit allen Naturgaben ausgerüstet, die sonst in der Welt voranbringen, ihre Jugend in Armut, und gehen einem elenden Alter am Bettelstabe entgegen. – In ihrer Verwahrlosung dem Aberglauben zugeneigt, glaubt der Unglückliche sehr fromm zu sein, während er seinem Gewissen die ungebührlichsten Ausdehnungen zumutet. – Wirklich stehen auch manche Pflichten seinen mit der Muttermilch eingesogenen Ansichten vom eigenen Rechte zu sehr entgegen, als dass er sie je begreifen sollte, – jene gegen den Gutsherrn zum Beispiel, den er nach seinem Naturrecht gern als einen Erbfeind oder Usurpator des eigentlich *ihm* zuständigen Bodens betrachtet, dem ein echtes Landeskind nur aus List, um der guten Sache willen, schmeichle, und übrigens Abbruch tun müsse, wo es immer könne. – Noch empörender scheinen ihm die Forst- und Jagdgesetze, da ja »unser Herrgott das Holz von selbst wachsen lässt, und das Wild aus einem Lande in das andere wechselt.« – Mit diesem Spruche im Munde glaubt der Frierende sich völlig berechtigt, jeden Förster, der ihn in flagranti überrascht, mit Schnupftabak zu blenden, und wie er kann, mit ihm fertigzuwerden. – Die Gutsbesitzer sind deshalb zu einem erschöpfenden Aufwande an Forstbeamten gezwungen, die den ganzen Tag und manche Nacht durchpatrouillieren, und doch die massivsten Forstfrevel, z. B. das Niederschlagen ganzer Waldstrecken in einer Nacht, nicht immer verhindern können. – Hier scheitern alle Anstrengungen der sehr ehrenwerten Geistlichkeit, und selbst die Versagung der Absolution im Beichtstuhle verliert ihre Kraft, wie bei dem Korsen, wenn es eine Vendetta gilt. – Noch vor dreißig Jahren war es etwas sehr Gewöhnliches, beim Mondscheine langen Wagenreihen zu begegnen, neben denen dreißig bis vierzig Männer hertrabten, das Beil auf der Schulter, den Ausdruck lauernder Entschlossenheit in den gebräunten Zügen, und der nächste Morgen brachte dann gewiss – je nachdem sie mit den Förstern zusammengetroffen, oder ihnen glücklich ausgewichen waren – die Geschichte eines blutigen Kampfs, oder eines grandiosen Waldfrevels. – Die Überwachung der preußischen Regierung hat allerdings dieser Öffentlichkeit ein Ziel gesetzt, jedoch ohne bedeutende Resultate in der Sache selbst, da die Frevler jetzt durch List ersetzen, was sie an Macht einbüßen, und es ist leider eine Tatsache, dass die Holzbedürftigen, sogar Beamte, von Leuten, denen doch, wie sie ganz wohl wissen, kein rechtlicher Splitter eigen ist, ihren Bedarf so ruhig nehmen, wie allerorts Strandbewohner ihren Kaffee und Zucker von den Schmugglern zu nehmen pflegen. – Dass auch dieser letztere Erwerbszweig hier dem Charakter des Besitzlosen zu sehr zusagt, als dass er ihn vernachlässigen sollte, selbst wenn die mehrstündige Entfernung der Grenze ihn mühsam, gefahrvoll und wenig einträglich zugleich machen, lässt sich wohl voraussetzen, und fast bis im Herzen des Landes sehen wir bei abendlichen Spaziergängen kleine Truppen von fünfen oder sechsen, hastig und ohne Gruß, an uns vorüber der Wesergegend zustapfen, und können sie in der Morgendämmerung mit kleinen Bündeln, schweißtriefend und nicht selten mit verbundenem Kopfe oder Arme wieder in ihre Baracken schlüpfen sehen. Zuweilen folgen die Zollbeamten ihnen stundenweit; die Dörfer des Binnenlandes werden durch nächtliche Schüsse und wüstes Geschrei aufgeschreckt, – am nächsten Morgen zeigen Gänge durchs Kornfeld, in welcher Richtung die Schmuggler geflohen; zerstampfte Flächen, wo sie sich mit den Zöllnern gepackt haben, und ein halbes Dutzend Taglöhner lässt sich bei seinem Dienstherren krankmelden. – Ihre Ehen meist aus Leidenschaft, und mit gänzlicher Rücksichtslosigkeit auf äußere Vorteile, geschlossen, würden anderwärts für höchst unglücklich gelten, da kaum eine Barackenbewohnerin ihr Leben beschließt, ohne Bekanntschaft mit dem sogenannten »braunen Heinrich«, dem Stocke nämlich, gemacht zu haben. Sie aber finden es ländlich, sittlich, und leben der Überzeugung, dass eine gute Ehe, wie ein gutes Gewebe, zuerst des *Einschlags* bedarf, um nachher ein tüchtiges Hausleinen zu liefern. Wollten wir eine Zusammenstellung der untern Volksklassen nach den drei Hauptrassen Westfalens wagen, so würden wir sagen: Der Sauerländer freit, wie ein Kaufmann, nämlich nach Geld oder Geschicklichkeit, und führt auch seine Ehe so, – kühl und auf gemeinschaftlichen Erwerb gerichtet. – Der Münsterländer freit wie ein Herrnhuter, gutem Rufe und dem Willen seiner Eltern gemäß, und liebt und trägt seine Ehe, wie ein aus Gottes Hand gefallenes Los, in friedlicher Pflichterfüllung. – Der Paderbörner Wildling aber, hat Erziehung und Zucht nichts an ihm getan, wirbt wie ein derbes Naturkind mit allem Ungestüm seines heftigen Blutes. Mit seinen und den Eltern seiner Frau muss es daher auch oft zu heftigen Auftritten kommen. Er geht unter die Soldaten, oder er läuft Gefahr, zu verkommen, wenn seine Neigung unerwidert bleibt. Die Ehe wird in diesen dürftigen Hütten den Frauen zum wahren Fegfeuer, bis sie sich zurechtgefunden; Fluch- und Schimpfreden haben, wie bei den Matrosen, einen großen Teil ihrer Bedeutung verloren, und lassen eine rohe Art aufopfernder Liebe wohl neben sich bestehen. Über das Verderbnis der dienenden Klassen wird sehr geklagt; jedes noch so flüchtige Verhältnis zwischen den zwei Geschlechtern müsse streng überwacht werden von denen, die ihr Haus rein von Skandal, und ihre weiblichen Dienstboten in dienstfähigem Zustande zu erhalten wünschen; selbst die Unteraufseher, Leute von gesetzten Jahren und sonst streng genug, schienen taub und blind, sobald nicht ein Verlöbnis, sondern nur der Glaube an eine ernstliche Absicht vorhanden sei – »die beiden freien sich« – und damit seien alle Schranken gefallen, obwohl aus zwanzig solcher Freiereien kaum eine Ehe hervorgehe und die Folgen davon den Gemeinden zur Last fielen. Auch die Branntweinpest fordert hier nicht wenige Opfer, und bei diesem heftigen Blut wirkt das Übermaß umso wilder und gefährlicher. Diese Verwahrlosung ist umso mehr zu beklagen, da es auch dem letzten nicht leicht an Talenten und geistigen Mitteln gebricht, und seine schlaue Gewandtheit, sein Mut, seine tiefen, einbohrenden Leidenschaften, und vor allem seine reine Nationalität, verbunden mit dem markierten Äußern, ihn zu einem allerdings würdigen Gegenstande der Aufmerksamkeit machen. – Alter Gebräuche bei Festlichkeiten gibt es wenige, und in seltner Anwendung, da der Paderborner jedem Zwange zu abgeneigt ist, als dass er sich eine Lust durch etwas, das nach Zeremoniell schmeckt, verderben sollte. – Bei den Hochzeiten z. B. fällt wenig Besonderes vor, das allwärts bekannte Schlüssel- und Brotüberreichen findet auch hier statt, d. h. wo es, außer einer alten Truhe, etwas gibt, was des Schlüssels bedürfte, – nachher geht jeder seinem Jubel bei Tanz und Flasche nach, bis sich alles zum »Papen von Istrup« stellt, einem beliebten Nationaltanz, einem Durcheinanderwirbeln und Verschlingen, was erst nach dem Lichtanzünden beginnt, und dem »Reisenden für Völker- und Länderkunde« den Zeitpunkt angibt, wo es für ihn geratener sein möchte, sich zu entfernen, da fortan die Aufregung der Gäste bis zu einer Höhe steigt, deren Kulminationspunkt nicht vorauszuberechnen ist. – Ist die Braut eine echte »Flüggebraut«, eine Braut in Kranz und fliegenden Haaren, so tritt sie gewiss stolz, wie eine Fürstin, auf, und dieses glorreiche Familienereignis wird noch der Ruhm ihrer Nachkommen, die sich dessen wohl zu rühmen wissen, wie stattlich sie mit Spiegeln und Flittergold in den Haaren einhergestrahlt sei. – Lieber als eine Hochzeit ist dem Paderbörner noch die Fastnacht, an derem ersten Tage (Sonntag, Estomihi) der Bursche dahersteigt, in der Hand, auf goldenem Apfel, einen befiederten Hahn aus Brotteig, den er seiner Liebsten verehrt, oder auch der Edelfrau, nämlich, wenn es ihm an Geld für die kommenden nassen Tage fehlt. – Am Montag ist der Jubel im tollsten Gange, selbst Bettler, die nichts anderes haben, hängen ihr geflicktes Betttuch über den Kopf, und binden einen durchlöcherten Papierbogen vors Gesicht, und diese machen, wie sie mit ihren, aus der weißen Umrändung blitzenden Augen und langen Nasenschnäbeln die Mauern entlangtaumeln, einen noch grausigeren Eindruck, wie die eigentlichen Maskenzüge, die in scheußlichen Verkleidungen mit Geheul und Hurra auf Ackergäulen durch die Felder galoppieren, alle hundert Schritte einen Sandreuter zurücklassend, der ihnen wüst nachjohlt, oder als ein hinkendes Ungetüm ins Dorf zurückächzt. Sehr beliebt ist auch das Schützenfest, zum Teil der Ironie wegen, da an diesem Tage der »Wildschütz« vor dem Auge der sein Gewerb ignorierenden Herrschaft mit seinem sichern Blicke und seiner festen Hand paradieren darf, und oft der schlimmste Schelm, dem die Förster schon wochenlang nachstellten, dem gnädigen Fräulein Strauß und Ehrenschärpe als seiner Königin überreicht, und mit ihr die Zeremonie des ersten Tanzes durchmacht. – Ihm folgt am nächsten Tage das Frauenschießen, eine galante Sitte, die man hier am wenigsten suchen sollte, und die sich anmutig genug ausnimmt. Morgens in aller Frühe ziehen alle Ehefrauen der Gemeinde, unter ihnen manche blutjunge und hübsche, von dem Edelhofe aus, in ihren goldenen Häubchen und Stirnbinden, bebändert und bestraußt, jede mit dem Gewehr ihres Mannes über die Schultern. – Voran die Frau des Schützenkönigs mit den Abzeichen ihrer Würde, den Säbel an der Seite, wie weiland Maria Theresia auf den Kremnitzer Dukaten; ihr zunächst die Fähnderichin mit der weißen Schützenfahne; – auf dem Hofe wird haltgemacht, die Königin zieht den Säbel, kommandiert – rechts – links – kurz alle militärischen Evolutionen; dann wird die Fahne geschwenkt, und das blanke Regiment zieht mit einem feinen Hurra dem Schießplatze zu, wo jede – manche mit der zierlichsten Koketterie – ihr Gewehr ein paarmal abfeuert, und unter klingendem Spiele der Schenke zu marschieren, wo es heute keinen König gibt, sondern nur eine Königin und ihren Hof, die alles anordnen, und von denen sich die Männer heute alles gefallen lassen. –

Einen gleich starken Gegensatz zu den derben Sitten des Landes gibt der Beginn des Erntefestes. – Dieses wird nur auf Edelhöfen und großen Pachtungen im altherkömmlichen Stile gefeiert. – Der voranschreitenden Musik folgt der Erntewagen mit dem letzten Fuder, auf dessen Garben die Großmagd thront, über sich auf einer Stange den funkelnden Erntekranz, – dann folgen sämtliche Dienstleute, paarweise, mit gefalteten Händen, die Männer barhaupt, so ziehen sie langsam über das Feld dem Edelhofe zu, das Tedeum nach der schönen, alten Melodie des katholischen Ritus absingend, ohne Begleitung, aber bei jedem dritten Verse von den Blasinstrumenten abgelöst, was sich überaus feierlich macht, und gerade bei diesen Menschen, und unter freiem Himmel etwas wahrhaft Ergreifendes hat. – Im Hofe angelangt, steigt die Großmagd ab, und trägt ihren Kranz mit einem artigen Spruche zu jedem Mitgliede der Familie, vom Hausherrn an bis zum kleinsten Jünkerchen auf dem Schaukelpferde, dann wird er über das Scheuertor an die Stelle des vorigjährigen gehängt, und die Lustbarkeit beginnt. – Obwohl sich keiner ausgezeichneten Singorgane erfreuend, sind die Paderbörner doch überaus gesangliebend; überall – in den Spinnstuben – auf dem Felde – hört man sie quinkelieren und pfeifen, – sie haben ihre eigenen Spinn-, ihre Acker-, Flachsbrech- und Rauflieder, – das letzte ist ein schlimmes Spottlied, was sie, nach dem Takte des Raufens, jedem Vorübergehenden aus dem Stegreif zusingen. – Sonderlich junge Herren, die sich, dem Verhältnisse nach, zu Freiern ihrer Fräulein qualifizieren, können darauf rechnen, nicht ungeneckt vorbeizukommen, und sich von zwanzig bis dreißig Stimmen nachkrähen zu hören: »He! he! he! er ist ihr zu dick, er hat kein Geschick«, – oder: »Er ist ihr zu arm, dass Gott erbarm! Den Quinkel den quank, der Vogel der sang, das Jahr ist lang, oh! oh! oh! lasst ihn gehn!« – Überhaupt rühmen sie sich gern, wo es ihnen Anlass zum Streit verspricht, ihrer Herrschaft, als ob sie aus Gold wäre; stehen auch in ernsteren Fällen, aus demselben Grunde, bisweilen zu ihr gleich dem Besten, und es ist hier, wie bei der Pariser Polizei, nichts Ungewöhnliches, die schlimmsten »Wildschützen« nach einigen Jahren als Forstgehilfen wiederzufinden, denen es alsdann ein Herzensgaudium ist, sich mit ihren alten Kameraden zu raufen, und den bekannten Listen neue entgegenzusetzen; und noch vor Kurzem packten ein Dutzend solcher Praktiker ihren Herzensfreund, den Dorfschulmeister, der sie früher in der Taktik des »Holzsuchens« unterrichtet hatte, wie er eben daran war, die dritte oder vierte Auflage der Rekruten einzuüben, etwa achtzig barfüßige Schlingel nämlich, die, wie junge Wölfe, zuerst mit dem Blutaussaugen anfangen, mit ihren krummen Messern kunstfertig in dem jungen Schlag wüteten, während der Pädagog, von einer breiten Buche herab, das Kommando führte. – Wir haben bereits den Volksaberglauben erwähnt; dieser äußert sich, neben der Gespensterfurcht und dem Hexenglauben, vorzugsweise in sympathetischen Mitteln und dem sogenannten Besprechen, einem Akt, der manches zu denken gibt, und dessen wirklich seltsame Erfolge sich durch bloßes Hinwegleugnen keineswegs beseitigen lassen. Wir selbst müssen gestehen, Zeugen unerwarteter Resultate gewesen zu sein. – Auf die Felder, die der Besprecher mit seinem weißen Stäbchen umschritten, und die Scholle eines verpfändeten Ackers darauf geworfen hat, wagt sich in der Tat kein Sperling, kein Wurm, fällt kein Mehltau, und es ist überraschend, diese Strecken mit schweren, niederhangenden Ähren zwischen weiten Flächen leeren Strohes zu sehen. Ferner, ein prächtiger Schimmel, arabischer Rasse, und überaus feurig, war, zu einem übermäßigen Sprunge gespornt, gestürzt, und hatte sich die Zunge dicht an der Wurzel durchgebissen. – Da das Schlagen des wütenden Tieres es in den ersten Tagen unmöglich machte, der Wunde beizukommen, war der Brand hinzugetreten, und ein sehr geschickter Arzt erklärte das schöne Pferd für rettungslos verloren. – Jetzt ward zur »Waffensalbe« geschritten, – keinem Arzneimittel, wie man wahrscheinlich glauben wird, sondern einem geheimnisvollen, mir unbekannt gebliebenen Gebrauch, zu dessen Behuf dem mehrere Stunden entfernten Besprecher nur ein von dem Blut des Tieres beflecktes Tuch gesandt wurde. – Man kann sich denken, welches Vertrauen ich in dieses Mittel setzte! – Am nächsten Tage wurde das Tier jedoch so ruhig, dass ich dieses als ein Zeichen seiner nahenden Auflösung ansah, – am folgenden richtete es sich auf, zerbiss und verschluckte, obwohl etwas mühsam, einige Brotscheiben ohne Rinde, – am dritten Morgen sahen wir, zu unserm Erstaunen, dass es sich über das in der Raufe befindliche Futter hergemacht, und einen Teil desselben bereits verzehrt hatte, während nur ein behutsames Auswählen der weicheren Halme, und ein leises Zucken um Lippen und Nüstern die Empfindlichkeit der, wie wir uns durch den Augenschein überzeugen mussten, völlig geschlossenen Wundstelle andeuteten; und seitdem habe ich den schönen Araber manches Mal, frisch und feurig, wie zuvor, mit seinem Reiter durchs Feld stolzieren sehen. – Dergleichen und Ähnliches fällt täglich vor, und hiebei ist die Annäherung des Besprechers oder seines Mittels an den zu besprechenden Gegenstand immer so gering (in manchen Fällen, wie dem eben genannten, fällt sie gänzlich fort), dass eine Erklärung durch natürlich wirkende Essenzen hier keine Statt haben kann, so wie die vielbesprochene Macht der Phantasie bei Tieren, Kräutern und selbst Gestein wegfallen muss, und dem Erklärer wohl nur die Kraft des menschlichen Glaubens, die magnetische Gewalt eines festen Willens über die Natur als letztes Auskunftsmittel bleiben dürfte. – Folgenden Vorfall haben wir aus dem Munde eines glaubwürdigen Augenzeugen: In dem Garten eines Edelhofes hatte die grüne Kohlraupe dermaßen überhandgenommen, dass der Besitzer, obwohl Protestant, in seinem Überdrusse endlich zum Besprecher schickte. – Dieser fand sich alsbald ein, umschritt die Gemüsefelder, leise vor sich hin murmelnd, wobei er mit seinem Stäbchen hier und dort einen Kohlkopf berührte. Nun stand unmittelbar am Garten ein Stallgebäude, an dessen schadhaftem Dache einige Arbeiter flickten, die sich den Spaß machten, den Zauberer durch Spottreden, hinabgeworfene Kalkstückchen etc. zu stören. – Nachdem dieser sie wiederholt gebeten hatte, ihn nicht zu irren, sagte er endlich: »Wenn ihr nicht Ruhe haltet, so treibe ich euch die Raupen auf das Dach«, und als die Neckereien dennoch nicht aufhörten, ging er an die nächste Hecke, schnitt eine Menge fingerlanger Stäbchen, stellte sie horizontal an die Stallmauer und entfernte sich. – Alsbald verließen sämtliche Raupen ihre Pflanzen, krochen in breiten, grünen Kolonnen über die Sandwege, an den Stäbchen die Mauer aufwärts, und nach einer halben Stunde hatten die Arbeiter das Feld geräumt, und standen im Hofe, mit Ungeziefer besäet, und nach dem Dache deutend, was wie mit einer grünen, wimmelnden Decke überzogen war. – Wir geben das eben Erzählte übrigens keineswegs als etwas Besonderes, da die oben berührte Erklärung, durch auf den Geruch wirkende Essenzen, hier am ersten stattfinden dürfte, sondern nur als ein kleines Genrebild aus dem Tun und Treiben eines phantasiereichen und eben besprochenen Volkes. – Ehe wir von diesem zu andern übergehen, erlauben wir uns noch zum Schlusse die Mitteilung einer vor etwa vierzig Jahren vorgefallenen Szene, die allerdings unter der jetzigen Regierung nicht mehr stattfinden könnte, jedoch den Charakter des Volks zu anschaulich darstellt, als dass wir sie am ungeeigneten Orte glauben sollten. – Zu jener Zeit stand den Gutsbesitzern die niedere Gerichtsbarkeit zu, und wurde mitunter streng gehandhabt, wobei sich, wie es zu gehen pflegt, der Untergebene mit der Härte des Herrn, der Herr mit der Böswilligkeit des Untergebenen entschuldigte, und in dieser Wechselwirkung das Übel sich fortwährend steigerte. Nun sollte der Vorsteher (Meier) eines Dorfes, allzu grober Betrügereien und Diebstähle halber, seines Amts entsetzt werden. – Er hatte sich manchen verpflichtet, manchen bedrückt, und die Gemeinde war in zwei bittere Parteien gespalten. – Schon seit mehreren Tagen war eine tückische Stille im Dorfe bemerkt worden, und als am Gerichtstage der Gutsherr, aus Veranlassung des Unwohlseins, seinen Geschäftsführer bevollmächtigte, in Verein mit dem eigentlichen Justitiar, die Sache abzumachen, war den beiden Herren diese Abänderung keineswegs angenehm, da ihnen wohl bewusst war, dass der Bauer seine Herrschaft zwar hasst, jeden Städter aber, und namentlich »das Schreibervolk« aus tiefster Seele verachtet. Ihre Besorgnis ward nicht gemindert, als einige Stunden vor der Sitzung ein Schwarm barfüßiger Weiber in den Schlosshof zog, wahre Poissarden, mit fliegenden Haaren und Kindern auf dem Arm, sich vor dem Hauptgebäude zusammendrängte, und wie ein Nest junger Teufel zu krähen anfing: »Wir revoltieren! wir protestieren! wir wollen den Meier behalten! unsere Kerle sind auf dem Felde und mähen, und haben uns geschickt, wir revoltieren!« – Der Gutsherr trat ans Fenster und rief hinaus: »Weiber! macht euch fort, der Amtmann (Justitiar) ist noch nicht da«, worauf der Schwarm sich allmählich, unter Geschrei und Fluchen, verlor. – Als nach einigen Stunden die Sitzung begonnen hatte, und die bereits abgehaltenen Verhöre verlesen wurden, erhob sich unter den Fenstern des Gerichtslokals ein dumpfes, vielstimmiges Gemurmel, was immer zunahm, – dann drängten sich ein paar starkknochige Männer in die Stube, – wieder andere, in kurzem war sie zum Ersticken überfüllt. – Der Justitiar, an solche Auftritte gewöhnt, befahl ihnen mit ernster Stimme hinauszugehen; – sie gehorchten wirklich, stellten sich aber, wie er ganz wohl sah, an der Türe auf; zugleich bemerkte er, dass einige, mit grimmigem Blicke auf die Gegenpartei, ihre Kittel lüfteten, und kurze, schwere Knittel sichtbar werden ließen, was von der andern Seite mit einer ähnlichen Pantomime erwidert wurde. – Dennoch las er das Urteil mit ziemlicher Fassung ab, und schritt dann, seinen Gefährten am Kleide zupfend, hastig der Türe zu. – Dort aber drängten sich die Außenstehenden hinein, und ließen ihre Knittel spielen, und – dass wir es kurz machen – die heilige Justiz musste froh sein, die Nähe eines Fensters zu einem etwas unregelmäßigen Rückzuge benutzen zu können. – Dem Gutsherrn war indessen durch den sich allmählich nach außen ziehenden Tumult die Lage der Dinge bereits klar geworden, und er hatte die Schützengilde aufbieten lassen, lauter Angehörige der Beteiligten, die sich freuten, bei dieser schönen Gelegenheit auch einmal darauf loswaschen zu können. – Sie waren eben aufmarschiert, als die Sturmglocke erschallte. – Einige Schützen rannten nun spornstreichs in den Turm, wo sie ein altes Weib fanden, das aus Leibeskräften den Strang zog, sofort aber gepackt und auf Umwege ins Hundeloch spediert wurde. Indessen stand der Gutsherr am Fenster, und überwachte mit seinem Tubus die Wege, welche zu den berüchtigtsten Dörfern führten, und nicht lange, so sah er es von allen Bergen herunterwimmeln, wie die Beduinenschwärme, er konnte deutlich die Knitteln in ihren Händen unterscheiden, und an ihren Gebärden sehen, wie sie sich einander riefen und zuwinkten. Schnell besonnen, warf er einen Blick auf die Windfahne des Schlossturms, und nachdem er sich überzeugt hatte, dass die Luft den Lärm nicht bis zu der Stelle führe, wo die Kommenden etwa in einer Viertelstunde angelangt sein konnten, wurden eilends einige zuverlässige Leute abgefertigt, die in Hemdärmeln, mit Sense und Rechen, wie Arbeiter, die aufs Feld ziehen, den verschiedenen Trupps entgegenschlendern und ihnen erzählen mussten, das Geläute im Dorfe habe einem brennenden Schlote gegolten, der aber bereits gelöscht sei. – Die List gelang, alle trollten sich fluchend heim, während drinnen die Schützengilde auch ihr Bestes mit Faust und Kolben tat, und so der ganze Skandal mit einigen ernstlich Verwundeten und einem Dutzend ins Loch Gesteckten endigte, zwei Drittel der Gemeinde aber eine Woche lang wie mit Pestbeulen behaftet aussahen, und eine besondere Schwerfälligkeit in ihren Bewegungen zeigten. – Ähnliche Auftritte waren früher so gewöhnlich, wie das tägliche Brot; noch heute, trotz des langjährigen Zwanges, ist der gemeine Mann innerlich nicht um ein Haar breit von seinen Gelüsten und Ansichten abgewichen, er kann wohl niedergehalten werden, die Glut wird aber unter der Asche immer fortglimmen. – Erhöhter Wohlstand würde einiges mildern, wären nicht Leichtsinn und die Leidenschaft, welche zuerst eine dürftige Bevölkerung zuwege bringen, deren geringes Eigentum Schenkwirten und Winkeladvokaten zur Beute wird. – Dennoch kann man sich des Bedauerns mit einem Volke nicht enthalten, das mit Kraft, Scharfsinn und Ausdauer begabt, und im Besitze eines gesegneten Bodens, in so vielen seiner Glieder den traurigsten Verhältnissen anheimgefallen ist.

III

Selten mögen wenige Meilen einen so raschen Übergang hervorbringen, als jene, welche die Grenzstriche Paderborns und seines frommen Nachbarlandes, des Bistums Münster, bilden. – Noch vor einer Stunde, hinter dem nächsten Hügel, haben kleine, schwarzbraune Schlingel, die, im halben Naturzustande, ihre paar mageren Ziegen weniger hüteten, als bei ihnen diebswegen Wache standen, auf deine Frage nach dem Wege, dich zuerst durch verstelltes Missverstehen und Witzeleien gehöhnt, und dir dann unfehlbar einen Pfad angegeben, wo du wie eine Unke im Sumpfe, oder ein Abrahams-Widder in den Dornen gesteckt hast, – d. h. wenn du nicht mit Geld klimpertest, denn in diesem Falle haben nicht einer, sondern sämtliche Buben ihre Ziegen, um sie desto sicherer wiederzufinden, ins Kornfeld getrieben, und mindestens ein Dutzend Zäune zerbrochen und Pfähle ausgerissen, um dir den nächsten Weg zu bahnen, und du hast dich, übel und böse, zu einer vierfachen Abfindung entschließen müssen, – und jetzt stehst du, wie ein Amerikaner, der soeben den Wigwams der Irokesen entschlüpft ist, und die ersten Einfriedigungen einer Herrnhuterkolonie betritt, vor ein paar runden Flachsköpfen, in mindestens vier Kamisölern, Zipfelmützen, Wollstrümpfen und den landesüblichen Holzschuhen, die ihre Kuh ängstlich am Stricke halten, und vor Schrecken aufschreien, wenn sie nach einer Ähre schnappt. – Ihre Züge, deren Milchhaut die Sonne kaum hat etwas anhaben können, tragen so offen den Ausdruck der gutmütigsten Einfalt, dass du dich zu einer nochmaligen Nachfrage entschließest. »Herr!«, sagt der Knabe, und reicht dir eine Kusshand, »das Ort weiß ich nicht«; – du wendest dich an seinen Nachbarn, der gar nicht antwortet, sondern dich nur anblinzt, als dächte er, du wolltest ihn schlagen. – »Herr!«, nimmt der erstere wieder das Wort, »*der* weiß es auch nicht«; verdrießlich trab du fort, aber die Knaben haben zusammen geflüstert, und der große Redner kömmt dir nachgeklappert. »Meint der Herr vielleicht –?« (hier nennt er den Namen des Orts im Volksdialekt) – auf deine Bejahung stampft er herzhaft vor dir her, immer nach seinen Kameraden umschauend, die ihm mit ihren Augen den Rücken decken, bis zum nächsten Kreuzweg, dann hastig mit der Hand eine Richtung bezeichnend, springt er fort, so schnell es sich in Holzschuhen galoppieren lässt, und du steckst deinen Dreier wieder ein, oder wirfst ihn in den Sand, wo die kleinen Heidläufer, die dich aus der Ferne beobachten, ihn schon nicht werden umkommen lassen. – In diesem Zuge hast du den Charakter des Landvolks in nuce, – Gutmütigkeit, Furchtsamkeit, tiefes Rechtsgefühl, und eine stille Ordnung und Wirtlichkeit, die, trotz seiner geringen Anlage zu Spekulationen und glücklichen Gedanken, ihm doch einen Wohlstand zuwege gebracht hat, der selbst den seines gewerbtreibenden Nachbars, des Sauerländers, weit übertrifft. – Der Münsterländer heiratet selten, ohne ein sicheres Auskommen in der Hand zu haben, und verlässt sich, wenn ihm dieses nicht beschieden ist, lieber auf die Milde seiner Verwandten, oder seines Brotherrn, der einen alten Diener nicht verstoßen wird; und wirklich gibt es keine, einigermaßen bemittelte Wirtschaft, ohne ein paar solcher Segenbringer, die ihre müden Knochen auf dem besten Platze, am Herde, auswärmen. – Die illegitime Bevölkerung ist gar nicht in Anschlag zu bringen, obwohl jetzt eher, als wie vor dreißig Jahren, wo wir in einer Pfarre von fünftausend Seelen ein einziges uneheliches Kind antrafen, einen Burschen von 25 Jahren, den, zurzeit der Demarkationslinie, ein fremder Feldwebel einem armen Dienstmädchen als trauriges Andenken hinterlassen hatte. – Bettler gibt es unter dem Landvolke nicht, weder dem Namen, noch der Tat nach, sondern nur in jeder Gemeinde einige »arme Männer, arme Frauen«, denen in bemittelten Häusern nach der Reihe die Kost gereicht wird, wo dann die nachlässigste Mutter ihr Kind strafen würde, wenn es an dem »armen Manne« vorüberging, ohne ihn zu grüßen. – So ist Raum, Nahrung und Frieden für alle da, und die Regierung möchte gern zu einer stärkern Bevölkerung anregen, die aber gewiss traurige Folgen haben würde, bei einem Volke, was wohl ein Eigentum verständig zu bewirtschaften weiß, dem es aber zum Erwerbe mit leerer Hand gänzlich an Geschick und Energie fehlt, und das Sprichwort: »Not lehrt beten« (resp. arbeiten), würde sich schwerlich hinlänglich hier bewähren, wo schon die laue, feuchte Luft den Menschen träumerisch macht, und seine Schüchternheit zum Teil körperlich ist, sodass man ihn nur anzusehen braucht, um das langsame Rollen seines Blutes gleichsam mitzufühlen.

Der Münsterländer ist groß, fleischig, selten von starker Muskelkraft; – seine Züge sind weich, oft äußerst lieblich, und immer durch einen Ausdruck von Güte gewinnend, aber nicht leicht interessant, da sie immer etwas Weibliches haben, und selbst ein *alter* Mann oft frauenhafter aussieht, als eine Paderbörnerin in den mittleren Jahren, – die helle Haarfarbe ist durchaus vorherrschend; man trifft alte Flachsköpfe, die vor Blondheit nicht haben ergrauen können. – Dieses und alles Dazugehörige – die Hautfarbe – blendendweiß und rosig, und den Sonnenstrahlen bis ins überreife Alter widerstehend. Die lichtblauen Augen, ohne kräftigen Ausdruck – das feine Gesicht mit fast lächerlich kleinem Munde, hierzu ein oft sehr anmutiges und immer wohlwollendes Lächeln, und schnelles Erröten stellen die Schönheit beider Geschlechter auf sehr ungleiche Waage, – es gibt nämlich fast keinen Mann, den man als solchen wirklich schön nennen könnte, während unter zwanzig Mädchen wenigstens fünfzehn als hübsch auffallen, und zwar in dem etwas faden, aber doch lieblichen Geschmacke der englischen Kupferstiche. – Die weibliche Landestracht ist mehr wohlhäbig, als wohlstehend, recht viele Tuchröcke mit dicken Falten, recht schwere Goldhauben und Silberkreuze an schwarzem Sammetbande, und bei den Ehefrauen Stirnbinden von möglichst breiter Spitze, bezeichnen hier den Grad des Wohlstandes; da selten jemand in den Laden geht, ohne die nötigen blanken Taler in der Hand, und noch seltner durch Putzsucht das richtige Verhältnis zwischen der Kleidung und dem ungeschnittenen Leinen und andern häuslichen Schätzen gestört wird. – Der Hausstand in den, zumeist vereinzelt liegenden Bauernhöfen ist groß, und in jedem Betracht reichlich, aber durchaus bäurisch. – Das lange Gebäude von Ziegelsteinen, mit tief niederragendem Dache, und von der Tenne durchschnitten, an der zu beiden Seiten eine lange Reihe Hornvieh, ostfriesischer Rasse, mit ihren Ketten klirrt, – die große Küche, hell und sauber, mit gewaltigem Kamine, unter dem sich das ganze Hauspersonale bergen kann; – das viele, zur Schau gestellte blanke Geschirr, und die absichtlich an den Wänden der Fremdenstube aufgetürmten Flachsvorräte erinnern ebenfalls an Holland, dem sich überhaupt diese Provinz, was Wohlstand und Lebensweise betrifft, bedeutend nähert, obwohl Abgeschlossenheit und gänzlich auf den innern Verkehr beschränktes Wirken ihre Bevölkerung von all den sittlichen Einflüssen, denen handelnde Nationen nicht entgehen können, so frei gehalten haben, wie kaum einen andern Landstrich. Ob starke Reibungen mit der Außenwelt dem Münsterländer den Mut und die Betriebsamkeit des Batavers, – ein patriarchalisches Leben diesem die Sitteneinfalt und Milde des Münsterländers geben könnten, müssen wir dahingestellt sein lassen, bezweifeln es aber, – jetzt mindestens sind sie sich in den Zügen, die man als die nationellsten beider anzuführen pflegt, fast feindlich entgegengesetzt, und verachten sich auch gegenseitig, wie es Nachbarn zukömmt. Wir haben schon früher von dem überaus friedlichen Eindrucke eines münsterischen Gehöftes gesprochen. – In den Sommermonaten, wo das Vieh im Felde ist, vernimmst du keinen Laut außer dem Bellen des sich an seiner Kette abzappelnden Hofhundes, und wenn du dicht an der offenen Haustüre herschreitest, das leise Zirpen der in den Mauernesseln aus- und einschlüpfenden Küchlein, und den gemessenen Pendelschwung der Uhr, mit dessen Gewichten ein paar junge Kätzchen spielen; – die im Garten jätenden Frauen sitzen so still gekauert, dass du sie nicht ahndest, wenn ein zufälliger Blick über den Hagen sie dir nicht verrät, und die schönen, schwermütigen Volksballaden, an denen diese Gegend überreich ist, hörst du etwa nur auf einer nächtlichen Wanderung durch das Schnurren der Spinnräder, wenn die blöden Mädchen sich vor jedem Ohre gesichert glauben. – Auch auf dem Felde kannst du im Gefühl der tiefsten Einsamkeit gelassen fortträumen, bis ein zufälliges Räuspern, oder das Schnauben eines Pferdes dir verrät, dass der Schatten, in den du soeben trittst, von einem halbbeladenen Erntewagen geworfen wird, und du mitten durch zwanzig Arbeiter geschritten bist, die sich weiter nicht wundern, dass der »nachdenkende Herr« ihr Hutabnehmen nicht beobachtet hat, da er, nach ihrer Meinung, »andächtig ist«, d. h. den Rosenkranz aus dem Gedächtnisse hersagt. – Diese Ruhe und Einförmigkeit, die aus dem Innern hervorgehen, verbreiten sich auch über alle Lebensverhältnisse. – Die Toten werden mäßig betrauert, aber nie vergessen, und alten Leuten treten noch Tränen in die Augen, wenn sie von ihren verstorbenen Eltern reden. – An den Eheschlüssen hat frühere Neigung nur selten teil, Verwandte und achtbare Freunde empfehlen ihre Lieblinge einander, und das Fürwort des Geachtetsten gibt in der Regel den Ausschlag, – so kömmt es, dass manches Ehepaar sich vor der Kopulation kaum einmal gesehen hat, und unter der französischen Regierung kam nicht selten der lächerliche Fall vor, dass Sponsen, die meilenweit hergetrabt waren, um für ihre Bräute die nötigen Scheine bei der Behörde zu lösen, weder Vor- noch Zunamen derjenigen anzugeben wussten, die sie in der nächsten Woche zu heiraten gedachten, und sich höchlich wunderten, dass die Bezeichnung als Magd oder Nichte irgendeines angesehenen Gemeindegliedes nicht hinreichend gefunden wurde. – Dass unter diesen Umständen die möglichst große Anzahl der Anträge noch ehrenvoller und für den Ruf entscheidender ist, als anderwärts, begreift sich, und wir selbst wohnten der Trauung eines wahren Kleinodes von Brautpaaren bei, wo der Bräutigam unter achtundzwanzigen, die Braut unter zweiunddreißigen gewählt hatte. Trotz der vorläufigen Verhandlungen ist jedoch selbst der Glänzendste hier seines Erfolgs nicht sicher, da die Ehrbarkeit ein bestimmtes Eingehen auf die Anträge des Brautwerbers verbietet, und jetzt beginnt die Aufgabe des Freiers. – Er tritt an einem

Nachmittage in das Haus der Gesuchten, und zwar jedes Mal unter dem Vorwande, seine Pfeife anzuzünden, – die Hausfrau setzt ihm einen Stuhl, und scharrt schweigend die Glut auf, dann knüpft sie ein gleichgültiges Gespräch an vom Wetter, den Kornfrüchten etc., und nimmt unterdessen eine Pfanne vom Gesimse, die sie sorgfältig scheuert und über die Kohlen hängt. – Jetzt ist der entscheidende Augenblick gekommen. – Sieht der Freier die Vorbereitungen zu einem Pfannenkuchen, so zieht er seine dicke silberne Uhr hervor, und behauptet, sich nicht länger aufhalten zu können, werden aber Speckschnitzel und Eier in die Pfanne gelegt, so rückt er kühnlich mit seinem Antrage heraus, die jungen Leute wechseln »die Treue«, nämlich ein Paar alter Schaumünzen, und der Handel ist geschlossen.

Einige Tage vor der Hochzeit macht der Gastbitter mit ellenlangem Spruche seine Runde, oft meilenweit, da hier, wie bei den Schotten, das verwandte Blut bis in das entfernteste Glied, und bis zum Ärmsten hinab, geachtet wird. – Nächst diesem dürfen vor allem die sogenannten Nachbarn nicht übergangen werden, drei oder vier Familien nämlich, die vielleicht eine halbe Meile entfernt wohnen, aber in uralten Gemeinderegistern, aus den Zeiten einer noch viel sparsameren Bevölkerung, als »Nachbarn« verzeichnet stehen, und gleich Prinzen vom Geblüte vor den näheren Seitenverbindungen, so auch ihre Rechte und Verpflichtungen vor den, vielleicht erst seit ein paar hundert Jahren Näherwohnenden wahren. – Am Tage vor der Hochzeit findet der »Gabenabend« statt, – eine freundliche Sitte, um den jungen Anfängern über die schwerste Zeit wegzuhelfen. – Abends, wenn es bereits stark dämmert, tritt eine Magd nach der andern ins Haus, setzt mit den Worten: »Gruß von unserer Frau«, einen mit weißem Tuche verdeckten Korb auf den Tisch, und entfernt sich sofort; dieser enthält die Gabe: Eier, Butter, Geflügel, Schinken – je nach den Kräften eines jeden – und die Geschenke fallen oft, wenn das Brautpaar unbemittelt ist, so reichlich aus, dass dieses um den nächsten Wintervorrat nicht sorgen darf. – Eine liebenswürdige, das Volk bezeichnende Höflichkeit des Herzens verbietet die Überbringung der Gabe durch ein Familienmitglied; wer keine Magd hat, schickt ein fremdes Kind. – Am Hochzeitmorgen, etwa um acht, besteigt die Braut den mit einer weißen, goldflunkernden Fahne geschmückten Wagen, der ihre Ausstattung enthält; – sie sitzt allein zwischen ihren Schätzen, im besten Staate aber ohne besonderes Abzeichen, und weint aufs Jämmerlichste; auch die auf dem folgenden Wagen gruppierten Brautjungfern und Nachbarinnen beobachten eine ernste, verschämte Haltung, während die, auf dicken Ackergäulen nebenher trollenden Bursche durch Hutschwenken und hier und dort ein schwerfälliges Juchhei ihre Lustigkeit auszudrücken suchen, und zuweilen eine alte, blindgeladene Flinte knallen lassen. – Erst vor der Pfarrkirche findet sich der Bräutigam mit seinem Gefolge ein, besteigt aber nach der Trauung nicht den Wagen der Braut, sondern trabt als einziger Fußgänger nebenher, bis zur Türe seines Hauses, wo die junge Frau von der Schwiegermutter empfangen, und mit einem »Gott segne deinen Aus- und Eingang« feierlich über die Schwelle geleitet wird. – Lebt die Mutter nicht mehr, so vertritt der Pfarrer ihre Stelle, oder, wenn er zufällig gegenwärtig ist, der Gutsherr, was für eine sehr glückliche Vorbedeutung gehalten wird, die den Neuvermählten und ihren Nachkommen den ungestörten Genuss des Hofes sichert, nach dem Spruche: »Wen die Herrschaft einleitet, den leitet sie nicht wieder heraus.« – Während dieser Zeremonie schlüpft der Bräutigam in seine Kammer, und erscheint alsbald im Kamisol, Zipfelmütze und Küchenschürze. In diesem Aufzuge muss er an seinem Ehrentage den Gästen aufwarten, nimmt auch keinen Teil am Hochzeitmahle, sondern steht, mit dem Teller unterm Arme, hinter der Braut, die ihrerseits keinen Finger rührt, und sich wie eine Prinzessin bedienen lässt. – Nach Tische beginnen auf der Tenne die althergebrachten Tänze: »Der halbe Mond«, »Der Schustertanz«, »Hinten im Garten« – manche mit den anmutigsten Verschlingungen. – Das Orchester besteht aus einer oder zwei Geigen und einer invaliden Bassgeige, die der Schweinehirt, oder Pferdeknecht aus dem Stegreif streicht. – Ist das Publikum sehr musikliebend, so kommen noch wohl ein Paar Topfdeckel hinzu, und eine Kornschwinge, die abwechselnd von den Gästen mit einem Spane aus Leibeskräften wider den Strich gekratzt wird. – Nimmt man hiezu das Gebrüll und Kettengeklirr des Viehes, das erschrocken an seinen Ständen stampft, so wird man zugeben, dass die unerschütterliche Gravität der Tänzer mindestens nicht dem Mangel an aufregendem Geräusche zuzuschreiben ist. – Hier und dort lässt wohl ein

Bursche ein Juchhei los, was aber so einsam klingt, wie ein Eulenschrei in einer Sturmnacht. – Bier wird mäßig getrunken, Branntwein noch mäßiger, aber siedender Kaffee »zur Abkühlung« in ganzen Strömen, und mindestens sieben blanke Zinnkessel sind in steter Bewegung. – Zwischen den Tänzen verschwindet die Braut von Zeit zu Zeit, und kehrt allemal in einem andern Anzuge zurück, so viel ihr derer zu Gebote stehen, vom Traustaate an, bis zum gewöhnlichen Sonntagsputze, in dem sie sich noch stattlich genug ausnimmt, in der damastenen Kappe mit breiter Goldtresse, dem schweren Seidenhalstuche, und einem so imposanten Körperumfange, als ihn mindestens vier Tuchröcke übereinander hervorbringen können. – Sobald die Hängeuhr in der Küche Mitternacht geschlagen hat, sieht man die Frauen sich von ihren Bänken erheben und miteinander flüstern; gleichzeitig drängt sich das junge Volk zusammen, nimmt die Braut in seine Mitte, und beginnt einen äußerst künstlichen Schneckentanz, dessen Zweck ist, in raschem Durcheinanderwimmeln immer eine vierfache Mauer um die Braut zu erhalten, denn jetzt gilt's den Kampf zwischen Ehe und Jungfrauschaft. – Sowie die Frauen anrücken, wird der Tanz lebhafter, die Verschlingungen bunter, die Frauen suchen von allen Seiten in den Kreis zu dringen, die Junggesellen durch vorgeschobene Paare sie wegzudrängen; die Parteien erhitzen sich, immer rascher wirbelt die Musik, immer enger zieht sich die Spirallinie, Arme und Knie werden zu Hülfe genommen, die Bursche glühen wie Öfen, die ehrwürdigen Matronen triefen von Schweiß, und man hat Beispiele, dass die Sonne über dem unentschiedenen Kampfe aufgegangen ist; endlich hat eine Veteranin, die schon einige und zwanzig Bräute in den Ehestand gezerrt hat, ihre Beute gepackt; plötzlich verstummt die Musik, der Kreis stäubt auseinander, und alles strömt den Siegerinnen und der weinenden Braut nach, die jetzt zum letzten Male umgekleidet und mit Anlegung der fraulichen Stirnbinde symbolisch von ihrem Mädchentum geschieden wird, – ein Ehrendienst, was den (sogenannten) Nachbarinnen zusteht, dem sich aber jede anwesende Ehefrau, die Gattin des Gutsherrn nicht ausgenommen, durch irgendeine kleine Dienstleistung, Darreichung einer Nadel oder eines Bandes, anschließt. – Dann erscheint die Braut noch einmal in reinlicher Hauskleidung und Hemdärmeln, gleichsam eine bezwungene und fortan zum Dienen willige Brünhildis, greift aber dennoch nach ihres Mannes bereitliegendem Hute, und setzt ihn auf; die Frauen tun desgleichen, und zwar jede den Hut ihres eigenen Mannes, den er ihr selbst ehrerbietig reicht, und eine stattliche Frauenmenuett beschließt die Feier und gibt zugleich die Vorbedeutung eines ehrenhaften, fleißigen, friedlichen Ehestandes, in dem die Frau aber nie vergisst, dass sie am Hochzeittage ihres Mannes Hut getragen. Noch bleibt den Gästen, bevor sie sich zerstreuen, eine seltsame Aufgabe, – der Bräutigam ist nämlich während der Menuette unsichtbar geworden, – er hat sich versteckt, offenbar aus Furcht vor der behuteten Braut, und das ganze Haus wird umgekehrt, ihn zu suchen; man schaut in und unter die Betten, raschelt im Stroh und Heu umher, durchstöbert sogar den Garten, bis endlich jemand in einem Winkel voll alten Gerümpels den Quast seiner Zipfelmütze oder ein Endchen der Küchenschürze entdeckt, wo er dann sofort gefasst, und mit gleicher Gewalt und viel weniger Anstand als seine schöne Hälfte der Brautkammer zugeschleppt wird. – Bei Begräbnissen fällt wenig Ungewöhnliches vor, außer dass der Tod eines Hausvaters seinen Bienen angesagt werden muss, wenn nicht binnen Jahresfrist alle Stöcke abzehren und versiechen sollen, weshalb, sobald der Verscheidende den letzten Odemzug getan, sofort der Gefassteste unter den Anwesenden an den Stand geht, an jeden Korb pocht und vernehmlich spricht: »Einen Gruß von der Frau, der Herr ist tot«, worauf die Bienen sich christlich in ihr Leid finden, und ihren Geschäften nach wie vor obliegen. Die Leichenwacht, die in Stille und Gebet abgehalten wird, ist eine Pflicht jener entfernten Nachbarn, so wie das Leichenmahl ihr Recht, und sie sorgen mit dafür, dass der Tote ein feines Hemd erhält, recht viele schwarze Schleifen, und einen recht flimmernden Kranz und Strauß von Spiegeln, Rauschgold und künstlichen Blumen, da er unfehlbar am jüngsten Tage in demselben Aufzuge erscheinen wird, wo sie dann Lob und Tadel mit den Hinterlassenen zu teilen haben. – Der Münsterländer ist überhaupt sehr abergläubisch, sein Aberglaube aber so harmlos, wie er selber. Von Zauberkünsten weiß er nichts, von Hexen und bösen Geistern wenig, obwohl er sich sehr vor dem Teufel fürchtet, jedoch meint, dass dieser wenig Veranlassung finde, im Münsterlande umzugehen. – Die häufigen Gespenster in

Moor, Heide und Wald sind arme Seelen aus dem Fegfeuer, deren täglich in vielen tausend Rosenkränzen gedacht wird, und ohne Zweifel mit Nutzen, da man zu bemerken glaubt, dass die »Sonntagsspinnerin« ihre blutigen Arme immer seltener aus dem Gebüsche streckt, der »diebische Torfgräber« nicht halb so kläglich mehr im Moore ächzt und vollends der »kopflose Geiger« seinen Sitz auf dem Waldstege gänzlich verlassen zu haben scheint. – Von den ebenfalls häufigen Hausgeistern in Schlössern und großen Bauernhöfen denkt man etwas unklar, aber auch nicht schlimm, und glaubt, dass mit ihrem völligen Verschwinden die Familie des Besitzers aussterben oder verarmen werde. – Diese besitzen weder die häuslichen Geschicklichkeiten, noch die Tücke anderer Kobolde, sondern sind einsamer, träumerischer Natur, schreiten, wenn es dämmert, wie in tiefen Gedanken, langsam und schweigend, an irgendeiner verspäteten Milchmagd oder einem Kinde vorüber, und sind ohne Zweifel echte Münsterländer, da man kein Beispiel hat, dass sie jemanden beschädigt oder absichtlich erschreckt hätten. Man unterscheidet sie in »Timphüte« und »Langhüte«. Die ersteren kleine, runzliche Männchen, in altmodischer Tracht, mit eisgrauem Barte und dreieckigen Hütchen; die andern übernatürlich lang und hager, mit langem Schlapphut, aber beide gleich wohlwollend, nur dass der Timphut bestimmten Segen bringt, der Langhut dagegen nur Unglück zu verhüten sucht. Zuweilen halten sie nur in den Umgebungen, den Alleen des Schlosses, dem Wald- und Wiesengrunde des Hofes, ihre philosophischen Spaziergänge; gewöhnlich haben sie jedoch außerdem einen Speicher oder eine wüste Bodenkammer inne, wo man sie zuweilen nachts auf und ab gehen, oder einen knarrenden Haspel langsam umdrehen hört. – Bei Feuerbrünsten hat man den Hausgeist schon ernsthaft aus den Flammen schreiten und einen Feldweg einschlagen sehen, um nie wiederzukehren, und es waren dann hundert gegen eins zu wetten, dass die Familie bei dem Neubau in einige Verlegenheit und Schulden geraten werde.

Größere Aufmerksamkeit als dieses verdient das sogenannte »Vorgesicht«, ein bis zum Schauen oder mindestens deutlichem Hören gesteigertes Ahndungsvermögen, ganz dem Secondsight der Hochschotten ähnlich, und hier so gewöhnlich, dass, obwohl die Gabe als eine höchst unglückliche eher geheim gehalten wird, man doch überall auf notorisch damit Behaftete trifft, und im Grunde fast kein Eingeborner sich gänzlich davon freisprechen dürfte. – Der Vorschauer (Vorgucker) im höheren Grade ist auch äußerlich kenntlich an seinem hellblonden Haare, dem geisterhaften Blitze der wasserblauen Augen, und einer blassen oder überzarten Gesichtsfarbe; übrigens ist er meistens gesund, und im gewöhnlichen Leben häufig beschränkt und ohne eine Spur von Überspannung. – Seine Gabe überkömmt ihn zu jeder Tageszeit, am häufigsten jedoch in Mondnächten, wo er plötzlich erwacht, und von fieberischer Unruhe ins Freie oder ans Fenster getrieben wird; dieser Drang ist so stark, dass ihm kaum jemand widersteht, obwohl jeder weiß, dass das Übel durch Nachgeben bis zum Unerträglichen, zum völligen Entbehren der Nachtruhe gesteigert wird, wogegen fortgesetzter Widerstand es allmählich abnehmen, und endlich gänzlich verschwinden lässt. – Der Vorschauer sieht Leichenzüge – lange Heereskolonnen und Kämpfe, – er sieht deutlich den Pulverrauch und die Bewegungen der Fechtenden, beschreibt genau ihre fremden Uniformen und Waffen, hört sogar Worte in fremder Sprache, die er verstümmelt wiedergibt, und die vielleicht erst lange nach seinem Tode auf demselben Flecke wirklich gesprochen werden. – Auch unbedeutende Begebenheiten muss der Vorschauer unter gleicher Beängstigung sehen: z. B. einen Erntewagen, der nach vielleicht zwanzig Jahren auf diesem Hofe umfallen wird; er beschreibt genau die Gestalt und Kleidung der jetzt noch ungebornen Dienstboten, die ihn aufzurichten suchen; die Abzeichen des Fohlens oder Kalbes, das erschreckt zur Seite springt, und in eine, jetzt noch nicht vorhandene Lehmgrube fällt etc. – Napoleon grollte noch in der Kriegsschule zu Brienne mit seinem beengten Geschicke, als das Volk schon von »silbernen Reitern« sprach, mit »silbernen Kugeln auf den Köpfen, von denen ein langer, schwarzer Pferdeschweif« flattere, sowie von wunderlich aufgeputztem Gesindel, was auf »Pferden wie Katzen« (ein üblicher Ausdruck für kleine, knollige Rosse) über Hecken und Zäune fliege, in der Hand eine lange Stange, mit eisernem Stachel daran. – Ein längst verstorbener Gutsbesitzer hat viele dieser Gesichte verzeichnet, und es ist höchst anziehend, sie mit manchem späteren entsprechenden Begebnisse zu vergleichen. – Der minder Begabte und nicht bis zum Schauen Gesteigerte

»hört« – er hört den dumpfen Hammerschlag auf dem Sargdeckel und das Rollen des Leichenwagens, hört den Waffenlärm, das Wirbeln der Trommeln, das Trappeln der Rosse, und den gleichförmigen Tritt der marschierenden Kolonnen. – Er hört das Geschrei der Verunglückten, und an Tür oder Fensterladen das Anpochen desjenigen, der ihn oder seinen Nachfolger zur Hülfe auffordern wird. – Der Nichtbegabte steht neben dem Vorschauer und ahndet nichts, während die Pferde im Stalle ängstlich schnauben und schlagen, und der Hund, jämmerlich heulend, mit eingeklemmtem Schweife seinem Herrn zwischen die Beine kriecht. – Die Gabe soll sich jedoch übertragen, wenn ein Nebenstehender dem Vorgucker über die linke Schulter sieht, wo er zwar für dieses Mal nichts bemerkt, fortan aber für den andern die nächtliche Schau halten muss. – Wir sagen dieses fast ungern, da dieser Zusatz einem unleugbaren und höchst merkwürdigen Phänomen den Stempel des Lächerlichen aufdrückt. – Wir haben den Münsterländer früher furchtsam genannt, dennoch erträgt er den eben berührten Verkehr mit der übersinnlichen Welt mit vieler Ruhe, wie überall seine Furchtsamkeit sich nicht auf passive Zustände erstreckt. – Gänzlich abgeneigt, sich ungesetzlichen Handlungen anzuschließen, kömmt ihm doch an Mut, ja Hartnäckigkeit, des Duldens für das, was ihm recht scheint, keiner gleich, und ein geistreicher Mann verglich dieses Volk einmal mit den Hindus, die, als man ihnen ihre religiösen und bürgerlichen Rechte schmälern wollte, sich zu vielen Tausenden versammelten, und auf den Grund gehockt, mit verhüllten Häuptern, standhaft den Hungertod erwarteten. – Dieser Vergleich hat sich mitunter als sehr treffend erwiesen.

Unter der französischen Regierung, wo Eltern und, nachdem diese ausgeplündert waren, auch Geschwister mit ihren Habseligkeiten für diejenigen einstehen mussten, die sich der Militärpflicht entzogen hatten, haben sich zuweilen alle Zweige eines Stammes, ohne Rücksicht auf ihre unmündigen Kinder, zuerst bis zum letzten Heller exequieren, und dann bis aufs Hemde auspfänden lassen, ohne dass es einem eingefallen wäre, dem Versteckten nur mit einem Worte den Wunsch zu äußern, dass er aus seinem Bretterverschlage oder Heuschober hervorkriechen möge, und so verhasst, ja entsetzlich jedem damals der Kriegsdienst war, dem manche sogar durch freiwillige Verstümmelung, z. B. Abhacken eines Fingers, zu entgehen suchten, so häufig trat doch der Fall ein, dass ein Bruder sich für den andern stellte, wenn er dachte, dieser werde den Strapazen erliegen, er aber möge noch mit dem Leben davonkommen. – Kurz, der Münsterländer besitzt den Mut der Liebe, und einer, unter dem Schein des Phlegmas versteckten, schwärmerischen Religiösität, so wie er überhaupt durch Eigenschaften des Herzens ersetzt, was ihm an Geistesschärfe abgeht, und der Fremde verlässt mit Teilnahme ein Volk, was ihn zwar vielleicht mitunter langweilte, dessen häusliche Tugenden ihm aber immer Achtung einflößt, und zuweilen ihn tief gerührt haben. – Müssen wir noch hinzufügen, dass alles bisher Gesagte nur das Landvolk angeht? – ich glaube »nein«, Städter sind sich ja überall gleich, Kleinstädter wie Großstädter. – Oder dass alle diese Zustände am Verlöschen sind, und nach vierzig Jahren vielleicht wenig mehr davon anzutreffen sein möchte? – Auch leider »nein«, es geht ja überall so!

VERZEICHNIS DER GEDICHTÜBERSCHRIFTEN UND -ANFÄNGE